ROM

Sabine Becht
Hagen Hemmie

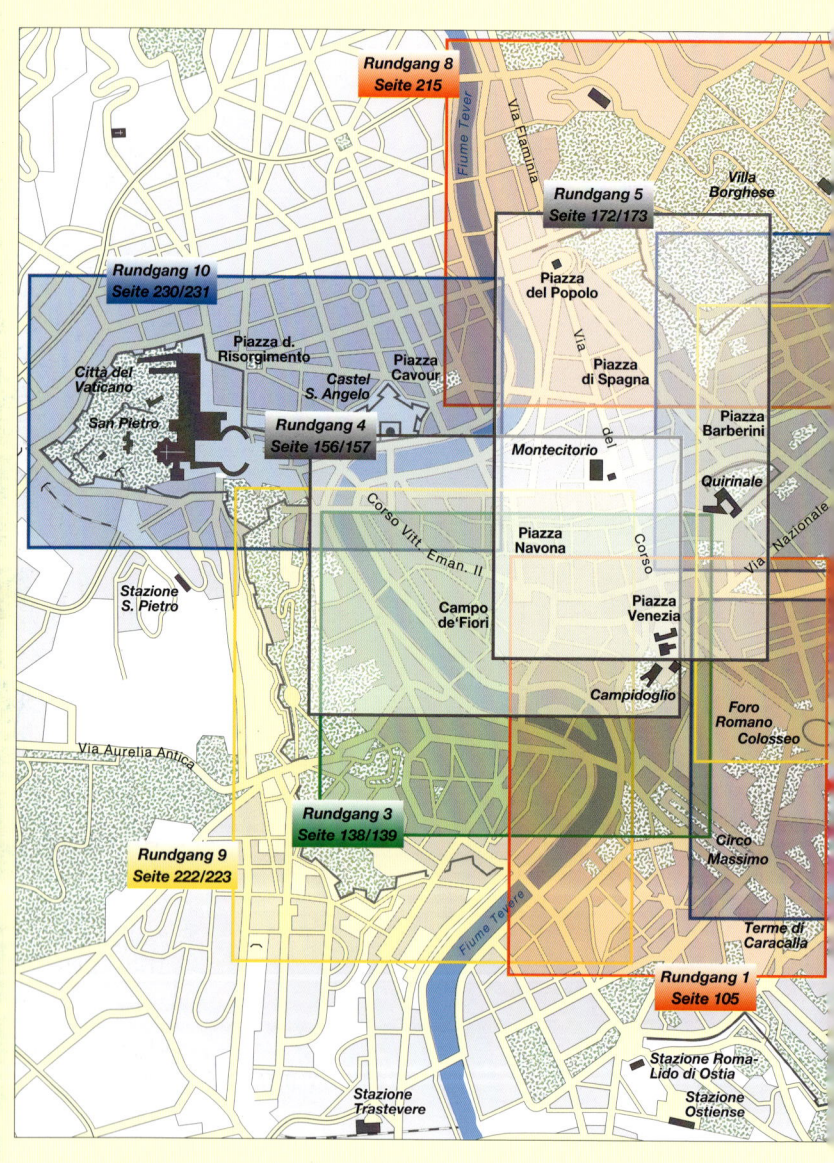

Rundgang 8
Seite 215

Rundgang 5
Seite 172/173

Villa Borghese

Rundgang 10
Seite 230/231

Piazza del Popolo

Piazza d. Risorgimento

Piazza Cavour

Castel S. Angelo

Città del Vaticano

San Pietro

Rundgang 4
Seite 156/157

Piazza di Spagna

Piazza Barberini

Quirinale

Montecitorio

Piazza Navona

Campo de'Fiori

Piazza Venezia

Stazione S. Pietro

Campidoglio

Foro Romano Colosseo

Via Aurelia Antica

Rundgang 3
Seite 138/139

Circo Massimo

Rundgang 9
Seite 222/223

Terme di Caracalla

Fiume Tevere

Rundgang 1
Seite 105

Stazione Trastevere

Stazione Roma-Lido di Ostia

Stazione Ostiense

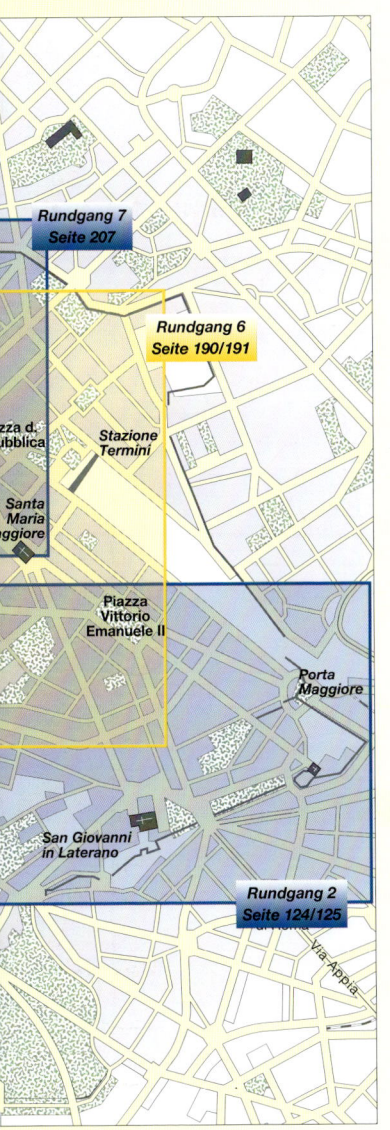

Text und Recherche: Sabine Becht und Hagen Hemmie
Lektorat: Peter Ritter, Sabine Senftleben
Redaktion und Layout: Sven Talaron
Fotos: Fotonachweis s. u.
Titelfotos: oben: Kolosseum (Sabine Becht)
           unten: Spanische Treppe (Sabine Becht)
Umschlaggestaltung: Karl Serwotka
Karten: Judit Ladik, Hana Gundel, Katja Schröder, Gábor Sztrecska, David Wendler

An dieser Stelle möchten wir all unseren Leserinnen und Lesern danken, die mit zahlreichen Tipps und Anregungen bei der Aktualisierung dieses Reisehandbuches geholfen haben. Außerdem danken wir herzlich Antje Vogel für die Bereitstellung der nächtlichen Ansicht der Engelsburg auf S. 24.

ISBN 978-3-89953-526-6
© Copyright Michael Müller Verlag GmbH, Erlangen 2001, 2004, 2006, 2008, 2010. Alle Rechte vorbehalten. Alle Angaben ohne Gewähr.
Druck: Stürtz GmbH, Würzburg.

5. komplett überarbeitete und erweiterte Auflage 2010

Was haben Sie entdeckt?

Was war Ihre Lieblingstrattoria, in welchem Hotel haben Sie sich wohl gefühlt, welches Museum würden Sie wieder besuchen? Bitte schreiben Sie uns, wenn Sie Kritik, Verbesserungen, Anregungen oder Empfehlungen haben.

Sabine Becht / Hagen Hemmie
Stichwort „Rom"
c/o Michael Müller Verlag
Gerberei 19
91054 Erlangen
becht.hemmie@michael-mueller-verlag.de

INHALT

Die Ewige Stadt

Praktische Infos

Stadttouren und Ausflüge

Kartenverzeichnis

Zeichenerklärung für die Karten und Pläne

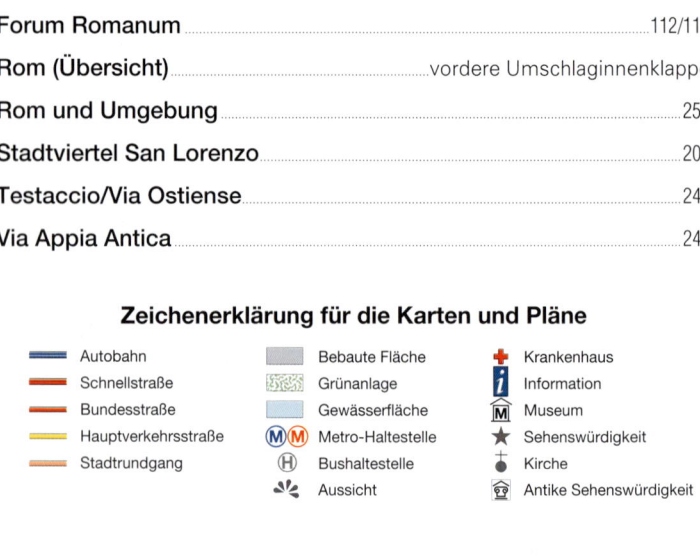

Autobahn	Bebaute Fläche	Krankenhaus
Schnellstraße	Grünanlage	Information
Bundesstraße	Gewässerfläche	Museum
Hauptverkehrsstraße	Metro-Haltestelle	Sehenswürdigkeit
Stadtrundgang	Bushaltestelle	Kirche
	Aussicht	Antike Sehenswürdigkeit

Das Beste auf einen Blick

▲ Auf dem Forum Romanum

Die Ewige Stadt

Das Panorama der Ewigen Stadt eröffnet sich vom Vittoriano

Rom – ein Lebensgefühl

Seit Jahrhunderten zieht die Ewige Stadt Reisende aus aller Welt in ihren Bann. Heute sind es jährlich über fünf Millionen Menschen, die diese faszinierende Metropole besuchen.

Die Liste prominenter Rom-Reisender liest sich lang, und viele von ihnen haben der Nachwelt oft umfangreiche Zeugnisse ihrer Eindrücke hinterlassen. Goethe fand hier eine „Sehnsucht von dreißig Jahren" gestillt, und der Schweizer Historiker Jacob Burckhardt befürchtete gar, „außerhalb Roms nie wieder recht glücklich" werden zu können. Auf den Punkt gebracht hat es der Kunsthistoriker und Altertumsforscher Johann Joachim Winckelmann: „Außer Rom ist fast nichts Schönes in der Welt."

In vielen historischen Reiseberichten ist von der Faszination der Ewigen Stadt die Rede, der einzigartigen Anziehungskraft, einer Aura, die wohl jeden Besucher gefangen nimmt: eben ein besonderes Lebensgefühl, das frühere und heutige Rom-Reisende gleichermaßen empfinden.

Den Reiz dieser Stadt machen sicher nicht nur die vielen Zeugnisse ihrer langen Geschichte aus, die man als Sehenswürdigkeiten aus Antike, Renaissance und Barock quasi an jeder Straßenecke findet. Rom strahlt heute vielmehr einen überaus lebendigen und sehr lässigen Charme aus, zu dem die monumentalen Hinterlassenschaften vergangener Zeiten das passende Ambiente liefern, das ohne viel Aufhebens Eingang in den römischen Alltag gefunden hat.

Einen Blick auf die „Standards" des touristischen Sightseeing – wie Kolosseum, Forum Romanum, Vatikan, Spanische Treppe und Trevi-Brunnen – wirft sicher jeder Rom-Reisende, auch wenn der Besuch noch so kurz ist. Genügen wird dieser erste Blick den wenigsten. Wer einmal in den Bann dieser Stadt geraten ist, der kehrt nach Rom zurück, und wer ganz sicher gehen will, versenkt vorher schnell noch eine Münze im Trevi-Brunnen ...

Im Folgenden unsere ganz persönliche *Top Ten* zur Ewigen Stadt:

Barock im Park

Er gilt als größter Baumeister der Stadt: **Gianlorenzo Bernini**, der Rom wie kein anderer mit barocker Kunst geradezu überhäuft hat. Den Werken des Ausnahmekünstlers begegnen Sie hier an jeder Straßenecke, besonders aber in der **Galleria Borghese** im berühmtesten Park der Stadt, der Villa Borghese. Berninis frühe Skulpturen, im prachtvollen Ambiente der Galleria eindrucksvoll in Szene gesetzt, zählen zu den beeindruckendsten Werken des Künstlers; die Galleria Borghese wird vielfach für das schönste Museum der Welt gehalten.

Kulinarischer Ausflug nach Trastevere

Die engen Gassen jenseits des Tibers laden zum Bummel durch das immer noch ursprüngliche Viertel ein. Vor allem zum Essen sollte man hierher kommen – im beschaulichen **Trastevere**, für viele das schönste „Dorf" der Weltstadt, wird die traditionelle römische Küche noch gepflegt. Dazu das idyllische Ambiente schmaler Gässchen und kleiner Plätze, die einen Abend auf der anderen Tiberseite zum besonderen Erlebnis machen.

Michelangelos elegante Piazza

Marc Aurel, in die römische Geschichte als ausgeglichener, stoischer „Philosophenkaiser" eingegangen, hatte einen Ehrenplatz in Rom verdient. Das fand zumindest Michelangelo und konzipierte den **Kapitolsplatz** im 16. Jh. so, dass die Bronzestatue des Kaisers perfekt zur Geltung kommt. Heute gilt die **Piazza di Campidoglio**, das Zentrum des antiken Rom, als elegantester Platz

der Stadt, der besonders am Abend einen Besuch lohnt.

Panem et Circenses

„Brot und Spiele" – das von der römischen Bevölkerung geforderte Unterhaltungsangebot nebst großzügiger Lebensmittelversorgung wurde durch den Satiriker Juvenal im alten Rom zum geflügelten Wort. Besonders „unterhaltsam" ging es im **Kolosseum** zu, hier wurde dem Volk ganztägig eine Form der Zerstreuung geboten, die aus heutiger Sicht Befremden hervorruft: Vormittags kämpften wilde Tiere gegen eigens ausgebildete Tierkämpfer, zum Tode Verurteilte oder auch gegeneinander, nachmittags fanden die berüchtigten Gladiatorenkämpfe statt. Für Unterhaltung war gesorgt im alten Rom.

Touristenattraktion Nr. 1: die berühmte Fontana di Trevi mitten in der Altstadt

Die Brücke der Engel

Der Ketzer auf dem Blumenfeld

Rom im Jahr 1600: Die Inquisition fordert ihre Opfer. Unter ihnen auch den als Ketzer verurteilten Dominikanermönch **Giordano Bruno**, der es gewagt hatte, die Lehren der Kirche anzuzweifeln. Am 17. Februar 1600 wurde er auf dem **Campo de' Fiori**, dem Blumenfeld, vor großem Publikum verbrannt. Heute bildet sein Denkmal – Bruno mit gesenktem Haupt und düsterem Blick – einen eigenartigen Kontrast zu den bunten Marktständen auf dem Campo; nachts erhebt sich der Mönch geradezu unheimlich über eine feiernde Menge aus aller Welt.

Die Mutter aller Kirchen

Das mächtige Pantheon inmitten der römischen Altstadt ist beides: antiker Tempel und christliche Kirche, als Tempel allen Göttern geweiht (daher der Name), als Kirche den christlichen Märtyrern, Kuppelvorbild für fast jede Kirche in der Ewigen Stadt und Grabstätte für keinen Geringeren als Raffael, den großen Künstler der Renaissance.

Daneben haben hier noch zwei italienische Könige die letzte Ruhe gefunden. Einzige Lichtquelle ist ein Loch in der Kuppel des am besten erhaltenen antiken Bauwerks der Stadt.

Die Brücke der Engel

Als Kaiser Hadrian im 2. Jh. n. Chr. sein eigenes Mausoleum (die spätere Engelsburg) in Auftrag gab, sollte auch eine besonders schöne Brücke den würdigen Zugang zu seinem Grabmal ermöglichen. Die antike Brücke ist noch da, wurde aber im 17. Jh. (natürlich von Bernini) mit den vielleicht schönsten Marmorengeln der Stadt geschmückt und heißt seitdem Ponte Sant'Angelo – **Engelsbrücke**. Ein „echter" Engel ließ sich hier übrigens bereits im 6. Jh. sehen: Er erschien Papst Gregor I. (dem Großen) und verkündete das Ende der Pest.

Der Blick aufs Ganze

Von der **Kuppel der Peterskirche** eröffnet sich ein fantastischer Blick auf die Ewige Stadt, der nicht nur Katholikenherzen höher schlagen lässt. Den steilen Weg hinauf aufs Dach nimmt man bequem im Fahrstuhl, die letzten 320 Stufen im Rundgang der Kuppel nach oben müssen Sie allerdings zu Fuß bewältigen – und werden schon auf dem Weg mit einem grandiosen Blick in das Innere der Peterskirche belohnt. Nicht minder beeindruckend ist der Rundblick vom Dach des mächtigen Nationaldenkmals **Vittoriano** (Altare della Patria), zu dem man im gläsernen Aufzug hinaufbefördert wird. Bei Nacht haben Sie den besten – und kostenlosen – Blick auf Rom vom **Gianicolo**-Hügel (Trastevere) und dem **Pincio** (oberhalb der Piazza del Popolo): ein wahres Lichtermeer mit unzähligen Kuppeln und dem alles überragenden, eindrucksvoll illuminierten Nationaldenkmal.

Die Königin der Straßen

Wer in der Antike etwas auf sich hielt, kaufte sich ein Grab an der **Via Appia**, der „Königin der Straßen", die Rom mit dem Hafen Brindisi verband. Manche Römer sparten jahrelang, um an der wichtigen Handelsstraße prestigeträchtig begraben werden zu können. Hier soll Petrus übrigens auch Jesus begegnet sein; an jener Stelle steht heute das Kirchlein Quo Vadis. Später bauten die ersten Christen an der Via Appia ihre berühmten Katakomben.

Gelato an jeder Straßenecke

Was wäre Rom ohne seine unzähligen Gelaterie, die Eisdielen, in denen man aus einer Unmenge appetitlich verzierter Eisberge (manchmal über 50 Sorten!) wählen kann. Zu den berühmtesten der Stadt zählen sicherlich das Traditionshaus **Giolitti** beim Parlament und **Tre Scalini** auf der Piazza Navona (berühmt vor allem für das hervorragende Tartufo-Eis). Die Rezepturen, nach denen die Gelaterie, oft Familienbetriebe, ihr Eis zubereiten, sind übrigens streng geheim und werden vor der Konkurrenz wie ein Augapfel gehütet.

Reste eines Weltreiches: das Forum Romanum

3000 Jahre Rom im Überblick

Lässt man die Mythologie außer Acht, entstanden wahrscheinlich schon im 10. Jh. v. Chr. erste Ansiedlungen auf dem Palatin und bald darauf auch auf dem Esquilin und Quirinal; manche Historiker datieren die Entstehung sogar bis ins 13. Jh. v. Chr. zurück.

Die Hügel boten den ersten Siedlern (Hirten und Bauern) einen guten Schutz vor Überschwemmungen und Überfällen, zudem war hier, so berichtet der Geschichtsschreiber Titus Livius, die einzige Stelle, an der der Fluss über die Tiberinsel gut zu überqueren war.

Ab ca. 600 v. Chr. wurde die Stadt für fast ein Jahrhundert von etruskischen Königen regiert. In dieser Zeit wurde mit dem Bau der **Cloaca Maxima** das sumpfige Gebiet um den Tiber trocken gelegt, das **Forum** errichtet und die Stadt von einer ersten Mauer umgeben. Unter dem Etruskerkönig Servius Tullius erfolgte auch die strenge Hierarchisierung der römischen Gesellschaft, d. h. die Einteilung in Rang- und Vermögensklassen, die mit genau umrisse-

nen Rechten und Pflichten verbunden war. So waren beispielsweise die ärmsten Bürger politisch rechtlos und vom Militärdienst befreit, während sich aus den mit politischen Rechten ausgestatteten höheren Klassen in Kriegszeiten die Streitkräfte rekrutierten.

Rom zur Zeit der Republik

Nachdem der letzte Etruskerkönig, der tyrannische Tarquinius, um 510 v. Chr. vom römischen Volk aus der Stadt gejagt worden war, entstand 507 v. Chr. die römische Republik mit zwei patrizischen (adligen) **Konsuln** an der Spitze, die dem **Senat** Rechenschaft abzulegen hatten. Höchster Priester war der **Pontifex Maximus**, der über alle Bereiche des religiösen Lebens wachte. Bereits

Das Jahr 753 – das mythologische Datum der Stadtgründung

Der Legende nach war es eine Wölfin, die bei der Stadtgründung Roms eine entscheidende Rolle spielte. Kriegsgott Mars hatte die Königstochter Rhea Silva geschwängert, die bald darauf Zwillinge zur Welt brachte. Der Diener ihres Vaters (König Numitor von Alba Longa) setzte die Neugeborenen in dessen Auftrag auf dem Tiber aus, wo sie ins Meer hinaustreiben sollten. Der Korb mit den Zwillingen verfing sich jedoch im Schilf, eine Wölfin fand die beiden und säugte die Kinder, bis sie vom Hirten Faustulus aufgenommen wurden, der ihnen die Namen **Romulus** und **Remus** gab. Im Frühling des Jahres 753 v. Chr. (21. April) entschlossen sich die mittlerweile herangewachsenen Brüder, eine Stadt zu gründen, deren zukünftiger Herrscher durch ein göttliches Zeichen bestimmt werden sollte. Als Romulus die Gunst der Götter auf seiner Seite sah und die Herrschaft auf dem Palatin für sich in Anspruch nahm, kam es zum Streit, bei dem er seinen Bruder Remus erschlug.

Romulus' Siedlung auf dem Palatin wuchs, doch mangelte es dem jungen Volk an Frauen. Romulus unterbreitete den benachbarten Stämmen Heirats- und Bündnisangebote, die jedoch abgelehnt wurden, sodass kurzerhand die Sabinerinnen aus dem benachbarten Apennin entführt wurden. Nach Kämpfen zwischen den Sabinern und den Stadtgründern um Romulus stifteten die Sabinerinnen Frieden. Die Sabiner samt Frauen ließen sich unter Romulus' Herrschaft auf dem benachbarten Quirinal nieder.

Genährt wird die Legende seit Kurzem wieder durch eine im Jahr 2007 zufällig entdeckte Grotte auf dem Palatin, in der die Wölfin die Kinder gesäugt haben soll, Näheres → S. 116.

Anfang des 5. Jh. v. Chr. kam es zu ersten Auseinandersetzungen zwischen der adligen Herrscherklasse und dem einfachen Volk, den **Plebejern**, die die Bevölkerungsmehrheit stellten. Zusätzlich wurde Rom von außen durch die Latiner, Etrusker und Kelten bedroht. Nach heftigen Standeskämpfen rangen die Plebejer ihren Herrschern um 470 v. Chr. eine Interessenvertretung ab. Mit dem **Zwölftafelgesetz** von 450 v. Chr., das auf dem Forum ausgehängt wurde, entstand eine erste verbindliche Gesetzgebung für alle Römer. Das Emblem des Zwölftafelgesetzes ist noch heute überall in Rom zu sehen: **S.P.Q.R.** – *Senatus Populusque Romanus* („Der Senat und das Volk Roms"). 348 v. Chr. erstritten die Plebejer das Recht, stets einen der beiden Konsuln zu stellen, eine Regelung, die ihnen jedoch nur pro forma zu mehr Macht verhalf: Das politische Sagen hatten nach wie vor die Patrizier.

Der verheerende Einfall der Gallier um ca. 380 v. Chr. veranlasste Rom zum Bau einer neuen Stadtmauer, die nun die sieben Hügel der Stadt einbezog: Palatin, Kapitol, Aventin, Quirinal, Viminal, Esquilin und Celius. Außenpolitisch errang Rom auf dem Weg zur Weltmacht seine größten Erfolge vom 3. bis 1. Jh. v. Chr.: Nach dem Sieg über die Etrusker, Latiner und Samniten wurde bald ganz Mittelitalien beherrscht, es folgten Süditalien und die ersten griechischen Städte. Dabei gestand Rom den Besiegten oft eine gewisse Autonomie zu, einige Städte erhielten sogar das volle römische Bürgerrecht.

Im Streit um die Vorherrschaft auf Sizilien kam es zu den drei **Punischen Kriegen** gegen Karthago, aus denen Rom 146 v. Chr. siegreich hervorging, sodass die Vormachtstellung im westlichen Mittelmeerraum gesichert war. Eroberungsfeldzüge nach Griechenland und Kleinasien dehnten den Herrschaftsbereich der Römer dann auch nach Osten hin aus.

Mit der Steuerbefreiung römischer Bürger (167 v. Chr.) und dem Import riesiger Mengen Getreide aus dem besiegten Sizilien wuchs der Wohlstand der Stadt beträchtlich. Hinzu kamen die als Kriegsbeute mitgebrachten Sklaven, die völlig rechtlos waren und alle erdenklichen Arbeiten in Rom zu verrichten hatten. Die Bauern konnten der Konkurrenz durch die billige Sklavenarbeit nicht standhalten und mussten ihre

Die wuchtigen Mauern des Kolosseums

Höfe an römische Großgrundbesitzer verkaufen, die mit ihren Latifundien großen wirtschaftlichen und politischen Einfluss gewannen. Besitzlos gewordene Bauern zogen auf der Suche nach einem Broterwerb in die Stadt (die im 1. Jh. zu einer halben Million Einwohnern anwuchs) und bildeten bald die breite Schicht des römischen Proletariats. Zwangsläufig kam es zu großen Spannungen zwischen Arm und Reich, die 104 v. Chr. durch die Heeresreform des Konsuls Marius zunächst gemildert werden konnten: Er ermöglichte den Proletariern den Zugang zu einem bald mächtigen Söldnerheer unter seiner Führung.

In den Jahren 136–132 v. Chr. kam es zu ersten Sklavenaufständen, die 73–71 v. Chr. unter der Führung von Spartacus erneut aufflammten und von Crassus, einem ehrgeizigen Feldherrn, blutig niedergeschlagen wurden. Zur Seite stand ihm Pompejus, der bald darauf im Kampf gegen die Piraten große Erfolge erzielte und so seinen politischen Einfluss in Rom erheblich steigern konnte. 60 v. Chr. schlossen sich Pompejus, Crassus und Julius Caesar zum ersten Triumvirat (Dreierbund) zusammen. Caesar hatte es 62 v. Chr. zum Praetor gebracht, dem zweithöchsten Amt nach dem eines Konsuls.

Nach Crassus' Tod wurde das Triumvirat aufgelöst und Pompejus zum alleinigen Konsul über Rom erklärt. Diesen Machtverlust wollte Caesar nicht hinnehmen und sammelte seine Truppen zum Kampf gegen Pompejus, aus dem er 48 v. Chr. in der Schlacht bei Pharsalos (Nordgriechenland) letztendlich siegreich hervorging. Im April 45 v. Chr. ließ sich Caesar zum Alleinherrscher des Römischen Reiches ausrufen. Die Herrschaft dauert jedoch nur ein knappes Jahr: Am 15. März 44 v. Chr. wurde er von Mitgliedern des Senats ermordet.

Rom in der Kaiserzeit

Erneut kam es zu Unruhen und Bürgerkrieg, bis der junge Octavian, der Neffe und Adoptivsohn Caesars, nach 17 Jahren Krieg den Frieden in Rom sicherte (Pax Romana) und als **Princeps** (erster Bürger) die alleinige Macht übernahm – vorausgegangen war ein kurzzeitiges zweites Triumvirat mit Marc Antonius und Lepidus. Zwar verlieh Octavian, dem bald der Ehrentitel **Augustus** („der Erhabene") zuteil wurde, dem Senat zunächst neues Ansehen, gleichzeitig jedoch baute er seine eigene Stellung konsequent aus und legte so den Grundstein für eine Monarchie. In seiner 45-jährigen Regierungszeit sorgte Augustus nicht nur für stabile innenpolitische Verhältnisse, sondern sicherte auch die äußeren Grenzen des riesigen Reiches. In der mittlerweile zur Millionenstadt gewachsenen Metropole setzte eine rege Bautätigkeit ein; repräsentative öffentliche Gebäude und Tempel wurden nun erstmals in Marmor gebaut. Unter Augustus erfuhr Rom eine kulturelle Blüte, die sich z. B. in der Literatur in den Werken Vergils, Ovids und Horaz' niederschlug. Die Römer wurden großzügig mit Lebensmitteln versorgt und durch ein umfangreiches Unterhaltungsangebot bei Laune gehalten – eine Strategie, die spätere Kaiser übernahmen.

Als Augustus 14 n. Chr. starb, wurde er vom Senat zum Gott erhoben. Seinen Stiefsohn Tiberius hatte er noch zu Lebzeiten zum Nachfolger erklärt. Die darauf folgenden Herrscher des Julisch-Claudischen Kaiserhauses, unter ihnen auch Caligula (37–41) und Nero (54–68), zeichneten sich mehr durch exzessives Machtgebaren als durch besonnene Politik aus. Größenwahn, Mord und Totschlag sowie die ersten **Christenverfolgungen** sind besonders mit dem Namen Nero verbunden.

Augustus, der Erhabene

Geordneter waren die Zustände im Kaiserreich unter den Flaviern: Vespasian (69–79) trug zur innenpolitischen Stabilisierung bei, unter Trajan (98–117) erreichte das Reich seine größte territoriale Ausdehnung, und Hadrian (117–138) sicherte die ausgedehnten Grenzen (u. a. durch den Ausbau des Limes). Während seiner Herrschaft zählte Rom über eine Million Einwohner in einer inzwischen viel zu klein gewordenen Stadt – die meisten von ihnen lebten in engen sechsstöckigen **Insulae** (Mietshäusern) ohne sanitäre Einrichtungen. Bekannt war Rom seinerzeit auch für sein Verkehrschaos in den durchweg schmalen Straßen. Die Oberschicht lebte dagegen in ihren weitläufigen Villen in kaum vorstellbarem Luxus. Trotz dieser Gegensätze erlebte Rom damals eine große politische Stabilität. Zu einem Krieg (gegen die Parther im Osten) kam es erst wieder unter Marc Aurel (161–180). Im Jahr 212 verlieh Caracalla (211–217) allen freien Bewohnern des Reiches das volle Bürgerrecht – eine Maßnahme, mit der durch die längst wieder eingeführten Steuern die Staatskasse gefüllt wurde.

Der Niedergang des Weltreichs

Zu einer ernsthaften Schwächung des Römischen Reiches kam es zur Zeit der **Soldatenkaiser** (235–284): Von Norden bedrohten die Germanen die Grenzen des Weltreiches, von Osten die Perser. Innerhalb des römischen Imperiums kam es zu schweren Wirtschaftskrisen, Hungersnöten, Aufständen und Seuchen, die die Bevölkerung der Hauptstadt dezimierten. Eine weitere Gefahr war das **Christentum**, das zunehmend mehr Anhänger fand. Ab ca. 250 reagierte der Staat mit groß angelegten Christenverfolgungen, die letzte – besonders grausame – fand unter Diokletian (284–305) im Jahr 303 statt. Diokletian war es auch, der die Herrschaft über das Reich erstmals aufteilte und drei Mitregenten ernannte. Konstantin, einer seiner Nachfolger, schlug seinen Mitregenten Maxentius 312 bei der Schlacht an der Milvischen Brücke und kehrte zur Alleinherrschaft (323–337) zurück. Ein Jahr später (313) erkannte Konstantin mit dem **Toleranzedikt von Mailand** das Christentum an und verlegte im Jahr 330 die neue, christliche Hauptstadt an den Bosporus nach Byzanz, das er in Konstantinopolis umbenennen ließ. Rom blieb zwar weiter *Caput Mundi* (Hauptstadt der Welt), wurde aber zusehends entvölkert – hauptsächlich Christen siedelten in die neue Hauptstadt im Osten über. 391 erklärte Konstantins Nachfolger Theodosius (379–395) das Christentum zur Staatsreligion. Die endgültige Teilung des Imperium Romanum in ein weströmisches und ein oströmisches Reich wurde von seinen beiden Söhnen im Jahr 395 vollzogen.

Die einstige Hauptstadt der Weltmacht Rom war in der Folgezeit schutzlos den einfallenden Westgoten (410) und bald darauf den Hunnen (455) ausgeliefert. Der endgültige Niedergang war mit der Absetzung von Romulus Augustulus, dem letzten weströmischen Kaiser, im Jahr 476 besiegelt.

Rom im Mittelalter

Nach dem Einfall der Langobarden im Jahr 568 wurde die Stadt erneut schwer gebeutelt. Ende des 6. Jh. hatte sich die Zahl der Einwohner auf ca. 50.000 reduziert, in der verwüsteten und verlas-

Blick auf die Antike

senen Stadt grassierte bald darauf die Pest. Unter Papst Gregor I. (590–604) wurde das Christentum erstmals durch Missionare in ganz Europa verbreitet, bald darauf kamen zahlreiche Pilger in die Stadt, die ihr zu einem bescheidenen Wohlstand verhalfen. Antike Tempel und andere Bauten wurden in christliche Kirchen umgewandelt. Als Gregor starb, hinterließ er ein gut organisiertes Papsttum, das aus den Einnahmen durch die Pilger über ein beachtliches Vermögen verfügte und eigene Truppen finanzieren konnte. De jure stand Rom allerdings noch immer unter der Weisungsmacht von Konstantinopel/Byzanz.

Eine entscheidende Änderung brachte erst die so genannte **Pippinische Schenkung**: Als Rom 753 erneut von den Langobarden belagert wurde, bat Papst Stephan II. den Frankenkönig Pippin um Hilfe. Er salbte den König zum „Schutzherrn der Römer" und erhielt von ihm im Gegenzug Unterstützung beim Kampf gegen die Langobarden und das Versprechen eines eigenen päpstlichen Territoriums – aus den eroberten byzantinischen Gebieten in Italien wurde die Basis für den späteren **Kirchenstaat**. Als Papst Leo III. in der Weihnachtsnacht des Jahres 800 Karl dem Großen die Kaiserkrone aufsetzte, war die Verbindung zwischen geistlicher und weltlicher Macht zunächst gefestigt. Die folgenden Jahrhunderte waren dann allerdings von permanenten Konflikten zwischen Papst- und Kaisertum geprägt.

Der Niedergang Roms wurde schon bald durch erneute Überfälle der Sarazenen (846) und der Normannen (1084) beschleunigt. Hinzu kam der wirtschaftliche Aufschwung anderer italienischer Handelsstädte wie Florenz, Genua und Venedig, an dem Rom, u. a. auch durch seine abseitige Lage, nicht teilhaben konnte. Die entscheidende Schwächung erfuhr die Stadt jedoch, als mit Clemens V. der erste Franzose auf

Römer im Gespräch

den Papstthron kam und die päpstliche Residenz 1308 von Rom nach **Avignon** verlegt wurde – Rom hatte nicht einmal mehr den Papst, die Stadt war „nur noch ein Schatten ihrer selbst", wie Francesco Petrarca 1334 feststellte.

Während des so genannten Großen Schismas (1378–1417) gab es zwei, zeitweise sogar drei Päpste, die sich mit ihren jeweiligen Anhängerschaften unversöhnlich gegenüberstanden und gegen ihre Feinde Bannsprüche verhängten.

Rom in der Renaissance

Nach Beendigung des Schismas durch das **Konstanzer Konzil** wählte man 1417 erstmals wieder einen Römer zum Papst: Oddo (Ottone) Colonna, der sich Martin V. nannte. Unter ihm und seinen beiden Nachfolgern erfuhr Rom endlich den ersehnten Aufschwung, die Renaissance kam in die Stadt und mit ihr eine Aufbruchstimmung, die sich u. a. in der Errichtung zahlreicher prächtiger Bauwerke niederschlug. Unterbrochen wurde der stetige Aufstieg Roms (die Bevölkerung war bald wieder auf 100.000 Bewohner angewachsen) nur durch den **Sacco di Roma**, die Plünderung der Stadt in den Jahren 1527/1528 durch die Truppen Karls V. Unbeirrt ging im weiteren Verlauf des 16. Jh. der Ausbau der weltlichen Macht der Kirche weiter, zur Finanzierung bediente man sich der immensen Ablasszahlungen und Steuergelder.

Gegenreformation und Barock

Die Reformation hinterließ auch in Rom Spuren und führte nach der Reform der katholischen Kirche (Konzil von Trient, 1545–1563) zur Gegenreformation, mit der der Kirchenstaat seine Stellung gegenüber der protestantischen Bewegung abgrenzen und festigen wollte. Der neu gegründete **Jesuitenorden** stand voll im Dienste der Gegenreformation, seine Mitglieder waren in ganz Europa tätig. Zu den Opfern der Bewegung zählten zahlreiche Kirchenkritiker, die von der Inquisition als Ketzer verurteilt wurden. Der bekannteste unter ihnen war Giordano Bruno, der im Jahr 1600 auf dem Campo de' Fiori auf dem Scheiterhaufen starb.

Unter Papst Sixtus V. (1585–1590) wurde eine neue Gestaltung der Stadt in Auftrag gegeben, bei der schnurgerade Straßen die Hauptkirchen Roms miteinander verbanden. Eine Weiterführung der prestigeträchtigen Neugestaltung Roms fand mit den prachtvollen

Die großen römischen Künstler des 16. Jh.

Donato Bramante (1444–1514): Er gilt als Begründer der klassischen Architektur der italienischen Hochrenaissance. Ab 1499 war er in Rom tätig und wurde vor allem als einer Baumeister der Peterskirche berühmt (im Auftrag von Papst Julius II.).

Michelangelo Buonarroti (1475–1564): Das Universalgenie seiner Zeit war umworbener Bildhauer, Architekt und Maler, der zunächst in Florenz für seinen Mentor Lorenzo de Medici tätig war, bevor er nach Rom abgeworben wurde. Zu seinen berühmtesten römischen Kunstwerken zählen die Kuppel der Peterskirche (eine Fortentwicklung der Kuppel-Idee von Bramante), der Pietà in der Peterskirche, die Ausmalung der Sixtinischen Kapelle mit dem „Jüngsten Gericht" und der Ausmalung der Decke, die Gestaltung des Kapitolsplatzes, aber auch zahlreiche Skulpturen wie z. B. der „Moses" in der Kirche San Pietro in Vincoli.

Raffael (1483–1520): Raffaello Sanzio, der dritte der bekannten Baumeister der Peterskirche, kam 1508 im Dienst von Papst Julius II. nach Rom. Weltberühmt sind seine „Stanzen", die Ausmalung der Gemächer seines päpstlichen Mentors, aber auch Altarbildnisse und Madonnendarstellungen, daneben seine Wandfresken in der Villa Farnesina: der „Triumph der Galathea" und die „Loggia der Psyche". Raffael gilt als herausragender Maler der Hochrenaissance.

Giacomo Vignola (1507–1573): einer der führenden Architekten im Rom des 16. Jh.; er wirkte entscheidend an der Kirche Il Gesù und an der Peterskirche mit. Abgelöst wurde er nach seinem Tod von **Giacomo della Porta (1532–1602)**, der die von Michelangelo begonnene Kuppel der Peterskirche in abgeänderter Form vollendete.

Santa Croce in Gerusalemme – eine der sieben Pilgerkirchen

Bauwerken des Barock im 17. Jh. statt. Als Baumeister federführend waren **Francesco Borromini** (1599–1667) und **Gianlorenzo Bernini** (1598–1680), die das Stadtbild Roms entscheidend prägten. Wichtigster Förderer Berninis war Papst Urban VIII.

Im 18. Jh. wurde zwar noch kräftig weitergebaut (z. B. die Spanische Treppe und der Trevi-Brunnen), doch erfuhr der über Jahrhunderte mächtige Kirchenstaat eine erste bedeutende Schwächung: 1798 besetzten Napoleons Truppen die Stadt und entmachteten den Papst. Erst mit der Wiederherstellung der alten Verhältnisse durch den Wiener Kongress von 1814/15 erhielt er seine Position zurück.

Rom während des Risorgimento

Die Autonomie des Kirchenstaates geriet allmählich stark unter den Druck des Risorgimento, der nationalen Einheitsbewegung Italiens. Zwar konnte sich der Kirchenstaat zunächst noch mit Hilfe französischer Truppen gegen die von **Giuseppe Garibaldi** (1807–1882) geführten Revolutionäre zur Wehr setzen; als die französischen Helfer jedoch ausblieben, marschierten die Revolutionäre am 20. April 1870 ungehindert in Rom ein. 1871 riefen sie das geeinte **Königreich Italien** unter der Regentschaft von König Vittorio Emanuele II. aus. Dem Papst blieb nur der Vatikan als Rückzugsgebiet. Rom wurde zur Hauptstadt des jungen Königreichs und erlebte bald einen neuen Bauboom: Neben repräsentativen Straßenzügen wie der Via Veneto, der Via del Tritone oder der Via Nazionale entstanden staatliche Prestigegebäude wie der Justizpalast (neben der Engelsburg) und natürlich das Nationalmonument Vittorio Emanuele II (1885–1911) im pathetischen Gründerzeitstil an der Piazza Venezia.

Roma Fascista

Ein maroder Staat mit rechten und linken Extremisten, Terrorakten und anarchischen Zuständen war der Nährboden für die Machtübernahme Benito

Die Engelsburg bei Nacht

Mussolinis (1883–1945). Mit seinem „Marsch auf Rom" übernahm er 1922 die Regierungsgeschäfte. Durch die **Lateranverträge** von 1929 sicherte er der Kirche neue Autonomie zu – wenn auch auf das winzige Gebiet des Vatikans und einiger exterritorialer Kirchen beschränkt. Den Höhepunkt seiner Macht erreichte das faschistische Regime Mussolinis Mitte der 1930er Jahre. In Rom ließ er große Straßenzüge wie die Via dei Fori Imperiali und die Via della Conciliazione bauen; außerdem das Stadion Foro Italico. Darüber hinaus plante er den Bau des Weltausstellungsgeländes E.U.R. (Esposizione Universale Romana) im Süden der Stadt. Im Juni 1940 trat Italien an der Seite Deutschlands in den **Zweiten Weltkrieg** ein. 1943 marschierten die Alliierten in Rom ein und nahmen den „Duce" gefangen. Die Deutschen befreiten ihn zwar wieder, doch zwei Jahre später wurden Mussolini und seine Geliebte am Comer See von Partisanen ermordet. Während des Zweiten Weltkriegs wurden unter der deutschen Besatzung ab September 1943 über 2000 römische Juden deportiert und in den Konzentrationslagern ermordet. 1944 wurde die Stadt von den Alliierten kampflos eingenommen.

Rom ab 1945

Nachdem der italienische König Vittorio Emanuele III. 1946 abgesetzt worden war, wurde am 2. Juni die **Republik** mit der Hauptstadt Rom ausgerufen. Seitdem zählt man die mittlerweile 62. (!) Nachkriegsregierung, und politisch hat sich Rom in jüngerer und jüngster Vergangenheit nicht immer mit Ruhm bekleckert. Anfang der 1990er Jahre kam ans Licht, was die italienischen Regierungen seit Ende des Zweiten Weltkrieges angerichtet hatten: Verbindungen zur Mafia und Bestechungsskandale in vielfacher Millionenhöhe, die Politiker aller Parteien betrafen. Verhaftungen im römischen Parlament waren Anfang der 1990er Jahre fast schon an der Tagesordnung.

Rom im dritten Jahrtausend

Dem ehemaligen römischen Bürgermeister Francesco Rutelli ist es zu verdanken, dass die Stadt zum Heiligen Jahr 2000 in neuem Glanz erstrahlte und zahlreiche Ausgrabungen und Museen, die jahrelang vergeblich auf eine Restaurierung gewartet hatten, nach intensiven Arbeiten beinahe pünktlich zum Jubiläumsjahr fertig wurden. Nachdem Rutelli bei den Parlamentswahlen im Mai 2001 gegen Silvio Berlusconis rechtsgerichtetes Parteienbündnis „Case della Libertà" unterlegen und in die Opposition gewechselt war, wählten die Römer 2001 den überaus beliebten Walter Veltroni zum Bürgermeister und bestätigten ihn 2006 mit absoluter Mehrheit im Amt. Ihm folgte – Veltroni wurde zwischenzeitlich Vorsitzender des neu gegründeten *Partito Democratico* – im Mai 2008 Gianni Alemanno von Berlusconis neu benanntem Parteienbündnis „Popolo della Libertà". Ursprünglich kam Alemanno von der postfaschistischen *Alleanza Nazionale*; zuvor war Rom seit 1945 durchgehend links regiert. Schon kurz nach Amtsantritt machte Alemanno von sich reden – u. a. durch die Idee, das architektonisch wegweisende Bauwerk um die Ara Pacis von Richard Meier abreißen zu lassen und faschistische Monumentalbauten in der Stadt sanieren zu lassen. Eines seiner Wahlkampfthemen war die populistische Forderung nach der Abschiebung illegaler Einwanderer und die Erhöhung der Polizeipräsenz in der Ewigen Stadt.

An moderne Architektur wird sich Alemanno allerdings gewöhnen müssen: Eines der spektakulärsten Bauwerke Roms im neuen Jahrtausend, das *Museo Nazionale delle Arti del XXI Secolo* (kurz: MAXXI) steht kurz vor seiner Eröffnung (Frühjahr 2010) und es ist abzusehen, dass die Besucher in Scharen zu dem kühnen Bau der britisch-irakischen Architektin Zaha Hadid in die Via Guido Reni (unweit des Stadio Flaminio und des kaum weniger spekta-

Am Altare della Patria

kulären Auditoriums von Renzo Piano) nördlich der Innenstadt pilgern werden.

Mit seinen etwa 2,5 Millionen Einwohnern ist Rom heute mit Abstand die größte Stadt des Landes (Mailand ist gerade mal halb so groß). In den letzten Jahrzehnten hat sich die Hauptstadt zu einem multikulturellen Zentrum entwickelt. Viele Einwanderer kommen aus Asien (Philippinen, China), Nordafrika, zunehmend aus Osteuropa (Rumänien) und aus den ehemaligen Kolonien in Ostafrika (Äthiopien und Somalia). Die größte Moschee Europas steht in Rom, und von den eineinhalb Millionen legalen Einwanderern in ganz Italien ist ein Drittel muslimischen Glaubens. Die jüdische Gemeinde der Stadt zählt etwa 16.000 Mitglieder, das ist fast die Hälfte aller Juden in Italien.

▲ Blick auf die Kolonnaden am Petersplatz

Praktische Infos

Der Klassiker unter allen Wegen, die nach Rom führen – die Via Appia

Anreise

Mit dem Flugzeug

Nicht nur per Linie wird Rom von vielen deutschen, österreichischen und Schweizer Flughäfen (z. T. mit Umsteigen) aus angeflogen, mittlerweile haben auch die allermeisten Charter- bzw. Low-Cost-Carrier die Ewige Stadt überaus preisgünstig im Programm, und das sogar noch flächendeckender als die Linienanbieter. Dabei spielt es kaum eine Rolle, welcher der beiden römischen Flughäfen angesteuert wird: Sowohl *Fiumicino* als auch *Ciampino* sind bestens an die Innenstadt angebunden.

Linienflüge: Ab Deutschland nonstop nur mit *Lufthansa* und *Alitalia*; mit *Lufthansa* 6x täglich ab Frankfurt und 5x täglich ab München, die günstigsten Tarife liegen bei 99 € (hin und zurück). Mit *Alitalia* (von Frankfurt 3x tägl. nach Rom, z. T. mit Umsteigen in Mailand, von München 2x tägl. nonstop) geht es noch günstiger, Hin- und Rück-

flug sind schon ab 92 € zu haben (Preise jeweils inkl. Steuern und Gebühren). Solche Angebote sind allerdings begrenzt und an bestimmte Bedingungen gebunden (Vorbuchungsfrist, Aufenthaltszeitraum etc.) und entsprechend schnell ausgebucht, es empfiehlt sich eine frühzeitige Reservierung. Das Gleiche gilt für die Spezialtarife der *Swiss* (4x täglich nonstop Zürich–Rom ab ca. 200 CHF hin und zurück, inkl. Steuern und Gebühren) und die Sondertarife der *Austrian Airlines* (2x täglich nonstop Wien–Rom, ab 115 € hin und zurück, inkl. Steuern und Gebühren). Hilfreich ist in jedem Fall auch der Besuch eines Reisebüros, in dem man Ihnen detailliert über Sonderangebote Auskunft geben kann. Aber **Achtung**: Die günstigsten Tarife können oftmals nur im Internet gebucht werden!

Stand der im Text genannten Flugpreise: Dezember 2009.

Charterflüge/Billiganbieter: Rom als eines der beliebtesten Städtereiseziele überhaupt wird von fast allen bekannten Charter- und Billigfluganbietern angesteuert, u. a. sind dies:

Air Berlin, fliegt von 19 deutschen Flughäfen nach Rom-Fiumicino, von größeren Städten sogar täglich, ansonsten mind. 3x wöchentlich, teilweise mit Stopover; darüber hinaus mindestens 5x wöchentlich ab Zürich nach Rom-Fiumicino (mit Stopover) sowie täglich nonstop ab Wien und Innsbruck (via Wien) nach Fiumicino.

Germanwings, je 6x wöchentlich ab Köln-Bonn und Stuttgart nonstop nach Rom-Fiumicino, ebenso 6x wöchentlich von München (Stopover Köln) sowie 5x wöchentlich ab Berlin, Hamburg, Dresden und Leipzig mit Stopover; 5x wöchentlich ab Zürich nonstop nach Fiumicino.

Ryanair, 1–2x täglich von Frankfurt-Hahn, 5x wöchentlich von Karlsruhe-Baden sowie 4x wöchentlich ab Düsseldorf-Weeze nach Rom-Ciampino.

TUIfly, täglich ab Düsseldorf, 6x wöchentlich von Berlin-Tegel, 4x wöchentlich ab Hamburg und 3x wöchentlich ab Nürnberg nach Rom-Fiumicino.

Die günstigsten **Oneway-Tarife** liegen um die 30–50 € (bei Ryanair unter bestimmten Voraussetzungen ab 10 €), in der Regel zahlt man um 70–90 € oneway, bei manchem Anbieter kommen teilweise noch die Steuern und Gebühren (z. B. für Gepäck) hinzu, bei anderen sind diese schon im Preis enthalten.

Flughäfen: Neben dem riesigen Flughafen Leonardo da Vinci in Fiumicino (westlich der Stadt am Meer bei Ostia gelegen) gibt es noch den etwas city-näheren kleineren Airport Ciampino südöstlich von Rom (auf halbem Weg nach Castel Gandolfo). Der gängige Airport für internationale Flüge ist Fiumicino, in Ciampino landen meist inneritalieni-sche Flüge und einige billige Charterjets aus dem Ausland.

Service-Telefone und Websites

Lufthansa, ✆ 01805/805805, www.lufthansa.com.
Alitalia, ✆ 01805/074747, www.alitalia.com.
Austrian Airlines, ✆ 0043/(0)5/17661001, www.aua.com.
Swiss, ✆ 0041/848/700700, www.swiss.com.
Air Berlin, ✆ 01805/737800, in Österreich ✆ 0820/737800, in der Schweiz ✆ 0848/737800, im Internet unter www.airberlin.com.
Germanwings, ✆ 0900/1919100, www.germanwings.com.
Ryanair, ✆ 0900/1160500, www.ryanair.com.
TUIfly, ✆ 01805/757510, www.tuifly.com.

Flughafen Fiumicino

Flughafeninfos und Flugauskunft unter ✆ 06/65951 (Zentrale) bzw. www.adr.it. Fundbüro im Flughafen ✆ 06/65955253. Am Flughafen auch Autoverleiher (Infos → S. 42), Touristeninformation, Hotelreservierung und Gepäckaufbewahrung.

Mit dem Zug „LeonardoExpress" (im Flughafen Beschilderungen „treno" folgen) kommt man von 6.37 bis ca. 23.37 Uhr jede halbe Stunde *nonstop* zum Hauptbahnhof Termini (11 €, 30 Min. Fahrtzeit).

Günstiger, aber länger fährt man mit dem Nahverkehrzug **FM 1** (Richtung „Orte" oder „Fara Sabina") vom Flughafen über Trastevere und Ostiense zum Bahnhof Tiburtina im Osten der Stadt (zwischen 5.57 und 23.27 Uhr alle 15–30 Minuten, Fahrtdauer bis Tiburtina 45 Min., Ticket 5,50 €), dort umsteigen in die Metro Linea B und vier Stationen zum Hauptbahnhof (Metrotickets am Automaten, 1 €). Tickets für Leonardo Express und FM 1 gibt's am Schalter und am Automaten.

Busse des **SIT Bus-Shuttle** fahren nach der Ankunft am Terminal 3 (Internazionale) zwischen 7 und 23.30 Uhr etwa stündlich in die Innenstadt zur Stazione Termini, Dauer ca. 1,5 Std., 8 €, Tickets im Bus (www.sitbusshuttle.it). Außerdem mit **Cotral** stündlich ab „Arrivi Internazionali" zum Bahnhof Tiburtina, Dauer ca. 40 Min., 4,50 €, Tickets im Bus. Wer in den Westen der Stadt will, kann mit Cotral zur Metrostation Cornelia fahren (Dauer ca. 1,50 Std., 4,50 €), weitere Infos unter www.cotralspa.it.

Taxis, im Jahr 2006 hat die Stadtverwaltung Festpreise für Fahrten zwischen Fiumicino und der Innenstadt (konkret: alles innerhalb der Aurelianischen Stadtmauer) festgelegt: 40 € für die gesamte Stecke und maximal drei Fahrgäste, darüber wird es teurer (→ S. 39 f.).

Flughafen Ciampino

Flughafeninfo unter ✆ 06/65951 (Zentrale) bzw. www.adr.it, Fundbüro im Flughafen ✆ 06/65959327 (Mo–Fr 9–13 und 15–20 Uhr). Vom Flughafen Ciampino mit dem **Cotral- bzw. Schiaffini-Bus** von etwa 7–22 Uhr alle 30 Minuten bis zur Stazione Ferrovia Ciampino (Dauer 5 Min., 1 €), ab hier mit dem Nahverkehrszug zur Stazione Roma Termini (alle 15 Min., Dauer 15 Min., 1,30 €).

Bequemer ist es mit dem Shuttle-Bus von **SIT**, von 7.45–23.45 Uhr ca. stündlich ab Flughafen nach Roma Termini, Dauer ca. 45 Min., 6 €, Tickets im Bus. Näheres unter www.sit busshuttle.it. Die günstigste und schnellste Variante in die Innenstadt **ATRAL**: 6.15– 22.40 Uhr alle 40 Minuten zur Metrostation Anagnina (Endstelle Linea A), Dauer ca. 15 Min. (Express) bzw. 35 Min., 1,20 €, Tickets im Bus. Ab Anagnina 1 € ins Zentrum. Weitere Infos: www.atral-lazio.com. Darüber hinaus bietet **Terravision** einen Bus-Shuttle in die Innenstadt zum Bahnhof Termini (Via Marsala) an, Dauer ca. 50 Min., 4 €, www.terravision.eu. Nach 22.40 Uhr gibt es keine Busse mehr, einzige Möglichkeit ist dann das **Taxi** (in die Innenstadt gilt ein Festpreis von 30 € bei maximal drei Fahrgästen).

Mit dem Zug zum Flughafen

Die Tickets für die Nahverkehrszüge zu den Flughäfen bekommt man an der Stazione Termini am einfachsten an den Tabak- und Zeitschriftenläden, Metrotickets ausschließlich am Automaten. Auch Zugtickets gibt es am Automaten, aber Achtung: Geldscheine werden oft wieder ausgespuckt, auch wenn sie nur leicht angeknittert sind. Das Zuginformationsbüro am Bahnhof ist täglich von 7 bis 21.45 Uhr geöffnet.

Zum Flughafen Fiumicino (Leonardo da Vinci): Mit dem schnellen *Leonardo Express* ab Stazione Termini (Gleis 24), von 5.52 bis 22.52 Uhr jede halbe Stunde nonstop zum Flughafen, Fahrtdauer 30 Min., 11 € (Tickets auch am Automaten). Sollten Sie spät dran sein, können Sie Ihr Zugticket nach Fiumicino noch direkt am Gleis 24 zum erhöhten Preis von 12 € kaufen. Nachts fährt ein Bus von der Stazione Termini (Piazza dei Cinquecento, vor dem Museo Nazionale Romano/Palazzo Massimo) zum Flughafen (von 0.30 bis 3.45 Uhr ca. stündlich), Fahrtdauer etwa 45 Min., 4,50 €, Tickets beim Tabacchi-/Zeitschriftenladen, im Bus kostet das Ticket 7 €.

Zum Flughafen Ciampino: Mit Bussen der **SIT** alle halbe Stunde ab Stazione Termini (4.30–21.30 Uhr, Dauer 45 Min., 6 €) und der Gesellschaft **Terravision** (4.30–21.20 Uhr, 50 Min., 4 €). Tickets im Bus. Außerdem von 5.30–23.30 Uhr etwa alle 5–10 Min. ab Stazione Termini mit der Metro Linea A zur Endstation Anagnina. Ab hier mit den Bussen der Gesellschaft **ATRAL** von 4.45–0.25 Uhr etwa alle 40 Min. zum Flughafen, Dauer ca. 35 Min.

Mit der Bahn

Ein Zugticket zweiter Klasse kostet zum Normalpreis ungefähr genauso viel wie ein halbwegs günstiger Flug; wenn man aus dem Norden Deutschlands anreist, kann es – aufgrund der hohen deutschen Bahntarife – auch mehr sein. Für die Strecke nach Rom bietet sich besonders auch die Fahrt über Nacht an (ab München ohne Umsteigen). Vor allem in der Ferienzeit empfiehlt sich eine Reservierung; wer im Liege- oder Schlafwagen reisen möchte, sollte immer mindestens eine, besser zwei Wochen vorher buchen. Noch früher empfiehlt es sich zu buchen, wenn man einen der attraktiven Sparpreise (s. unten) ergattern möchte.

Ab München gibt es täglich um 9.31 Uhr (EC 85, Umsteigen in Bologna, Fahrt-

Stazione Roma Termini, der Hauptbahnhof

dauer 9 Std. 20 Min.) eine relativ komfortable Tagverbindung nach Rom. Wer den Nachtzug um 21.03 Uhr nimmt (CNL 485, Fahrtdauer 12 Std.), kommt sogar ohne Umsteigen nach Roma Termini. Die Strecke führt durch Österreich über Kufstein und den Brenner. Routen über die Schweiz lohnen kaum, da die Preise höher liegen und man in der Regel umsteigen muss.

> **Achtung**: Bahntickets müssen in Italien immer vor dem Einsteigen entwertet werden (orangefarbene Stempelautomaten am Bahnsteig).

Bahnpreise (2. Klasse)

Normaltarife (einfache Fahrt): z. B. ab München 131,90 € (inkl. Reservierung), Fahrtdauer 9,5–12 Std.

Liege-/Schlafwagen: Liegewagen je nach Belegung 16–26 € Zuschlag pro Person (4er- bzw. 6er-Abteil); Schlafwagen 56 € pro Person im 2er-Abteil, das Einzelabteil kostet 96 € zusätzlich. Für Schlafwagenreisende ist ein (abgepacktes) Frühstück inklusive, es befindet sich auch eine Waschgelegenheit im Abteil.

Plan & Spar Deutschland: Bei Ticketkauf mind. 7 Tage vor Reisebeginn reduziert sich der Preis hin/zurück auf der deutschen Strecke auf die Hälfte, allerdings muss man auf derselben Strecke an- und abreisen und es muss ein Wochenende zwischen den Fahrten liegen. Natürlich ist dieser Spartarif kontingentiert, man sollte daher möglichst frühzeitig buchen.

Tipp: Sollte in der 2. Klasse bereits alles ausgebucht sein, versuchen Sie es in der 1. Klasse! Die Preisunterschiede liegen bei den Plan & Spar-Angeboten oft nur bei ein paar Euro. Weitere Sparmöglichkeiten bieten die **Bahncard 25** und die **Bahncard 50**. Nähere Infos in den Reise-Centern der DB in allen größeren Bahnhöfen oder unter ☎ 01805/996633 bzw. www.bahn.de.

SparNight ab München: Wer über Nacht reisen will und rechtzeitig bucht (mindestens 14 Tage vorher), macht hier ein echtes Schnäppchen! Die Fahrt ab München nach Rom kostet im 6er-Liegewagen 59 €, im 4er-Liegewagen 69 €, im 2er-Schlafwagen 99 €, im Einzelschlafwagen 139 € und mit Sitzplatz sogar nur 43 €!

Euro-Sparpreis Italien, z. B. von München nach Rom ab 39–49 € (Tagverbindung im EC, Zugbindung). Auch hier sollte man so früh wie möglich buchen!

Europa-Spezial, ab jedem deutschen DB-Bahnhof nach Italien in einem durchgehenden Zug zu haben, München–Bozen (Tagverbindung im EC) kostet – bei entsprechend früher Buchung – beispielsweise nur 29 €, ansonsten liegen die Tarife bei 39–139 €, Kinder bis 14 Jahre fahren umsonst mit! Zugbindung, nur im Tagesreiseverkehr gültig. Die gängige Route führt über Kufstein und Brenner.

Informationen im Internet finden Sie auch unter **www.bahn.de** sowie unter **www.trenitalia.it**.

Aus Österreich: Ab Wien Westbahnhof gibt es eine Tagverbindung nach Rom (2x umsteigen, Fahrtdauer insgesamt 12,5 Std.) und eine direkte Nachtverbindung (EN, 13,5 Std.). Sondertarife bietet die **Spar-Schiene**: Für Nachtfahrten bei rechtzeitiger Buchung ab 29 € (Sitzplatz) bzw. 49–59 € im Liegewagen und 69–89 € im Schlafwagen (3er- bzw. 2er-Belegung, Einzelbelegung Schlafwagen 129 €). Auch hier gilt: Zugbindung, kontingentiertes Angebot). Infos unter www.oebb.at, Call-Center ☎ 05/1717.

Aus der Schweiz: Ab Basel und Zürich mehrmals tägl. nach Mailand (in 4–5 Stunden, teilweise mit Umsteigen in Chiasso oder Lugano), ab dort mit dem superschnellen Eurostar in weniger als drei Stunden nach Roma Termini – teuer. Eine Nachtverbindung führt von Zürich über Innsbruck (umsteigen) und von dort direkt nach Roma Termini. Weitere Infos unter www.sbb.ch.

Gepäckaufbewahrung

Deposito bagagli in der Stazione Roma Termini bei Gleis 24 (binario 24) im UG, ☎ 06/4744777. Geöffnet 6–24 Uhr, die ersten fünf Stunden kosten pro Gepäckstück 4 €,

Erbarmungslos: die Kralle

6.–12. Stunde 0,60 €, ab der 13. Stunde 0,20 €. Meist lange Warteschlangen bei der Abgabe, bei Abholung dagegen kaum Wartezeiten. Schließfächer gibt es aus Sicherheitsgründen keine mehr.

Mit dem eigenen Fahrzeug

Das Verkehrschaos vor Ort, teure Parkhäuser und Zufahrtsbeschränkungen machen diese Anreisevariante nur bedingt empfehlenswert.

Nach Rom sind es ab Frankfurt/Main auf der Route durch die Schweiz 1250 km, über den Brenner 1330 km. Gängige Anreiserouten führen von Ost- und Süddeutschland über Innsbruck/Brenner und weiter über Verona und Modena nach Bologna. Von dort auf der A 1 (Autostrada del Sole) über Florenz und Orvieto durch das breite Tibertal nach Rom. Von Südwestdeutschland geht es über Basel, den Gotthard-Tunnel und Mailand (ab hier A 1) nach Modena/Bologna, Florenz und weiter nach Rom. Die Route auf der A 12 (bis Livorno) und S 1 (Via Aurelia), die über Grosseto und Civitavecchia teilweise an der Westküste Italiens entlang nach Rom führt, mag zwar landschaftlich reizvoller sein, dauert jedoch ungleich länger. A 1 und S 1 führen auf den G.R.A., den römischen Autobahnring (s. u. „Orientierung", S. 34).

Auf Italiens Autobahnen geht es relativ entspannt zu. Mit drastischen Geldstrafen versucht man, Rasern und anderen Verkehrssündern Einhalt zu gebieten. Geschwindigkeitsverstöße werden mit 370–2000 € geahndet, Alkoholverstöße mit bis zu 6000 €! Außerdem droht der sofortige Führerscheinentzug. Bei einem einfachen Parkverstoß wird man mit 35 € zur Kasse gebeten.

Mautgebühren und Vignetten

Route München – Rom (via Brenner): Brennerautobahn 8 €, Autobahngebühren in Italien 41,60 € (auf der A 1, der Autostrada del Sole).

Route Stuttgart–Rom (via Como/Milano): Autobahngebühren in Italien 36,50 € (A 1).

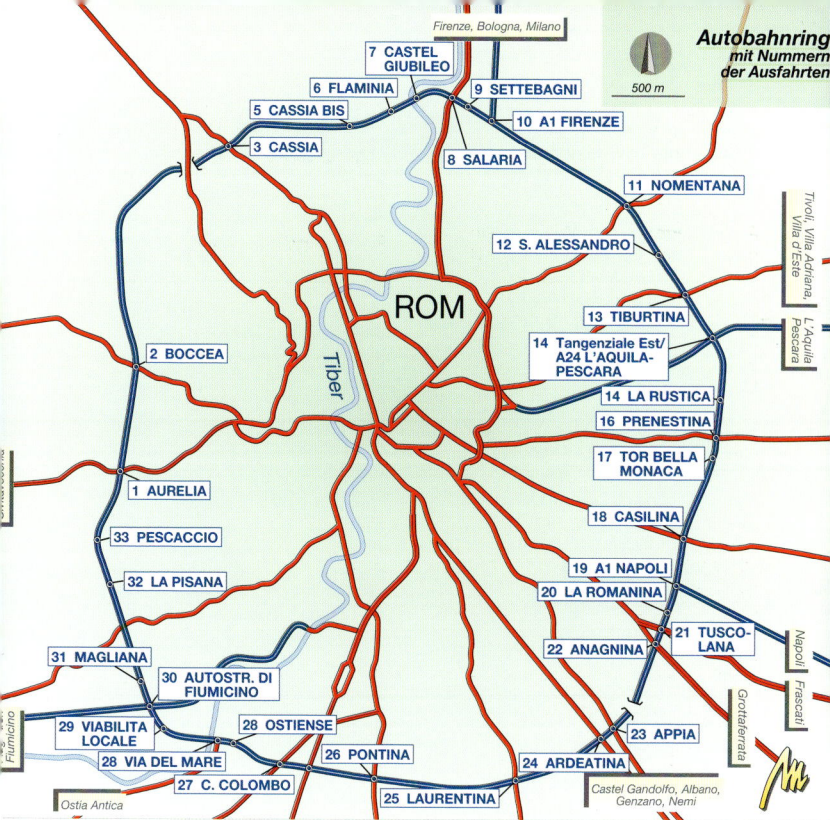

Autobahnring mit Nummern der Ausfahrten

Firenze, Bologna, Milano
500 m

7 CASTEL GIUBILEO
6 FLAMINIA
5 CASSIA BIS
3 CASSIA
9 SETTEBAGNI
10 A1 FIRENZE
8 SALARIA
11 NOMENTANA
12 S. ALESSANDRO
ROM
2 BOCCEA
13 TIBURTINA
14 Tangenziale Est/ A24 L'AQUILA-PESCARA
14 LA RUSTICA
16 PRENESTINA
17 TOR BELLA MONACA
1 AURELIA
18 CASILINA
33 PESCACCIO
19 A1 NAPOLI
32 LA PISANA
20 LA ROMANINA
21 TUSCO-LANA
22 ANAGNINA
31 MAGLIANA
30 AUTOSTR. DI FIUMICINO
29 VIABILITA LOCALE
28 OSTIENSE
23 APPIA
28 VIA DEL MARE
26 PONTINA
24 ARDEATINA
27 C. COLOMBO
25 LAURENTINA
Tiber
Ostia Antica
Castel Gandolfo, Albano, Genzano, Nemi
Tivoli, Villa Adriana, Villa d'Este
L'Aquila, Pescara
Napoli, Frascati
Grottaferrata
Fiumicino

Route Wien–Rom (via Tarvisio/Padua/ Bologna): Autobahngebühren in Italien 43,40 € (A 1).

Route Zürich–Rom: Autobahngebühr in Italien 36,50 € (A 1).

Vignette Österreich: Pkw/Wohnmobil: Jahresvignette 73,80 €, 2-Monats-Vignette 22,20 €, 10-Tages-Vignette 7,70 €; Motorrad: Jahresvignette 29,50 €, 2-Monats-Vignette 11,10 €, 10-Tages-Vignette 4,40 €. Anhänger (auch Wohnwagen) sind nicht vignettenpflichtig.

Vignette Schweiz: nur Jahresvignetten (14 Monate gültig), 40 CHF (27,50 €) jeweils für Autos, Motorräder, Wohnmobile und Anhänger. Über 3,5 t wird es deutlich teurer!

VIACARD: magnetische Kreditkarte zur elektronischen Abbuchung der Autobahngebühren in Italien, die im Wert von 25 € bzw. 50 € (Verkaufspreis 25,25 € bzw. 50,50 €) bei ACI-Büros, an Grenzübergängen, großen Raststätten oder deutschen Automobilclubs erhältlich ist. Bringt an den Mautstellen Zeit-

vorteile. Achten Sie aber auf ausreichende Deckung, man kann nicht bar zuzahlen.

Auf fast allen Teilstrecken der italienischen Autobahnen kann man an den entsprechend ausgewiesenen Schaltern auch mit den gängigen **Kreditkarten** zahlen.

Achtung: Die **Telepass-Schalter** können von Touristen nicht benutzt werden!

Verkehrsvorschriften

Geschwindigkeit: innerorts 50 km/h, Landstraße 90 km/h (Pkw mit Anhänger 70 km/h, Wohnmobile über 3,5 t 80 km/h), Schnellstraße 110 km/h (70 bzw. 80 km/h), Autobahn 130 km/h (80 bzw. 100 km/h). Auf **dreispurigen Autobahnen** gilt bei entsprechender Beschilderung auf der linken Spur eine Geschwindigkeitsbegrenzung von 150 km/h.

Privates Abschleppen auf Autobahnen ist

verboten; auf Autobahnen, Schnellstraßen und außerhalb geschlossener Ortschaften auch tagsüber **Abblendlicht** einschalten; Wenden, Rückwärtsfahren und Spurwechsel im **Mautstellenbereich** verboten; **Straßenbahnen** haben grundsätzlich Vorfahrt; das **Mitführen von Reservekanistern** ist verboten; die **Promillegrenze** liegt bei 0,5; es besteht **Gurt- und Helmpflicht**; Telefonieren während der Fahrt ist nur mit **Freisprechanlage** gestattet; im **Kreisverkehr** gilt grundsätzlich rechts vor links; **Parkverbot** besteht an schwarz-gelb und an gelb markierten Bordsteinen, bei blauer Markierung ist das Parken **gebührenpflichtig**. Eine fluoreszierende **Warnweste** ist mitzuführen und im Falle einer Panne anzulegen (erhältlich bei Tankstellen).

Achtung: Motorräder unter 150 ccm sind auf italienischen Autobahnen verboten!

Länderkennzeichen

Wer noch kein EU-Kennzeichen hat, sollte ein Nationalitätenkennzeichen am Auto haben. Fehlt es, kann abkassiert werden.

Pannenhilfe/Notruf

Pannenhilfe: Den Straßenhilfsdienst *ACI (Automobil Club d'Italia)* erreicht man rund um die Uhr unter ✆ 803116 (Festnetz) und mobil unter ✆ 800116800, darüber hinaus unterhält der *ADAC* in Mailand rund um die Uhr einen deutschsprachigen Notrufdienst (✆ 02/661591). **Polizeinotruf**: ✆ 112, **Unfallrettung**: ✆ 118. Notrufsäulen stehen in Abständen von 2 km an den Autobahnen.

Orientierung/Autobahnring

Vom **römischen Autobahnring G.R.A.** (Grande Raccordo Anulare) führen zwar wirklich alle Wege nach Rom; da man die Stadt aber kaum durchqueren kann bzw. mehrere Stunden dafür benötigen würde, ist es sinnvoll, sich schon vor der Einfahrt in die Stadt über das Zielgebiet im Klaren zu sein:
Für die Gegend Vatikan, Trastevere und Gianicolo nimmt man am besten die Ausfahrt (uscita) **Nr. 1 (Via Aurelia)**; auf dem Autobahnring fährt man – von der A 1 kommend – entgegen dem Uhrzeigersinn in Richtung Westen.
Über die **Via Flaminia (Ausfahrt 6)** im Norden des G.R.A. gelangt man am einfachsten zur Piazza del Popolo und zum Stadtpark Villa Borghese.

Für die Gegend um den Hauptbahnhof Roma Termini (Hauptbahnhof) nimmt man die **Ausfahrt 14 (Tangenziale est)**.
Wer in den Süden von Rom (Caracalla-Thermen, Aventin, Kolosseum, Forum Romanum), aber auch Richtung Centro Storico fahren möchte, tut dies am besten über die **Ausfahrt Nr. 27 (Viale C. Colombo)** oder **Nr. 26 (Pontina)** im Süden des Rings.

Mit dem Linienbus

Eine preisgünstige Anreisevariante, die dem Reisenden allerdings viel Geduld und Sitzfleisch abverlangt: Von Frankfurt aus ist man etwa 21 Stunden unterwegs, je nach Auslastung muss man in Bologna umsteigen. Die Busse sind mit WC ausgestattet, die Pausen an den Rastplätzen werden variabel gestaltet.

Angeboten werden die Fahrten von der **Deutschen Touring GmbH**, die mit ihren Europabussen mehrmals wöchentlich von 13 deutschen Städten (Ruhrgebiet und Südwestdeutschland) aus nach Rom startet – u. a. ab Bochum, Köln, Frankfurt/Main, Stuttgart, Karlsruhe und München. Ankunftsstation in Rom ist der **Busbahnhof Stazione Tiburtina** nordöstlich der Innenstadt. Von hier aus gelangt man mit der Metro Linea B schnell ins Zentrum.

Preisbeispiel/Info/Buchung

Frankfurt/Main – Rom einfach 96–104 €, hin/zurück 173–188 €, bei längerer Vorausbuchung verringert sich der Preis (hin und zurück 121–156 €), Fahrtdauer ca. 21 Std. Die Busse starten je nach Abfahrtsort in Deutschland frühmorgens bis nachmittags und erreichen Rom am nächsten Morgen um ca. 6 Uhr.
Handgepäck und zwei Koffer (oder Reisetaschen) werden kostenlos transportiert, ein drittes Gepäckstück kostet 5 €.
Ermäßigungen: Kinder bis 4 Jahre 50 %, bis 12 Jahre 25 %, Jugendliche und Studenten unter 26 J. sowie Rentner über 60 J. erhalten 10 % Rabatt.
Auskünfte und Prospektmaterial: Deutsche Touring GmbH, Am Römerhof 17, 60486 Frankfurt, ✆ 069/7903501, www.touring.de.

Mit einem PS über die Piazza di Spagna

Unterwegs in Rom

Alle Wege führen nicht nur nach, sondern anscheinend auch durch Rom. Das gilt besonders für den römischen Autoverkehr: Trotz zahlreicher Reglementierungen und Sperrung des Centro Storico für den auswärtigen Verkehr ein bleibendes „disastro".

Generell möchten wir an dieser Stelle die öffentlichen Verkehrsmittel empfehlen, das eigene Fahrzeug stört in Rom hauptsächlich: massive Parkplatzprobleme, teure Parkhäuser, ein kaum zu durchschauendes Einbahnstraßensystem, ungewohnt flotter Verkehr etc.

Außerdem: Sich mit Metro, Tram und Bussen durch die Ewige Stadt zu bewegen ist ausgesprochen günstig, es bestehen hervorragende, sehr häufige Verbindungen. Dazu gibt es einige spezielle Nachtbuslinien, und zur Not kann man auf ein Taxi zurückgreifen – was dann allerdings nicht ganz so günstig ist.

Wer zu Fuß unterwegs ist (und bequeme Schuhe trägt), kommt in der Innenstadt relativ schnell zu den meisten Sehenswürdigkeiten. Einzig das Überqueren der viel befahrenen Straßen stellt für Touristen ein größeres Problem dar, besonders an der riesigen Piazza Venezia.

Mit der Metro

Die römische *Metropolitana* (weißes „M" auf rotem Grund) hat kaum etwas mit dem Flair der U-Bahnen anderer Metropolen gemeinsam. Ihre Funktion erschöpft sich im Wesentlichen darin, Pendler aus den Randbezirken in die Innenstadt und zurück zu transportieren. Da das römische Stadtgebiet gewissermaßen archäologisch „vermint" ist, blieb es bisher bei zwei Linien. Gebaut wird derzeit an einer dritten Linie (Linea C), die den touristisch eher uninteressanten Südosten Roms mit dem Zentrum verbinden soll. Fertigstellung soll das Jahr 2015 sein, allerdings tauchen beim Bau immer wieder antike „Hindernisse" auf, sodass mit einer erheblichen Verzögerung gerechnet wird.

Die Metrozüge sind meistens ziemlich voll (um die Mittagszeit ist es in der Regel etwas ruhiger), und das besonders auf den Streckenabschnitten in der Innenstadt. Im Sommer und zu Stoßzeiten kann es hier unangenehm sein, stickige Luft und dichtes Gedränge machen die Fahrt nicht unbedingt zu einem Vergnügen. Immerhin hat man in den letzten Jahren in einige moderne Metrozüge investiert, und dem steigenden Sicherheitsbedürfnis wird durch Wachmänner und Videoüberwachung Rechnung getragen. Zumindest tagsüber ist die Metro unangefochten das schnellste Verkehrsmittel durch die Stadt. Die Züge verkehren täglich von 5.30 bis 23.30 Uhr etwa alle fünf bis zehn Minuten (Sa bis 0.30 Uhr). Nachts bedient

die Buslinie N 1 die Route der Linea A und die Buslinie N 2 die der Linea B (etwa alle 30 Minuten).

Infos/Pläne

Informationen zum Metro-, Bus- und Straßenbahnverkehr bekommt man beim **Betreiberunternehmen atac** unter ✆ 06/57003 und im Internet unter www.atac.roma.it. An der Metrostation Termini (im Untergeschoss des Hauptbahnhofs, am Zugang zur Linea A) gibt es ein winziges atac-Büro, in dem für 2,50 € ein kompletter Bus- und Straßenfahrplan verkauft wird, der nun allerdings schon länger vergriffen ist. An den Zeitungskiosken bekommt man für 6 € einen umfangreichen und ebenso zuverlässigen Plan (Roma Metro – Bus), mit alphabetischer Liste aller Straßen/Plätze und den entsprechenden Busverbindungen.

Linea A

Von der Station **Battistini** im Westen der römischen Peripherie über **Cornelia** (Umsteigebahnhof für Überlandbusse der *Cotral*), **Cipro** (Vatikanische Museen), **Ottaviano** (Peterskirche) und über den Tiber zu den Innenstadt-Haltestellen **Flaminio** (Piazza del Popolo), **Spagna** (Spanische Treppe), **Barberini** (Via Veneto) und **Repubblica** zum Hauptbahnhof **Stazione Termini** (Umsteigemöglichkeit zur Linea B). Von hier über **Vittorio E.** (Piazza Vittorio Emanuele II) und **San Giovanni** (Lateran) in die südöstliche Vorstadt und über **Cinecittà** und **Ponte Mammolo** (Umsteigebahnhof für *Cotral*-Überlandbusse) zur Endstelle **Anagnina** (Terminal für Überlandbusse der *Cotral* und Shuttlebusse zum Flughafen Ciampino).

Linea B

Ab **Rebbibia** im Nordosten der Stadt über **Tiburtina** (Umsteigebahnhof Regional- und Fernzüge, Busse) zum Bahnhof **Termini** und weiter über **Cavour** (Stadtteil Monti), **Colosseo**, **Circo Massimo**, **Piramide** (Umsteigebahnhöfe Porta San Paolo und Ostiense, Richtung Meer) und **San Paolo** (gleichnamige Basilika) zur Endstelle **Laurentina** (Stadtteil E.U.R.).

Tickets

Fahrkartenautomaten gibt es an jeder Metrostation, Tickets werden aber auch in Zeitungsläden bzw. an Kiosken und in vielen

Bars/Tabakläden verkauft – achten Sie auf den atac-Aufkleber. Übrigens: Kinder unter 1 m Körpergröße fahren kostenlos.

Eine **einfache Fahrkarte** (**B.I.T.** = **B**iglietto **I**ntegrato a **T**empo) kostet 1 €, ist 75 Minuten gültig und berechtigt in diesem Zeitraum zu einer Metrofahrt (inkl. Umsteigemöglichkeit von einer auf die andere Linie) und unbegrenzten Bus- und Straßenbahnfahrten.

Mit einer **Tageskarte** (**B.I.G.** = **B**iglietto **I**ntegrato **G**iornaliero) kann man beliebig oft Metro-, Bus- und Straßenbahn fahren, das Ticket kostet 4 € (bis 24 Uhr gültig).

Die **Wochenkarte** (**C.I.S.** = **C**arta **I**ntegrata **S**ettimanale) gibt es für 16 €, sie ist, wenn man länger als vier Tage bleibt, durchaus eine lohnenswerte Anschaffung. Eine personengebundene **Monatskarte** (*abbonamento integrato mensile*) mit Passbild kostet 30 €.

Darüber hinaus wird auch **ein Touristenticket** (**B.T.I.** = **B**iglietto **T**uristico **I**ntegrato) angeboten, das an *drei aufeinander folgenden Tagen* zu unbegrenzten Fahrten im Stadtgebiet und auf der Strecke nach Ostia (Lido) sowie nach Viterbo berechtigt, Preis: 11 €.

> Alle Tickets, auch die Tages-, Mehrtages- und Wochentickets müssen bei Antritt der ersten Fahrt mit Bus, Tram oder Metro **abgestempelt werden**.

Fahrkartenkontrollen finden oftmals an den Stempelautomaten größerer Bahnhöfe und in den Zügen statt. Wer als Schwarzfahrer erwischt wird, muss 60 € und natürlich das Ticket zahlen.

> Alle hier genannten Tickets sind für das gesamte Stadtgebiet und alle Stadtbusse, Metrolinien und Straßenbahnen gültig.

Für alle, die einen Romaufenthalt mit vielen Ausflügen in die Umgebung planen, könnten auch **B.I.R.G.** (**B**iglietto **I**ntegrato **R**egionale **G**iornaliero), **B.T.R.** (**B**iglietto **T**uristico **R**egionale) und **C.I.R.S.** (**C**arta **I**ntegrata **R**egionale **S**ettimanale) interessant sein: Für die Dauer von einem Tag (B.I.R.G.), drei Tagen (B.T.R.) oder einer Woche (C.I.R.S.) sind sie neben *atac*- und *Cotral*-Bussen auch in den „treni urbani", den städtischen Zügen (z. B. nach Ostia) und in Regionalzügen (z. B. nach Frascati oder Tivoli) gültig. Die Preise sind je nach Dauer und Strecke gestaffelt, der günstigste Tarif für das B.I.R.G. liegt bei 2,50 €, der teuerste für das C.I.R.S. bei 41 €.

Sicherheit

Taschendiebstahl kommt im Bus, in der Metro und den Untergrundbahnhöfen immer wieder vor, man sollte daher – besonders im dichten Gedränge – auf seine Sachen achten und Taschen immer geschlossen tragen (bei Rucksäcken Wertsachen nie im Außenfach aufbewahren).

Die Metrostationen selbst sind ziemlich sicher, Überfälle eher selten, dafür sorgt allein schon die Präsenz des Wachpersonals, die an den „touristischen" Stationen wie S. Pietro, Spagna, Colosseo etc. zu finden sind. Dennoch sollten allein reisende Frauen ab ca. 22 Uhr insbesondere die Metrostation **Vittorio E.** und andere kaum besuchte Stationen möglichst meiden, im Innenstadtbereich sollte es dagegen keine Probleme geben. Die meisten Metrostationen sind videoüberwacht.

Behindertengerechte Metro

Für Rollstuhlfahrer ist das gesamte Netz der Metro nicht entsprechend ausgestattet, allerdings folgt der behindertengerecht eingerichtete **Bus Nr. 590** der gleichen Route wie die Linea A. Mit Ausnahme der Stationen **Cavour**, **Colosseo** und **Circo Massimo** sind alle Stationen der Linea B dagegen rollstuhlgerecht eingerichtet. Weitere Infos s. unter „Wissenswertes von A bis Z", S. 84.

Mit Bus und Straßenbahn

Es gibt allein im römischen Stadtgebiet über 300 Buslinien des **Unternehmens atac**, darunter einige *Urbana*-Busse („U") und Express-Linien („X"), die nicht überall halten und deshalb etwas schneller unterwegs sind – sofern sie nicht im Stau stehen. Die Busse verkehren von 5.30 Uhr bis ca. Mitternacht, einige machen schon um 21 Uhr Feierabend (entsprechender Hinweis an der Bushaltestelle). Normalerweise verkehren die Busse im Abstand von 5–10 Minuten, wenn man Pech hat, kommt allerdings eine halbe Stunde gar kein Bus, dann aber gleich vier hintereinander; einen festen Fahrplan gibt es jedenfalls nicht. Zu den Tagbussen kommen noch mal 27 Nachtbuslinien (s. unten). Viele Busse sind rollstuhlgerecht ausgestattet, ein entsprechendes Schild ist vorne am Bus angebracht. *Achtung*: Einstieg ist normalerweise hinten und in der Mitte, der Ausstieg vorne. Die Haltestellen werden i. d. R. nicht angesagt.

Die Zahl der Straßenbahnlinien ist dagegen bescheiden: Lediglich fünf Linien sind im Einsatz, dafür kann man sich mit der Tram fast garantiert staufrei durch die Stadt bewegen. Das historische Zentrum mit seinen engen Gassen wird von drei Elektrobuslinien versorgt.

Wichtige Buslinien

40 Express/64: Von Stazione Termini vorbei an der Piazza Venezia (Forum Romanum, Kolosseum) auf den Corso Vitt. Emanuele II zum Largo Torre Argentina (Centro Storico) und bis zur Piazza Pia (Vatikan), die 64 bis Porta Cavalleggeri.

175: Von Termini zur Piazza Barberini (Spanische Treppe, Trevi-Brunnen) und weiter durch die Innenstadt zum Kolosseum.

492: verläuft auf ähnlicher Route wie 175 und über den Largo Argentina bis zu den Vatikanischen Museen (Metrostation Cipro).

780: Von der Piazza Venezia nach Trastevere.

170: Von Termini über Via Nazionale, Piazza Venezia und Piazza Bocca della Verità am Tiber entlang nach Testaccio.

Nachtbusse

Die jeweiligen Haltestellen sind mit einem „N" und einer Eule gekennzeichnet. Der Nachtservice verkehrt ab ca. 0.30 Uhr planmäßig alle 20–30 Min., in der Praxis sind die Abfahrtszeiten jedoch eher unregelmäßig. Die Buslinie **N 1** übernimmt die Route der Metro Linea A, der Bus **N 2** die der Linea B. **N 7** fährt von Termini über Piazza Venezia und Corso Rinascimento (Altstadt) zur Piazza del Popolo und zurück, **N 10** vom Vatikan (Piazza Risorgimento) über Colosseo zur Station Piramide (Piazzale Ostiense) und retour.

Straßenbahn

Es gibt nur fünf Linien; das normale Bus- und Metroticket ist auch für die Tram gültig. Für Touristen interessant sind einzig die **Linie 8** (verbindet Trastevere mit dem Largo Torre Argentina) und **Linie 3**: von Trastevere über Circo Massimo und Colosseo zum Lateran und dann im weiten Bogen zum Piazzale Thorwaldsen in der Villa Borghese.

Elektrobusse

Bequem durch die Altstadt (allerdings nur 8–20 Uhr) gelangen Sie mit der **116** von der Porta Pinciana (Ostseite Villa Borghese) über die Via Veneto und die Piazza Barberini, zur Piazza di Spagna, weiter über den Corso Rinascimento (vorbei an der Piazza Navona) zum Campo de'Fiori und zur Via Giulia; die **117** (nur werktags) vom Lateran über Villa Celimontana, Kolosseum, Kaiserforen und Nationaldenkmal zur Piazza di Spagna und weiter zur Piazza del Popolo; mit der **119** von der Piazza del Popolo über die Via del Corso zur Piazza Venezia und retour über die Piazza di Spagna.

Besonders die **Linie 116** bietet eine hervorragende Möglichkeit zu einer kleinen **Altstadtrundfahrt**, und das zum Spottpreis von 1 € (regulärer Fahrschein).

Stadtrundfahrten

Die Verkehrsbetriebe *atac* bieten mit der **Linie 110 open** (also ohne Dach) eine etwa 2-stündige Stadtrundfahrt zu den wichtigsten Sehenswürdigkeiten an. Täglich zwischen 8.30 Uhr und 20.30 Uhr etwa alle 15 Minuten ab Piazza Cinquecento (Stazione Termini), Preis: 20 € (Kinder 6–12 Jahre 15 €, darunter frei), man kann die Rundfahrt beliebig oft unterbrechen (Stop-and-go). Insgesamt 11 Haltestellen: u. a. Kolosseum, Piazza Venezia, Piazza Navona, Petersdom, Engelsburg, Trevi-Brunnen, Via Veneto. Tickets werden am *atac*-Kiosk vor dem Hauptbahnhof (Stazione Termini) oder direkt im Bus verkauft. Die **Roma-Cristiana-Tour** startet tägl. von 8.30–19.30 Uhr alle 40 Minuten ab Termini (beliebig häufige Fahrtunterbrechungen), das 24-Stunden-Ticket kostet 16 €. Außerdem wird mit dem städtischen **Archeobus** eine Tour zum Circus Maximus, zu den Caracalla-Thermen, den Katakomben und der Via Appia Antica angeboten: ebenfalls nach dem Stop-and-go-Prinzip und etwa stündlich von 9.45 Uhr

bis 16.45 Uhr ab Termini, das Ticket kostet 15 € (ermäßigt 10 €), das Kombiticket *110 open* und *Archeobus* kommt auf 30 € (ermäßigt 20 €). Informationen und Buchungen unter ✆ 800/281281, im Internet unter www.trambusopen.com.

Mit dem Taxi

Tagsüber stehen sie in Überzahl an vielen größeren Plätzen der Stadt, spätabends ist dagegen kaum ein Taxi aufzutreiben – ungünstig, da man in Rom meist sowieso nur nachts darauf angewiesen ist. Man sollte daher an einem der ausgewiesenen Taxistände warten, in der Innenstadt z. B. an der Piazza del Popolo, der Piazza di Spagna, der Piazza Barberini, der Piazza della Republica, am Largo Goldoni (Via del Corso), am Largo Argentina, an der Piazza Venezia, am Petersplatz und natürlich am Bahnhof Termini. Auf Herbeiwinken dürfen die römischen Taxis offiziell übrigens keine Fahrgäste aufsammeln; man hat Glück, wenn sie es trotzdem tun.

Die Taxis in Rom sind weiß und haben neben einem Namen (meist nach einer italienischen Stadt) auch eine eigene Nummer. Darauf sollte man achten, um nicht etwa an ein „Piratentaxi" zu geraten, dessen Fahrer Sie nur nach Zahlung eines unverschämten Preises wieder entlassen wird. Man sollte immer darauf bestehen, dass der Taxameter eingeschaltet wird!

Taxiruf

Telefonisch kann man ein Taxi unter den Nummern ✆ 06/3570, ✆ 06/4994, ✆ 06/5551, ✆ 06/4157, ✆ 06/8822, ✆ 06/6645 oder ✆ 199/106601 bestellen.

Preise und Zuschläge

Taxifahren ist in Rom nur unwesentlich günstiger als in deutschen Städten. So muss man z. B. für eine Fahrt von der Piazza Venezia zum Bahnhof Termini nachts inkl. Zuschlag mit etwa 10–12 € rechnen. Der generelle Grundpreis beträgt 2,33 € und 0,78 € alle 141 m (bei einer Geschwindigkeit unter 20 km/h wird ein Stundenpreis von 20,66 € veranschlagt). Sonntags beträgt der Grundpreis 3,36 €, von 22–7 Uhr sind es 4,91 €. Pro Gepäckstück werden 1,04 € berechnet, Fahrten außerhalb des Autobahnrings (G.R.A.) schlagen mit 1,29 € alle 141 m zu Buche. *Achtung*: Wer ein Taxi telefonisch bestellt, muss auch die Anfahrt des Wagens zum Abholpunkt bezahlen!

Für die Fahrten von und zu den beiden Flughäfen gelten **Festpreise**: Die Fahrt von der Innenstadt zum Flughafen Fiumicino (oder umgekehrt) kostet 40 €, nach Ciampino 30 €. Als Innenstadt zählt alles innerhalb der Aurelianischen Stadtmauer.

Mit dem eigenen oder dem Mietfahrzeug

Um sich im römischen Straßenverkehr zurechtzufinden, bedarf es einiger Übung und großer Flexibilität (das gilt besonders für Zweiradfahrer): Das Geschwindigkeitsniveau auf den meist mehrspurigen Straßen ohne jede Markierung ist ungewohnt hoch, und wenn man in der ganzen Hektik die richtige Abzweigung verpasst hat, kann es durchaus passieren, dass man eine ganze „Runde" noch mal fahren darf – zur römischen Rushhour kann das ewig dauern. Generell präsentiert sich die Innenstadt als verkehrstechnisches Wirrwarr von Einbahnstraßen, Abbiegeverboten oder (auch zeitweise) gesperrten Straßen. Machen Sie sich daher darauf gefasst, dass Sie selbst nach gründlichem Studium des Stadtplans vermutlich nicht auf der gewünschten Route ans Ziel kommen, sondern oft größere Umwege in Kauf nehmen müssen. Zudem ist das historische Zentrum in weiten Teilen für den auswärtigen Verkehr gesperrt, sodass man ohnehin im großen Bogen drumherum fahren muss – zeitaufwändig.

Zona Traffico Limitato (Z.T.L.)

Das **Centro Storico (historische Zentrum)** zwischen Tiber, Piazza del Popolo, Piazza Barberini, Piazza Venezia und Kolosseum ist Mo–Fr von 6.30 bis 18 Uhr und samstags von 14 bis 18 Uhr für den Verkehr gesperrt (Ausnahme: Anwohner, Sondergenehmigung, Lieferfahrzeuge etc.). Der Stadtteil **Trastevere** ist Mo–Sa von 6.30 bis 10 Uhr gesperrt. Hinzu kommt seit 2007 auch eine nächtliche Sperrung für das **historische Zentrum** sowie für die Ausgehviertel **Monti** (zwischen Kolosseum und Via Nazionale), **Trastevere** und **Testaccio**: immer freitags

und samstags von 21 Uhr bis 3 Uhr morgens. Für den Stadtteil **San Lorenzo** gilt die Sperrung von 21 Uhr bis 3 Uhr im Sommer (Mai–Oktober) von Mi bis Sa, im Winter nur Fr/Sa. **Elektronische Kontrollen** werden an allen Zugangsstraßen zur Z.T.L. durchgeführt, es droht ein Bußgeld von 66 €. Weitere Infos unter www.metrebus.it, hier sind auch die einzelnen Zonen genau aufgeführt, ebenso sind die elektronischen Zugangsschranken in einem Stadtplan eingezeichnet.
Wer ein **Hotel im historischen Zentrum** gebucht hat, muss – zumindest theoretisch – von diesem bei der Stadtverwaltung die entsprechende Zufahrtserlaubnis (es sei denn, man kommt nach 18 und vor 21 Uhr) noch vor der Anreise beantragen lassen. In der Praxis allerdings nennt man dem Hotelier einfach das Kennzeichen, er gibt es dann an die Stadtverwaltung weiter. Das Prozedere lohnt sich allerdings nur, wenn das Hotel auch über einen eigenen Parkplatz verfügt, ansonsten fährt man am besten gleich in eines der Parkhäuser und nimmt von dort ein Taxi zum Hotel.

> Permanente **Fußgängerzone** sind die Bereiche um Pantheon, Parlament, Piazza di Spagna, Trevi-Brunnen, Piazza Navona, Campo de' Fiori, der nördliche Teil der Via del Corso und die Piazza del Popolo.

Parken

Auch während der frei zugänglichen Zeiten ist das Parken in den Z.T.L.-Gebieten quasi immer gebührenpflichtig: im gesamten Innenstadtbereich tagsüber von 8 bis 20 Uhr (z. T. auch bis 23 Uhr) 1 € pro Stunde. Die gebührenpflichtigen Parkplätze sind durch blaue Linien gekennzeichnet (nie innerhalb der gelben oder gelb-schwarzen Linien parken, die sind für Behörden, Polizei etc. reserviert). Man zieht entweder an einem Automaten ein Ticket (nur Münzen) oder kauft beim Tabak- oder Zeitschriftenladen ein Rubbel-Ticket (*grattino*), auf dem die gewünschte Parkzeit freigerubbelt werden muss. Mehr als eine Stunde ist aber meist nicht möglich (auch bei Automatentickets).
Parkhäuser in der Innenstadt: Teuer, aber bewacht sind: **Park SI – Villa Borghese** (Viale del Galoppatoio 33), mit 1800 Stellplätzen die größte Parkgarage der Innenstadt, Ein-

Unterwegs in der Villa Borghese

fahrt an der Porta Pinciana (Via Veneto), 1,15 €/Std., 4.–15. Std. 0,90 €/Std., 16 €/Tag, geöffnet 0–24 Uhr, ℡ 06/3225934.

Parking Ludovisi, Via Ludovisi 60 (nahe Via Veneto), 500 Stellplätze, 2 €/Std., 18 €/Tag, geöffnet 5.30–1.30 Uhr, ℡ 06/4740632. Besonders sicher, da für Fußgänger nicht zugänglich (ein Lift transportiert das Fahrzeug automatisch in eines der 13 Stockwerke), ist **Terminal Park** (neben Stazione Termini), Via Marsala 30/32, die ersten beiden Stunden kosten hier 5 €, 3.–12. Std. 1,50 €/Std., 1. Tag 28,40 €, ab dem 2. Tag 16,80 €/Tag, geöffnet 6–1 Uhr, ℡ 06/4454694. Neu und etwas preiswerter ist **Es Park Giolitti**, Via Giolitti 267 (Termini Südseite), 1,50 €/Stunde, 14 €/Tag, ℡ 06/44704053.

Für alle mit Ziel Vatikan und Trastevere kommt auch **Terminal Gianicolo** in der Via Urbano VIII 16/c (Nähe Vatikan und Piazza della Rovere) in Frage, 1,40 €/Std., 27,60 €/Tag, danach wird es günstiger: 3 Tage kosten 66 €, 1 Woche 106 €; tägl. 7–1.30 Uhr geöffnet, ℡ 06/6840331.

Im Innenstadtbereich finden sich weitere kleine Parkhäuser, die in der Regel etwas teurer sind (ca. 20–26 €/Tag).

Parkhäuser außerhalb der Innenstadt: **Parking dell'Auditorium**, gleich beim neuen Auditorium nördlich der Innenstadt, gute Bus-, Tram- und Zuganbindung ins Zentrum (→ auch S. 79), 540 Stellplätze, 1 €/Std.,

2,55 €/Tag (7.30–21 Uhr), 7,75 € über Nacht (21–7.30 Uhr), geöffnet tägl. 7.30–1 Uhr. Viale Maresciallo Pilsudski 21, ℡ 06/8081646.

Im Süden der Stadt bei **Parking Piazzale Partigiani** an der gleichnamigen Piazza beim Bahnhof Stazione Ostiense, geöffnet tägl. 6–23 Uhr, 0,77 €/Std., 9,30 €/Tag, Piazzale dei Partigiani, ℡ 06/5745942.

Umsonst parken: Kostenfreie Parkplätze sind entweder überhaupt nicht oder durch weiße Linien markiert. In Zentrumsnähe sind sie allerdings mehr als rar, in Frage kommt evtl. die Gegend nördlich der Piazza del Popolo, südlich des Laterans (außerhalb der Porta S. Giovanni) sowie auf dem Aventin – je weiter weg von der Innenstadt, desto einfacher findet man einen Parkplatz, desto unsicherer könnte dieser aber sein. Generell raten wir davon ab, das Auto irgendwo abzustellen, es sei denn, der Wagen ist älter als 20 Jahre, sichtlich leer geräumt und Sie hängen nicht zu sehr daran ... Als preisgünstige Alternative bietet sich Folgendes an:

Park & Ride (parcheggi di scambio): Möglich an den Metrostationen Ponte Mammolo (Linea B) oder Cinecittà und Anagnina (Linea A). Preis 1,50–2,50 € pro Tag, die Parkplätze (geöffnet 6–22 Uhr) sind nur zum Teil bewacht. Für Inhaber einer Monatskarte der *atac*-Verkehrsbetriebe ist das Parken hier kostenlos.

Falschparken/Parken ohne Parkschein: Wird prinzipiell mit 35 € geahndet.

Abschleppen kostet ca. 100 € (plus 50 % Sonntagszuschlag); wer sein Auto vermisst, sollte es bei der städtischen Polizei unter ✆ 06/67691 versuchen. Gelegentlich können sich Falschparker auch über eine **Radkralle** ärgern; an der Windschutzscheibe findet man eine Info, wo und wie man die Wegfahrsperre – natürlich gegen Gebühr – wieder los wird.

Camperstellplätze

Neben den diversen Campingplätzen um Rom (s. S. 51/52) gibt es auch einige ausgewiesene Camper-Stellplätze, die auch im Internet unter www.camperweb.it (unter der Leiste „Sosta" nach Regionen und Provinzen geordnet) zu finden sind. Die meisten befinden sich südlich der Stadt nahe des G.R.A.

Air Terminal Ostiense, der zentrumsnächste Stellplatz auf der Südseite der Stazione Ostiense; mit guten Metroverbindungen (Linea B Station Garbatella oder Piramide) – in wenigen Minuten ist man im Zentrum. 50 Camperstellplätze mit entsprechender Ausstattung, 24 Std. geöffnet, in der Hochsaison besser reservieren. 1 €/Stunde (Mindestpreis 5 €). Piazzale XII Ottobre 1942, ✆ 06/5781358, www.parkbus.it. G.R.A.-Ausfahrt 28 (Ostiense–S. Paolo).

Prato Smeraldo, nahe dem Regionalpark Appia Antica bei der G.R.A.-Ausfahrt 24. Ganzjährig 24 Std. am Tag geöffnet, Busverbindung vom Platz zur Metrostation Laurentina (Endstelle Linea B). Stellplatz 14 € pro Tag, mit Strom 16 €, Camper-Service 5 €, Vierbeiner erlaubt und willkommen. Via di Tor Pagnotta 424 (zweigt von der Via Ardeatina ab), ✆ 06/50512905, www.pratosmeraldo.com.

Parking Le Terrazze, nur wenige Meter von der G.R.A.-Ausfahrt 24, ca. 3000 Stellplätze (nur einige mit Stromanschluss), 18 € pro Tag, Wasser 2 €, Camper-Service 5 €, Shuttle-Bus 1 € pro Person. Via di Fioranello 170, ✆ 06/71355876, www.parkingleterrazze.it.

Green Park Caravan, ebenfalls nahe der Ausfahrt 24 vom G.R.A., sehr große Anlage mit 860 überdachten Stellplätzen. Via Ardeatina 802, ✆ 06/50512534.

Diebstahl/Sicherheit

In den Parkhäusern kaum ein Problem, bei Park & Ride parkt man – trotz der Anwesenheit von Personal – auf eigene Gefahr. An großen und viel befahrenen Straßen parkt man relativ sicher, vom Parken in dunklen, kaum frequentierten oder zwielichtigen Gegenden raten wir Ihnen dringend ab. Nachts sollte man in nicht ganz sicheren Gegenden (v. a. um Piazza Vittorio E., Piazza Albania und südlich davon) mit geschlossenem Fenster fahren und das Auto von innen verriegeln.

Auto mieten

Um ein Auto zu mieten, kann man sich an die großen internationalen Anbieter wie z. B. Avis oder Hertz bzw. an den italienischen Vermieter Maggiore wenden. Gute Preisvergleiche sind am Flughafen und am Hauptbahnhof Roma Termini möglich; für einen Kleinwagen (z. B. Fiat Panda/Opel Corsa) muss man mit etwa 55 € pro Tag bzw. ca. 220–280 € pro Woche rechnen.

Die Tarife sind vom Modell und der Kilometerbegrenzung (100 bzw. 250 km pro Tag oder unbegrenzt) abhängig, der Preis beinhaltet in der Regel Vollkaskoversicherung und Steuern. Bei (Internet-)Buchung vom Ausland aus und bei Anmietung nur übers Wochenende fährt man deutlich günstiger. Es ist daher sinnvoll, schon vor Reiseantritt bei den internationalen Agenturen zu Hause nachzufragen und bereits in Deutschland zu buchen. Generell sollte man einen Mietwagen einige Tage, in der Hochsaison ca. zwei Wochen vorher reservieren.

Konditionen/Anbieter: Der Fahrer muss mindestens 21 Jahre alt sein (bei Hertz 25 Jahre) und seit mindestens einem Jahr ununterbrochen im Besitz des Führerscheins sein. Die Kaution wird ausschließlich per Kreditkarte hinterlegt. Man kann den Wagen entweder am Flughafen oder Bahnhof in Empfang nehmen, gegen Gebühr (ca. 20 € im Stadtgebiet) wird das Auto auch zum Hotel gebracht.

Avis, am Flughafen Fiumicino (✆ 06/65957885, tägl. 7–24 Uhr geöffnet) wie auch am Flughafen Ciampino (✆ 06/79340195, Mo–Fr 8.30–13.30 Uhr und 14–22 Uhr, Sa/So 8.15–14.45 Uhr und 16.30–22 Uhr), in der Innenstadt am Bahnhof Termini, ✆ 06/4814373, Mo–Fr 7–20, Sa 8–18 Uhr, So 8–13 Uhr; www.avis.de.

Hertz, u. a. am Flughafen Fiumicino, ✆ 06/65955842 (tägl. 7–24 Uhr geöffnet); am Flughafen Ciampino, ✆ 06/79340095 (tägl. 8–24 Uhr); am Bahnhof Termini, ✆ 06/4740389 (Mo–Fr 7–20 Uhr, Sa 8–18 Uhr, So 8–13 Uhr); www.hertz.de.

Maggiore, lokaler Anbieter, am Bahnhof Termini, ☎ 06/4880049; am Flughafen Fiumicino, ☎ 06/65047568 oder am Flughafen Ciampino, ☎ 06/79340368; jeweils Mo–Fr 7–20 Uhr, Sa 8–18 Uhr, So 8.30–12 Uhr; www.maggiore.it.

Fahrrad und Motorrad mieten

Wegen des gewöhnungsbedürftigen Verkehrs sollte man ein wirklich geübter Fahrer sein, um sich auf dieses Abenteuer einzulassen. Autofahrer erwarten hier von motorisierten Zweiradfahrern allerhöchste Virtuosität, die es auch als nichtrömischer Fahrer zu erfüllen gilt. Die **Einhaltung der Helmpflicht** wird streng kontrolliert; Verstöße werden mit mind. 80 € geahndet.

Anbieter findet man zahlreich in der Innenstadt, meist werden hier **auch Fahrräder** vermietet. Für ein Moped/Scooter muss man mit ca. 40–60 € am Tag rechnen, größere Motorräder kosten ab ca. 80 €, Fahrräder gibt es ab ca. 10 € (Mountainbikes ca. 12–15 €). Grundsätzlich ist bei Anmietung ein Ausweis vorzulegen, bei Mopeds/Scootern auch der entsprechende Führerschein. Die Kaution wird in Form der Kreditkarte hinterlegt. Im Preis enthalten sind üblicherweise Versicherung, Helm, Schloss und Straßenkarte. Die Vermieter haben in der Regel täglich 9–19 Uhr geöffnet. Eine Auswahl:

Collalti Bici, Via del Pellegrino 82 (beim Campo de'Fiori), ☎/📠 06/68801084, collaltibici@libero.it; Di–Sa 9–13 und 15.30–19.30 Uhr, So durchgehend 9–19 Uhr, Mo geschlossen. Nur Fahrräder: 4 €/Std, jede weitere Stunde 1 €, 10 € pro Tag.

Eurorent Roma Service, Fahrrad- und Scooterverleih unweit des Campo de'Fiori, Fahrrad ab 3 €/Std. (12 €/Tag; 55 €/Woche), Scooter ab 10 €/Std. (40 €/Tag; 200 €/Woche), tägl. 9–19 Uhr geöffnet, Viccolo dei Bovari 7A, ☎/📠 06/6896555.

Eco Move Rent, Via Varese 48–50 (etwas nördlich vom Bahnhof Termini), ☎ 06/44704518, 📠 06/44360850, www.ecomoverent.com; täglich 8.30–19 Uhr geöffnet; Vespa 40 €/Tag, Scooter 50–70 €/Tag, Fahrrad 5 €/Std., 11 €/Tag.

Treno e Scooter, an der Piazza dei Cinquecento, dem Vorplatz der Stazione Termini, ☎/📠 06/48905823, www.trenoescooter.com; tägl. 9.30–19.30 Uhr geöffnet. Fahrrad 4 €/Std., 10 €/Tag, Vespa 34–37 €/Tag, Scooter 50–77 € pro Tag.

I bike Rome, Via Veneto 156 (an der Porta Pinciana), im Parkhaus unter der Villa Borg-

*Vespaschwarm
an der Piazza Barberini*

hese 3. Sektor, ☎ 06/3225240, 📠 06/3613307. Mo–Fr 9–13 und 15–19 Uhr geöffnet, Sa/So 9–20 Uhr. Fahrrad 5 €/Std., 15 €/Tag; auf Anfrage auch Tandems, Kindersitze und Kinderfahrräder.

atac-Bikesharing

An insgesamt 19 Punkten in der Innenstadt haben die Städtischen Verkehrsbetriebe atac Fahrradparkplätze (mit den dazugehörigen 150 nagelneuen Citybikes) installiert. Wer am römischen Bikesharing teilnehmen möchte, muss sich eine elektronische *Smartcard* (5 €) in einer der atac-Biglietterien kaufen, diese nach Bedarf aufladen und damit dann ein Rad ausleihen. Kostenpunkt: 0,50 € pro Stunde. Infos: www.atacbikesharing.com.

Mit dem Fahrrad

Ideal, um z. B. den weitläufigen Stadtpark Villa Borghese zu erkunden oder auf der sonntags autofreien Via Appia

Antica eine Tour stadtauswärts zu unternehmen. Für den Innenstadtverkehr ist das Fahrrad allerdings nur ein bedingt empfehlenswertes Fortbewegungsmittel, es sei denn, man will sich ausschließlich im autofreien historischen Zentrum bewegen.

Einige Anbieter sind unter der Rubrik „Fahrrad und Motorrad mieten" (s. o.) aufgelistet. Zu den dort genannten Agenturen kommen zahlreiche mobile Verleiher in der **Villa Borghese** (z. B. *Bici Pincio*, s. S. 218), auf der Piazza del Popolo, am Ausgang der Metrostation Spagna, vor der Metrostation Colosseo und in Trastevere. Gleich zwei Fahrradverleiher gibt es in der **Via Appia Antica**: beim *Punto Informativo* in der Via Appia Antica 58/60 (schräg gegenüber der Kirche Quo Vadis) und bei der Bar *Appia Antica Caffè* in der Via Appia Antica 175 (Ecke zur Via Cecilia Metella). Die Tourenräder (meist mit Gangschaltung) sind für das überwiegend holprige Pflaster der bis zu 20 km langen Tour auf der Via Appia Antica gut geeignet. Weitere Infos s. S. 248.

Zu Fuß

Die beste Möglichkeit, die Stadt zu erkunden. Bequeme Schuhe (fast überall Kopfsteinpflaster) und eine gewisse Unempfindlichkeit gegenüber Verkehrslärm, Abgasen und zentimeternah vorbeirasenden Vespas sind bei längeren Touren Voraussetzung. Gemütliches Schlendern ist am besten in den (fast) autofreien Gassen des **Centro Storico** um die Piazza Navona, das Pantheon und südlich des Torre Argentina (jüdisches Viertel und Campo de'Fiori) möglich. Ein paar Laufdistanzen zur Orientierung: Von der Spanischen Treppe zum Vatikan oder Kolosseum sind es je etwa 30 Minuten, zur Piazza Navona/Pantheon etwa 20 Minuten, vom Kolosseum zum Vatikan oder vom Vatikan zum Bahnhof Roma Termini sollte

man jeweils mit etwa einer Stunde rechnen. Wer durch Rom läuft, kann seinen Durst an den zahlreichen **Trinkwasserbrunnen** stillen, die quasi an jeder Ecke zu finden sind (nicht trinkbares Wasser ist mit dem Schild *acqua non potabile* ausdrücklich gekennzeichnet). Beim Überqueren großer Straßen und Kreuzungen sollte man, falls vorhanden, die Fußgängerampel oder zumindest den Zebrastreifen bevorzugen.

Rom gefährlich!

Wirklich gefährlich, bisweilen lebensgefährlich ist es, in Rom die riesige und rasant befahrene Piazza Venezia überqueren zu wollen, auch römische Fußgänger begegnen diesem Platz mit größtem Respekt. Daher an dieser Stelle ein paar ernst gemeinte Ratschläge: Wenn möglich, Zebrastreifen oder Fußgängerampel ansteuern, es darf auch eine größere Touristengruppe sein, der man sich unauffällig anschließen kann.

Sollten Sie dennoch in die unangenehme Lage geraten, diesen Platz ohne fremde Hilfe überqueren zu müssen: Verkehrslücke abwarten, allen Mut zusammennehmen, zügig und bestimmt losmarschieren (aber auf keinen Fall rennen und *niemals* auf halber Strecke umdrehen) und heranrasende Autos souverän per Handzeichen zum Anhalten bringen.

Organisierte Stadttouren und Ausflüge

Auch hier kann man aus einem beträchtlichen Angebot wählen – vom organisierten Stadtspaziergang bis zum Tagesausflug nach z. B. Neapel, aber auch themengebundene Besichtigungen in Rom. Stadtrundfahrten im komfortablen Reisebus werden von einigen Veranstaltern angeboten, hier ist aber unbedingt ein Preisvergleich mit der zweistündigen Stadtrundfahrt der **atac-**

Verkehrsbetriebe (→ S. 38) anzuraten – Letztere ist regelmäßig günstiger.

Anbieter

Romaeterna, deutschsprachige Stadtführungen, auch thematisch (z. B. zur römischen Antike, durch das christliche Rom, zu den Obelisken der Stadt oder auf den Spuren Caravaggios). Die Stadtführerin Agnieszka Berlin besitzt auch eine der seltenen Zulassungen als anerkannte Führerin im Vatikanstaat, Infos und Anmeldung unter ☎ 06/45443726 bzw. ☎ 335/5325771 oder www.romaeterna.com.

Enjoy Rome, jeweils dreistündige Stadtspaziergänge (nur in engl. Sprache), z. B. Antikes Rom, ehem. jüdisches Ghetto/Trastevere, Rom bei Nacht etc. zu je 27 € (unter 26 Jahren 22 €), Vatikan mit Vatikanischen Museen 30 € (25 €), Eintrittspreise extra. Infos und Anmeldung im Via Marghera 8a (beim Hauptbahnhof) oder unter ☎ 06/4451843, ℡ 06/4450734, www.enjoyrome.com.

Green Line Tours, Bustouren mit Führung durch Rom, halb- und ganztägig, verschiedene Themen, z. B. klassisches Rom, christliches Rom, teilweise auch kombiniert mit einer Papstaudienz. Man wird auch im Hotel abgeholt. Halbtagestouren ab 36 €. Des Weiteren ganztägige Ausflüge nach Ostia Antica (54 €) und nach Tivoli (59 €) sowie nach Neapel/Pompei (117 €), Capri (130 €) und nach Florenz (145 €). Via Giovanni Amendola 32°, ☎ 06/462065 oder 06/483787, ℡ 06/48919035 www.greenlinetours.com.

Appian Line, ebenfalls Stadtrundfahrten („Antikes Rom", „Christliches Rom" oder „Rom bei Nacht") und Ausflüge in die Umgebung, z. B. nach Ostia Antica. Stadttouren ab 31 €. Piazza dell'Esquilino 6/7, ☎ 06/48786601, ℡ 06/4819712, www.appianline.it.

Carrani Tours, ähnliches Programm wie obige Anbieter, Halbtagestouren ab 31 €, Ausflugstouren (z. B. Castelli Romani, Castel Gandolfo, Ostia Antica, Tivoli) ab 43 €; des Weiteren nach Neapel/Pompei, Capri, Sorrent, Amalfi, Assisi/Oriveto und Florenz, teilweise auch mit Zwischenübernachtung, je nach Entfernung ab 91 € (Eintagestour), auch Mehrtagestouren. Via Vittorio Emanuele Orlando 95 (nahe Piazza Repubblica), ☎ 06/4742501, ℡ 06/48903564, www.carrani.com.

Eine gute Adresse für organisierte Touren in und um Rom ist auch das **DER-Reisebüro** an der Piazza dell'Esquilino 28/29, ☎ 06/4827531, ℡ 06/4870388, www.derviaggi.it.

Roma Culta

Der Kunsthistoriker Alessandro Canestrini und sein Team veranstalten deutschsprachige Stadtrundgänge, die weit über den üblichen Informationsgehalt hinausgehen: Angebote werden u. a. Touren zu den Themen „Glanz der Antike – Roma Antiqua", „Kunst im Vatikan", „Goethe in Rom", „Martin Luther in Rom", „Die versteckten Kirchen", „Rom zu Raffaels Zeiten" oder „Roms Katakomben – die Via Appia". Darüber hinaus können Sie Stadtführungen für Eltern mit Kindern buchen oder ganz individuelle Touren zusammenstellen lassen. Ideal für alle, die ein tiefer gehendes Interesse an Kunst und Geschichte der Ewigen Stadt haben. Die halbtägige Tour für max. 6 Personen kostet ca. 100–120 €, detaillierte Beschreibungen findet man im Internet unter www.romaculta.it, Anfragen unter info@romaculta.it, ☎ 338/7607470 oder ℡ 06/23328533.

Kutschfahrten

Ein romantisches, aber sehr teures Vergnügen. Die Kutschen (carrozzella) haben ihren Standort u. a. an der Piazza del Popolo, Piazza di Spagna, Piazza San Pietro (Petersplatz) und am Kolosseum. Eine einstündige Rundfahrt für max. vier Personen kostet 200 €, die kleinere 40-Minuten-Tour kommt auf 150 €.

Schiffe auf dem Tiber

Linienfahrten von der Tiberinsel (Calata Anguillara) zum Ponte Nenni (etwa auf Höhe Piazza del Popolo), zwischen 10–19.30 Uhr stündliche Abfahrten (im Sommer länger), die einstündige Tour kostet 12 € (ermäßigt 8 €), auch Abendfahrt mit Essen (2 Std., 54 €), die 2-stündige Weinprobe auf dem Schiff kostet 35 €, es gibt auch eine Bus-Boot-Kombi für 28 € (erm. 18 €). Infos zu weiteren Angeboten unter Batelli di Roma, ☎ 06/97745498, www.battellidiroma.it.

Hotel Forum – Zimmer mit direktem Blick auf die Antike

Übernachten

Das Angebot an Übernachtungsmöglichkeiten – von der schäbigsten Absteige bis zum prunkvollsten Palazzo – ist enorm, die Zahl der Unterkunftssuchenden ist es allerdings auch. Deshalb: Egal zu welcher Jahreszeit Sie nach Rom fahren, buchen Sie so früh wie möglich!

Am schönsten übernachtet man zweifelsohne in den autofreien Bereichen des Centro Storico, der historischen Altstadt. Allein der zentralen Lage wegen muss man hier allerdings mit gesalzenen Preisen rechnen, und das auch für schlichte Unterkünfte. Günstiger sind die meist recht bescheidenen Hotels/ Pensionen um den Hauptbahnhof Termini und die Piazza Vittorio Emanuele II (beide Gegenden sind allerdings nicht gerade beschaulich und nachts auch nicht unbedingt sicher). Einige empfehlenswerte Unterkünfte finden sich außerdem in der Gegend um den Vatikan und nahe dem antiken Rom (Kolosseum), darüber hinaus auch in Trastevere und auf dem Aventin-Hügel.

Hotels/Pensionen

Das **Preisniveau** römischer Hotels überschreitet manchmal jegliche Schmerzgrenze. Dass man in der Luxuskategorie (bei entsprechender Lage) mit etwa 400–600 € (DZ) pro Nacht rechnen muss, ist so verwunderlich nicht; für mehr Entsetzen sorgt die Tatsache, dass auch die einfachste Absteige ohne Bad im lauten Bahnhofsviertel unter 70–80 € pro Nacht kaum zu haben ist. Eine erfreuliche Alternative bilden die Bed & Breakfast-Unterkünfte (meist über Agentur zu buchen), in denen man oft relativ zentral und mitunter auch recht komfortabel unterkommen kann (s. u.).

Preisermäßigungen kann man in den Monaten Juli/August (wegen unerträglicher Hitze), zum Teil im Dezember (aber nicht Weihnachten/Silvester) und vor allem im Januar/Februar erwarten. Aber selbst dann werden kaum mehr als 20–30 % Rabatt gewährt.

Die Zimmertarife sind übrigens staatlich festgelegt und hängen im Hotel aus. Als Grundlage hierfür gelten formale Kriterien wie z. B. das Vorhandensein von Telefon, TV, Kühlschrank, Aircondition, Parkmöglichkeiten, Hotelrestaurant oder Pool, nicht aber das Baujahr dieser Annehmlichkeiten. Die **Klassifizierung** der Hotels von einem bis fünf Sternen (und „L" für besonderen Luxus) wird ebenfalls nach oben genannten Kriterien vorgenommen. Besonders im unteren Bereich (ein bis drei Sterne) lässt sich anhand der Klassifizierung allerdings oftmals wenig über die Qualität des Hotels sagen, da Kriterien wie Lage, aktueller Zustand und Service von offizieller Seite nicht überprüft werden.

Zuschläge werden z. T. für Frühstück, Aircondition und Parkplatz erhoben, in einigen Fällen ist auch die Mehrwertsteuer noch nicht im Endpreis enthalten – bei Buchung sollte man diesbezüglich nachfragen. Wer bereits von zu Hause bucht (und das möchten wir Ihnen unbedingt anraten), muss in der Regel die Daten seiner Kreditkarte durchgeben, generell sollte man Hotelreservierungen/-buchungen per Fax/E-Mail schriftlich festmachen und kurz vor der Ankunft noch einmal telefonisch bestätigen. Manchmal muss man auch eine **Anzahlung** in Höhe von einer Übernachtung leisten, dies ist zumeist als *Auslandsüberweisung* möglich.

Bei den Zimmern wird zwischen dem Einzel- (*camera singola*) und zwei Arten von Doppelzimmern unterschieden: *matrimoniale* (mit Doppelbett) und *camera doppia* (mit getrennten Betten).

Diese Differenzierung kann sich auch auf den Preis auswirken.

Das **Frühstück** in den besseren Häusern besteht fast ausnahmslos aus umfangreichen Buffets. Bei kleineren Hotels kann es vorkommen, dass zum Preis von ca. 5–8 € lediglich ein Cappuccino (oder wässriger Filterkaffee) mit trockenem, abgepacktem Hörnchen bzw. einer Art Zwieback (ebenfalls abgepackt) angeboten wird. In diesem Fall sollte man die Bar an der Ecke vorziehen.

Gute **Parkmöglichkeiten** finden sich bei den außerhalb gelegenen Hotels, im Zentrum bieten manche Hotels gegen hohen Aufpreis eine Parkgarage an (ca. 20–35 € pro Tag), die aber aufgrund beschränkter Kapazitäten ebenfalls frühestmöglich gebucht werden sollte. Wer in kleineren und günstigeren Häusern absteigt, muss sich in der Regel selbst um einen Parkplatz kümmern (→ „Unterwegs in Rom", S. 40ff.).

Eine nach Stadtgebieten geordnete Auswahl von empfehlenswerten Hotels/Pensionen finden Sie ab S. 53.

Bed & Breakfast

Oftmals erschwinglicher als die Hotels, dabei aber in puncto Service, Komfort und Lage in der Regel gleichwertig: Bei den zahlreichen Bed-&-Breakfast-Anbietern kann man eine gute Unterkunft auch fürs schmale Budget finden, und das mit etwas Glück sogar im Zentrum. Manchmal beinhalten die Unterkünfte auch Familienanschluss, meist haben die Bed-&-Breakfasts allerdings Pensionscharakter – am Vormittag ist eine Servicekraft anwesend, die Frühstück macht und für die Zimmerreinigung zuständig ist, ab mittags bleibt die Herberge meist den Gästen allein überlassen. In jüngster Zeit sind einige gehobene B & B-Häuser hinzugekommen, die neben stilvollem Ambiente und persönlicher Atmosphäre auch noch einen hervorragenden Service bieten, dabei aber meist immer noch etwas günstiger sind als ein Hotel in vergleichbarer Kategorie. Bei Buchung – sowohl über Agentur als auch direkt – ist zu beachten, dass für eine verbindliche Reservierung eine Anzahlung per Scheck bzw. die Angabe der Kreditkartendaten verlangt wird.

Einige Empfehlungen:

Casa Howard (54), → Karte S. 172/173, Ⓜ Spagna, für gehobene Ansprüche. Hinter der unscheinbaren Fassade in der Via Capo le Case 18 (nahe Spanische Treppe) verbirgt sich eine äußerst gepflegte Herberge mit stilvollem Ambiente und viel persönlicher Atmosphäre. Nur fünf individuell eingerichtete Zimmer, alle mit eigenem Bad (z. T allerdings auf dem Flur), TV, Aircondition und Internet-Anschluss; das Frühstück wird im Zimmer serviert. Nichtraucher-Herberge. Wegen begrenzter Kapazität und großer Nachfrage ist eine frühzeitige Buchung dringend anzuraten. In der Via Sistina 149 (nur einen Steinwurf entfernt) befindet sich eine Dependance mit weiteren fünf Zimmern sowie einem türkischem Bad. In der Via Capo le Case kostet das EZ 140–220 €, das DZ 170–250 €, das Dreibett-Zimmer 230–280 €; in der Via Sistina das EZ 150–220 €, das DZ 180–250 € und das Dreibett-Zimmer 230–280 €. Frühstück 10 € pro Person. Postanschrift: Via Due Macelli 97, 00187 Roma, ☏ 06/69924555, ✆ 06/6794644, www.casahoward.com.

Daphne Inn (7), → Karte S. 207, Ⓜ Barberini, eine ungemein stilvolle Unterkunft nur wenige Schritte von der Piazza Barberini entfernt, dennoch ruhig, da etwas zurückgesetzt. Die eleganten Zimmer sind in warmen Tönen und modern eingerichtet, schönes Ambiente. Persönliche Leitung, nette Atmosphäre, nur acht Zimmer (und zwei Suiten). Ein paar Minuten entfernt, in der Via degli Avignonesi 20 (neben dem Ristorante Colline Emiliane) gibt es eine Dependance mit weiteren fünf Zimmern (zwei davon teilen sich ein Bad, die dann eher für Familien/Freunde geeignet sind) und zwei Suiten. EZ 160 €, DZ 200 €, das DZ mit gemeinsamem Bad kommt auf 150 €, Frühstück inkl. Via di San Basilio 55, 00187 Roma, ☏ 06/87450086, ✆ 06/233240967, www.daphne-rome.it.

Casa della Palma (3), → Karte S. 203, mitten im Univiertel San Lorenzo liegt diese stilvoll-minimalistisch gestaltete Pension mit nur acht Zimmern und nettem grünem Innenhof. Holzböden und warme Farben schaffen ein gemütliches Ambiente, Leihfahrräder stehen kostenlos zur Verfügung, es gibt sogar eine Garage (14-18 € pro Tag). Busse ab der Via Tiburtina, dorthin ca. 5 Minuten zu Fuß. EZ 70–80 €, DZ 80–90 €, Dreibett-Zimmer 115 €, Vierbett-Zimmer 125 €, das „Loft" für 5 Personen (mit Zwischenetage) kostet 135–155 €, Frühstück 7 € pro Person. Via dei Sabelli 98, 00185 Roma, ☏ 06/4454264, ✆ 06/233245562, www.casadellapalma.com.

Villa della Fonte (18), → Karte S. 222/223, im Herzen von Trastevere, gleich bei der Piazza Santa Maria in Trastevere liegt dieses kleine (nur fünf Zimmer) und sympathische B & B. Nett und gepflegt, mit kleiner Terrasse. EZ 95 €, DZ 155 €, Frühstück inkl. Via della Fonte dell'Olio 8, 00153 Roma, ☏ 06/5803797, ✆ 06/5803796, www.villafonte.com.

B & B Trevi (13), → Karte S. 207, Metro Barberini, nur wenige Schritte von der berühmten Fontana di Trevi entfernt. Geschmackvoll modern eingerichtete Zimmer in warmen Tönen, viel Holz, schicke Bäder. Mit Aircondition. DZ mit Frühstück 200–250 €, im Winter deutlich günstiger (mit Ausnahme der Feiertage). Via del Lavatore 83, 00187 Roma, ☏ 06/69380944, ✆ 06/69293654, www.bbtreviroma.it.

Tibullo (19), → Karte S. 230/231, Ⓜ Ottaviano, in zentraler, aber ruhiger Lage nahe dem Vatikan, in einer Seitenstraße der Via Crescenzo. Nur vier Zimmer (DZ) im Hochparterre, zwei davon mit eigenem Bad, die anderen zwei teilen sich ein Bad. Sauber und gepflegt, freundlicher Service, das Frühstück macht man sich im Zimmer selbst (alle Zimmer mit Kühlschrank und Wasserkocher/Kaffeemaschine). EZ 80 €, DZ 120 €, Frühstück inkl. Via Tibullo 20, 00193 Roma, ☏ 06/6868420, www.tibullo.com.

Il Covo (30), → Karte S. 190/191, Ⓜ Cavour, im Stadtteil Monti in der schönen Via del Boschetto mit ihren zahlreichen Geschäften und Restaurants. Die Zimmer sind z. T. etwas klein, das Frühstück wird in der zugehörigen Bar „La Bottega del Caffè" an der idyllischen Piazza Madonna dei Monti serviert, nur wenige Minuten von der Unterkunft entfernt. Hier befindet sich ab 20 Uhr abends die Rezeption. EZ 90–100 €, DZ 110–130 €, Dreibett-Zimmer 150 €, Vierbett-Zimmer 180 €, Frühstück inkl. Via del Boschetto 91, 00184 Roma, ☏/✆ 06/4815871, www.bbilcovo.it.

Bed & Breakfast Italia (32), → Karte S. 156/157, die größte Agentur in Italien, Büro am Corso Vittorio Emanuele II 282 (Palazzo Sforza Cesarini, das Büro ist am Eingang beschildert). Die Unterkünfte können vor der Buchung im Internet „besichtigt" werden. Wer früh genug bucht, findet bei Bed & Breakfast Italia ein günstiges Zwei-Kronen-Haus in der Altstadt, aber Achtung: Diese Unterkünfte sind rar und schnell ausgebucht! Mit deutschsprachigem Service. B & B-Angebote der Agentur gibt es auch für Tivoli und Castel Gandolfo in der Umgebung von Rom. Aufgrund zahlreicher Sonderangebote, Last-Minute- und sonstigen Aktionen können die folgenden Angaben nur als Orientierungswerte dienen. Es gibt drei Kategorien von Unterkünften: due corone (zwei Kronen), Zimmer mit Gemeinschaftsbad, EZ ab ca. 38 €, DZ ab ca. 61 €, Dreibett-Zimmer ab ca. 85 €; tre corone, Zimmer mit eigenem Bad, EZ ab ca. 52 €, DZ ab ca. 88 €, Dreibett-Zimmer ab ca. 125 €; quattro corone, Zimmer mit eigenem Bad in historischen Gebäuden (fast ausnahmslos Innenstadt), EZ ab ca. 68 €, DZ um 120–130 €, Dreibett-Zimmer ab ca. 155 €, das (kleine) Frühstück ist jeweils inklusive. Corso Vittorio Emanuele II 282, 00186 Roma, ✆ 06/6878618, 📠 06/6878619, www.bbitalia.it.

Residenze/Apartments

Nur interessant, wenn man mindestens eine Woche in Rom bleibt. Die Apartmenthotels *(residenze)* werden nur wochen-, manche sogar nur monatsweise vermietet. Ähnlich verhält es sich mit privaten Anbietern, die oft in den großen überregionalen Zeitungen (z. B. in der „Zeit" oder „FAZ") inserieren. Zwei Empfehlungen:

● *Apartment* **Apartment**, unser Tipp ist ein blitzsauberes, modernes Zwei-Zimmer-Apartment im dritten Stock eines Hauses aus dem 16. Jh. in der Via della Reginella 19, wenige Schritte vom Marcellus-Theater und dem Kapitolshügel entfernt, mitten im Gassengewirr des ehemaligen jüdischen Ghettos. Zum Haus gehört eine 200 qm große Dachterrasse (nur eingeschränkt nutzbar) mit Blick über malerische Dachgärten auf die Seite des Nationaldenkmals und die Spitze des Rathausturms auf dem Kapitol. Die Wohnung ist mit einer Küchenzeile und Bad ausgestattet. Vermieterin ist Frau

Monika Leygraf. Preis pro Woche 700–800 €. Viale Bruno Buozzi 54, 00040 Castel Gandolfo, Italien, ✆/📠 06/9386495, www.romareginella.com.

● *Residenze* **Blanc et Noir**, dem Park Hotel angeschlossen, mit Parkplatz, Schwimmbad und Restaurant. Etwas außerhalb bei der Via Portuense gelegen. Preis für ein Einzimmer-Apartment (mit Kochecke): um die 450 €/Woche, ca. 600 € für zwei Wochen, 1000 € im Monat; ein Zweizimmer-Apartment mit Küche kostet ca. 650 € pro Woche, 800 € für zwei Wochen und ca. 1350 € pro Monat. Via Alberese 38, 00149 Roma, ✆ 06/659749, 📠 06/6571612, www.parkhotelblancetnoir.com.

● *Anbieter im Internet* Eine relativ große Auswahl an Ferienwohnungen findet man unter **www.fewo-direkt.de**, die Preisspanne reicht hier von 400–1500 € pro Woche. Ein ähnliches Preisniveau bietet **www.roma bed.de**. Auch bei **www.liveinrome.com** findet man einige Apartments, die auch tage- und wochenweise angeboten werden, teilweise sogar recht günstig; für Studenten interessant könnte **www.easystanza.it** sein: Zimmervermittlung (WGs), auch Wohnungen, oft weit außerhalb vom Zentrum und längerfristig zu vergeben (mind. ein Monat), relativ günstig.

> **Tipp**: Die Sprachschulen vermitteln in der Regel preiswerte Privatunterkünfte.

Jugendherberge (Ostello per la Gioventù) und Hostels

Es gibt in ganz Rom nur eine Jugendherberge, und die liegt ziemlich weit außerhalb des Zentrums beim Foro Italico bzw. Stadio Olimpico (im Norden der Stadt). Um den Weg dorthin nicht vergebens zu unternehmen, sollte man unbedingt vorher anrufen, die 334 Betten in einfachsten Mehrbettzimmern sind oft belegt. Generell empfiehlt es sich allerdings, bereits von zu Hause zu buchen. In der Jugendherberge kann man maximal drei Nächte bleiben, ein Jugendherbergsausweis wird verlangt (und auch an der Rezeption verkauft).

Ostello per la Gioventù, nichts für Anspruchsvolle. Anfahrt: Metro Linea A bis Ottaviano, dann ab Piazza Risorgimento weiter mit dem Bus Nr. 32 oder ab Piazza Venezia (Innenstadt) mit Bus Nr. 628 sowie mit der Nr. 280 ab Castel Sant'Angelo. 334 Betten, die Zimmer sind von 7–9 Uhr und 14–24 Uhr zugänglich, die Bar ist 10–22.30 Uhr geöffnet. Übernachtung 19 € pro Person (inkl. Frühstück) im nach Geschlechtern getrennten Mehrbettzimmer, Mittag- oder Abendessen jeweils ca. 10 €. Viale delle Olimpiadi 61, 00194 Roma, ☎ 06/323 6267, 🖷 06/3242613, www.aighostels.com.

YWCA – Foyer di Roma, Ⓜ Termini, nur für junge Frauen oder verheiratete Paare, nahe Stazione Termini. Zwei der Zimmer sind behindertengerecht ausgestattet. Übernachtung mit Frühstück 33–40 € pro Person im Doppelzimmer, im Mehrbettzimmer 28 €. Via Cesare Balbo 4, 00184 Roma, ☎ 06/4880460, 🖷 06/4871028, www.ywca-ucdg.it.

** Fawlty Towers Hotel & Hostel (18), → Karte S. 190/191, Ⓜ Termini, in der Via Magenta am Bahnhof Termini. Bei überwiegend englischsprachigen Travellern sehr beliebte Herberge, 15 schlichte Zimmer, über mehrere Stockwerke verteilt. Alle Zimmer mit TV; Küchennutzung, Dachterrasse. EZ ab 55 € (mit Dusche 60 €), DZ ab 70 € (mit Dusche 80 €), Dreibett-Zimmer mit Dusche oder Bad ab 100 €, Vierbett-Zimmer ohne Bad 100 € (mit Dusche 110 €), Frühstück inkl. Via Magenta 39, 00185 Roma, ☎ 06/4450374, 🖷 06/45435942, www.fawltytowers.org.

* Colors Hotel (17), → Karte S. 230/231, Ⓜ Ottaviano, eher Hostel als Hotel, ebenfalls bei jungen Travellern aus aller Welt beliebt. Auf drei Stockwerke in einem Mietshaus verteilt, die 21 Zimmer sind einfach eingerichtet, manche auch etwas komfortabler. Nur wenige Gehminuten vom Vatikan. EZ ohne Bad ab 75 €, DZ ohne Bad ab 90 € (mit Bad 110–120 €), Dreibett-Zimmer ab 150 €, Frühstück inkl. Via Boezio 31, 00192 Roma, ☎ 06/6874030, 🖷 06/6867947, www.colorshotel.com.

Übernachten im Kloster

Gerade in Rom finden sich zahlreiche Übernachtungsangebote in Klöstern bzw. anderen kirchlichen Einrichtungen. Nicht für Nachtschwärmer geeignet, sondern für Leute gedacht, die sich auf Pilgerreise befinden. Die katholische Konfession ist für die Übernachtung nicht mehr zwingend vorgeschrieben; man sollte sich jedoch darüber im Klaren sein, dass hinter den dicken Klostermauern Ruhe das oberste Gebot ist und die Einrichtung der Gästezimmer entsprechend karg ist. Die Teilnahme am klösterlichen Leben ist nicht erforderlich und auch nicht erwünscht; wer gemeinsam in einem Doppelzimmer übernachten will, muss allerdings (miteinander) verheiratet sein.

Die Preise für ein DZ liegen bei 70–100 €, für das EZ bei 40–60 € (Zimmer nur z. T. mit eigenem Bad), Frühstück meist inbegriffen. Schließzeit der Häuser ist etwa 23 Uhr, nur in wenigen Klöstern wird auf Anfrage ein Schlüssel herausgegeben. Etwas komfortabler und in Sachen Schließzeit auch etwas großzügiger sind die diversen Gästehäuser der Kirchen (s. unten). Generell sollte man auch klösterliche bzw. kirchliche Unterkünfte so früh wie möglich buchen. Informationen erhält man bei:

• *Auskünfte* **Deutschsprachiges Pilgerzentrum (Centro Pastorale Pellegrini di Lingua Tedesca)**, Via del Banco di Santo Spirito, 00186 Roma, ☎ 06/6897197, 🖷 06/6869490, www.pilgerzentrum.de. Geöffnet Mo–Fr 8.30–18 Uhr, Sa 8.30–12.30 Uhr, in den Sommermonaten Juli/August eingeschränkte Öffnungszeiten. Im Internet hält das Pilgerzentrum eine Liste der Klöster und Gästehäuser bereit, in denen auch Touristen übernachten können. Aufgeführt sind hier neben Adresse und Lage der einzelnen Häuser auch Angaben zu Verpflegungsmöglichkeiten, behindertengerechter Ausstattung und zu Schließzeiten.

● *Klöster* **Suore Pallottine**, deutschsprachig, 75 Betten (Zimmer z. T. ohne Bad), Schließzeit 23 Uhr, nur Übernachtung und Frühstück möglich. Via delle Mura Aurelie 7b (auf dem Gianicolo-Hügel, zwischen St. Peter und Trastevere), 00165 Roma, ✆ 06/3936351, ✉ 06/39366943.

Collegio Universitario P.G. Minozzi, 75 Betten, Schließzeit 23.30 Uhr (im Winter 23 Uhr), Übernachtung mit Frühstück oder Halbpension möglich. Via dei Gigli d'Oro 15 (ideale Lage, nördlich der Piazza Navona, wenige Schritte vom Tiber entfernt), 00186 Roma, ✆ 06/6864561, ✉ 06/6861025.

Suore Nostra Signora di Lourdes, Ⓜ Spagna, 30 Betten, feste Schließzeiten, nur Übernachtung und Frühstück möglich. Via Sistina 113 (sehr zentral, nur wenige Schritte von der Spanischen Treppe entfernt), 001187 Roma, ✆ 06/4745324, ✉ 06/4741422.

● *Gästehäuser* **Casa S. Francesca Romana (30)**, → Karte S. 222/223, 84 Betten; auch Halb- und Vollpension möglich. Keine Schließzeit, sehr freundlich. EZ 83 €, DZ 119 €, Dreibett-Zimmer 156 €, Vierbett-Zimmer 185 €, Frühstück inkl. Via dei Vascellari 61 (in Trastevere, sehr zentral, aber trotzdem vergleichsweise ruhig, wenige Schritte vom Ponte Palatino entfernt), 00153 Roma, ✆ 06/5812125, ✉ 06/5882408, www.sfromana.it.

Villa Maria, Gästehaus, deutschsprachig, für Rollstuhlfahrer geeignet, 84 Betten, keine Schließzeiten, Frühstück inkl., auch Halbpension möglich. Alle Zimmer mit Bad, EZ ab 65 €, DZ ab 95 €, Dreibett-Zimmer ab 120 €, Vierbett-Zimmer ab 130 €. Largo Giovanni Berchet 4 (auf dem Gianicolo-Hügel, an der Stadtmauer oberhalb von Trastevere), 00152 Roma, ✆ 06/5852031, ✉ 06/5855 20321, www.villamaria.pcn.net.

Casa Valdese (6), → Karte S. 230/231, Ⓜ Lepanto, das evangelische Gästehaus der Waldenser Kirche in Rom, Metrostation quasi vor der Haustür, zu Fuß ca. 20 Minuten zum Vatikan. Sehr viele deutsche Gäste. 75 Betten, keine Schließzeiten. EZ 92 €, DZ 122 €, Dreibett-Zimmer 166 €, Vierbett-Zim-

mer 197 €, Frühstück inkl., ab drei Übernachtungen wird es günstiger, Halbpension ist möglich. Via Alessandro Farnese 18, 00192 Roma, ✆ 06/3215362, ✉ 06/3211843, www.casavaldeseroma.it.

Camping

Bei schönem Wetter eine empfehlenswerte und günstige Übernachtungsalternative, spätestens ab Mitte Herbst, wenn ergiebige Regenfälle einsetzen, kein großer Spaß mehr. Drei Campingplätze liegen innerhalb des Autobahnrings G.R.A., sodass man mit Stadtbussen das Zentrum relativ gut erreichen kann. Noch mal acht Plätze befinden sich weiter außerhalb (teilweise Zubringerdienste Richtung Innenstadt). Für zwei Personen, Stellplatz (Zelt) und Auto muss man mit ca. 30 € pro Nacht rechnen (2 Pers. mit Wohnwagen/-mobil ca. 35–40 €).

Roma Camping, günstiger, weitläufiger Platz an der stark befahrenen Via Aurelia (ca. 3 km vom Zentrum), daher sind viele der 620 Stellplätze ziemlich laut, viel Schatten, Bad und WC okay; Pool, Bar und Ristorante sowie für die Abendunterhaltung ein Disco-Pub sind vorhanden. Vorteil für Selbstversorger: Gegenüber befindet sich ein großer Supermarkt. Ganzjährig geöffnet. Anfahrt: Vom Autobahnring Ausfahrt Nr. 1 auf die Via Aurelia, der Beschilderung folgen. Mit öffentlichen Verkehrsmitteln: Metro A bis Station Cornelia, dann mit Bus Nr. 246 die Via Aurelia entlang, gegenüber vom Supermarkt Panorama aussteigen. Ganzjährig geöffnet. Pro Person 11,40 €, Zelt 5,20–8 €, Auto 5,20 €, Wohnwagen 8,80 €, Wohnmobil 12,90 €, Bungalow 87–120 €. Via Aurelia 831 (bei km 8200), 00165 Roma, ✆ 06/6623018, ✉ 06/66418147, www.ecvacanze.it.

Camping Flaminio Village, ebenfalls nicht allzu weit vom Zentrum entfernt, Stellplätze teilweise auf Terrassen eine Anhöhe hinauf, mit Pool, Liegewiese, Bar und Restaurant. Es werden auch einige Bungalows angeboten. Ganzjährig geöffnet. Anfahrt: Vom Autobahnring Ausfahrt 6 (Via Flaminio), gute Beschilderung. Mit öffentlichen Verkehrsmitteln: ab Termini mit Bus 910 bis Piazza Mancini, dann Bus 200 bis zum Camping. Pro Person 11,40 €, Zelt 5,90–7,50 €, Auto 5,30 €, Wohnwagen 12,60 €, Wohnmobil 13,90 €, Bungalow für 2 Personen 70–112 €, für 4 Personen 126–168 €. Via Flaminia Nuova 821 (km 8200), 00189 Roma, ✆ 06/3332604, ✉ 06/3330653, www.campingflaminio.com.

Camping Tiber, nicht weit von Camping Flaminio entfernt, Wiesengelände, durch das ein Bach läuft, direkt am Tiberufer. Viele Busgruppen. Pool, Bar und Restaurant vorhanden, WI-FI (W-Lan-Zone). Von 8 bis 23 Uhr alle 30 Minuten kostenloser Zubringerbus von und zur Bahnstation Prima Porta, von dort zur Metro Linea A Station Flaminio. Ende März bis ca. 10. Oktober geöffnet. Pro Person 11 €, Zelt 5,50 €, Auto 5,30 €, Wohnwagen 9 €, Wohnmobil 12,60 €, Bungalow für 2–3 Personen 55–65 €, für 4 Personen 115–125 €. Via Tiberina km 1.400, 00188 Roma, ✆ 06/33610733, ✉ 06/33612314, www.campingtiber.com.

● *Außerhalb des Autobahnrings* **Seven Hills Camping**, schöner, ruhiger Platz außerhalb des Autobahnrings, 8 km nördlich von Rom. Gute Schattenplätze auf Terrassen zwischen Hügeln, zur Ausstattung des Platzes gehören Pool, Tennis- und Squashcourt, Bar und Restaurant. Auch Bungalows. Mitte März bis Mitte Oktober

geöffnet. Nachteil: Die Anfahrt mit öffentlichen Verkehrsmitteln ist mühsam: Metro Linea A bis Station Valle Aurelia, dort in den Zug Richtung Viterbo und bei der Station Giustiniana aussteigen und noch gut 1 km weiter zu Fuß die Via Italo Piccagli entlanglaufen. Mit dem Auto: Autobahnring Ausfahrt 3, dann auf der Via Cassia in nordwestliche Richtung (La Giustiniana), beschildert. Stellplatz inkl. 2 Personen und Auto 17 €, Zelt 5 €, Bungalow für 2–3 Personen 55–78 €, für 4 Personen 102 €. Via Cassia 1216 (bei km 8), 00189 Roma, ✆ 06/303310826, ✉ 06/303310039, www.sevenhills.it.

Allgemeine Information rund um die Buchung

Unterkunftsverzeichnisse

Kostenlose Unterkunftsverzeichnisse zu Rom gibt es bei der **ENIT** in ihren Büros (→ S. 87/88) in Deutschland, in Österreich und der Schweiz. Prospektbestellungen sind auch im Internet unter www.enit-italia.de möglich, darüber hinaus sind auf dieser Seite (unter der Rubrik „Prospekte") zahlreiche Downloads zu den verschiedensten Unterkünften in der Ewigen Stadt zu finden, wenn auch nicht immer ganz aktuell.

Internet

Die meisten Hotels in Rom haben eine eigene Website, die bei unseren Hotelempfehlungen auf den Seiten 53–64 angegeben wird. Darüber hinaus findet man Angebote unter den folgenden Adressen (jeweils mit der Möglichkeit der Direktbuchung):

www.060608.it – unter dem Stichwort „Accoglienza" erscheinen alle Kategorien an Unterkünften in Rom (über 900 Hotels und mehr als 1200 B & Bs), alphabetisch geordnet, mit Lageplan und mit Link zur Website der jeweiligen Unterkunft, Buchung dort.

www.rome-city-guide.it – die Hotels nach Sternen sortiert, außerdem Ferienwohnungen, Hostels, B & Bs und Campingplätze; mit Lageplan und Verlinkung zur jeweiligen Website der Unterkunft, Buchung dort.

www.romeguide.it – mit recht ausführlichen Beschreibungen und vielen Bildern, detaillierte Preisangaben, Buchung zentral über Romeguide.

Weitere Informationen zu Rom im Internet → „Wissenswertes von A bis Z" auf S. 88.

Buchung per E-Mail/Fax

Man sollte immer eine schriftliche Buchung per E-Mail bzw. über das Buchungssystem des Hotels oder der jeweiligen Websites vornehmen und diese dann auch per E-Mail bestätigen lassen. Das Gleiche gilt für Buchungen per Fax. In der Regel muss die Nummer (und Ablaufdatum) der **Kreditkarte** angegeben werden, manche Hotels (eher im Low-Budget-Bereich) verlangen auch eine Anzahlung, den Betrag einer Übernachtung, den man am besten per **Auslandsüberweisung** vornimmt und bestätigen lässt.

Spartipps

Bei individueller Buchung lohnt es sich immer, nach **Sonder- und Wochenendtarifen** zu fragen. Wer über einen der großen deutschen Reiseveranstalter ein **Hotel-Pauschalarrangement** (bei eigener Anreise) bucht, übernachtet oft günstiger als bei individueller Buchung. Oftmals liegen auch die speziellen **Internettarife** der Hotels deutlich unter Normaltarif!

Bei einem ein- bis zweiwöchigen Aufenthalt vermitteln verschiedene **Sprachschulen** (→ S. 97) sehr günstige Quartiere – allerdings muss ein entsprechender Sprachkurs mitgebucht werden. Die Unterkünfte (WG, privat oder Hotel/Pension) werden ab ca. 250–300 € pro Woche angeboten.

> Die im Folgenden angegebenen **Zimmerpreise** beziehen sich auf die **Hochsaison**. Eventuelle Preisspannen ergeben sich aus Größe und Ausstattung der Zimmer, teilweise sind auch „Alta Stagione" und „Altissima Stagione" zusammengefasst. Sofern nicht anders angegeben, gelten die Preise für ein Zimmer mit Bad, in der Regel auch mit TV. Sollte Frühstück im Preis enthalten sein, wird dies aufgeführt, ebenso ein eventueller Aufpreis dafür.
>
> In der Nebensaison sind Ermäßigungen von 20–30 % möglich.

Hotels und Pensionen in Rom

Außerhalb der Innenstadt

*****L **Cavalieri Hilton**, am Monte Mario. Wohl einzigartig ist der Blick über die Stadt, dazu ein herrlicher Garten mit alten Pinien und Pool. Weit über die Grenzen Roms hinaus berühmt ist das angeschlossene 3-Sterne-Restaurant „La Pergola" unter der Leitung von Heinz Beck. Wellnesszentrum mit Fitnessraum, Hallenbad, Sauna, türkischem Bad, Massage und Kosmetik. Hoteleigene Garage, es verkehrt etwa stündlich ein Shuttle-Bus zur Piazza Barberini und retour. Die Preise variieren stark: Unter bestimmten Voraussetzungen und bei frühzeitiger (Online-)Buchung ist das EZ ab 270 €, das DZ ab 300 € zu haben (möglich ist aber auch das Dreifache), Frühstück ca. 45 € pro Person. Via Cadlodo 101, 00136 Roma, ✆ 06/35091, 📠 06/35092241, www.romecavalieri.it.

**** **Shangri La Corsetti**, im ehemaligen Weltausstellungsgelände EUR, heute ein begehrtes und dabei recht ruhiges Wohn- und Geschäftsviertel mit Parkanlagen und monumentalen Gebäuden. Sehr gute Verkehrsanbindung zur Innenstadt mit Metro und Bussen, gehobene Ausstattung mit Pool, das Hotel (52 Zimmer) ist auch bei Amerikanern beliebt. Bewachter Parkplatz, hoteleigenes Restaurant. EZ 146–170 €, DZ 198–237 €, Dreibett-Zimmer 248–280 €, Vierbett-Zimmer ab 280 €, Frühstück inkl. Viale Algeria 141, 00144 Roma, ✆ 06/5916441, 📠 06/5413813, www.shangrilacorsetti.it.

**** **Holiday Inn Rome Aurelia**, an der viel befahrenen Via Aurelia, jedoch nicht unmittelbar an der Straße und daher weitgehend ruhig. Hervorragend ausgestattet, Pool und Garten, empfehlenswert. Am Wochenende manchmal Spezial-Arrangements. Bewachter Parkplatz (gegen Gebühr). Vom Autobahnring G. R. A. Uscita 1 (Aurelia) gelangt man automatisch auf die Via Aurelia. Busverbindung zum Hotel mit der Nr. 246. DZ ca. 200–360 €, EZ 160–240 €, Frühstück 15 € pro Person. Via Bogliasco 27 (Via Aurelia, km 8400), 00163 Roma, ✆ 06/66411200, 📠 06/66414437, www.alliancealberghi.it.

*** **Marc'Aurelio**, vergleichsweise ruhig und mit guter Ausstattung (Tennisplatz, Garten, Aircondition). Bewachter Parkplatz. Die Metrostation Cornelia (Linea A) ist einige hundert Meter entfernt, zur Innenstadt gelangt man aber auch bequem mit dem Bus. Erreichbar ab der Autobahn über Via Aurelia, dann links halten, die Via Gregorio XI geht links von der breiten Via di Boccea ab.

EZ 110–120 €, DZ 150–170 €, Frühstück inkl. Via Gregorio XI 141, 00166 Roma, ☎ 06/6637630, 📧 06/6625269, www.hotelmarcoaureliorome.it.

Centro Storico (Pantheon, Pzza. Navona, Campo de'Fiori)

***** ᴸ Grand Hotel de la Minerve (42), → Karte S. 156/157, direkt an der Piazza Minerva mit Berninis Elefanten (wenige Schritte vom Pantheon). Das Gebäude stammt aus dem 17. Jh., wurde mehrfach renoviert und wirkt heute sehr modern. Mit Dachterrasse, von einigen Zimmern herrlicher Blick. Luxusausstattung in den Zimmern, Bäder z. T. mit Whirlpool. Viele amerikanische Gäste. EZ 380–550 €, DZ 470–670 €, Suite 2300 €, Frühstück 31 € pro Person (zeitweise gibt es Pauschal-, Spezial- und Wochenendarrangements, die wesentlich günstiger sind). Piazza della Minerva 69, 00186 Roma, ☎ 06/695201 (zur Reservierung ☎ 06/69520788), 📧 06/6794165, www.grandhoteldelaminerve.com.

*****ᴸ Raphael (18), → Karte S. 156/157, ganz zentrale Lage wenige Schritte von der Piazza Navona, die traditionsreiche Herberge verbirgt sich hinter einer vollständig mit Efeuranken bewachsenen Fassade. Vom Dachgarten Blick auf das Kloster Santa Maria della Pace, die 83 Zimmer sind gediegen-komfortabel und z. T. mit Antiquitäten eingerichtet. Sauna und Fitnesscenter sind vorhanden. EZ ab 312 €, DZ ab 424 €, Frühstück 35 € pro Person. Largo Febo 2, 00186 Roma, ☎ 06/682831, 📧 06/6878993, www.raphaelhotel.com.

**** Albergo del Sole al Pantheon (28), → Karte S. 156/157, gegenüber dem Pantheon, 1467 eröffnet und damit wohl das älteste Hotel der Stadt. Heute gibt sich das Sole in schlichter Eleganz und profitiert von seiner idealen Lage im autofreien Centro Storico. DZ 306–428 €, Frühstück inkl. Piazza della Rotonda 63, 00186 Roma, ☎ 06/6780441, 📧 06/69940689, www.hotelsolealpantheon.com.

*** Portoghesi (5), → Karte S. 156/157, in der schmalen Via dei Portoghesi (wenige Meter nördlich der Piazza Navona). Äußerst malerische Ecke der Stadt, ruhige Lage, einladendes Hotel in einem kleinen Palazzo neben der gleichnamigen Kirche. Herrliche Dachterrasse, gute Ausstattung, alle Zimmer mit Bad, TV und Aircondition, W-Lan in allen Zimmern. EZ 180 €, DZ 200 €, Dreibett-Zimmer 280 €, Vierbett-Zimmer 300 €, Frühstück inkl, Garage 25 € pro Tag. Via dei Portoghesi 1, 00186 Roma, ☎ 06/6864231, 📧 06/6876976, www.hotelportoghesiroma.com.

*** Due Torri (2), → Karte S. 156/157, stilvolles und sehr empfehlenswertes Haus in ruhiger Gasse nahe der Piazza Ponte Umberto I. Nur 26 gepflegte Zimmer mit viel Rot, überwiegend Stilmöbel, freundlicher Service, für das Gebotene preislich angemessen (Zimmer mit Bad, TV und Aircondition). Besonders zu empfehlen sind die Zimmer im vierten und fünften Stock mit Balkon oder kleiner Terrasse. EZ 100–150 €, DZ 170–230 €, Apartment für 3–4 Personen 210–275 €; Frühstück inkl. Vicolo del Leonetto 23, 00186 Roma, ☎ 06/68806956, 📧 06/6865442, www.hotelduetorriroma.com.

*** Santa Chiara (40), → Karte S. 156/157, zentrale Lage beim Pantheon, direkt gegenüber der Kirche Santa Maria Sopra Minerva. Mit kleinem Innenhof, die Zimmer sind elegant und komfortabel eingerichtet mit Bad, TV, Aircondition. Zuvorkommend und freundlich. EZ 143–175 €, DZ 225–280 €, Dreibett-Zimmer 265–310 €, Vierbett-Zimmer 280–360 €, Suite 460–550 €, Frühstück inkl. Via di Santa Chiara 21, 00186 Roma, ☎ 06/6872979, 📧 06/6873144, www.albergosantachiara.com.

*** Albergo Abruzzi (30), → Karte S. 156/157, einmalige Lage gegenüber dem Pantheon (am Eck der Piazza della Rotonda). Die Traditionsherberge wurde vor einigen Jahren renoviert, die Zimmer sind nun mit Bad, TV und Aircondition ausgestattet, gegen den abendlichen Trubel helfen Doppelglasfenster. EZ 170 €, DZ 220 €, Dreibett-Zimmer 280 €, Suite ab 335 €, kleines Frühstück inkl. Piazza della Rotonda 69, 00186 Roma, ☎ 06/6792021, 📧 06/69788076, www.hotelabruzzi.it.

*** Fontanella Borghese (55), → Karte S. 172/173, zentral zwischen Parlament und Augustusmausoleum im zweiten und dritten Stock eines ehemals pompösen Palastes aus dem 14. Jh., der Stadtresidenz der Fürsten Borghese. Das Hotel (29 Zimmer) wurde vor einigen Jahren komplett renoviert. EZ 110–160 €, DZ 180–230 €, Dreibett-Zimmer 210–260 €, Frühstück inkl. Largo Fontanella Borghese 84, 00186 Roma, ☎ 06/68809504, 📧 06/6861295, www.fontanellaborghese.com.

*** Teatro di Pompeo (30), → Karte S. 138/139, winziges Hotel (nur 13 Zimmer), wenige Schritte vom Campo de'Fiori entfernt, sehr ruhig. Das Haus befindet sich auf einem Abschnitt der Zuschauertribüne des antiken Pompejustheaters (55 v. Chr.), wo vermutlich Julius Caesar ermordet wurde; im Hotel sind noch Reste des antiken Gemäuers erhalten. Gepflegtes Haus mit typisch römischem Charakter, sehr empfehlenswert. Alle Zimmer mit Bad und TV. Parkmöglichkeiten vorhanden (ca. 20 €/Tag). EZ 140–160 €, DZ 180–210 €, Dreibett-Zimmer 240–270 €, Frühstück inkl. Largo del Pallaro 8, 00186 Roma, ✆ 06/68300170, ✇ 06/68805531, www.hotelteatrodipompeo.it.

*** Campo de'Fiori (25), → Karte S. 138/139, an einem der malerischsten Plätze, dem Campo de'Fiori, im historischen Zentrum gelegen. Die Dachterrasse lädt zum Entspannen ein, die Zimmer sind z. T. sehr klein, das Haus wurde vor kurzem renoviert und mit einem dritten Stern geschmückt, daher leider kein Schnäppchen mehr. Nur zwölf Zimmer. EZ 170–200 €, DZ 190–200 €, Dreibett-Zimmer 260–300 €, Frühstück inkl. Via del Biscione 6, 00186 Roma, ✆ 06/68806865, ✇ 06/6874003, www.hotelcampodefiori.com.

** Albergo del Sole al Biscione (26), → Karte S. 138/139, in unmittelbarer Nähe des Campo de'Fiori, eines der ältesten Hotels der Stadt. Ansprechendes, beliebtes Haus mit Travelleratmosphäre und angemessenem Preis-Leistungs-Verhältnis, viele jüngere Gäste. Mit Dachgarten und kleinem Innenhof, nette, kleine Zimmer, teilweise jedoch recht hellhörig. Hoteleigene Garage (18–23 € pro Tag). EZ ohne Bad 75 €, mit Bad 100–130 €, DZ ohne Bad 100–110 €, mit Bad 125–145 €, mit Dachterrasse kostet das DZ 160 €. Frühstück wird nicht angeboten. Via del Biscione 76, 00186 Roma, ✆ 06/68806873, ✇ 06/6893787, www.soalebiscione.it.

*** Smeraldo (41), → Karte S. 138/139, versteckt in einer winzigen Gasse zwischen Campo de'Fiori und Via Arenula gelegen. Nach der Renovierung sind die Zimmer schlicht und funktional, dabei aber durchaus gemütlich. Optimale Lage. EZ 115 €, DZ 145 €, Frühstück 7 €. Via dei Chiodaroli 9, 00186 Roma, ✆ 06/6875929, ✇ 06/68805495, www.smeraldoroma.com.

*** Rinascimento (7), → Karte S. 138/139, in der schönen Via del Pellegrino, die in den Campo de'Fiori mündet. Relativ ruhig; nur 19 recht einfache Zimmer mit Fliesenboden, es gibt auch eine Dachterrasse, sehr

Komfortable Unterkunft beim Campo de'Fiori

freundlich. EZ 100 €, DZ 150–180 €, Dreibett-Zimmer 220 €, Vierbett-Zimmer 250 €, Frühstück inkl. Via del Pellegrino 122, 00186 Roma, ✆ 06/6874813, ✇ 06/6833518, www.hotelrinascimento.com.

** Arenula (51), → Karte S. 138/139, einfaches, ordentliches und sauberes Hotel mit 50 Zimmern an der viel befahrenen Via Arenula (Nähe Largo Argentina), daher teilweise auch nachts etwas laut. Nur wenige Schritte über die Brücke zum Ausgehviertel Trastevere, und auch der Campo de'Fiori ist nur wenige Minuten entfernt. Alle Zimmer mit Bad, TV, Aircondition. Garage 20 €/Tag. EZ 98 €, DZ 133 €, Frühstück inkl. Via di Santa Maria de'Calderari 47, 00186 Roma, ✆ 06/6879454, ✇ 06/6896188, www.hotelarenula.com.

* Mimosa (39), → Karte S. 156/157, ideale Lage bei der Piazza Minerva (Pantheon), kleine und sympathische Herberge (im zweiten Stock) ohne großen Komfort, vor allem bei jungen Leuten beliebt, etwas laut und hellhörig. Nur elf Zimmer. EZ ohne Bad 80 €, mit Bad 90 €, DZ ohne Bad 95 €, mit Bad 120 €, Frühstück 10 € pro Person. Via di Santa Chiara 61, 00186 Roma, ☎ 06/68801753, 🖷 06/6833557, www.hotelmimosa.net.

* Navona (38), → Karte S. 156/157, über 100 Jahre alte Traditionsherberge nahe der gleichnamigen Piazza (mitten im Zentrum), im ersten Stock eines Palazzo. Jüngst renoviert, gemütlich und für die Kategorie durchaus komfortabel, trotz Nähe zum Zentrum sehr ruhig. 21 Zimmer mit Bad und Aircondition. EZ 120–140 €, DZ 145–200 €, Dreier 180–240 €, Frühstück inkl. Via di Sediari 8, 00186 Roma, ☎ 06/6864203, 🖷 06/68803802, www.hotelnavona.com.

Albergo Pomezia (35), → Karte S. 138/139, einfaches Albergo unweit des Campo de' Fiori, bei entsprechend hervorragender Lage schnörkellos und günstig. EZ 60–80 €, DZ 80–100 €. Via dei Chiavari 12/13, 00186 Roma, ☎ 🖷 06/6861371, hotelpomezia@libero.it.

Spanische Treppe, Piazza del Popolo, Trevi-Brunnen, Via Veneto

Im Zentrum um die Spanische Treppe und die Via Veneto befinden sich zahlreiche Luxushotels, darunter auch nahezu unbezahlbare Institutionen wie das De La Ville (Spanische Treppe), das Grandhotel Eden und das Excelsior in der Via Veneto, einst der Inbegriff für Dolce Vita. Eine kleine Auswahl:

***** ᴸ De Russie (2), → Karte S. 172/173, Ⓜ Spagna, das vielleicht schönste Hotel der Stadt liegt nur wenige Meter von der Piazza del Popolo entfernt. Das Ambiente der Luxusherberge könnte kaum edler sein, zum Hotel gehören ein herrlicher Garten und eine Terrasse. Außerdem gibt es diverse Bars (darunter die berühmte Strawinskij-Bar mit ihren nicht minder berühmten Cocktails) und mehrere Restaurants, das Spa (u. a. mit Jacuzzi, Sauna, türkischem Dampfbad) soll zu den besten in Rom zählen. Ruhige Lage, sehr entspannend, dennoch ganz zentral. Mit Parkplatz. EZ ab 345 € (mit Frühstück 368 €), DZ ab 510 € (mit Frühstück 544 €), Sondertarife DZ ab ca. 380–400 €. Via del Babuino 9, 00187 Roma, ☎ 06/328881, 🖷 06/32888888, www.hotelderussie.it.

***** ᴸ Hassler Villa Medici (32), → Karte S. 172/173, Ⓜ Spagna, das Hotel mit der wohl spektakulärsten Aussicht (auf Spanische Treppe und Peterskirche) und den prominentesten Gästen. Dachterrasse und idyllischer Innenhof, Luxus in Vollendung, beim traditionsreichen Hassler bleibt kaum ein Wunsch offen. EZ ab 330 €, DZ ab 450 €. Piazza Trinità dei Monti 6 (oberhalb der Spanischen Treppe), 00187 Roma, ☎ 06/699340, 🖷 06/69941607, www.hotelhasslerroma.com.

***** ᴸ Grand Hotel Eden (4), → Karte S. 207, Ⓜ Barberini; zwischen Spanischer Treppe und Via Veneto. Die Luxusherberge stammt aus dem Jahr 1889, wurde aber vor nicht allzu langer Zeit gründlich entstaubt und renoviert, wobei der Flair der Belle Epoque erfreulicherweise erhalten blieb. Zimmer mit allem erdenklichen High-Tech-Komfort, großzügigen Marmorbädern (z. T. mit Whirlpool), von den obersten Stockwerken bietet sich auch ein fantastischer Blick. Panorama-Restaurant. EZ ab 325 €, DZ ab 380 €, Frühstück inkl., hoteleigener Parkplatz ca. 25 €/Tag. Via Ludovisi 49, 00187 Roma, ☎ 06/478121, 🖷 06/4821584, www.lemeridien.com/eden.

***** ᴸ Excelsior (3), → Karte S. 207, Ⓜ Barberini, einst der Inbegriff des Dolce Vita und Jetsets auf der Via Veneto; der legendäre Ruhm ist zumindest in den USA noch nicht verblasst: Die meisten Gäste kommen aus Amerika. Prunkvolle Ausstattung und perfekter Service, wie es sich für ein Grandhotel von Weltruhm gehört. EZ/DZ ab 437 €, Frühstück 42 € pro Person. Via Veneto 125, 00187 Roma, ☎ 06/47081, 🖷 06/4826205, www.starwoodhotels.com.

***** Aleph (6), → Karte S. 207, Ⓜ Barberini, Designhotel der Luxusklasse bei der Via Veneto, gestaltet vom New Yorker Architekten Adam Tihany, der sich dabei von Dantes Göttlicher Komödie hat inspirieren lassen. Eigenwillige Einrichtung mit viel Rot, die 96 Zimmer dagegen in zartem Pastell. Dachterrasse und Spa, zwei Bars und zwei Restaurants. EZ/DZ ab 221 €, Frühstück 26 € pro Person. Via di San Basilio 15, 00187 Roma, ☎ 06/422901, 🖷 06/42290000, www.boscolohotels.com.

Il Palazzetto (26), → Karte S. 172/173, Ⓜ Spagna, gehört zum Hassler (s. oben) und liegt wie dieses fast unmittelbar an der Spanischen Treppe. Nur wenige Zimmer und ein Restaurant (mit schönem Blick von der Terrasse). DZ 310–360 €, Frühstück inkl. (wird im Hassler eingenommen). Vicolo del Bottino 8, 00187 Roma, ☎ 06/699341000, 🖷 06/6991065, www.ilpalazzettoroma.com.

***** **D'Inghilterra (42)**, → Karte S. 172/173, Ⓜ Spagna, schon seit Mitte des 19. Jh. ein erstklassiges Hotel, zu dessen prominentesten Gästen u. a. Ernest Hemingway zählte. Das Hotel liegt ruhig und zentral in der autofreien Zone um die Piazza di Spagna (nahe der Via Condotti). Nobles Ambiente und ein erstklassiger Service der alten Schule gestalten den Aufenthalt hier sehr angenehm. Schöne Aussicht von den Zimmern im fünften Stock, herrlicher Dachgarten. EZ/DZ 461–750 €, Frühstück 30 € pro Person. Via Bocca di Leone 14, 00187 Roma, ☎ 06/699811, 🖷 06/69922243, www.hir.royaldemeure.com.

**** ᴸ **Valadier (7)**, → Karte S. 172/173, Ⓜ Spagna, in Stil, Ausstattung und Preis mit dem D'Inghilterra vergleichbar, ebenfalls ruhig gelegen, aber noch idyllischer in einer Gasse bei der Piazza del Popolo. Saisonabhängig starkes Preisgefälle. EZ/DZ ab 280 €, Dreibett-Zimmer ab 330 €, Frühstück inkl. Via della Fontanella 15, 00187 Roma, ☎ 06/3611998, 🖷 06/3201558, www.hotelvaladier.com.

*** **Scalinata di Spagna (34)**, → Karte S. 172/173, oberhalb der Spanischen Treppe, unscheinbarer Eingang gegenüber dem Hassler. Nur 16 elegante Zimmer (Seidentapeten, Stilmöbel, Antiquitäten), herrlicher Blick von der Frühstücksterrasse. EZ 130–190 €, DZ 150–230 €, Frühstück inkl. Piazza Trinità dei Monti 17, 00187 Roma, ☎ 06/69940896, 🖷 06/69940598, www.hotelscalinata.com.

**** **Ottocento (8)**, → Karte S. 207, Ⓜ Barberini, das kleine Hotel in einer ruhigen Seitenstraße bei der Piazza Barberini gibt es seit 2002. Gepflegte Einrichtung in einem Palazzo aus dem 19. Jh. Nur 23 Zimmer, die zumeist nicht sehr groß sind. Moderne Einrichtung, Dachterrasse (mit Restaurant), alle Zimmer mit Bad (Marmor) und TV. EZ ab 150 €, DZ 170–200 €, Dreibett-Zimmer 250 €, Frühstück inkl. Via dei Cappuccini 19, 00187 Roma, ☎ 06/42011900, 🖷 06/42011020, www.albergottocento.it.

**** **Locarno (5)**, → Karte S. 172/173, Ⓜ Flaminio, in dieser Kategorie sehr empfehlenswert, wenige Schritte von der Piazza del Popolo, ruhige Lage, geschmackvolles Haus, z. T. im Art-déco-Stil der 1920er Jahre, angenehme Atmosphäre, von der Dachterrasse hat man einen schönen Blick bis zur Kuppel der Peterskirche. Kostenloser Fahrradverleih und Internet-Point. 68 Zimmer, alle mit Bad, TV und Aircondition, Garage vorhanden (25 €/Tag). EZ 195 €, DZ ab 225 €,

Gute Adresse: Hotel Excelsior

Dreibett-Zimmer 275 €, Frühstück inkl. Via della Penna 22, 00186 Roma, ☎ 06/3610841, 🖷 06/3215249, www.hotellocarno.com.

*** **Trevi (16)**, → Karte S. 207, Ⓜ Barberini, gepflegtes, kleines Hotel in einem alten Palazzo, nur wenige Schritte vom Trevi-Brunnen entfernt gelegen. Mit Dachterrasse und 25 komfortablen Zimmern mit Bad, TV und Aircondition. EZ 139–240 €, DZ 189–340 €, Frühstück 15 € pro Person, Garage ca. 25 € am Tag. Vicolo del Babuccio 21, 00187 Roma, ☎ 06/6789563, 🖷 06/69941407, www.hoteltrevirome.com.

*** **Fontana (15)**, → Karte S. 207, Ⓜ Barberini, unschlagbare Lage gleich gegenüber der Fontana di Trevi, entsprechend groß ist hier der Rummel, nachts wird es kaum ruhiger. 25 geschmackvoll eingerichtete Zimmer, einige mit Blick auf den berühmten Brunnen, ansonsten auch schöner Blick von der Dachterrasse. EZ 165–195 €, DZ 215–280 €, Dreibett-Zimmer 300–340 €, Frühstück inkl.

Piazza di Trevi 96, 00187 Roma, ☎ 06/6786113, ⌨ 06/6790024, www.hotelfontana-trevi.com.

*** Gregoriana (41), → Karte S. 172/173, Ⓜ Spagna/Barberini, 19 Zimmer mit Bad, Aircondition und TV, ausgesprochen netter Service und gute Lage oberhalb der Spanischen Treppe. EZ 148–168 €, DZ 228–258 €, Dreibett-Zimmer 290–310 €, Frühstück inkl. Via Gregoriana 18, 00187 Roma, ☎ 06/6794269, ⌨ 06/6784258, www.hotelgregoriana.it.

*** Madrid (47), → Karte S. 172/173, Ⓜ Spagna, nur wenige Schritte von der Via Condotti entfernt, mitten im noblen Einkaufsviertel. 26 renovierte und recht behagliche Zimmer, die Badezimmer sind ganz modern. Es gibt auch eine Dachterrasse. EZ 170 €, DZ 220–255 €, Dreibett-Zimmer 270–320 €, Suite für 4 Personen 330–350 €, Frühstück inkl. Via Mario de'Fiori 93, 00187 Roma, ☎ 06/6991510, ⌨ 06/6791653, www.hotelmadridroma.com.

*** Pincio (51), → Karte S. 172/173, Ⓜ Barberini, in der Nähe der Spanischen Treppe, nettes, ordentliches kleines Hotel (nur 16 Zimmer), ebenfalls mit Dachterrasse, auf der man bei schönem Wetter frühstücken kann. Die Zimmer sind teilweise klein, alle mit Bad und Aircondition, TV und Kühlschrank. Freundlicher Service. EZ ab 110 €, DZ 195 €, Dreibett-Zimmer 230 €, Frühstück inkl. Via Capo le Case 50, 00187 Roma, ☎ 06/6790758, ⌨ 06/6791233, www.hotelpincio.com.

*** City (57), → Karte S. 172/173, Ⓜ Barberini, gute Mittelklasse im zweiten Stock eines Stadtpalazzos (altersschwacher Aufzug), ganz in der Nähe der Spanischen Treppe und somit in Bestlage. Schönes Ambiente mit dunklem altem Mobiliar, alle Zimmer mit modernem Bad, Aircondition, TV. EZ 173 €, DZ 205 €, Frühstück inbegriffen. Via dei Due Macelli 97, 00187 Roma, ☎ 06/6797468, ⌨ 06/6797972, www.hotelcityroma.it.

Guesthouse Eva's Rooms (58), → Karte S. 172/173, Ⓜ Barberini, nur elf Zimmer mit Bad, TV und Aircondition, freundliche Einrichtung, für die Gegend einigermaßen günstig. EZ 100–110 €, DZ 150–165 €, Dreibett-Zimmer 175–195 €, Frühstück inkl. (wird im Zimmer serviert). Via dei Due Macelli 31, 00187 Roma, ☎ 06/69190078, ⌨ 06/45421810, www.evasrooms.com.

** Suisse (49), → Karte S. 172/173, Ⓜ Barberini, nahe der Spanischen Treppe am Rand des noblen Einkaufsviertels. Gemütliche Einrichtung im alten Stil, mit dunklen Möbeln und Parkettböden. Bar vorhanden. EZ 110 €, DZ 170 €, Frühstück inkl. Via Gregoriana 54, 00187 Roma, ☎ 06/6783649, ⌨ 06/6781258, www.hotelsuisserome.com.

** Pensione Parlamento (62), → Karte S. 172/173, Ⓜ Spagna, ganz zentral ums Eck von der Via del Corso (nahe dem Parlament, wie der Name schon sagt). Im dritten und vierten Stock eines Stadtpalazzos, daher auch nicht allzu laut. Nettes, kleines Albergo mit Dachterrasse. 23 Zimmer mit Bad und TV sowie WI-FI. EZ 132 €, DZ 195 €, Dreibett-Zimmer 205 €, Vierbett-Zimmer 240 €, Frühstück inkl. die kleine Convertite 5, 00187 Roma, ☎/⌨ 06/69921000, www.hotelparlamento.it.

* Boccaccio (10), → Karte S. 207, Ⓜ Barberini, eine der günstigsten Unterkünfte in zentraler Lage, das Hotel befindet sich im ersten Stock eines Eckhauses an der Via Rasella (bei der Piazza Barberini). Nur acht einfache Zimmer, fünf davon mit Bad, für den Preis okay. Achtung: Das Boccaccio ist nicht beschildert und nur am Klingelschild ausgewiesen, daher leicht zu übersehen. Freundliche und hilfsbereite Wirtin. EZ ohne Bad 45 €, DZ ohne Bad 80 €, mit Bad 100 €, Frühstück wird nicht angeboten. Via del Boccaccio 25, 00187 Roma, ☎/⌨ 06/4885962, www.hotelboccaccio.com.

Um Kolosseum, Forum Romanum und Aventin

**** Forum (3), → Karte S. 105, und **(2)** → Karte S. 124/125, Ⓜ Cavour, direkt neben dem Forum des Augustus, ein Kloster aus dem Mittelalter, das 1962 zur Luxusherberge umfunktioniert wurde. Einmalig ist der Blick von der Dachterrasse auf das antike Rom, hier befindet sich auch das noble Ristorante des Hotels. 78 Zimmer mit Bad, TV und Aircondition, die Zimmer zur Via dei Fori Imperiali sind leider etwas laut. EZ 170–240 €, DZ 280–340 €, das Frühstück (Büffet) ist inklusive. Via Tor de'Conti 25, 00184 Roma, ☎ 06/6792446, ⌨ 06/6786479, www.hotelforum.com.

**** Capo d'Africa (15), → Karte S. 124/125, Ⓜ Colosseo, noch recht neues Designhotel gleich beim Kolosseum, in einem aufwändig restaurierten Palazzo aus dem 19. Jh. Innen sehr modern und elegant, die 64 Zimmer sind großzügig und stilvoll eingerichtet. Parkplatz in der Nähe (gegen Gebühr). Frühstück auf der Dachterrasse. EZ um 240–260 €, DZ um 300–350 €, Frühstück inkl. Via Capo d'Africa 54, 00184 Roma, ☎ 06/772801, ⌨ 06/77280801, www.hotelcapodafrica.com.

Übernachten

Ruhige Lage am Aventin – Hotel Sant'Anselmo

*** Nerva (1), → Karten S. 105 und S. 124/125, Ⓜ Cavour, sehr zentral und – zumindest nachts – ruhig gelegenes, kleines Hotel gegenüber dem gleichnamigen Forum (Foro di Nerva). Alle 19 Zimmer relativ neu renoviert, mit Bad, TV und Aircondition, kleine Zimmer, aber nicht recht gemütlich. Sehr freundlicher Service. Garage vorhanden. EZ 120–180 €, DZ 160–260 €, Frühstück inkl. Via Tor de'Conti 3, 00184 Roma, ✆ 06/6781835, ✉ 06/69922204, www.hotelnerva.com.

*** Celio (11), → Karte S. 124/125, Ⓜ Colosseum. Nur wenige Gehminuten vom Kolosseum, dennoch ruhige Lage. Frisch renoviert, 20 Zimmer, alles im üppigen Barockstil, mit Dachterrasse. EZ um 140 €, DZ um 170 €, Frühstück inkl. Via dei Santissimi Quattro 35/C, 00184 Roma, ✆ 06/70495333, ✉ 06/7096377, www.hotelcelio.com.

**** Duca d'Alba (39), → Karte S. 190/191, Ⓜ Cavour, hervorragende Lage mitten im netten Stadtteil Monti, Metrostation in Sichtweite. Abends ist das Viertel voller Menschen, aber kein Autorverkehr (Fußgängerzone), zahlreiche Restaurants in unmittelbarer Umgebung. 27 gepflegte Zimmer, freundlicher Service. EZ 139–98 €, DZ 198 €, Frühstück inkl. Via Leonina 14, 00184 Roma, ✆ 06/484471, ✉ 06/4884840, www.hotelducadalba.com.

**** Sant'Anselmo (11), → Karte S. 105, Ⓜ Circo Massimo, gute und ruhige Lage auf dem Aventin, beim Palazzo des Malteserordens. Villa aus der Zeit der vorletzten Jahrhundertwende, gepflegte Zimmer, die Einrichtung variiert zwischen modernfunktional und leicht kitschigem Neo-Rokoko. Von den oberen Stockwerken bietet sich ein schöner Panoramablick, herrlich auch der Garten, in dem im Sommer gefrühstückt wird. Alle Zimmer mit Bad und TV. Unbewachte Parkmöglichkeit vor dem Haus oder in den Seitenstraßen. EZ ab 160 €, DZ ab 180 €, Frühstück inkl. Piazza di Sant'Anselmo 2, 00153 Roma, ✆ 06/570057, ✉ 06/5783604, www.aventinohotels.com.

*** Domus Aventina (9), → Karte S. 105, Ⓜ Circo Massimo, kleines, elegantes Hotel, ruhige Lage auf dem Aventin-Hügel, aber dennoch so zentrumsnah, dass man viele Sehenswürdigkeiten noch zu Fuß erreichen kann. Von den meisten der 26 Zimmer (alle mit Bad, Aircondition, TV und Kühlschrank) bietet sich ein schöner Blick auf den angrenzenden Park. Parkmöglichkeiten an der Piazza Prisca (unbewacht). EZ 100–150 €, DZ 125–240 €, Dreibett-Zimmer 150–320 €, Frühstück inkl. Via di Santa Prisca 11/B, 00153 Roma, ✆ 06/5746135, ✉ 06/57300044, www.hoteldomusaventina.com.

*** Villa San Pio (12), → Karte S. 105, Ⓜ Circo Massimo, gehört zum Sant'Anselmo, liegt nur wenige hundert Meter entfernt in der Via S. Melania und ist noch

Hochzeitspaar am Kapitol

etwas nobler. 78 gediegene Zimmer mit historischem Mobiliar, fast schon pompös, elegante Bäder. Mit Garten. Parkmöglichkeit am Straßenrand. Rezeption im Sant'Anselmo. EZ ab 105 €, DZ ab 150 €, Frühstück inkl. Via S. Melania 19, 00153 Roma, ✆ 06/570057, ✆ 06/5741112, www.aventinohotels.com.

*** Fori Imperiali Cavalieri (5), → Karte S. 105, und **(4)** 124/125, Ⓜ Colosseo, im Jahr 2000 eröffnetes, kleines Hotel ums Eck vom Kolosseum in einer ruhigen Gasse bei der Via dei Fori Imperiali. Nur 24 Zimmer, alle mit Bad, TV und Aircondition. EZ 115 €, DZ 190 €, Frühstück inkl., Garage 30 €/Tag. Via Frangipane 34, 00184 Roma, ✆ 06/6796246, ✆ 06/6797203, www.cavalieri.it.

*** Aventino (10), →Karte S. 105, Ⓜ Circo Massimo, sehr ruhig und im Grünen mitten auf dem Aventin-Hügel. Gehört ebenfalls zum Sant'Anselmo (dort wird auch ein- und ausgecheckt). Die Zimmer sind gediegen eingerichtet, die Bäder modern. Zum Haus gehört ein kleiner Garten. Unbewachte Parkmöglichkeit an der Straße. EZ ab 105 €, DZ ab 120 €, Dreibett-Zimmer ab 135 €, Frühstück inkl. Via S. Domenico 10, 00153 Roma, ✆ 06/570057, ✆ 06/5783604, www.aventinohotels.com.

** Romano (6), → Karte S.105, und **(5)** → Karte S.124/125, Ⓜ Colosseo. Zentrale Lage zwischen Antikem Rom und dem Ausgehviertel Monti, Vieles befindet sich ab hier in Laufweite und auch die Metrostation ist nur wenige Schritte entfernt. Bars und Restaurant vor dem Haus. 16 recht schlichte Zimmer, Bad und TV sowie Aircondition. EZ 90–100 €, DZ 140–160 €, Dreibett-Zimmer 160–175 €, Frühstück inkl. Largo Corrado Ricci 32, 00184 Roma, ✆ 06/6795851, www.hotelromano.com.

Um den Hauptbahnhof Stazione Termini

***** Exedra (17), → Karte S. 190/191, Ⓜ Repubblica, im Halbrund der prachtvollen neoklassizistischen Arkaden an der Piazza della Repubblica, ein überaus elegantes Hotel mit Stuck und Kronleuchtern, Stilmöbeln in gedeckten Pastellfarben und viel Grün. Die 241 Zimmer dagegen in moderner Eleganz und sehr komfortabel gestaltet, es gibt ein Spa, Bar und Restaurant, absolutes Highlight ist allerdings der Pool auf der Dachterrasse mit Aussicht und Bar. EZ/DZ 500–800 €, Spezialtarife ab 290–370 € (EZ/DZ), Frühstück 30 € pro Person. Piazza della Repubblica 47, 00185 Roma, ✆ 06/489381, ✆ 06/48938000, www.boscolohotels.com.

***** Radisson Blu es. (28), → Karte S. 190/191, Ⓜ Vittorio E., in nicht sehr schicker Umgebung liegt dieses noch recht neue Designhotel (vorher: Es Hotel) mit herrlicher Dachterrasse im siebten Stock: hier befinden sich der Pool (nur Juni bis September geöffnet), die hippe „Zest-Bar" und das Restaurant „Sette". Das Design der 232 Zimmer ist modern-minimalistisch, z. T. gruppieren sie sich um den Innenhof. Öffentliches Parkhaus nebenan. EZ 275–295 €, DZ 290–330 €, Frühstück inkl. Via Filippo Turati 171, 00185 Roma, ✆ 06/444841, ✉ 06/44341396, www.radissonblu.com.

**** Artdeco (9), → Karte S. 190/191, Ⓜ Castro Pretorio, gehört zur Best-Western-Kette. Die Innenausstattung ist im Art-déco-Stil gehalten, dank aufwändiger Renovierung ist aller moderne Komfort (inkl. Sauna) vorhanden. Mit Restaurant. 68 Zimmer mit Bad, TV und Aircondition. Ca. 200 m nördlich vom Hauptbahnhof Termini. EZ ab 119 €, DZ 147–194 €, Frühstücksbuffet inkl. Via Palestro 19, 00185 Roma, ✆ 06/4457588, ✉ 06/4441483, www.bestwestern.it.

*** Alpi (12), → Karte S.190/191, Ⓜ Castro Pretorio, etwas nördlich vom Bahnhof an der Piazza Indipendenza gelegen. Komfortabel ausgestattetes Hotel in einem Palazzo aus dem 19. Jh., alle 48 Zimmer mit Bad, TV und Aircondition. EZ 160 €, DZ 185 €, Dreibett-Zimmer 250 €, Vierbett-Zimmer 280 €, Frühstück inkl. Via Castelfidardo 84, 00185 Roma, ✆ 06/4441235, ✉ 06/4441257, www.hotelalpi.it.

*** Astoria Garden (15), → Karte S. 190/191, Ⓜ Castro Pretorio, relativ ruhig nahe der Piazza Indipendenza gelegen, netter Garten nach hinten hinaus, innen edel mit Marmor und dunklem Mobiliar. Viele Geschäftsleute steigen hier ab. Zimmer mit Bad, TV und Aircondition. EZ ab 95 €, DZ ab 140 €, Dreibett-Zimmer ab 155 €, Vierbett-Zimmer ab 170 €, Frühstück inkl., Garage gegen Aufpreis. Via Bachelet 8, 00185 Roma, ✆ 06/4469908, ✉ 06/4453329, www.hotelastoriagarden.it.

*** Kennedy (23), → Karte S. 190/191, Ⓜ Termini. In direkter Nachbarschaft zum Hauptbahnhof, daher nicht ganz ruhig gelegen (dafür aber mit Schallschutzfenstern). Frisch renoviert, solide und recht bunt eingerichtete Zimmer mit Bad, TV, Kühlschrank und Aircondition, gar nicht mal so teuer. Wird auch von Lesern empfohlen. EZ 85 €, DZ 129 €, Dreibett-Zimmer 149 €, Frühstück ist inklusive. Via Filippo Turati 62, 00185 Roma, ✆ 06/4465373, ✉ 06/4465417, www.hotelkennedy.net.

*** Impero (19), → Karte S. 190/191, Ⓜ Termini, nur wenige Schritte vom äußerlich eher unspektakulären Opernhaus entfernt.

Einige der 75 Zimmer sind mit Möbeln der 1920er Jahre ausgestattet, insgesamt eine elegant-gediegene Einrichtung. Garage vorhanden. EZ 140–150 €, DZ 200–230 €, Dreibett-Zimmer 250–290 €, Frühstück inkl. Via Viminale 19, 00184 Roma, ✆ 06/4820066, ✉ 06/483762, www.blueglobehotels.com.

*** Villa Florence (2), → Karte S. 190/191, ein wenig außerhalb der Porta Pia, zu Fuß ca. 15 Minuten zum Bahnhof Termini (auch Busse ab Via Nomentana). Etwas zurückversetzt von der breiten Via Nomentana, daher nicht allzu laut, mehr Ruhe bieten allerdings ein Zimmer nach hinten hinaus. Ruhige Atmosphäre, 32 Zimmer mit nachempfundenen Stilmöbeln und viel Rot; mit Terrasse und kostenlosem Parkplatz. EZ 194 €, DZ 243 €, Dreibett-Zimmer 281 €, Vierbett-Zimmer 305 €, Frühstück inkl. Parkplatz 25 €/Tag. Via Nomentana 28, 00161 Roma, ✆ 06/4403036, ✉ 06/4402709, www.hotelvillaflorence.it.

** Lilium (6), → Karte S. 190/191, Ⓜ Republica, eine nette Herberge im dritten Stock (Aufzug) eines Palazzos in der Via XX Settembre, nicht weit von Quirinal und Piazza Barberini. Sehr freundlicher Service, im Aufenthaltsraum zwitschern Kanarienvögel in der Voliere, einladender Frühstücksraum. Die 14 Zimmer sind schlicht, aber angenehm eingerichtet, gute Ausstattung, einige auch mit Balkon zum Innenhof. EZ 140–170 €, DZ 190–220 €, Dreibett-Zimmer 270–295 €, Frühstück inkl., Garage in der Nähe. Via XX Settembre 58/A, 00187 Roma, ✆ 06/4741319, ✉ 06/23328387, www.liliumhotel.com.

*** Lloyd (1), → Karte S. 190/191, nördlich vom Bahnhofsviertel in einer etwas ruhigeren Straße parallel zur Via Nomentana, nahe der Porta Pia. Das Haus mit Innenhof ist gepflegt, die 52 Zimmer sehr angenehm eingerichtet, die Besitzer hilfsbereit und freundlich. Mit dem Bus (ab Via Nomentana) sind alle Sehenswürdigkeiten gut erreichbar, zu Fuß sind es ca. 15 Minuten zum Verkehrsknoten Bahnhof Termini. EZ 100 €, DZ 160 €, Dreibett-Zimmer 190 €, Frühstück inkl. Via Alessandria 110/A, 00198 Roma, ✆ 06/44251262, ✉ 06/44251260, www.lloydhotel.it.

*** Re di Roma (19), → Karte S. 124/125, Ⓜ Re di Roma. Etwas außerhalb der Innenstadt im Viertel San Giovanni liegt dieses gepflegte und moderne Hotel, nur wenige Gehminuten von der Metrostation der Linea A. Schickes, originelles Ambiente,

38 einladende Zimmer mit Bad, TV, Aircon. und kostenlosem Internet-Anschluss. Brave Hunde sind hier erlaubt. Das Hotel wird auch von Lesern empfohlen. EZ 139 €, DZ 149 €, Dreibett-Zimmer 179 €, Vierbett-Zimmer 199 €, Frühstück ist inklusive. Via Vercelli 21, 00182 Roma, ☎ 06/70302501, ✆ 06/70399231, www.hotelrediroma.com.

** Tre Stelle (14), → Karte S.190/191 Ⓜ Castro Pretorio, nur zwei Sterne, dennoch ein gut ausgestattetes Hotel, alle Zimmer mit Bad, TV und Aircondition. EZ 75 €, DZ 93–112 €, Dreibett-Zimmer 135 €, jeweils mit Frühstück. Bar vorhanden. Via S. Martino della Battaglia 11, 00185 Roma, ☎ 06/4463095, ✆ 06/4468229, www.hoteltrestelle.it.

** Grifo (29), → Karte S. 190/191, Ⓜ Cavour, in der Via del Boschetto zwischen Via Nazionale und Kolosseum, zur besonders hübschen Piazza Madonna dei Monti mit Bars/Cafés sind es nur wenige Schritte. Renoviertes Hotel, alle Zimmer mit Bad und TV, einige auch mit Zugang zur Dachterrasse. EZ 119–184 €, DZ 139–219 €, Dreibett-Zimmer 169–214 €, Vierbett-Zimmer 209–254 €, Frühstück inkl. Via del Boschetto 144, 00184 Roma, ☎ 06/4871395, ✆ 06/4742323, www.hotelgrifo.com.

** Papa Germano (13), → Karte S.190/191, Ⓜ Repubblica, unser Tipp fürs kleinere Budget. Familiär-freundliche Atmosphäre, das Hotel ist besonders bei Rucksackreisenden beliebt. Nur neun renovierte Zimmer (z. T. mit TV und Kühlschrank), im Erdgeschoss Internet-Ecke, Frühstücksraum und eine kleine Bibliothek. Relativ ruhige Lage zwischen Piazza Indipendenza und Finanzministerium. Papa Germano ist sehr um seine Gäste bemüht. EZ ohne Bad 55 €, DZ ohne Bad 85 €, DZ mit Bad 110 €, Dreibett-Zimmer ohne Bad 95 €, mit Bad 125 €, Vierbett-Zimmer ohne Bad 125 €, mit Bad 145 €, Bett im Schlafsaal (ohne Bad) 30 €,

alle Preise inkl. Frühstück. Via Calatafimi 14a, 00195 Roma, ☎ 06/486919, ✆ 06/47825202, www.hotelpapagermano.com.

** Porta Pia (3), → Karte S. 190/191, in einer Seitenstraße nahe der Porta Pia. Die 19 Zimmer sind renoviert und gut ausgestattet, freundlicher und hilfsbereiter Service. EZ 100 €, DZ 160 €, Frühstück 6 € pro Person. Via Messina 25 (2. Stock), 00198 Roma, ☎ 06/44249911, ✆ 06/44249924, www.hotelportapia.it.

* Castelfidardo (10), → Karte S.190/191, einfach und sauber, freundliche Atmosphäre, nur 13 ordentliche und für die 1-Stern-Kategorie durchaus komfortable Zimmer. Ca. 200 m vom Hauptbahnhof Roma Termini. Ein Parkplatz in der Nähe kann vermittelt werden. EZ ohne Bad 40–60 €, EZ mit Bad 50–90 €, DZ ohne Bad 60–100 €, mit Bad 80–120 €, Dreibett-Zimmer mit Bad 120–150 €, Vierbett-Zimmer mit Bad 130–160 €, Frühstück inkl. Via Castelfidardo 31 (im 3. Stock), 00185 Roma, ☎ 06/4464638, ✆ 06/4941378, www.hotelcastelfidardo.com.

** Ercoli (4), → Karte S. 190/191, Ⓜ Repubblica, renovierte und ansprechende Zimmer, für die Kategorie durchaus komfortabel, alle 14 Zimmer mit Bad und TV. Ein gepflegtes, kleines Hotel (dritter Stock) nahe der Porta Pia, nicht allzu weit von der Via Veneto entfernt. EZ 90 €, DZ 130 €, Dreibett-Zimmer 165 €, Vierbett-Zimmer 190 €, Frühstück inkl. Via Collina 48, 00187 Roma, ☎ 06/4745454, ✆ 06/4744063, www.hotelercoli.com.

** Piave (5), → Karte S.190/191, Ⓜ Repubblica, noch relativ neues Hotel nahe der Porta Pia (in einer Seitenstraße der Via XX Settembre) im dritten Stock. Nur elf renovierte Zimmer, alle mit Bad und TV. EZ 100 €, DZ 150 €, Dreibett-Zimmer 170 €, Frühstück inkl. Via Piave 14, 00187 Roma, ☎ 06/4743447, ✆ 06/4873360, www.albergopiave.it.

Trastevere

*** Santa Maria (17), → Karte S. 222/223, in einer Gasse im Herzen von Trastevere, nur wenige Schritte von der Kirche Santa Maria in Trastevere entfernt. Hübscher Innenhof mit Orangenbäumen, in dem bei schönem Wetter auch gefrühstückt wird. 17 Zimmer; den Gästen stehen kostenlos Internet-Nutzung und ein Fahrradverleih zur Verfügung. Freundlicher Service. 2007 wurde wenige Schritte entfernt in der Via dell'Arco di San Calisto 20 die dazugehörige Residenza Santa Maria eröffnet: ähnlicher Stil und

ähnliches Ambiente, aber etwas günstiger als das Hotel Santa Maria. EZ 160–190 €, DZ 175–230 €, Dreibett-Zimmer 210–280 €, Vierbett-Zimmer 240–310 €, Frühstück inkl. Vicolo del Piede 2, 00153 Roma, ☎ 06/5894626, ✆ 06/5894815, www.hotelsantamaria.info.

** Cisterna (26), → Karte S. 222/223, nettes kleines Hotel der unteren Mittelklasse mit Terrasse im malerischen Trastevere gelegen – ein idealer Standort für abendliches Flanieren durch das belebte Stadtviertel. Aber auch das historische Zentrum ist über

Übernachten

den Ponte Garibaldi bequem zu Fuß zu erreichen (auch Tramverkehr). 20 Zimmer, alle mit Bad, TV und Aircondition. Sehr freundlicher Service, nicht teuer. EZ 90–100 €, DZ 130–140 €, Frühstück inkl. Via della Cisterna 8, 00153 Roma, ℡ 06/5817212, ℻ 06/5810091, www.cisternahotel.it.

** **Trastevere (32)**, → Karte S. 222/223 ähnli-

cher Standard wie das Cisterna, ebenfalls relativ zentral in Trastevere gelegen, wenn auch nicht ganz so ideal wie dieses. Alle Zimmer mit Bad und TV, relativ günstig. EZ 80 €, DZ 105 €, Dreibett-Zimmer 130 €, Vierbett-Zimmer 155 €, Frühstück inbegriffen. Via Luciano Manara 25, 00153 Roma, ℡ 06/5814713, ℻ 06/5881016, www.hoteltrastevere.net.

Um den Vatikan

**** **Columbus (27)**, → Karte S. 230/231, Ⓜ Ottaviano, nur wenige Meter vom Petersplatz entfernt in einem mittelalterlichen Prioratspalast aus dem Jahr 1478. Viele kirchliche Würdenträger und Pilgergruppen steigen hier ab. Großzügige Halle mit Balkendecke und mannshohem Kamin, Frühstück wird im Garten (Innenhof) serviert. 92 Zimmer, einige davon zur Via della Conciliazione und somit etwas laut. Hoteleigenes Restaurant (s. S. 240) und Parkplatz vorhanden. EZ 220 €, DZ 350 €, Dreibett-Zimmer 410 € (Rabatte möglich), Frühstück inkl. Via della Conciliazione 33, 00193 Roma, ℡ 06/6865435, ℻ 06/6864874, www.hotelcolumbus.net.

**** **Residenza Paolo VI (29)**, → Karte S. 230/231, Ⓜ Ottaviano, seit Ende 1999 gibt es dieses Hotel in der ehemaligen Pilgerherberge eines Augustinerklosters direkt am Petersplatz. Nur 28 großzügige und elegant eingerichtete Zimmer, von der Hotelterrasse bietet sich ein fantastischer Blick auf Petersplatz und Peterskirche. Deutschsprachiger Service, persönliche Atmosphäre. EZ 235 €, DZ 255–295 €, Dreibett-Zimmer 387 €, Frühstück inkl. Bei frühzeitiger Online-Buchung bis zu 40 % Rabatt. Via Paolo VI 29, 00193 Roma, ℡ 06/684870, ℻ 06/6867428, www.residenzapaolovi.com.

**** **Atlante Star (21)**, → Karte S. 230/231, Ⓜ Ottaviano, zwischen Engelsburg und Piazza Risorgimento. Bekannt für die Aussicht von der Dachterrasse auf Peterskirche und Vatikanpalast, die man auch vom Restaurant im sechsten Stock des Hotels hat. Zimmer zur Straße teilweise etwas laut. Komfortables Haus mit hervorragendem Service, alle 70 Zimmer mit Bad, TV, Aircondition und Kühlschrank, Frühstück wird auf der Dachterrasse eingenommen. Besonderer Bonus: kostenlose Abholung vom Flughafen. EZ ab 180 €, DZ ab 215 €, Dreibett-Zimmer ab 250 €, Frühstück inkl. Es gibt Pauschal- und Wochenend-Arrangements, die wesentlich preisgünstiger sind, evtl. kann es sich auch lohnen, über einen der

großen Veranstalter von Deutschland aus zu buchen. Via G. Vitelleschi 34, 00193 Roma, ℡ 06/6873233, ℻ 06/6872300, www.atlantehotels.com.

**** **Atlante Garden (18)**, → Karte S. 230/231, Ⓜ Ottaviano, in unmittelbarer Nachbarschaft zum feineren Schwesterhotel Atlante Star (s. o.). Die Ausstattung der 55 Zimmer ist komfortabel, die Zimmer zur stark befahrenen Via Crescenzio sind recht laut. Kostenlose Abholung vom Flughafen. EZ ab 165 €, DZ ab 195 €, Dreibett-Zimmer ab 230 €, Vierbett-Zimmer ab 265 €, Frühstück inkl., diverse Sonderangebote auf der Website, ebenso über die großen Reiseveranstalter. Via Crescenzio 78, 00193 Roma, ℡ 06/6872361, ℻ 06/6872315, www.atlantehotels.com.

**** **Farnese (4)**, → Karte S. 230/231, Ⓜ Lepanto, Palazzo am Eck zum breiten Viale Giulio Cesare, dennoch ruhig. Metrostation vor der Tür. Gediegenes Ambiente, attrak-

An der Engelsburg

tive Terrasse, die Zimmer sind mit eleganten Marmorbädern ausgestattet. EZ 190–210 €, DZ 250–280 €, Dreibett-Zimmer 300 €, Frühstücksbuffet inkl. Via Alessandro Farnese 30, 00192 Roma, ☎ 06/3212553, 📠 06/3215129, www.hotelfarnese.com.

*** Arcangelo (16), → Karte S. 230/231, Ⓜ Lepanto, mitten im Stadtviertel Prati und unweit des Vatikans in einer ruhigen Straße liegt dieses elegante Hotel in einem Palazzo aus dem 19. Jh. Gediegene Einrichtung, teilweise mit Jugendstil-Elementen, es gibt einen Salon mit Kamin und eine Dachterrasse mit herrlichem Blick. 33 Zimmer, elegante Marmorbäder. Kostenloser Parkplatz. EZ ab 150 €, DZ ab 220 €, Frühstück inkl. Via Boezio 15, 00192 Roma, ☎ 06/6874143, 📠 06/6893050, www.hotelarcangeloroma.com.

*** Sant'Anna (23), Karte S. 230/231, Ⓜ Ottaviano, empfehlenswertes, kleines Hotel (mit Innenhof). Es liegt nur wenige Schritte von

Blick von der Hotelterrasse

der Peterskirche entfernt in einer ruhigen Gasse, dennoch zentral. Angenehme Atmosphäre, komfortable Ausstattung, 20 Zimmer mit Bad, TV, Aircondition und Kühlschrank. EZ 160 €, DZ 220 €, Dreibett-Zimmer 230 €, Frühstück inklusive, Garage ca. 25 €/Tag. Borgo Pio 133, 00193 Roma, ☎ 06/688016 02, 📠 06/68308717, www.hotelsantanna.com.

*** Spring House (14), → Karte S. 230/231, Ⓜ Cipro, Best-Western-Hotel in einer ruhigen Gegend in der Nähe vom Eingang zu den Vatikanischen Museen. Die 51 Zimmer sind funktional ausgestattet, aber bequem. Vom Frühstücksraum mit Dachterrasse im sechsten Stock hat man einen schönen Blick. Hoteleigene Garage (20 €/Tag). EZ 120 €, DZ 190–230 €, Dreibett-Zimmer 230 €, Vierbett-Zimmer 270 €, Frühstück inkl. Via Mocenigo 7, 00192 Roma, ☎ 06/3970948, 📠 06/39721047, www.hotelspringhouse.com.

*** Bramante (25), → Karte S. 230/231, Ⓜ Ottaviano, Traditionsherberge in einer winzigen Gasse in unmittelbarer Nähe der Peterskirche, aber dennoch recht ruhig. Das Gebäude stammt aus dem 14. Jh. Auf der Terrasse wird im Sommer das Frühstück serviert. Die 19 Zimmer sind komfortabel und angenehm eingerichtet, eine Garage kann vermittelt werden. EZ 160 €, DZ 230 €, Dreibett-Zimmer 250 €, Vierbett-Zimmer 260 €, Frühstück inkl. Vicolo delle Palline 24, 00193 Roma, ☎ 06/68806426, 📠 06/68133339, www.hotelbramante.com.

** Vatican Garden Inn (11), → Karte S. 230/231, Ⓜ Ottaviano/Lepanto, kleines Hotel (nur acht Zimmer) in der relativ ruhigen Via Germanico. Gepflegte Zimmer, Möbel im Stil des 18. Jh., Seidentapeten, aber auch mit Flatscreen-TV, Teppichböden und ganz modernen Bädern ausgestattet. Zum Hotel gehört ein kleiner Garten. Parkplatz vorhanden. EZ 115 €, DZ 145 €, Dreibett-Zimmer 165 €, Vierbett-Zimmer 199 €, Frühstück inkl. Via Germanico 201, 00192 Roma, ☎ 06/3217559, 📠 06/3226752, www.vaticangardeninn.com.

** Al San Pietrino (2), → Karte S. 230/231, Ⓜ Ottaviano, gepflegtes kleines Hotel (nur zwölf Zimmer) in der dritten Etage eines alten Wohnhauses, jenseits des Viale Giulio Cesare, zu Fuß ca. 5 Minuten zur Metro. Freundlich eingerichtete Zimmer, z. T. mit Balkon, ruhig, nette Atmosphäre. Auch mehrfach genannter Lesertipp. EZ 90 €, DZ 118 €, Dreibett-Zimmer 148 €, Vierbett-Zimmer 168 €, ohne Frühstück. Via Giovanni Bettolo 43, 00195 Roma, ☎ 06/3700132, 📠 06/3701809, www.sanpietrino.it.

Frisches Gemüse vom Blumenfeld – Marktstand auf dem Campo de'Fiori

Essen und Trinken

Italien ist ein kulinarisches Paradies, und da macht auch die wahre „Cucina alla Romana" keine eine Ausnahme, die oftmals aus sehr deftigen, traditionellen und einfachen Gerichten besteht. Ganz besonderen Wert legt man hier auf die frischen Zutaten.

Seit der Antike ist den Römern das Essen heilig. Berühmtheit erlangte v. a. der steinreiche Berufssoldat und Feinschmecker *Lucullus*, ein Zeitgenosse Caesars. Berichte über ausschweifende Galadiners in seinen Gärten (heute Villa Borghese) sind bestens überliefert. Von seinen Feldzügen brachte Lucullus zahlreiche exotische Früchte nach Europa; ihm verdanken wir z. B. die Kirsche aus Asien und die Artischocke aus Afrika.

Heute basiert die Küche Roms auf zwei Säulen: die traditionelle römisch-jüdische Küche aus dem ehemaligen Ghetto und die volkstümliche Arme-Leute-Küche aus dem Stadtviertel Testaccio. In Testaccio nämlich befand sich der riesige Schlachthof (*Mattatoio*) der Stadt, und aus den – für die Armen – übrig

gebliebenen Fleischstücken entstand eine eigene Küche: die des „Quinto quarto", des so genannten „fünften Viertels" vom Rind – also Hirn, Innereien, Schwanz etc. Heute sind sie auf jeder Speisekarte traditioneller römischer Trattorien und Osterien zu finden, und auch in den „moderneren" Restaurants führt kaum ein Weg an den volkstümlichen Gerichten des alten Schlachthofviertels vorbei. Hinzu kommen – quasi als Relikt aus dem antiken Rom – oftmals recht exotische Gewürze wie z. B. Zimt. Weitere Einflüsse in der traditionellen römischen Küche kommen aus dem Umland aus Latium, man denke nur an die beliebten *Bucatini all'amatriciana* aus dem kleinen Städtchen Amatrice im Nordosten der Region.

Frisches Gemüse in zahlreichen Variationen mit Olivenöl ist charakteristisch für den Speiseplan römischer Restaurants. Fischgerichte spielen eher eine untergeordnete Rolle. Groß ist die Auswahl an Pasta und Gnocchi, die als erster Gang (primo piatto) vor dem obligatorischen zweiten Hauptgericht (secondo) serviert werden. Überhaupt wird in den römischen Lokalen ausgiebig geschlemmt – ein gemeinsam zelebriertes Abendessen im Ristorante oder in der Trattoria dauert Stunden.

Römische Spezialitäten

Antipasti: Das typische Antipasto (Vorspeise) der römischen Küche ist die **bruschetta** (dicke geröstete *Brotscheibe* mit Olivenöl, Knoblauch und Tomaten), die in römischen Lokalen so selbstverständlich ist, dass sie oft gar nicht auf der Speisekarte steht. Oftmals wird auch der **carciofo alla giudea** (gebackene Artischocke) als Antipasto angeboten.

Primi: Beim Primo (erster Gang) greift man zu **bucatini all'amatriciana**, dickere Spaghetti mit einer Tomaten-Speck-Soße und scharfen Peperoncini, darüber wird der würzige Hartkäse **pecorino romano** gerieben. Das zweite traditionelle Pastagericht sind die **tonarelli cacio e pepe** – denkbar einfach mit frisch gemahlenem schwarzem Pfeffer und würzigem Pecorino, ebenso die **spaghetti alla gricia** mit Speck (bzw. Schweinebacke) und Pecorino. Charakteristisch für Rom sind auch die **gnocchi** (aus Kartoffeln und Mehl), die meist mit kräftiger Tomatensoße serviert werden.

Secondi: Typische Hauptgerichte (secondo) sind Innereien, von denen besonders **trippa alla romana**, in Weißwein und Gemüse gekochte Kutteln (Innereien), hervorzuheben sind. Ebenfalls zu den Standards zählen **coratella d'abbacchio con carciofi** (Innereien vom Lamm mit Artischocken) und **fritto misto alla romana** (Hirn, Bries, Stockfisch, Gemüse und Mozzarella im Backteig), das auch fleischlos als **fritto misto vegetario** zu haben ist. Weitere typische Fleischgerichte sind **abbacchio** (Milchlamm), **coda alla vaccinara** (Ochsenschwanz), die bekannte **saltimbocca alla romana** (Kalbsschnitzel mit Schinken und Salbei in Weinsoße) und **porchetta** (ein gefülltes Spanferkel in Scheiben geschnitten), eines der beliebtesten Fleischgerichte der Römer. Beim Fisch ist das Spektrum kleiner. Hier werden **anguilla** (Aal am Spieß oder gegrillt), **zuppa di pesce** (Fischsuppe), **baccalà alla romana** (in Teig ausgebackener Stockfisch) und **fritto misto di pesce** (verschiedene Fischsorten, in Olivenöl ausgebacken) angeboten.

Contorni: Als Beilagen (contorni) gibt es häufig **carciofi** (Artischocken), entweder **alla romana** (mit Minze, Petersilie und Knoblauch gekocht) oder **alla giudea** (nach jüdischer Tradition in Olivenöl knusprig gebacken) zubereitet. Außerdem stehen immer wieder **fave al guanciale** (mit Schweinebacke gegarte Saubohnen) auf dem Programm.

Ein römisches Mahl wird nach dem Dessert oft traditionell mit Käse abgeschlossen, besonders mit dem scharfen **pecorino romano**, aber auch mit **mozzarella**, **ricotta** oder **gorgonzola**.

Die Lokale

Eine Einteilung ist nach Art und Bezeichnung des Lokals nur bedingt möglich. Die Grenzen verwischen mehr und mehr, hinter mancher als ursprünglich-zünftig geltenden Osteria (römisch auch Hostaria) verbirgt sich ein schickes Ristorante, das Gleiche gilt für die Trattoria. Generell kann man sagen, dass das Ristorante für hohe Preise steht, die Pizzeria oder Spaghetteria für ein gemäßigtes Preisniveau.

Viele Restaurants verfügen über eine Terrasse, auch im Herbst und frühen Frühjahr kann – unterm Heizpilz – draußen gegessen werden kann.

> **Achtung**: Sehr viele Restaurants machen im August mindestens zwei Wochen Betriebsferien, manche auch den ganzen Monat über!

Ristorante: Eine Bezeichnung, hinter der sich fast alles verbergen kann – das an eine Pizzeria angeschlossene Restaurant auf eher einfachem Niveau bis hin zum edlen Gourmet-Tempel, in den römische Geschäftsleute ihre Kunden prestigeträchtig zum gemeinsamen Arbeitsessen ausführen. Ein Blick auf Ausstattung und Speisekarte genügt meist, um sich ein Bild vom Niveau eines Ristorante zu verschaffen.

Trattoria: Die einfachere, bodenständigere und ursprünglichere Variante des Ristorante. Früher (heute kaum noch) oft ein Familienbetrieb, mittlerweile nennen sich auch manche piekfeinen Ristoranti scheinbar bescheiden Trattoria, um Traditionsbewusstsein vorzuspiegeln. Die Bezeichnung Trattoria sagt nichts über die Preise, die können hier nämlich genauso hoch liegen wie bei einem Ristorante.

Osteria/Hostaria: Das Gasthaus um die Ecke, in dem Arbeiter und Angestellte ihre Mittagspause verbringen. Die traditionelle Osteria ist fast immer ein Familienbetrieb mit einfacher, unverfälschter Hausmannskost und wechselnden Tagesmenüs, die nur zum Mittagstisch geöffnet ist. Man findet sie in Rom inzwischen immer seltener. Einer der Gründe liegt darin, dass so manche Osteria einem gestylten Ristorante weichen musste, das sich nur mit dem ursprünglichen Namen schmückt.

Eine typische Osteria ist spartanisch eingerichtet und bietet nur wenige, täglich wechselnde, deftige, aber stets frisch zubereitete Gerichte, dazu gewöhnungsbedürftigen, aber passenden weißen Hauswein. Die Rechnung fällt moderat und meist auch ziemlich rund aus – der Wirt hat im Kopf überschlagen. Die traditionellen Osterien haben sonntags geschlossen.

Pizzeria: Taucht oft in Verbindung mit dem Zusatz *Ristorante* auf, was besagt, dass es neben einer großen Auswahl an Pizza auch alle anderen Gänge und Speisen gibt; allerdings meist in geringerer Qualität als im reinen Ristorante.

Zahlreiche gemütliche Lokale finden sich in den Gassen der Altstadt

Die Pizza kommt gewöhnlich aus dem Steinofen, der eigens dafür angestellte Pizzabäcker hat allabendlich alle Hände voll zu tun. Eine preiswerte Möglichkeit, in Rom gut zu essen. In den Pizzerien wird der Ofen in der Regel nur abends angeworfen.

Spaghetteria: Auf Nudelgerichte aller Art spezialisiert, daneben auch eine beschränkte Palette an Secondi, Contorni, Dolci etc. In der Regel zu einem gemäßigten Preisniveau, nur selten legt man Wert auf ein gestyltes Ambiente.

Enoteca/Winebar: Ideal für ein nicht ganz so umfangreiches Mittagsmenü, dazu ein gutes Glas Wein. Viele der alteingesessenen römischen Enoteche bieten Mittagstisch mit täglich wechselnden Gerichten – oft Pasta, Gemüse, Salate, Wurst- und Käseteller, aber auch die klassischen Secondi und Desserts. Eine passende Auswahl an Weinen wird glasweise angeboten und ist im angeschlossenen Weingeschäft natürlich auch zu kaufen. Relativ günstiger Mittagstisch, viele Önotheken sind aber oft bis auf den letzten Platz besetzt, daher früh kommen oder Wartezeiten einkalkulieren. Sonntags meist geschlossen.

Pizza al taglio oder Tavola Calda/Rosticceria: Die noch preisgünstigere Alternative zu Ristorante/Trattoria, vor allem für einen Imbiss am Mittag. Die traditionellen italienischen Fast-Food-Lokale findet man überall in der Stadt. In der *Pizza al taglio* werden verschiedene Pizzasorten nach Gewicht verkauft (die Preisangaben beziehen sich immer auf ein „etto" – 100 Gramm –, für eine Portion sollte man mit etwa 250 Gramm rechnen) in der *Tavola Calda* wird von der Vorspeise bis zum Dessert alles geboten; die ganztägig mäßig warm gehaltenen Speisen sucht man sich in der Vitrine aus (Pizza al taglio oft nur mit Außer-Haus-Verkauf, wogegen die Tavola Calda meist auch über einige Tische verfügt).

Bar: Hier trifft man sich tagsüber, z. B. um ein spärliches Frühstück einzunehmen oder einen der unzähligen Kaffees des Tages zu trinken. Aber auch für ein Glas Wein oder ein Panino (belegtes Brötchen) suchen viele Römer die Bar auf. Man zahlt erst an der Kasse und legt den Bon (scontrino) dann dem Barmann vor. Achtung: Lässt man sich in der Bar an einem Tisch (al tavolo) oder gar draußen nieder, wird es erheblich teurer als stehend am Tresen (al banco)!

Caffè: Unterscheidet sich zunächst durch die zahlreichen Sitzplätze von der Bar. Meist werden im Caffè auch Kuchen, andere Konditoreiwaren und kleine Gerichte angeboten, die Preise liegen wesentlich höher als in der Bar. In den meisten Cafés kann man sein Getränk übrigens auch am Tresen einnehmen. Am bekanntesten ist das traditionsreiche und sehr teure Caffè Greco in der Via Condotti (→ S. 174).

Gelateria: Das italienische Eis ist zu Recht weltberühmt, jede größere Gelateria, die etwas auf sich hält, arbeitet mit streng gehüteten Familienrezepten. Hoch aufgetürmte Eisberge in der Vitrine, vielfach mit Obst garniert, die kleinste Portion kostet ab ca. 1,80–2 €, Riesenportionen gibt es für bis zu 8 €.

Frühstück (colazione)

Spielt in Rom, wie in ganz Italien, kaum eine Rolle. Auf dem Weg zur Arbeit nimmt man in einer der etwa 5000 römischen Bars einen Cappuccino oder Caffèlatte (Milchkaffee) zu sich, dazu isst man ein Cornetto (Hörnchen). Die Bar betritt man in Rom zwar auch nach dem Frühstück noch mindestens ein halbes Dutzend Mal pro Tag, dann aber trinkt man Caffè (hierzulande als Espresso bekannt); Cappuccino bestellt man eigentlich nur zum Frühstück und eventuell am Vormittag. Reichhaltige Frühstücksbuffets werden von vielen Hotels der oberen Kategorie angeboten

Essen und Trinken

Eines der schönsten römischen Cafés: das Caffè della Pace

(ab ***), z. T. gibt es sie auch im gehobenen Caffè (aber nicht in der Bar).

Mittagessen (pranzo) und Abendessen (cena)

Was am Morgen versäumt wurde, wird beim Mittagessen, häufiger aber bei einem ausgiebigen Abendessen nachgeholt. Die Zeiten hierfür werden ziemlich strikt eingehalten: Mittags zwischen 12.30 und 14.30 Uhr, am Abend erscheint man nicht vor 20 Uhr, meistens sogar erst um 21 Uhr im Lokal. Da sich in Italien mittlerweile feste Bürozeiten durchgesetzt haben, wird die Hauptmahlzeit immer öfter am Abend eingenommen. Sie umfasst in der Regel mindestens vier Gänge:

Man beginnt mit der Vorspeise (antipasto), dann kommt der erste Gang (primo piatto), meist Pasta oder Risotto (Nudel- bzw. Reisgerichte), aber auch Gnocchi (aus Kartoffeln). Es folgt der Hauptgang (secondo) mit einem Fleisch- oder Fischgericht (carne bzw. pesce) und Beilagen (contorno) bzw. Salat (insalata). Zum Schluss gibt es Süßes (dolci), Obst (frutta) und/oder Käse (formaggio), dann geht man zu Caffè und Grappa über.

Wenn Sie nicht so viel essen können oder wollen, wird es Ihnen niemand übel nehmen, wenn Sie den einen oder anderen Gang auslassen. Sich aber am Abend in einem Ristorante bzw. einer Trattoria niederzulassen und nur eine Pasta oder ein einzelnes Hauptgericht zu bestellen, stößt in der italienischen Gastronomie auf Befremden: Ein Antipasto *oder* Primo sowie das Secondo mit Contorno und eines der Dessert-Angebote (z. B. Obst *oder* Dolce) sowie der abschließende Caffè sollten es schon sein. Alternative für den kleinen Hunger bzw. das kleinere Budget ist am Mittag die Enoteca oder Tavola Calda (→ S. 68), am Abend die Pizzeria, in der man getrost nur eine Pizza und ein Getränk bestellen kann.

Preise

Das Essen in den Ristoranti/Trattorien ist nicht billig. Für ein 4-Gänge-Menü mit Hauswein sollte man ca. 25–50 € pro Person rechnen, es geht natürlich auch wesentlich teurer – z. B. im Gourmetrestaurant, wo ein Menü kaum unter 100 € zu haben ist. Allgemein ist im Preis bereits der Service von 15 % enthalten (servizio compreso). Brot und Gedeck (pane e coperto) sind allerdings oft extra zu zahlen, die Preise hierfür liegen dann bei etwa 1,50–3 € pro Person. Trinkgeld ist üblich, wenn man mit dem Service zufrieden war, in der Regel lässt man diskret ein paar Münzen auf dem Tisch zurück, etwa 5–10 % des Rechnungsbetrages sollten es sein.

Platzwahl

Sich beim Restaurantbesuch auf den nächstbesten freien Platz zu stürzen ist in Italien unüblich. Man wartet, bis man vom Ober einen Tisch zugewiesen bekommt, das gilt auch in der einfachs-

Gut essen in Rom – einige Hinweise

Wie in jeder Großstadt kann man in Rom hervorragend (und vergleichsweise günstig), aber auch – und das passiert nicht selten – miserabel und teuer essen. Um dem Nepp zu entkommen, möchten wir Ihnen folgende Tipps geben:

Vorsicht ist zunächst bei zu „gemütlichen" und nach vermeintlichem Touristengeschmack eingerichteten Lokalen geboten – besonders in der Nähe bedeutender Sehenswürdigkeiten und an den besonders schönen Plätzen der Stadt. Wenn Essen und Preise stimmen, lässt sich kein Römer von spartanischer Einrichtung mit Neonlicht abschrecken, ebenso wenig von einer abseitigen Lage. Indiz für eine Touristenfalle kann auch die vielsprachige Speisekarte sein, wobei mittlerweile einige renommierte Restaurants eine englischsprachige Speisekarte bereithalten. Allzu günstige und am Eingang großformatig (und mit Fotos) angepriesene „Touristenmenüs" sollten ebenfalls Grund zur Skepsis bieten – besonders wenn der Laden ausschließlich mit Touristen gefüllt ist. Aber auch ein fast leeres Restaurant (auch hier: besonders in der Nähe bedeutender Sehenswürdigkeiten) sollte Anlass zu größtem Misstrauen geben. Dieses Lokal wartet in aller Regel nicht darauf, von Ihnen entdeckt zu werden, das zweifelhafte Glück hatten schon andere Gäste, die hier über den Tisch gezogen wurden, was sich dann auch herumspricht. Nicht nur mit schlechtem, lieblos zubereitetem Essen in winzigen Portionen, sondern auch und besonders bei den Getränken wird in den einschlägigen Lokalen geneppt. Weine sind dann entweder nur flaschenweise zu horrenden Preisen zu bekommen, oder es wird der vermeintlich günstige Hauswein später dann als Spitzengewächs abgerechnet, die Speisekarte mit dem „Vino della Casa" existiert plötzlich nicht mehr, Diskussionen scheitern meist an der Sprachbarriere und/oder der Amnesie des Kellners, der verärgerte Gast muss schließlich zahlen. Ebenso ist bei der Preisangabe „a etto"/pro 100 g Vorsicht geboten: ein simples kleines Steak wird Ihnen hier leicht mal als 600-g-Stück in Rechnung gestellt, das Gegenteil beweisen können Sie nicht.

Am besten fährt, wer sich ein Lokal aussucht, in dem viele Römer, am besten mit Familie oder Freunden, vertreten sind – Italiener sitzen nicht zufällig in irgendeinem Restaurant, sondern immer genau dort, wo sie auch essen wollen.

Eine Institution: die Enoteca Buccone

ten Osteria. Selbstverständlich kann man auch Wünsche äußern. Achtung: In Restaurants muss man fast immer reservieren, um am Abend einen Tisch zu bekommen, entspannter ist die Situation mittags.

Die Rechnung

Sie kommt diskret und verdeckt auf einem Tellerchen, man legt Geld (oder Kreditkarte) darauf und erhält das Wechselgeld zurück. Wer Trinkgeld geben will, lässt dieses beim Gehen auf dem Teller zurück. Getrennte Rechnungen gibt es selbst bei größeren Gruppen in Italien nicht.

Per Gesetz muss die Rechnung (ricevuta fiscale) beim Verlassen des Lokals mitgenommen werden und bei eventuellen Kontrollen der Finanzpolizei vorgezeigt werden – was in der Praxis so gut wie nie vorkommt. Dennoch sollten Sie sich möglichst eine ordnungsgemäße Rechnung geben lassen.

Getränke

Eine große Flasche **Mineralwasser** (acqua minerale), mit oder ohne Kohlensäure (gassata/non gassata bzw. naturale) gehört selbstverständlich zu jedem Essen in Italien und ist mit 2–3 € (in einem mittelpreisigen Lokal) entsprechend günstig. Der offene rustikale römische **Hauswein** (vino della casa) stammt meist aus den Castelli, dem Gebiet östlich von Rom um Frascati, und darf ebenso bei keinem Menü fehlen. Manche behaupten, dieser herbe Weißwein habe einen sellerieähnlichen Nachgeschmack und beschere Kopfschmerzen am nächsten Tag – aber in Maßen genossen passt er ausgezeichnet zur traditionell deftigen Küche.

Wem beim Wein etwas Besseres vorschwebt, dem sei der leichtere Flaschenwein **Frascati** direkt aus dem benachbarten Anbaugebiet empfohlen.

Relativ günstig sind in Rom auch alle anderen italienischen Weine von Rang

und Namen zu haben, z. B. die piemontesischen und mehr noch die toskanischen Weine.

Bier zählt in Pizzerien zu den Getränkestandards, ist aber wesentlich teurer als in Deutschland. Neben heimischen Sorten (oft etwas dünn) werden auch Importbiere wie Amstel, Heineken und Becks angeboten. Exotischere Biere erhält man in den Pubs in der Innenstadt.

Als Digestif trinkt man auch in Rom **Grappa**, den es hier für jeden Geschmack und Geldbeutel gibt, daneben aber auch **Sambuca con la mosca**, einen Anislikör mit „Fliegen" (= Kaffeebohnen, die man zum Schnaps kaut). Die „Fliegen" müssen übrigens in ungrader Zahl im Sambuca schwimmen, sonst bringen sie Unglück.

Weitere Verdauungsschnäpse und -liköre sind **Cognachino** oder **Brandy** (z. B. Vecchia Romagna), **Amaretto** und alle Arten Kräuterliköre (Amaro), z. B. der auch hierzulande bekannte **Averna** oder **Ramazotti.**

Auch die schöne Tradition des gemeinsamen **Aperitivo** wird in Rom gepflegt, man trifft sich ab ca. 19 Uhr in den Bars, Cafés und Önotheken für einen „Magenöffner": Martini, Bellini, Prosecco, ein Cocktail oder einfach ein Glas Wein zählen zu den beliebtesten Aperitifs, dazu werden Chips, Nüsschen, kleine belegte Brote u. Ä. gereicht; in einigen Cafés gibt es auch ein Buffet, an dem man sich bedienen kann.

Caffè Italiano

Der italienische Caffè ist mindestens so berühmt wie das italienische Gelato und, ohne übertreiben zu wollen, wahrscheinlich auch der beste der Welt. Es gibt ihn ganz banal als *caffè* (klein, stark und schwarz), mit viel Milch als *macchiato* (gefleckt), außerdem als *caffè correto*, der mit Grappa, Sambuca oder einem Amaro „korrigiert" wird. *Caffè lungo* ist mit Wasser verlängert, *caffè americano* wird mit Wasser aufgefüllt in einer großen Tasse serviert.

Auch beim morgendlichen Cappuccino gibt es feine Unterschiede: *bollente* heißt die kochend heiß servierte Variante, *tiepido* die lauwarme, *poca schiuma* ist Cappuccino mit wenig Schaum und *senza schiuma* ganz ohne Schaum. Filterkaffee gibt es in Italien nur in größeren Hotels.

Abendlicher Treffpunkt ist die Piazza di Spagna

Nachtleben

Campo de'Fiori und Piazza Navona, Trastevere, Testaccio und San Lorenzo sind die größeren Ausgehviertel im Innenstadtbereich. Ein großer Teil des römischen Nachtlebens spielt sich aber auch ganz einfach auf der Straße ab.

Man flaniert auf den Straßen und Plätzen der Innenstadt, u. a. auf der **Piazza della Rotonda** (Pantheon) und nördlich davon in der Via della Maddalena, auf der **Piazza Navona**, der **Via del Governo Vecchio** und in der Gegend um die nahe gelegene **Via della Pace**, rund um die **Piazza di Spagna** (Spanische Treppe), den **Trevi-Brunnen**, am **Campo de'Fiori** und durch die Gassen von **Trastevere**.

Wer sich in das „wirkliche" römische Nachtleben stürzen will, kann vorher noch gemütlich essen gehen, denn dieses fängt kaum vor Mitternacht an. Neben zahlreichen Bars, Cafés, Pubs und einigen Diskotheken in der Innenstadt zieht es Nachtschwärmer vor allem in den südlichen Stadtteil **Testaccio** (s. auch S. 243ff.). In der tagsüber eher langweiligen Gegend ist nachts (besonders am Wochenende) der Teufel los, und in der **Via Monte di Testaccio** reiht sich ein Club an den anderen (die Straße führt im Halbkreis um den antiken „Scherbenhaufen" Testaccio herum). *Achtung*: Der Schein einer heruntergekommenen Gegend trügt. Um in einen Club hineinzukommen, sollte man – wie auch in der Innenstadt – gut (Kleid, bzw. Sakko und Krawatte), besser aber trendig gekleidet sein, manchmal reicht auch eine sichtbar teure Garderobe.

Ein weiterer Szene-Spot in Sachen Nightlife hat sich **östlich der Via Ostiense** etabliert, besonders in der *Via Libetta* und der *Via degli Argonauti* befinden sich diverse Clubs und Discos, in denen man z. T. auch essen kann (erreichbar mit der Metro Linea B, Station Garbatella).

Auch im nordöstlich vom Bahnhof Termini gelegenen Univiertel **San Lorenzo** (s. auch S. 202f.) kommen Nachtschwärmer auf ihre Kosten.

> Aktuelle Informationen über abendliche Veranstaltungen beziehen Sie am besten über das Stadtmagazin **Roma c'è** (wöchentlich am Kiosk) und **Trovaroma** (Donnerstagsbeilage der Tageszeitung *La Repubblica*). Im Internet: www.romace.it sowie www.2night.it.

Bars, Kneipen, Pubs und Diskobars

Um Campo de'Fiori und Largo Argentina

La Vineria Reggio, traditionsreiche und beliebte „Winebar" am Campo de'Fiori, meist sehr voll – vor allem zum Aperitivo ist kaum ein Platz zu ergattern, aber auch später in der Nacht sehr gut besucht. Legere Atmosphäre, moderates Preisniveau. Geöffnet tägl. 8.30–2 Uhr nachts, So 17–2 Uhr. Campo de'Fiori 15, ☎ 06/68803268.

The Drunken Ship, Campo de'Fiori 20/21, Eckhaus am Vicolo del Gallo, vor allem englische und amerikanische, aber auch römische Studenten. Ab und zu Live-Auftritte, öfter aber DJs, Happyhour (16–18 Uhr), all you can drink, Ladies Night etc., ansonsten ist das Preisniveau hoch. Tägl. 16–2 Uhr geöffnet, ☎ 06/68300535.

Aristocampo, am Eck zum Campo de'Fiori, laute Musik und eine große Leinwand für Sportübertragungen; sehr beliebt bei Römern unter 30, die Terrasse ist meist bis auf den letzten Platz besetzt, relativ teure Getränke, auch Salate, Sandwiches und andere Snacks. Campo de'Fiori 30.

Bartaruga, extravagante Bar an der wunderbaren Piazza Mattei mit Schildkrötenbrunnen, einige Plätze auch draußen, dort verpasst man aber die sehenswerte Einrichtung mit plüschigen Sofas, rot lackierten Wänden und schummrig glitzernden Lüstern. Schon zum Aperitivo bestens besucht, je später der Abend, desto unkonventioneller werden die Gäste und desto lauter wird die Musik Richtung House und Techno, ab und zu auch Live-Auftritte (gele-

gentlich Jazz). Teure Cocktails, aber auch Bier. Nur abends ab 18 Uhr geöffnet, Piazza Mattei 9, ☎ 06/6892299.

Um Piazza Navona und Pantheon

Auf der Piazza Navona flaniert abends Alt und Jung, die Preise in den Cafés sind immens. Jüngere Römer und Touristen treffen sich eher in und um die **Via della Pace** (nur wenige Meter westlich der Piazza Navona).

Jazz Cafè, Via Zanardelli 12 (Straße von der Piazza Navona zum Ponte Umberto I), American Bar & Ristorante (Letzteres sogar ziemlich günstig), es gibt auch Pizza. Schicke Cocktailbar, ab und zu Live-Musik, ansonsten DJ. Beliebt v. a. bei Römern zwischen 20–30 Jahren, und das besonders am Wochenende. Tägl. (außer Mo) bis 3 Uhr morgens, ☎ 06/6861990.

Caffè/Bar della Pace, eine der bekanntesten Bars der Innenstadt, viele bestens gestylte, gut aussehende Römerinnen und Römer, aber auch bei jungen Touristen sehr beliebt – sehen und gesehen werden. Wer von der stilvollen Einrichtung des alten Cafés etwas mitkriegen will, sollte tagsüber kommen. Ziemlich teuer, aber gut. Tägl. 9 bis ca. 3 Uhr nachts geöffnet, Via della Pace 5, ☎ 06/6861216.

Fluid, coole Cocktail- und Winebar (man sitzt auf Plastik-Eiswürfeln), am späten Abend Live-Musik oder DJs; junges Publikum. Via del Governo Vecchio 46/47, ☎ 06/6832361, www.fluideventi.com.

Level, Cocktailbar and Music-Club, modernes Design, kühler Stil mit viel Schwarz, sehr stylish, große Cocktailkarte, das Publikum ist überwiegend jünger als 30. Di–So 19.30–2 Uhr geöffnet. Vicolo del Fico 3 (bei der Piazza del Fico), ☎ 3339/2123387, www.levelroma.com.

Jonathan's Angels, Via della Fossa 16 (ums Eck von der Piazza del Fico). Hauptsächlich wegen der kuriosen Einrichtung einen Besuch wert: Selbstporträts des Besitzers zieren die Kneipe von oben bis unten. Gelegentlich Live-Musik, der Gegend entsprechend hohes Preisniveau. Tägl. (außer Mo) 16–2 Uhr, im Mai geschlossen, ☎ 06/6893426.

Abbey Theatre, in einem Eckhaus an der Via Governo Vecchio (nahe Piazza Navona), Irish Pub mit allem, was dazugehört, einschließlich TV-Übertragungen aller wichtigen Fußballspiele; dann stehen die Zuschauer oft bis auf die Straße. Zu essen gibt es Pasta, Sandwiches, Salate, Burger, Steaks usw. Tägl. ab mittags bis ca. 2 Uhr geöffnet. Via del Governo Vecchio 51/53, ☏ 06/6861341, www.abbey-rome.com.

The Black Duke, im Stil eines irischen Pubs mit irischem Essen und Getränken (z. B. Guinness). Tägl. 12–2 Uhr, im Mai geschlossen, Via della Maddalena 29 (Nähe Pantheon), ☏ 06/68300381.

Riccioli Café, in einer Seitengasse der Via della Maddalena, in einer der angesagtesten Ecken des Centro Storico. Eigentlich ein sehr schickes Restaurant mit Schwerpunkt Austern, Fisch und speziell Sushi, beliebt aber auch zum Aperitivo und nach dem Essen als Lounge und Cocktailbar. Nicht billig. Geöffnet täglich 10–1 Uhr, Essen gibt es bis 0.30 Uhr. So geschlossen. Piazza delle Coppelle 10 A, ☏ 06/68210313.

Trinity College, gleich bei der Via del Corso, nahe dem Palazzo Doria befindet sich dieser große Pub nach irischer Art, auf zwei Etagen, sehr beliebt, viele Studenten und Touristen, bekannt wegen der zahlreichen Varianten des Irish Coffee. Auch hier diverse Gerichte (u. a. Burger, Steaks, Pasta, Salate, Mexikanisches) und Sport-Übertragungen (meist Fußball). Happy Hour 16–20 Uhr, geöffnet 11.30–2 Uhr, im Mai geschlossen, Via del Collegio Romano 6, ☏ 06/6786472, www.trinity-rome.com.

Außerdem in der Innenstadt

Flann O'Brien, nahe der Piazza Repubblica, einer der größten Irish Pubs der Stadt mit skurriler Dekoration, reichhaltiger Speisekarte und vielen Biersorten, häufig Fußballübertragungen auf großer Leinwand. So ab 10 Uhr Brunch, tägl. 17.30–20.30 Uhr Aperitivo. 8–2 Uhr (Sa bis 4 Uhr) geöffnet, Via Nazionale 17 (Ecke Via Napoli), ☏ 06/4880418.

Zest Bar, zurzeit sehr angesagt ist diese Bar auf der Dachterrasse (siebter Stock) des *Radisson Blu es. Hotels* nahe Bahnhof Termini. Täglich ab 18 Uhr gruppiert man sich hier um den Pool auf dem Dach zum Aperitif, bis spät in die Nacht werden hier auch für Nicht-Hotelgäste Cocktails ausgeschenkt. Auch Restaurant. Via Filippo Turati 171, ☏ 06/444841.

La Bottega del Caffè, an der herrlich beschaulichen (aber immer beliebteren) Piazza Madonna dei Monti im Stadtteil Monti (grob zwischen Via Nazionale und Kolosseum) befindet sich diese überaus einladende Bar, die bereits zur Aperitivo-Zeit bis auf den letzten Platz besetzt ist. Man kann

hier auch zu Abend essen, später dann Cocktails. Piazza Madonna dei Monti 5, ☏ 393/9311013 (mobil).

Micca Club, im Gewölbe eines ehemaligen Weinkellers unweit der Stazione Termini (Via Giolitti Richtung Porta Maggiore, dann rechts in die Via Pietro Micca). Zahlreiche Veranstaltungen auch unter der Woche, Aperitivo (ab 18 bzw. 19 Uhr, 10 € inkl. Buffet), Cocktailabende, DJs, Konzerte, Cabaret und diverse Themenabende, sonntagabends Flohmarkt. Täglich bis ca. 2 Uhr nachts geöffnet. Eintritt je nach Event um 15 €, wenn man im Internet reserviert, wird es günstiger! Via Pietro Micca 7, ☏ 06/ 87440079, www.miccaclub.com.

Trastevere

Besonders in der **Via della Scala** oder ihren Seitengassen reihen sich Kneipen und Restaurants aneinander, z. B. das **Caffè della Scala** (Via della Scala 4) mit Tischen auf der malerischen Piazza. Typische Birreria mit kleiner Speisekarte. Tägl. 16–2 Uhr geöffnet, ☏ 06/5803610.

Fast noch beliebter ist hier in der Gegend das Café **Ombre Rosse (19)**, → Karte S. 222/223, an der Piazza Sant'Egidio 12: sehr relaxte Atmosphäre, zu der die freundliche und hilfsbereite Bedienung ihren Teil beiträgt, durchgehend kleine Küche, auch Aperitivo, einfach nett. Auch einige schattige Plätze auf der Terrasse an der Piazza, die aber meist besetzt sind. Tägl. 8–2 Uhr geöffnet, So erst ab 18 Uhr. ✆ 06/588415.

Freni e Frizioni (6), → Karte S. 222/223, angesagte Bar bei der Piazza Trilussa, großes Aperitivo-Buffet, in Ermangelung an Plätzen sitzt man auch draußen auf der Mauer. Via Politeama 4–6.

Art Two (20), → Karte S. 222/223, Cocktailbar und Ristorante bei der Piazza Sant'Egidio, beliebt zu Aperitivo und Cocktails (8 €), hier kann man auch essen. Tägl. ab 19 Uhr geöffnet. Largo M. D.Fumasoni Biondi 5, ✆ 06/5880398, www.art-two.it.

San Lorenzo

Rive gauche 2, eine der angestammten Kneipen von San Lorenzo, die am späten Abend meist sehr voll wird. Tägl. 20–2 Uhr geöffnet, Via dei Sabelli 43, ✆ 06/4456722.

Testaccio

Alibi, hauptsächlich Disko, schriller Treffpunkt der römischen Schwulenszene, bei Heteros aber ebenfalls beliebt. Am Wochenende finden oft Themenpartys oder Shows auf der kleinen Bühne statt. Drei Säle auf zwei Etagen mit jeweils unterschiedlichen Musikrichtungen, im Sommer wird die Dachterrasse geöffnet. Mo–Mi geschlossen, sonst 23–4.30 Uhr geöffnet (im Sommer auch mal länger), Eintritt je nach Veranstaltung 5–10 €, Via Monte Testaccio 40/44, ✆ 06/5743448, www.lalibi.it.

AKAB, früher Fabrik, heute Konzertsaal und Club, hier sind schon hochkarätige Musiker aufgetreten. Einige der besten DJs von Rom legen hier auf, auch Konzerte. Di–Sa geöffnet 23–4.30 Uhr, Eintritt je nach Event ca. 10–15 €, Via Monte Testaccio 69, ✆ 06/57250585, www.akabcave.com.

Caffè Latino, fast jeden Abend Live-Musik, danach oder ansonsten Disko (Musik variiert je nach Abend), die sehr populär ist. Drei Säle und Café nebenan. Tägl. (außer Mo) 22.30–2.30 Uhr, Eintritt 8 €, am Wochenende 15 €, Via Monte Testaccio 96, ✆ 06/57288556.

Caruso – Café de Oriente, sehr beliebte Disco für kubanische Musik und andere lateinamerikanische Rhythmen, an manchen Tagen auch Reggae, Hip Hop, Black, Salsa etc. Di–So 23–4 Uhr geöffnet, Eintritt je nach Veranstaltung 10 €, sonntags ist der Eintritt frei. Via Monte Testaccio 36, ✆ 06/5745019.

Radio Londra Disco Bar, jüngeres Publikum, verschiedene DJs, Mi-So geöffnet. Via di Monte Testaccio 67, www.radiolondradiscobar.com.

Etò Club, gerade angesagt im römischen Nachtleben, entsprechend gestylt erscheint das Publikum und entsprechend kritisch sortiert der Türsteher aus. Musikrichtung gemischt, mit Tendenz zu Black und House. 23–4 Uhr geöffnet. Via Galvani 46.

Zum schwulen und lesbischen Nachtleben in Rom → S. 95ff.

Südlich von Testaccio (Ostiense)

Alpheus, Via del Commercio 36, in der Nähe des Gasometers, ehemalige Käsefabrik, heute Kulturzentrum mit riesiger Disko, Bühne für Live-Musik, Kabarett, beliebter Studententreff, viel Latino und Blues. Sa manchmal Gay-Partys (Infos im schwulen Buchladen „Libreria Babele" in der Via dei Banchi Vecchi 116). Eintritt je nach Wochentag 8–10 €, ✆ 06/5747826, www.alpheus.it.

Goa, sehr bekannte Disco links ab von der Via Ostiense (von Piramide Richtung Basilica San Paolo), in der schon viele berühmte DJs aufgelegt haben, hauptsächlich House, Techno und anderes einst Wegweisendes. Eher junges Publikum. Geöffnet Di–Sa 23–4 Uhr, So 18–24 Uhr, Eintritt je nach Veranstaltung 10–25 €. Via Libetta 13, ✆ 06/5748277.

Classico Village, unweit des Goa in der gleichen Straße, hier häufig Live-Konzerte der verschiedensten Musikrichtungen, auch Theateraufführungen, Jam Sessions etc. Nur zu Veranstaltungen von 21.30–3 Uhr geöffnet, Eintritt ca. 10 €. Via Libetta 3, ✆ 06/57288857, www.classico.it.

Achtung: Viele Clubs schließen im Sommer bzw. ziehen in ihre Strandbars/-discos in Ostia Lido um!

Jazzclubs

Wenn auch das Angebot nicht mit dem in Berlin oder Hamburg konkurrieren

kann, so gibt es doch einige ausgezeichnete Jazzclubs, in denen nicht selten große Stars auftreten. Konzerttermine stehen in der Donnerstagsbeilage (Trovaroma) der Tageszeitung *La Repubblica*. Um die Stadt in den Sommermonaten attraktiver zu machen, werden seit Jahren zu dieser Zeit aufwändige **Festivals** auf öffentlichen Plätzen veranstaltet, u. a. das Sommer-Jazz-Festival in der Villa Celimontana. Hinweise auf die Konzerte sind auf Plakaten oder ebenfalls im Veranstaltungsmagazin *Trovaroma* zu finden.

Big Mama, die Kellerkneipe in einem Gässchen links vom Viale Trastevere gibt es seit einem Vierteljahrhundert – ein Muss für jeden Jazzkenner, es gibt kaum eine Jazzgröße, die hier noch nicht aufgetreten ist. Bier vom Fass und kleine Gerichte. Geöffnet 21–1.30 Uhr (es lohnt nicht, vor 22 Uhr herzukommen), So/Mo geschlossen, die Tessera (Mitgliedskarte) kostet 14 € und ist ein Jahr gültig, mit ihr sind die meisten Konzerte kostenlos. Vicolo S. Fancesco a Ripa 18, ☎ 06/5812551, www.bigmama.it.

Alexanderplatz, im Viertel nördlich des Vatikans liegt der älteste Jazzclub Italiens. Schicker als im Big Mama, weiß getünchte Kellergewölbe, Snacks und Cocktails. Internationale Jazz- und Blues-Stars treten regelmäßig hier auf. Im Sommer zieht man im Park der Villa Celimontana um, wo auch Filme gezeigt werden. Mit Restaurant, 20–2 Uhr geöffnet, Eintritt nur mit Mitgliedskarte (*tessera*), die man am Eingang kaufen kann (10 € für einen Monat, die Jahreskarte kostet 30 €). Die Konzerte beginnen meist um 22 Uhr, essen kann man schon ab 21 Uhr. Via Ostia 9, ☎ 06/39742171, www.alexanderplatz.it.

Diskotheken

Die Ausstattung römischer Diskotheken ist sehr schick, und der Türsteher sorgt dafür, dass es die Gäste auch sind. Gut aussehen ist nirgends so wichtig wie hier. Für Männer gilt oft Krawattenzwang! Die Eintrittspreise liegen bei ca. 15–25 € (Getränke ab 5 €); Frauen haben manchmal freien Eintritt. Achtung: An Wochentagen oder vor 24 Uhr ist hier nichts los! Das gilt auch für den Freitag, da für viele der Samstag ein normaler Arbeitstag ist. Richtig voll wird es nur Samstagnacht.

Gilda, in der feinsten und teuersten Disko mit bequemen Sofas und hohen Decken trifft sich seit über 20 Jahren hauptsächlich Roms Schickeria und Prominenz. Entsprechend sorgfältig wird das Publikum ausgewählt (sofern Sie nicht zur Prominenz gehören: Sakko für Herren obligatorisch, Damen kommen bevorzugt in Schwarz, tief ausgeschnitten und sehr hoch Heels). Man kann hier auch essen (u. a. Sushi-Bar). Zum Gilda gehört eine der meistbesuchten Pianobars in Rom. Geöffnet Do–So ab 23 Uhr, im Sommer geschlossen, Eintritt ca. 25 €, Via Mario de'Fiori 97 (Nähe Spanische Treppe), ☎ 06/6784838, www.gildabar.it. Von Mai bis einschließlich September zieht Gilda nach Fregene ans Meer, dort dann auch Strandbad, Bar, Ristorante, Sportprogramm etc. und natürlich die Diskothek Gilda.

Piper Club, älteste Großdisko Roms aus dem Jahr 1965, mit riesiger Leinwand. Gemischtes, auch viel jüngeres Publikum, jeden Abend andere Musikschwerpunkte (z. B. House, Underground, Rock, 70er), auch Themenabende (z. B. regelmäßig samstags Gay-Disco), donnerstags öfter Live-Konzerte. Tägl. (außer Mo) 23–4 Uhr, So auch 16.30–19.30 Uhr, Juli/August geschlossen. Eintritt: 15 €. Via Tagliamento 9, ☎ 06/8555398, www.piperclub.it. Ein gutes Stück nördlich vom Bahnhof Termini gelegen, die Via Tagliamento zweigt vom großen Viale Regina Margherita ab.

Alien, ebenfalls außerhalb der Innenstadt nahe der Porta Pia (zu erreichen über die Via XX Settembre ab Bahnhof Termini), bei der Piazza Fiume in die Via Nizza und dann in die Via Velletri, eine der beliebtesten Diskos in Rom. Junges Publikum, freitags oft sehr voll, dann sind besonders gute und bekannte DJs da. Sehenswerter, verrückter Laden, in dem die Selbstinszenierung des Publikums eine bedeutende Rolle spielt (wechselnde Musik, viel House). Tägl. (außer So) 22.30–5 Uhr, Eintritt 5–10 €, oftmals auch frei. Via Velletri 13, ☎ 06/8412212.

Oper, Theater und Kino

Opern und Konzerte kommen bei den musikbegeisterten Italienern gut an. Die Oper ist zudem ein gesellschaftliches Ereignis, zu dem man nur in entsprechender Garderobe erscheint. Großer Beliebtheit erfreut sich auch das sommerliche Kulturprogramm, das sich hier fast ausschließlich im Freien abspielt. Für zusätzliche Attraktion sorgt das 2002 eröffnete „Auditorium di Roma" im Norden der Stadt.

Wer sich von Juni bis Ende September in der Ewigen Stadt aufhält, kommt in den Genuss des **„Römischen Sommers" (Estate Romana)** mit zahlreichen Open-Air-Konzerten (meist Klassik), Musiktheater und anderen Aufführungen. Die Touristeninformation gibt kostenlos eine **Info-Broschüre** heraus (auch in englischer Sprache), in der die wichtigsten Ausstellungen, Konzerte etc. für den jeweiligen Monat aufgeführt sind.

Das **Theaterangebot** ist vielfältig. Neben den Bühnen für vorwiegend klassische Werke gibt es zahlreiche winzige experimentelle Theater. Die Finanzprobleme römischer Bühnen und das Fehlen fester Ensembles führen allerdings dazu, dass nicht immer professionellste Theaterkunst angeboten wird. In jedem Fall ist eine Kartenvorbestellung zu empfehlen. Nähere Infos können Sie den zahlreichen Veranstaltungsprogrammen entnehmen. Die Tickethotline der Stadt („Hello Ticket") für Theater/Konzerte ist unter ☎ **800907080** kostenlos zu erreichen (vom Handy oder aus dem Ausland gebührenpflichtig unter ☎ 0039/06/48078400); Tickets können auch online unter www.hello ticket.it geordert werden.

Mit dem *Auditorium di Roma* (s. unten) verfügt Rom auch über ein repräsentatives **Konzerthaus** – eines der weltweit größten und spektakulärsten Konzertzentren der Gegenwart, in dem nicht nur hochkarätige Musikdarbietungen von Klassik bis Pop stattfinden, sondern immer Ende Oktober auch das **Internationale Filmfestival** der Stadt Rom mit riesigem Staraufgebot.

Unüberschaubar ist die Anzahl der **Kinos**, deren Besuch bei den Römern sehr

Blick vom Aventin über die Stadt

beliebt ist. Vielleicht aus Nostalgie – schließlich war die Filmbranche mal der Hauptindustriezweig der Region. Heute entstehen am Stadtrand an der Via Tuscolana in den heruntergekommenen Barackenstudios der **Cinecittà** hauptsächlich billige Fernsehproduktionen. Das „Hollywood Europas" nennt sich die ständig von Pleiten bedrohte Filmstadt aber schon lange nicht mehr.

Eine Übersicht über die laufenden Filme mit Preisen und Zeiten findet man in der Filmzeitung *Paese Sera* oder im *Trovaroma* und in *Roma c'è*.

Oper/Klassikkonzerte

Teatro dell'Opera, Via Firenze 72, Piazza Beniamino Gigli 1 (Nähe Via Nazionale). Von außen ist das Opernhaus, das 1880 an das Hotel Quirinal vom damaligen Hotelinhaber angebaut wurde, derart unscheinbar, dass man es leicht übersehen kann. Die Inszenierungen können zwar nicht mit denen der Mailänder Scala konkurrieren, sind aber sehenswert (und werden nach Meinung von Fachleuten immer besser). Hinzu kommt das vor Kurzem renovierte **Teatro Nazionale** in der Via Viminale 51 (beim Palazzo del Viminale, dem italienischen Innen-

ministerium), hier Ballett und auch Oper. Karten sind schwer zu bekommen, Vorverkauf Di–Sa 9–17 Uhr, So nur bis 13.30 Uhr, Mo geschlossen. Karten für das Teatro dell' Opera ab 11 € (Loge ca. 130 €), bei Ballett und Konzerten zahlt man etwas weniger; im Teatro Nazionale Ballett 20 €, Oper 30 €. ☎ 06/48160255, ℡ 06/4881755 (November bis Juni), www.operaroma.it. Im Rahmen des Sommerkulturprogramms finden bei gutem Wetter in den Ruinen der Caracalla-Thermen Freilichtaufführungen statt (Tickets 25–110 €).

Auditorium di Roma, vom italienischen Stararchitekten Renzo Piano entworfener Gebäudekomplex im Norden der Stadt (zwischen Olympischem Dorf und Stadio Flaminio), drei futuristische Konzerthallen, deren panzerartige Außenhaut Assoziationen zu Kellerasseln von gigantischen Ausmaßen erweckt. Während der sieben Jahre andauernden und 180 Mio. Euro teuren Bauarbeiten wurden Reste einer antiken Villa entdeckt, die Baumeister Piano in das Gesamtkonzept seiner Konzerthallen integrierte. Das Auditorium mit seinen verschiedenen Sälen bietet den Rahmen für Konzerte, Ausstellungen, das internationale Kinofestival und sonstige Aufführungen und Veranstaltungen, außerdem ist es heute die Heimat des römischen Spitzenorchesters *Accademia di Santa Cecilia*; darüber hinaus gibt es im Komplex auch ein

Café und Restaurant, dazu das Ausgrabungsgelände der römischen Villa und in der Mitte ein Amphitheater. Hervorragende Anbindung zur Innenstadt: mit der Metro A bis Station Flaminio und dann Bus Nr. 217 oder 910 ab Stazione Termini oder Bus Nr. 2 ab Metrostation Flaminio (Linea A), abends gibt es auch einen Shuttle-Bus (Linea „M") zwischen Auditorium und Stazione Termini (ca. alle 15 Minuten). Viale Pietro de Coubertin 30, 00196 Roma, **Tickets** täglich 11–20 Uhr bzw. bis zu Beginn der Aufführung bei der Verkaufsstelle des Auditoriums, telefonische Ticketbestellung mit Kreditkartenzahlung unter ☎ 060608 (aus dem Ausland ☎ 0039/06/3700106) oder unter www.auditorium.com, im Zentrum u. a. bei *Orbis* an der Piazza dell'Esquilino 37 (Rückseite der Kirche Santa Maria Maggiore), ☎ 06/4827403. **Führungen** durch das Auditoriumsgelände täglich zwischen 11.30 und 16.30 Uhr, pro Person 9 €, ermäßigt 5–7 €. Infos und Buchungen unter ☎ 06/80241281.

> Einen Kalender der wichtigsten Konzerte, Theater- und sonstigen Aufführungen findet man u. a. auch unter www.060608.it (unter „Eventi e Spettacoli").

Sehenswert sind auch die **Freilichtveranstaltungen** in Parks (z. B. im Nymphäum der Villa Giulia und im Park der Villa Doria Pamphili), auf Plätzen (z. B. auf dem Kapitol, vor dem Lateran und vor dem Marcellustheater) in Innenhöfen und Klostergärten. Über das aktuelle Angebot informieren Plakate, das Fremdenverkehrsamt und *Trovaroma*, die Donnerstagsbeilage der Zeitung *La Repubblica* (nicht im August!).
Accademia Nazionale di S. Cecilia, Auditorium Parco della Musica, Largo Luciano Berio 3, ☎ 06/80242501. Von November bis Mai gibt es regelmäßige Sinfoniekonzerte in den neuen Konzertsälen des Auditoriums (Tickets 18–47 €). Im Sommer werden außerdem Konzerte im Park der Villa Giulia organisiert. Weitere Informationen unter www.santacecilia.it.

Teatro Argentina

Das Teatro Argentina existiert bereits seit 1731. Im Jahr 1816 wurde Rossinis „Barbier von Sevilla" hier uraufgeführt. Heute inszeniert man in der Regel italienische Klassiker und Komödien. Die Bühnenbilder des Theaters sind berühmt. Largo Argentina 52, ☎ 06/684000311, www.teatrodiroma.net. Vorverkauf Di–So 10–14 und 15–18 Uhr sowie 20–22 Uhr. Karten 12–27 €.

Weitere Theater

Teatro Sistina, Via Sistina 129 (Nähe Piazza Barberini), ☎ 06/4200711, www.ilsistina.com, Kartenvorverkauf Mo–Sa 10–19 Uhr, So 11–18 Uhr. Hauptsächlich ist das Theater für seine Musical-Inszenierungen bekannt, es finden hier aber auch Shows und Chansonabende statt. Karten je nach Vorstellung 22–60 €.
Sala Umberto, Via della Mercede 50, ☎ 06/6794753, www.salaumberto.com. Hier gastieren oft ausländische Ensembles. Tickets 20–35 €, Vorverkauf Mo–Sa 10.30–19 Uhr, So 14–17 Uhr.
Il Puff ist nicht das, was Sie jetzt womöglich denken, sondern eine der besten Kleinkunst- und Kabarettbühnen Roms. Das Programm entnimmt man der *Trovaroma*, der Donnerstagsbeilage der Zeitung *La Repubblica*, oder aber der Website www.ilpuff.it. Ristorante ab 20 Uhr, die Vorstellungen beginnen um 22.30 Uhr, So am Nachmittag, Mo geschlossen. Via Giggi Zanazzo 4 (bei der Piazza Sonnino in Trastevere), ☎ 06/5810721. Tickets 32–37 €.

> Die einzelnen Bühnen bieten im Sommer auf vielen Plätzen zusätzliche **Freiluftveranstaltungen** an. Ein besonderes Erlebnis sind die Freilichtaufführungen (meist klassische griechische Stücke) im nahezu perfekt erhaltenen antiken römischen **Theater von Ostia Antica**. Informationen darüber erhalten Sie beim Teatro Argentina, ☎ 06/684000311 (10–14 und 15–19 Uhr).

Kinos

Neben den unzähligen Multiplex-Kinos im ganzen Stadtgebiet mit den üblichen Blockbustern (z. B. das **Metropolitan** in der Via del Corso 7) bietet das Programmkino **Nuovo Sacher** immer montags Filme im OmU. Largo Ascianghi 1 (bei der Porta Portese, Trastevere), ☎ 06/5818116. **Deutsche Filme** laufen manchmal im **Goethe-Institut**, Via Savoia 15, ☎ 06/8440051.

Rom sportlich

Wer Rom bei seinem Aufenthalt ausgiebig erkunden will, hat wahrscheinlich nicht allzu viel Zeit für sportliche Aktivitäten. Dennoch im Folgenden ein paar Anregungen.

Die Römer selbst sind vom Sportwahn übrigens nur mäßig befallen. Jogger sieht man zwar allerorten, aber der Großteil der (männlichen) Einwohnerschaft der Hauptstadt beschränkt sich doch oft auf eher passive Ambitionen: Das Herz schlägt für den *calcio*, den Fußball, und hier spaltet sich die Stadt in die konkurrierenden Lager der **Romanisti** (Anhänger des AS Roma) und der **Laziali** (Anhänger von Lazio Roma) – dazwischen gibt es nichts. Während die Laziali verstärkt aus dem Umland kommen, bezieht „die Roma" ihre Anhängerschaft hauptsächlich aus dem Stadtgebiet.

Fitness-Club

Die meisten Clubs verlangen längerfristige Mitgliedschaft, nur für einen Tag besuchen kann man z. B. das **Roman Sport Center**, mit über 6000 qm das größte der Stadt. Im Angebot sind u. a. Squash, Schwimmen, Sauna, Dampfbad, Hydromassage, Massage, Jacuzzi, Aerobic, Pilates, Yoga, Bodybuilding und Beauty-Center, Restaurant/Bar und Internet-Point vorhanden. Es gibt auch Tageskarten (ca. 25 €). Geöffnet Mo–Fr 7–22.30 Uhr, Sa 7–20.30 Uhr, So 9–15 Uhr. Viale del Galoppatoio 33 (in der Villa Borghese), ✆ 06/3201667, www.romansportcenter.com. Parkgarage Park SI gleich nebenan.

Golf

Mehrere Golfplätze in der Umgebung von Rom, z. B. der **Parco de'Medici Golf Club**, Viale Salvatore Rebecchini 39 (an der Autobahn Rom–Flughafen Fiumicino, km 4,5), 00148 Roma, ✆ 06/6553477, ✇ 06/6553344, www.golfparcodemedici.com. 18-Loch-Anlage, Par 71.

Südöstlich außerhalb liegt der **Castelgandolfo Golf Club**, Via di Santo Spirito 13, 00040 Castel Gandolfo (22 km von Rom), ✆ 06/9312301, ✇ 06/9312244, www.countryclubcastelgandolfo.it, 18-Loch-Anlage, Par 72.

Infos zu weiteren Golfclubs bekommt man von der **Federazione Italiana Golf**, Viale Tiziano 74, 00196 Roma, ✆ 06/3231825, ✇ 06/3220250. Auf deren Website www.federgolf.it sind sämtliche Golfclubs in Latium mit detaillierter Beschreibung aufgelistet (inkl. Lageplan).

Joggen

Wer sein tägliches Laufpensum auch in Rom absolvieren will, kann das problemlos in einem der vielen Parks tun, z. B. in der **Villa Borghese** oder in der **Villa Doria Pamphilj**, dem größten römischen Park.

Schwimmen

Nächste Möglichkeit im Meer zu baden ist der **Lido di Ostia** (→ S. 254) mit unzähligen Strandbädern („Stabilimenti") und Restaurants, Bars und Discos. Gute Bademöglichkeiten finden sich auch nördlich (z. B. in Fregene) und südlich an der Küste (ab Anzio südwärts). Wer im sommerlichen Rom eine Erfrischung braucht oder ein paar Bahnen schwimmen will, fährt am besten zum großen Freibad im Stadtteil E.U.R. (Metro B bis zur Station „E.U.R. Palasport"): **Piscina delle Rose**, Viale America 20, ✆ 06/54220333, www.piscinadellerose.it. 50-Meter-Becken, geöffnet 1. Juni bis 30. September tägl. 10–22 Uhr, am Wochenende 9–21 Uhr, Eintritt 15 €, halber Tag 8–12 €. Angeschlossen sind Fitnesszentrum und Ruderclub, außerdem ein schickes Restaurant.

Tennis

Z. B. beim **Circolo Tennis della Stampa** an der Piazza Mancini (beim Foro Italico), ✆ 06/3232454. Die Platzmiete beträgt ca. 15 € pro Stunde, Schläger und Bälle müssen selbst mitgebracht werden, eine Unterrichtsstunde gibt es für 23 €. Ganzjährig geöffnet, mit Flutlicht; erreichbar mit dem Bus Nr. 2 ab Piazzale Flaminio (dorthin mit Metro A, Station „Flaminio").

Wissenswertes von A bis Z

Ärztliche Versorgung

Die medizinische Versorgung in Rom ist gut; grundsätzlich braucht man bei einem Besuch der Ewigen Stadt keine besonderen Vorsorgemaßnahmen zu treffen. Wer Mitglied in einer gesetzlichen Krankenkasse ist, kann bei seiner Versicherung die European Health Insurance Card (**EHIC**) anfordern, die das bisherige Formular E 111 ersetzt. Bis die Karte flächendeckend eingeführt ist, sollte man sie etwa zehn Tage vor Reisebeginn bei der Kasse bestellen. Mit der EHIC kann man im europäischen Ausland direkt zum Arzt gehen, ohne dabei die Kosten vorstrecken zu müssen. Theoretisch zumindest, denn viele Ärzte behandeln nicht im Rahmen des staatlichen Gesundheitssystems, sodass man die Behandlung oftmals bar bezahlen muss. Für Privatversicherte gilt ohnehin grundsätzlich Barzahlung. Gegen Vorlage einer detaillierten Quittung (ricevuta) des behandelnden Arztes einschließlich Übersetzung werden die Kosten in der Regel zu Hause erstattet.

Private Auslandskrankenversicherung: Kann durchaus sinnvoll sein, zumal sie sehr günstig angeboten werden (auch über Banken, Automobilclubs etc.). Die Zusatzversicherung deckt neben den Behandlungskosten auch die Kosten für einen eventuellen Rücktransport ab (Tipp: manchmal bei der Kreditkarte enthalten).

Erste-Hilfe-Behandlung: in römischen Krankenhäusern (wie in ganz Italien) auch für Ausländer kostenlos.

Notrufnummer: ☎ 118 (pronto soccorso) oder ☎ 112, beide auch über das Handy.

Krankenhäuser (ospedale): *Policlinico A. Gemelli* (öffentlich), Largo Gemelli 8 (Via Pineta Sacchetti), ☎ 06/30154036.

European Hospital (privat), Via Portuense 694, ☎ 06/65975.

Internationales Krankenhaus *Salvator Mundi* (privat), Via Mura Gianicolensi 57, ☎ 06/588961.

Clinica Mater Dei (privat), Via Bertoloni 32, ☎ 06/8841471.

Krankentransport: *Croce Bianca Italiana*, ☎ 06/8181011; *Nuova Croce Verde Romana*, ☎ 06/24302222.

Deutschsprachige Ärzte: *Dr. Tobias Wallbrecher*, Via Domenico Silveri 30, ☎ 06/6380569.
Dr. Andreas Heinz, Via Stazione San Pietro 45, ☎ 06/39387984.
Dr. Marcus Fröhlich und Dr. Michael Haas, Alphamed Clinic, Via Zanardelli 36, ☎ 06/68309493.
Dr. Dagmar Rinnenburger-Spinsanti, Via Buonarroti 7, ☎ 06/77207573.
Zahnärzte: *Dr. Roswitha und Dr. Peter Althoff*, Via Salaria 280/int. 21, ☎ 06/8848512.
Dr. Wolfgang Hornstein, Viale delle Belle Arti 7, ☎ 06/3224649.

Apotheken (farmacie): Gibt es fast an jeder Straßenecke, in der Regel sind sie tägl. (außer So) 9–12.30 und 15.30–18.30 Uhr, Sa bis 13 Uhr, geöffnet. Hinweisschilder über Nacht- und Wochenenddienste findet man an jeder Apotheke.

Internationale Apotheken

Piazza Cinquecento 51 (gegenüber von Stazione Termini), an der Piazza Barberini 49 und die Vatikanapotheke (Eingang an der Porta Angelica). Einen **24-Stunden-Dienst** bietet neben der Apotheke an der Piazza Cinquecento 51 auch eine Apotheke in der Via Cola di Rienzo 213 (Nähe Vatikan).

Eine **Apotheke**, in der Deutsch gesprochen wird (Fr. Herlan), findet sich in der Via San Martino della Battaglia 10, ☎ 06/4441194.

Antiquitäten

Das Preisniveau für Antiquitäten liegt sehr hoch. Hinzu kommt, dass bei einigen schwarzen Schafen der Branche manch „uraltes Stück" in der Hinterhofwerkstatt gerade erst eine beschleunigte Alterungsphase erlebt hat. Ein wirklich gutes Schnäppchen gelingt nur selten. Besonders noble Antiquitätenhändler haben sich in der **Via Babuino** und der **Via Margutta** (beide zwischen Piazza del Popolo und Piazza di Spagna) niedergelassen. Preislich etwas gemäßigter geht es in der **Via dei Coronari** (viele Fälschungen), der **Via del Governo Vecchio** (beide nahe Piazza Navona)

und der **Via del Pellegrino** (beim Campo dei Fiori) zu. Bei Letzteren finden sich auch einige kleine Schreinereien und Handwerksläden.

Arbeiten in Rom/ Aufenthaltsgenehmigung

Wer länger in Rom bleiben will und einen Job sucht, wird vielleicht unter www.wantedinrome.com fündig. Gesucht werden v. a. Aupairs, Sprachlehrer, Übersetzer und Rezeptionisten. Fließendes Englisch und Italienisch sind in der Regel Voraussetzung.

Durch das Recht auf Freizügigkeit kann man als EU-Bürger in den Mitgliedsländern der Union jederzeit Arbeit aufnehmen. Wer länger als drei Monate in Rom bleiben will, braucht seit April 2007 zwar keine Aufenthaltsgenehmigung mehr, muss sich aber beim Einwohnermeldeamt anmelden. Verlangt werden u. a. Pass, Arbeitsnachweis bzw. Immatrikulationsbescheinigung, Krankenversicherungsnachweis und die italienische Steuernummer (wird von der

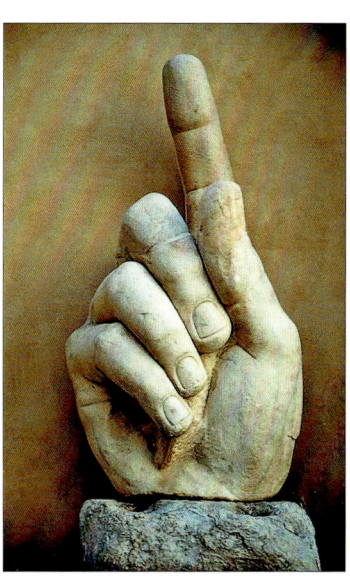

Steuerbehörde gegen Vorlage eines Ausweises erteilt). Detaillierte Informationen unter www.rom.diplo.de.

Ausweispapiere

Generell benötigen Sie einen gültigen Personalausweis (carta d'identità) oder Reisepass (passaporto). Kinder unter 16 Jahren brauchen einen Kinderausweis oder müssen in den Pass der Eltern eingetragen sein. Wer mit dem eigenen Fahrzeug unterwegs ist, muss außerdem Führerschein (patente di guida) und Fahrzeugschein (libretto di circolazione) immer bei sich haben. Die internationale grüne Versicherungskarte (carta verde) ist zwar nicht mehr Pflicht, aber immer noch sehr hilfreich bei der Schadensregulierung.

Barrierefreie/Behindertengerechte Einrichtungen

Beim öffentlichen Verkehrssystem alles andere als flächendeckend, lediglich die **Buslinie Nr. 590** (der Metro Linea A folgend) sowie die Linea B (außer den Stationen Cavour, Colosseo, Circo Massimo) bietet einen behindertengerechten Transport an. In Teilen barrierefrei ist auch das Kolosseum.

Das Portal **www.handyturismo.it** bietet zahlreiche, sehr detaillierte Informationen zu barrierefreien Hotels, Restaurants und Sehenswürdigkeiten wie z. B. Ausgrabungen, Museen etc. in der Ewigen Stadt; außerdem alles zu Parkmöglichkeiten und Transportmöglichkeiten für Rollstuhlfahrer, mit genauen Angaben zu Stufen, Auffahrten, Türschwellen etc. Auch Infos für Gehbehinderte und Blinde sowie zahlreiche Links.

Botschaften/Konsulate

Sie helfen im akuten Notfall, z. B. beim Verlust sämtlicher Reisedokumente und -finanzen. Man bekommt ein Ersatzdokument ausgestellt und erhält notfalls ein Überbrückungsdarlehen, das aber nur die Heimreise sichern soll (und unverzüglich zurückgezahlt werden muss). Die Vertretungen sind in der Regel Mo–Fr 9–12 Uhr geöffnet.

Deutsche Botschaft: Via San Martino della Battaglia 4 (nördlich des Bahnhofs Termini), 00185 Roma, ☎ 06/492131, ✆ 06/4452672, www.rom.diplo.de.
Österreichische Botschaft: Via Pergolesi 3, 00198 Roma, ☎ 06/8440141, ✆ 06/8543286, www.aussenministerium.at/rom.
Schweizer Botschaft: Via Barnaba Oriani 61, 00197 Roma, ☎ 06/809571, ✆ 06/8088510, www.eda.admin.ch/roma.

Deutsche Buchhandlung

Die internationale **Buchhandlung Herder** befindet sich mitten im Zentrum an der Piazza Montecitorio (gegenüber dem Parlament, nahe der Piazza Colonna), Näheres → S. 187.

Einkaufen

Shopping in Rom macht zweifelsohne Spaß, wenn auch das große Schnäppchen nur selten zu machen ist. Die beliebtesten Einkaufsstraßen der Innenstadt sind die *Via del Corso* und die *Via Cola di Rienzo* beim Vatikan. Hier sind alle gängigen italienischen Modemarken und -ketten zu finden. Wer richtig Geld hat, geht in die *Via dei Condotti* (hier und in den umliegenden Straßen befinden sich die großen Designer). Interessante Entdeckungen lassen sich (im Zentrum) am ehesten noch in den Gassen von *Trastevere*, in der *Via del Governo Vecchio* (nahe Piazza Navona) und um den *Campo de'Fiori* machen.

Schnäppchen sind u. a. noch bei den **Saldi** (Sommer- und Winterschlussverkauf) Ende Juli und Anfang Januar möglich – bis zu 50 % Rabatt. Die **Öffnungszeiten** bei den großen Ketten in der Innenstadt sind meist Mo–Sa durchgehend, bei kleineren Läden mit Mittagspause (ca. 13–16 Uhr). *Achtung*: Viele Geschäfte öffnen am Montag erst nachmittags ab 15 Uhr.

Die richtige Größe

Taglia ist die Größe für Kleider, hier muss man bei Damen + 6 rechnen: Größe 44 in Italien ist also Größe 38 in Deutschland. Die Herrengrößen sind in Italien und Deutschland identisch. Wer Schuhe anprobieren will, fragt dagegen nach der passenden *Misura* oder *Numero di Scarpe*.

Eintrittspreise/Ermäßigungen

Die Eintrittspreise in Rom sind hoch. Für die wichtigsten Ausgrabungen und Museen zahlt man ab 6,50 € pro Person, für Kolosseum/Palatin bis 12 € und für die Vatikanischen Museen sogar 14 €! Allerdings gewähren viele staatliche bzw. städtische Museen EU-Bürgern unter 18 und über 65 Jahren (nur gegen Nachweis) freien Eintritt; Jugendliche zwischen 18 und 25 Jahren zahlen hier den halben Preis. Private Museen gewähren nur selten Ermäßigungen.

Lohnenswert kann der **Roma Pass** sein: Zum Preis von 23 € können Sie drei Tage lang alle öffentlichen Transportmittel im

Wo, wenn nicht hier?
Shopping für die Geistlichkeit

Stadtgebiet benutzen und haben freien Eintritt in zwei von 40 angeschlossenen Museen (nach eigener Wahl, u. a. sind dies Ara Pacis, Kapitolinische Museen, Engelsburg, Nationalmuseum, Kolosseum), in den anderen wird eine Ermäßigung gewährt. Erhältlich an den Tourist-Informationspunkten in der Stadt sowie in den Museen (www.roma pass.it). Der **Roma & Più Pass** zum Preis von 25 € umfasst neben obigem Angebot zusätzlich die freie Fahrt mit öffentlichen Verkehrsmitteln ins Umland (Cotral-Busse und Trenitalia) sowie den (freien) Eintritt zur Hadriansvilla und Villa d'Este in Tivoli.

Rom umsonst

Grundsätzlich frei ist in Italien immer der Eintritt in Kirchen, also auch in die Peterskirche, die Lateranskirche (San Giovanni in Laterano) und das Pantheon. Kostenlos zu sehen sind auch Spanische Treppe, Trevi-Brunnen, Bocca della Verità (der „Mund der Wahrheit"), das berühmte Schlüsselloch auf dem Aventin-Hügel, und mit Ausnahme des Palatin sowieso alle sieben Hügel der Stadt. Des Weiteren haben Sie am letzten Sonntag des Monats freien Eintritt in die Vatikanischen Museen. Von Letzterem möchten wir Ihnen allerdings abraten: Die Schlange am Eingang reicht an besagten Sonntagen mehrere hundert Meter fast bis hinunter zum Petersplatz!

Feiertage

Zu Zeiten der antiken Imperatoren gab es in Rom 93 offizielle Feiertage. Das ist heute allein aus wirtschaftlichen Gründen nicht mehr möglich. Dennoch: In Italien nutzt man auch heute noch gerne jeden Anlass für ein Fest.

Gesetzliche Feiertage

Weihnachten (Natale), **Neujahr** (Capodanno) und **Dreikönigstag** (Epifania, 6. Januar)
Karfreitag (Venerdì santo) ist nur im Vatikan Feiertag (die Museen sind geschlossen), **Ostermontag** (Lunedì di Pasqua) jedoch wie gewohnt.

25. April: Anniversario della Liberazione (Tag der Befreiung von der deutschen Wehrmacht).

1. Mai: selbstverständlich auch hier Tag der Arbeit (Festa del Lavoro); es fahren keine öffentlichen Verkehrsmittel, viele Restaurants und fast alle Museen sind geschlossen.

Pfingsten (Pentecoste) – nur der Sonntag ist Feiertag.

2. Juni: Fondazione della Repubblica (Republikgründung).

15. August: Ferragosto (Himmelfahrt) – eines der wichtigsten Feste; fast alles ist geschlossen und jeder, der kann, macht Urlaub am Meer (→ S. 90).

1. November: Allerheiligen (Ognissanti).

8. Dezember: Marias unbefleckte Empfängnis (Festa dell'Immacolata).

Weitere Feste

8. März: Festa delle Donne – das Fest der Frauen mit Kundgebungen und Demonstrationen.

19. März: Festa di San Giuseppe (Josephstag) – besonders im Trionfale-Viertel (nahe der Peterskirche).

Palmsonntag – auf dem Petersplatz werden feierlich Palmwedel geweiht.

Karfreitag – Papst-Prozession am Kolosseum; der österliche Segen dann am Ostersonntagvormittag am Petersplatz.

24. Juni: Johannistag, besonders um die Lateranskirche (San Giovanni in Laterano).

Juli bis Ende September: L'Estate Romana (der „Römische Sommer") – zahlreiche Open-Air-Konzerte, Ausstellungen und andere Veranstaltungen.

Mitte Juli: Tevere-Expo, am Tiberufer zahlreiche Stände mit Kunsthandwerk (auch Verkauf).

Ab ca. 15. Juli: Festa de Noantri, die letzten beiden Juliwochen in Trastevere, buntes Fest mit vielen Verkaufsständen.

Zweite Oktoberhälfte: Festa Internazionale del Cinema, gut eine Woche dauert das noch junge Filmfestival der Ewigen Stadt (seit 2006), das es schon jetzt in Sachen Glamour und Prominentendichte mit Cannes und Venedig aufnehmen kann. Gezeigt werden die Filme nicht ausschließlich in den Sälen des Auditoriums, sondern auch in einigen Kinos der Innenstadt (Termine und Tickets unter www.romacinemafest.org).

Ab Ende Oktober: Antiquitätenschau in der Via Coronari (nahe Piazza Navona).

Dezember bis 6. Januar: Weihnachtsmarkt auf der Piazza Navona.

Frauen allein unterwegs

Generell gibt es nicht mehr Probleme als in anderen Großstädten der Welt. Als Frau sollten Sie sich allerdings spätabends und nachts nicht unbedingt alleine in der Gegend um **Stazione Termini, Piazza Vittorio Emanuele, Piazza Albania** und anderen **wenig frequentierten Plätzen** aufhalten. Von der Benutzung der Metro möchten wir Ihnen ab ca. 22 Uhr v. a. an den Haltestellen **Vittorio E.** und weiter stadtauswärts abraten. Bei den auch spätabends noch viel besuchten Stationen der Innenstadt ergeben sich nach unseren Erfahrungen kaum Probleme.

Geld

Wer aus Sicherheitsgründen keine größeren Summen mit auf die Reise nehmen oder sich nicht ausschließlich auf die Geldautomaten verlassen will (bei Bankenstreiks regelmäßig gesperrt), sollte zu **Reiseschecks** greifen (die Kaufquittung ist aus Versicherungsgründen getrennt aufzubewahren, bei der Auszahlung in der Bank wird ein Ausweisdokument verlangt). Wer nicht aus der Eurozone kommt, wechselt nach wie vor am besten bei der Bank.

Banken: Mo–Fr 8.30–13.30 Uhr geöffnet, am Nachmittag meist 14.30–16 Uhr. Einige Banken haben am Donnerstagnachmittag erweiterte Öffnungszeiten, z. T. sind Banken in der Nähe wichtiger Sehenswürdigkeiten auch samstags vormittags geöffnet.

Kreditkarten werden in fast allen Geschäften, Restaurants, Hotels etc. als Zahlungsmittel akzeptiert, in kleineren Lebensmittelgeschäften oder Handwerksbetrieben, einfachen Trattorien oder Bars zahlt man dagegen immer bar. Bei Verlust der Kreditkarte kann man sich an folgende einheitliche Notrufnummer (in Deutschland) wenden: ✆ 0049/116116 (der Fall wird an die jeweilige Bank weitergeleitet). Wer ganz auf Nummer sicher gehen will, kann die aktuelle Sperr-Hotline vor der Reise bei der heimischen Bank bzw. dem Kreditkarteninstitut erfragen. Auskünfte über die Sperr-Nummern erteilen auch die Botschaften (s. S. 84).

*Freundlicher Wächter
auf dem Campo de' Fiori*

Im Notfall

Im Fall eines Totalverlustes an Geld kann man sich über „Western Union Money Transfer" von einer Kontaktperson zu Hause innerhalb weniger Stunden Geld überweisen lassen. Einzahlung u. a. bei allen Filialen der Postbank. Dieses Verfahren funktioniert auch ohne einen eventuell abhanden gekommenen Ausweis. Auszahlung bei Postfilialen, bestimmten Banken und Reisebüros, aber: hohe Gebühren. Näheres unter www.westernunion.com. Etwas günstiger ist die Überweisung per „Money Gram" (www.moneygram.com), aber die Annahme- und Ausgabestellen sind deutlich dünner gesät.

Hunde

Bei der Einreise nach Italien braucht das Tier ein Tollwut-Impfzeugnis, das mind. 30 Tage und max. zwölf Monate vor Einreise ausgestellt sein muss, ebenso einen EU-Heimtierausweis und eine **Identitätskennung**: entweder Mikrochip unter der Haut oder Tätowierung im Ohr. Hunde werden in einigen Hotels akzeptiert, und auch im Terrassenristorante gibt es keine Probleme. Wer in Rom (bzw. auf dem Weg dorthin) mit einem größeren Hund ein öffentliches Verkehrsmittel benutzen will, hat allerdings schlechte Karten (nur Hunde bis max. 6 kg können im geschlossenen Transportkorb auf dem

Schoß gehalten werden). Schwierig wird es auch mit dem Gassigehen: Auch durch die kleinste Gasse braust der (Vespa-)Verkehr, Grünflächen in der Innenstadt sind rar.

Information

Informationsmaterial zu Rom erhält man in Deutschland von der ENIT (Ente Nazionale Industrie Turistiche) in Hülle und Fülle. Der Versand von Broschüren, Hotellisten, Stadtplänen etc. ist kostenlos.

● *Italienische Fremdenverkehrsbüros*
Deutschland, Kaiserstr. 65, D-60329 Frankfurt/M., ✆ 069/237434, 📠 232894, E-Mail: enit.ffm@t-online.de; Mo–Fr 9.15–17 Uhr.
Prinzregentenstr. 22, D-80538 München. ✆ 089/531317, 📠 534527, E-Mail: enit-muenchen@t-online.de; Mo–Fr 10–17 Uhr.

Österreich, Kärntnerring 4, A-1010 Wien, ☎ 0043/1/5051639, ✆ 5050248, E-Mail: delegation.wien@enit.at; Mo–Do 9–17, Fr 9–15.30 Uhr.
Schweiz, Uraniastr. 32, CH-8001 Zürich, ☎ 0041/43/4664040, ✆ 4664041, E-Mail: enit@bluewin.ch; Mo–Fr 9–17 Uhr.

Im Internet: www.enit-italia.de

Daneben stehen den Besuchern in der Innenstadt mehrere (grüne) Informationspavillons zur Verfügung: u. a. an der Piazza Pia (Engelsburg), der Piazza Sonnino (Trastevere), an der Via dell'Olmata bei der Kirche Santa Maria Maggiore, an der Piazza delle Cinque Lune (Piazza Navona), an der Via Nazionale (Palazzo delle Esposizioni) und an der Piazza Cinquecento vor dem Hauptbahnhof Termini, außerdem an den Flughäfen Fiumicino und Ciampino jeweils bei den „Arrivi Internazionali". Alle Pavillons sind tägl. 9.30–19 Uhr geöffnet (Flughäfen: 9–18.30 Uhr). Man erhält neben allgemeinem Info-Material auch einen kostenlosen Stadtplan (ohne Straßenregister).

Internet

Wer sich schon vor der Reise im Internet über Rom informieren will, findet bei zahlreichen Websites aktuelle und ausführliche Angaben. Eine Auswahl:

www.turismoroma.it, offizielle touristische Seite der Stadt Rom, auch auf Deutsch und Englisch; detaillierter sind die Auskünfte unter www.060608.it, der anderen offiziellen Info-Seite der Tourist-Information.

www.comune.roma.it, offizielle Website der Stadtverwaltung, nur auf Italienisch.

www.romeguide.it: in Englisch, Infos zu Sehenswertem, Hotels, Restaurants, Nightlife, aktuellen Ausstellungen etc.

www.romecity.it: ebenfalls in Englisch, Infos zu Roms Kirchen.

www.roma-online.de: ausführliche deutschsprachige Seite zu allen Fragen rund um die Ewige Stadt.

www.liveinrome.com: Wohnungs-, Zimmer- und Jobvermittlung, schwarzes Brett, v. a. für englischsprachige Ausländer, die in Rom leben, nur in Englisch.

www.museionline.it: Museen, Ausstellungen und Ausgrabungen in ganz Italien, nur in italienischer Sprache.

www.enjoyrome.com: hier auch günstige Unterkünfte, Ausflüge und allgemeine Infos überwiegend für jüngere Romreisende, nur auf Englisch.

www.pilgerzentrum.de: Infos nicht nur für Pilger.

www.vatican.va: alles rund um den Vatikan und die Vatikanischen Museen sowie neueste Infos zu Papst und katholischer Kirche.

www.adr.it: Flughafeninfos sowohl zu Fiumicino als auch zu Ciampino, auch in Englisch.

www.ferroviedellostato.it: Zugverbindungen der italienischen Bahn online.

www.aci.it: italienischer Automobilclub, nur in italienischer Sprache.

www.atac.roma.it: die römischen Verkehrsbetriebe mit ausführlichen Infos, nur auf Italienisch.

www.meteo.it: das Wetter in Italien.

Internet-Cafés

Zahlreich im Innenstadtbereich vertreten, in der Regel kostet eine Stunde Surfen oder Mailen ca. 5 €. Eine eigene E-Mail-Adresse ist mitzubringen. Viele einfachere Internet-Cafés befinden sich um den Hauptbahnhof Stazione Termini.

W-LAN/WI-FI

Wireless LAN heißt in Italien WI-FI und ist in der Hauptstadt in zahlreichen besseren Hotels vorzufinden. Auch diverse Cafés bieten – teilweise auch kostenlos – WI-FI, meist macht ein Schild am Eingang darauf aufmerksam. Aus Gründen der Terrorabwehr muss man sich vor der Nutzung registrieren lassen (Ausweis erforderlich).

Kirchen

Von den unzähligen römischen Kirchen sind nur die vier Patriarchalkirchen (Peterskirche, Santa Maria Maggiore, San Giovanni in Laterano und San Paolo fuori le Mura) ganztägig durchgehend geöffnet. Für andere Kirchen gelten etwa folgende Öffnungszeiten: 8–12.30 Uhr und 16–19 Uhr, im Winter abends oft kürzer. Wer eine Kirche besichtigen will, sollte auf angemessene Kleidung achten (Schultern bedeckt, nicht bauchfrei, lange Hosen oder Röcke, die übers Knie reichen). Handys sind in Kirchen unbedingt auszuschalten.

Klima und Reisezeit

Rom hat ein gemäßigt warmes Klima, im Winter sinken die Temperaturen nur selten unter null Grad. Im Sommer kann es dafür ziemlich heiß werden. Zwar ist Rom sicherlich ganzjährig eine Reise wert, das besondere Flair der Stadt entfaltet sich aber in der Zeit zwischen April und Oktober, wenn die Cafés, Trattorien und Restaurants ihre Außenterrassen geöffnet haben.

Besonders angenehm ist das Klima von Anfang April bis Juni; man sollte aber bedenken, dass die Stadt an Ostern und meist auch an Pfingsten komplett ausgebucht ist. Der meist sehr heiße Sommer kündigt sich oft mit Gewittern an und verabschiedet sich auch so.

Anfang September sinken die Temperaturen in den angenehmen Bereich von ca. 25 Grad, und auch der Oktober ist in aller Regel ein idealer Reisemonat für die Ewige Stadt.

Die Tage sind oft bis in den Dezember hinein angenehm warm. In der Vorweihnachtszeit geht es erwartungsgemäß auch in Rom hektisch zu, eigentlich ein ungünstiger Zeitpunkt, die Ewige Stadt kennen zu lernen. Weihnach-

Klimadaten

	Durchschnittstemperatur	Regentage
Januar	10 °C	8
Februar	12 °C	9
März	15 °C	8
April	19 °C	8
Mai	23 °C	7
Juni	27 °C	4
Juli	30 °C	2
August	31 °C	2
September	25 °C	5
Oktober	21 °C	8
November	16 °C	10
Dezember	12 °C	10

ten sind fast alle Restaurants der Stadt geschlossen, Silvester in Rom ist nur nach langfristiger Vorausbuchung einer Unterkunft möglich. Entspannter ist die Lage dagegen im Januar und im Februar, jedoch kann es dann durch den schneidend kalten *Tramontana* (ein eisiger Wind aus dem Apennin) unangenehm werden, vor allem wenn die Sonne ausbleibt. Ab Mitte, Ende März werden die Temperaturen freundlicher, und im April klettert das Thermometer auf durchschnittlich 19 Grad.

Italien macht Urlaub – Ferragosto

Mariä Himmelfahrt, einer der wichtigsten Festtage der Italiener, findet mitten in den Ferien am 15. August statt. Der Sommerurlaub mit der Familie wird um dieses Datum herum gelegt, niemand bleibt in dieser Zeit freiwillig in den heißen Städten. Demzufolge liegt das öffentliche Leben lahm: Behörden, die meisten Geschäfte und viele Restaurants sind geschlossen (manche sogar den ganzen August über), die Straßen wirken wie ausgestorben. Bei den Hotels werden im August zwar nur Nebensaisonpreise verlangt (ca. 20– 30 % günstiger), Museen (falls geöffnet) und Ausgrabungsstätten sind angenehm leer, aber dennoch: Im August liegt die Stadt im Schlaf.

Ferragosto ist übrigens keine katholische Erfindung, auch wenn man das wegen des zeitgleichen Kirchenfestes Mariä Himmelfahrt annehmen könnte. Der Name leitet sich aus dem Lateinischen ab: *feriae Augusti* – „Ferien des Augustus". Bereits in der Antike unter Kaiser Augustus fuhren die Römer in den Urlaub ans Meer oder in die kühlen Berge.

Kriminalität

Die Situation unterscheidet sich wenig von der in anderen europäischen Großstädten. Die Innenstadtstraßen sind bis spät in der Nacht voller Menschen, sodass sich hier eigentlich kaum Gefahren ergeben. Wer die üblichen Vorsichtsmaßnahmen einhält und spätabends dunkle und einsame Viertel meidet, sich also auf den gängigen Wegen durch die Stadt bewegt, wird in Rom kaum Probleme haben. Ab ca. 23 Uhr sollte man das Bahnhofsviertel sowie die Gegend um die Piazza Vittorio Emanuele II und Piazza Albania sowie die dunklen Parks der Stadt (auch Villa Borghese) meiden.

Ein besonderes Augenmerk sollte man auf sein Auto (oder Zweirad) werfen: Lassen Sie keine Wertgegenstände zurück, denn Autoaufbrüche sind keine Seltenheit. Unwahrscheinlicher ist, dass das ganze Fahrzeug gestohlen wird. Fährt man nachts in der Gegend um den Hauptbahnhof Roma Termini oder die Piazza Vittorio Emanuele, sollte man Fenster und Türen geschlossen halten.

Weit verbreitet ist der **Taschendiebstahl**: Gewarnt sei hier vor kleineren Gruppen (meist Kinder), die Ihnen, oft unter dem Vorwand zu betteln, unbemerkt Ihre Brieftasche entwenden wollen.

Private Wachdienste sollen in den U-Bahn-Stationen und in den U-Bahnen selbst für mehr Sicherheit sorgen, ebenso eine stetig wachsende Zahl an Überwachungskameras.

Literatur- und Filmtipps

Wer sich der Ewigen Stadt erst mal literarisch oder durch den Film nähern will, kann aus einem immensen Fundus schöpfen. Hier ein paar Anregungen:

Literatur aus der Antike

Aus der Antike eröffnen zahlreiche Werke einen zeitgenössischen Blick auf die Stadt und ihre Geschichte und Mythen, u. a. **Vergil, Horaz, Ovid, Tacitus, Juvenal, Cicero** und auch Kaiser **Marc Aurel** mit seinen „Selbstbetrachtungen".

Alte und neue Klassiker

William Shakespeare – Julius Caesar (vermutlich 1599): Eine der berühmtesten historischen Tragödien von Shakespeare und sein erstes Römerdrama, bei dem er sich genau an historischen Vorgaben orientierte.
Johann Wolfgang von Goethe – Italienische Reise (1816–1817): Während seiner zweijährigen Italienreise (1786–88) blieb Goethe mit Unterbrechung über ein Jahr in Rom, gewohnt hat er in der Via del Corso 18. Ein echter Klassiker der Reiseliteratur.
Alberto Moravia – Die Römerin (1947): Moravia, nach dem Zweiten Weltkrieg eine der bedeutenden Persönlichkeiten und Gesellschaftskritiker in Italien, beschreibt mit diesem Roman die Geschichte von Adriana und ihrer Suche nach Glück in der Ewigen Stadt. In Moravias Erzählungen **Racconti Romani** (Römische Geschichten, 1954) stehen die kleinen Leute im Vordergrund.
Elsa Morante – La Storia (1974): Die Geschichte der römischen Lehrerin Ida, die mit ihren Söhnen das Rom vor, während und nach dem Zweiten Weltkrieg erlebt.
Nino Erné: Rom – ein Tag – eine Nacht (1982): Ein einziger Tag in Rom wird in diesem Roman eingefangen, scheinbar ein ganz normaler Tag, erlebt von ganz unterschiedlichen Menschen, deren vielfältige Erlebnisse in dieser Stadt zu einem Punkt zusammenlaufen, der diesen Tag auf bedrohliche Weise in Frage stellt.

Eher unterhaltend

Dan Brown – Illuminati (2003): Auf den Spuren einer ungeheuerlichen Verschwörung schickt der amerikanische Bestsellerautor seinen Protagonisten und den Leser auf eine temporeiche Jagd durch die Ewige Stadt. Der Thriller wurde mittlerweile verfilmt (s. u.)
Iain Pears: Seit 1990 veröffentlicht der englische Schriftsteller Krimis vor kunsthistorischem Hintergrund. Das Ermittlerduo besteht aus dem in Rom lebenden Engländer Jonathan Argyll und Flavia di Stefano, Ermittlerin in einer römischen Spezialeinheit, die sich um Kunstdiebstahl kümmert. Der erste von insgesamt sieben Romanen war **The Raphael Affair (1990)**, zuletzt lag auf Deutsch **Die makellose Täuschung (2004)** vor; mittlerweile sind die Titel nur noch antiquarisch bzw. auf Englisch erhältlich.

Sachbücher

Birgit Schönau – Gebrauchsanweisung für Rom (2004): Die SZ- und Zeit-Autorin mit dem besonderen Faible für Fußball führt mit viel Elan und Humor in die Alltagswinkel der Ewigen Stadt. Viele nette und lustige Anekdoten, eine schöne Vorbereitungslektüre für Rom.
Dietmar Polaczek – Geliebtes Chaos Italien (1998): Ein genauer Blick auf die Eigenheiten Italiens und der Italiener. Polaczek, Kulturkorrespondent der FAZ in Mailand,

Goethe in der Villa Borghese

lässt kaum einen Bereich des Alltags aus und liefert nebenbei noch eine Fülle an Informationen und Hintergrund.

Reiseliteratur

Merianheft Rom: Wie gewohnt fundierte Beiträge, kleine Geschichten am Rande und herrliche Bilder – eine hervorragende Einstimmung auf die Stadt.

Eckart Peterich – Rom. Ein Reisebegleiter (1961 bzw. 1998): Der im Prestel-Verlag erschienene Rom-Begleiter des bekannten Reisebuchautors ist ein Standardwerk. Fast 500 Seiten Kulturgeschichte, lebendig erzählt mit zahlreichen Illustrationen. Bei Peterich bleibt kaum eine Frage offen. Leider nur mehr antiquarisch erhältlich.

Film

Roma città aperta (Rom, offene Stadt, 1944/45): Der neorealistische Film von Roberto Rosselini über den Widerstand gegen die Nazis entstand kurz nach dem Ende der deutschen Besatzung Roms. Gilt als Meisterwerk des Neorealismus.

Ladri di Biciclette (Fahrraddiebe, 1948): Vittorio de Sicas Rom der kleinen Leute nach Kriegsende gilt als weiteres Hauptwerk des Neorealismus. Mehrfach ausgezeichnet.

Quo Vadis? (1951): Monumentalfilm, der in 170 Minuten unsere Vorstellungen von Brot und Spielen samt Christenverfolgung nachhaltig geprägt hat. Gab es jemals einen anderen Nero als Sir Peter Ustinov?

Spartacus (1960): 3-Stunden-Monumentalschinken über den Spartacus-Aufstand 73–71 v. Chr. Kirk Douglas als Spartacus, Sir Lawrence Olivier als sein Gegenspieler Crassus, in Nebenrollen u. a. Peter Ustinov und Jean Simmons. Regie führte Stanley Kubrick.

Roman Holiday – Ein Herz und eine Krone (1953): Audrey Hepburn und Gregory Peck auf der Vespa im Rom der 50er Jahre – sehr romantisch.

La Dolce Vita (1959): Fellinis Kultfilm über den Klatschreporter Marcello (Marcello Mastroianni) und seine Ausschweifungen in Rom. Unvergesslich: Anita Ekberg beim nächtlichen Bad im Trevi-Brunnen.

Fellinis Roma (1971): Eine Hommage an die Ewige Stadt von Meisterregisseur Federico Fellini. Wer seine Filme mag, sollte sich u. a. auch **Fellinis Gauner** (Il Bidone,

1955), ein Gegenentwurf zum italienischen Neorealismus, und **Fellinis Intervista** (L'Intervista, 1986) anschauen – Letzterer wieder mit Marcello Mastroianni und Anita Ekberg.

Mamma Roma (1962): Die Geschichte einer römischen Prostituierten (gespielt von Anna Magnani), die versucht, ihrem Milieu zu entfliehen. Regisseur Pier Paolo Pasolini wurde 1975 in Ostia ermordet.

Der talentierte Mr. Ripley (1999): Eine gelungene Neuverfilmung des gleichnamigen Patricia-Highsmith-Klassikers: Tom Ripley, Habenichts und Möchtegern, geht hier sprichwörtlich über Leichen. Neben den herrlichen Bildern von der Amalfiküste, Neapel und besonders Rom der späten 1950er überzeugt die hochkarätige Besetzung: Matt Damon, Jude Law, Gwyneth Paltrow und Cate Blanchett.

Illuminati (2009), Popcorn-Kino von Oscar-Regisseur Ron Howard mit Tom Hanks in der Hauptrolle. Gedreht wurde die Verfilmung von Dan Browns gleichnamigem Thriller natürlich in Rom.

Rom (2005–2007), die detailversessene und atmosphärisch ungemein dichte Fernsehserie (u. a. von BBC und RAI produziert) erzählt in zwei Staffeln vom Untergang der Römischen Republik.

Märkte

Am liebsten kaufen die Römer ihre Lebensmittel frisch von den Bauern, die jeden Morgen (werktags 8–13 Uhr) ihre Erzeugnisse auf einem der über hundert Märkte anbieten. Eine Auswahl:

Campo de'Fiori, das beste Gemüse (teurer als auf anderen Märkten) vor malerischer Kulisse in der Altstadt, auch Haushaltswaren und Kleidung.

Markt im ehemaligen Kasernengebäude auf der Südseite des **Bahnhofs Termini** (zwischen Via Turati und Via Principe Amedeo auf Höhe Via Ricasoli). In den renovierten Markthallen bietet sich eine reiche Auswahl an preiswerten und auch exotischen Lebensmitteln (herrliche Gewürze).

Markthalle, Piazza dell'Unità an der Via Cola di Rienzo (Nähe Engelsburg).

Mercato di Testaccio, Piazza Testaccio im gleichnamigen Stadtviertel südlich des Aventin-Hügels. Einfacher, ursprünglicher Markt (kaum Touristen) mit sehr großer Auswahl an Früchten, Gemüse, Käse, Salami und Fisch.

Marktstand am Campo de'Fiori

Via Trionfale, günstig, aber weitab vom Schuss (nördlich vom Vatikan). Dienstagvormittag ist Blumenmarkt (auch exotische Pflanzen und Samen).

Flohmarkt Porta Portese

Roms riesiger Flohmarkt findet immer am Sonntagvormittag in der Via Portuense, Via Ippolito Nievo und der Via Ettore Rolli statt. Viel Ramsch, einiges Brauchbares, günstige Kleidung, Schuhe, Haushaltsgeräte und Imbissstände. *Anfahrt*: Tram Linie 8 ab Largo Argentina nach Trastevere bis Station Piazza Ippolito Nievo und dann den Menschenmengen folgen.

Museen

Dem Kulturinteressierten bietet die Ewige Stadt an die 80 Museen, von denen in diesem Buch die bedeutendsten und interessantesten behandelt werden. Aufgrund der Fülle an Angeboten ist allerdings keine vollständige Auflistung möglich. Das Tourismusbüro der Stadt Rom gibt eine umfangreiche Broschüre heraus, in der alle Museen samt Öffnungszeiten verzeichnet sind.

Fast alle staatlichen bzw. städtischen Museen sind montags geschlossen. Ansonsten sind die Museen in der Regel von 9 bis 19 Uhr (weniger bedeutende auch nur bis 14 Uhr) geöffnet. *Achtung*: Wer die **Galleria Borghese** besichtigen will, muss sich dafür telefonisch anmelden (weitere Infos → S. 215ff.), das gleiche gilt grundsätzlich auch für die **Domus Aurea** (→ S. 130), diese aber war zuletzt wegen Restaurierung geschlossen (bis voraussichtlich 2011). Die Reservierungszentrale für einige wichtige römischen Museen (u. a. Galleria Borghese, Palazzo Barberini, Engelsburg, Palazzo Venezia) ist unter ✆ 06/32810 oder im Internet unter www.ticketeria.it zu erreichen, weitere Museen sind unter www.pierreci.it bzw. ✆ 06/3908071 zu buchen.

Carabinieri bei der Arbeit – gesehen am Kolosseum

Notrufnummern

Polizei: ✆ 113
Carabinieri: ✆ 112
Straßenpolizei: ✆ 5544
Rettungsdienst: ✆ 118
Feuerwehr: ✆ 115

Öffnungszeiten

Laut Gesetz darf jeder Römer seinen Laden zwischen 7 und 21 Uhr (im Winter 20 Uhr) für acht Stunden aufmachen; die meisten Lebensmittelgeschäfte öffnen 8.30–14 Uhr und 17–20 Uhr und sind am Donnerstagnachmittag geschlossen. Andere Läden haben am Montagvormittag zu. Generell sind ab Mitte, Ende Juli bis Ende August, erste Septemberwoche viele kleinere Geschäfte geschlossen, die großen Ketten in der Innenstadt sind davon nicht betroffen.

Papstaudienz

Die Teilnahme an der päpstlichen Generalaudienz – immer mittwochs um 10.30 Uhr (außer im August, da findet die Audienz in Castel Gandolfo statt) – ist kostenlos, allerdings bedarf es einer schriftlichen Anmeldung, die spätestens vier Wochen vor der Audienz beim deutschen Pilgerzentrum eingehen muss. Audienzkarten können am Dienstagnachmittag 15–18 Uhr oder Mittwochmorgen ab 8.30 Uhr im Büro des Pilgerzentrums abgeholt werden. Anmeldeformulare kann man unter **www.pilgerzentrum.de** im Internet downloaden und per E-Mail, Fax oder Post an das Pilgerzentrum senden: Centro Pastorale Pellegrini di Lingua Tedesca, Via del Banco di S. Spirito 56, 00186 Roma, ✆ 06/6897197, ✆ 06/6869490, pilgerzentrum@libero.it. Geöffnet ist das Pilgerzentrum Mo–Fr 8.30–18 Uhr, Sa 8.30–12.30 Uhr, So geschlossen.

Parks

Der beliebteste und zentralste Stadtpark Roms ist zweifelsohne die **Villa Borghese** (→ S. 212ff.), einen Besuch wert ist aber auch die **Villa Doria Pam-**

philj, mit 140 ha der größte Park der Stadt (westlich von Trastevere, Zugang über die Via S. Pancrazio). Weitläufige Pinienwälder, Wiesen und ein kleiner Wasserfall sorgen für Entspannung – ideal für ein Picknick im Grünen; wer es sportlicher mag, findet hier auch optimale Joggingrouten. Nordöstlich der Villa Borghese lädt außerdem die kleinere **Villa Ada** zu einem Abstecher ein; südöstlich des Kolosseums außerdem die **Villa Celimontana**, der älteste Park der Stadt, in dem im Sommer Jazzkonzerte stattfinden. An der Via Nomentana (nordöstlich der Innenstadt) befindet sich die erst vor einigen Jahren wieder hergerichtete **Villa Torlonia**.

Post

Die italienische Post ist für ihre Langsamkeit bekannt: Wer Urlaubsgrüße nach Hause schicken will, sollte davon ausgehen, dass diese erst nach der eigenen Rückkehr ankommen. Mit einer Woche für eine Postkarte muss man generell rechnen, es können aber auch drei werden.

Öffnungszeiten: Die über 100 Postämter in Rom sind Mo–Fr 8.25–13.50 Uhr geöffnet, am Sa und am letzten Tag des Monats nur bis 11.50 Uhr. Längere Öffnungszeiten (Mo–Fr bis 18 Uhr, Sa bis 12.50 Uhr) bei der Hauptpost Piazza San Silvestro (nahe Trevi-Brunnen), in der Via Terme Diocleziano 30 (nahe Piazza Repubblica) und in der Via di Porta Angelica (nahe Piazza Risorgimento/Vatikan). Die Auskunft der Post ist unter ☎ 06/160 zu erreichen, im Internet: www.poste.it.

Geldanweisung: → S. 87.

Porto: Für Postkarten und Briefe bis 20 g 0,65 € (für EU-Länder und die Schweiz). Briefmarken (francobolli) gibt es bei der Post und in Tabacchi-Läden.

Vatikanpost: Sie transportiert die Post in der Regel schneller und zuverlässiger, allerdings nur mit den eigenen Vatikan-Briefmarken. Die Vatikanpost befindet sich am Petersplatz (Kolonnaden, bei der Touristeninformation). Geöffnet ist sie tägl. (außer So) 8.30–19 Uhr, Sa bis 18 Uhr; eine weitere Poststelle gibt es am Ausgang der Vatikanischen Museen.

Rauchen

Rauchen in öffentlichen Räumen ist in Italien verboten. Zu öffentlichen Räumen zählen Restaurants, Bars, Züge, Krankenhäuser, Postämter, Museen, Wartehallen aller Art (also auch Flughäfen und Bahnhöfe), der Arbeitsplatz an sich und Büros mit Publikumsverkehr. Die Zigarette zur falschen Zeit am falschen Ort kann zwischen 27,50 und 275 € Strafe kosten. Wer neben einer Schwangeren oder Kindern raucht, muss sogar mit dem doppelten Bußgeld rechnen. Einziger Lichtblick für Raucher sind Restaurants mit einem abgeschlossenen Nebenraum mit eigener Lüftung (gibt es allerdings selten). Übrigens: Wird ein Wirt mit rauchenden Gästen erwischt, zahlt er selbst ebenfalls ein Bußgeld, das zwischen 220 und 2200 € liegt.

Rechnungen

Was Sie auch kaufen, Sie bekommen immer eine Rechnung (ricevuta fiscale) oder einen Bon (scontrino). Den Beleg muss man laut Gesetz bis 50 m nach Verlassen des Geschäftes behalten. Kontrollen sind zwar selten, aber nicht grundsätzlich auszuschließen.

Schwule und Lesben

Verglichen mit anderen Metropolen der Welt ist Rom in dieser Beziehung tiefste Provinz. Es gibt kein pulsierendes Schwulenviertel wie in Berlin, Paris oder Madrid, und es ist noch nicht einmal eine gewisse Konzentration von Szeneadressen auszumachen. Einzelne schwule Bars, Clubs und neuerdings auch Saunen gibt es zwar, doch die liegen über das Stadtgebiet verstreut meist verschämt im Verborgenen und oft in den Randbezirken, doch ihre Anzahl nimmt seit ein paar Jahren stetig zu. Dennoch hat die römische Gay-Community langsam ihr Coming-out und beschränkt sich nicht mehr ausschließlich auf den rein privaten Bereich. Angesagte Hetero-Clubs bieten inzwischen regelmäßig an einem bestimmten Tag der Woche ein schwules oder lesbisches Event, im Sommer gibt es sogar eine Fülle von Veranstaltungen, die ein recht gemischtes Publikum anziehen. Außerhalb von solchen Happenings sind schwule und lesbische Paare in der Öffentlichkeit aber immer noch kaum wahrnehmbar.

Ein gewisser Schwerpunkt der Szene scheint sich langsam zwischen Kolosseum und Lateran zu bilden.

Seit 2002 findet etwa von Mitte Juni bis Mitte September das **Gay Village** im Stadtteil EUR statt. Dort gibt es dann fast jeden Abend Programm mit ausgelassenen Partys, Konzerten, Filmen usw.

• *Infos*   Am besten informiert man sich im schwulen Buchladen **Libreria Babele**, Via dei Banchi Vecchi 116, ✆ 06/6876628. Mo–Sa 10–19.30 Uhr. Schwarzes Brett und aktuelle Flyer von Szenelokalen und -partys.

• *Internet-Infos*   www.guidagay.it; www.gayclubbing.it; www.gayroma.it

• *Gruppen*   **Arcigay**, Via Goito 35, ✆ 340/3475710, www.arcigay.it. **Arcilesbica Roma**, Viale G. Stefanini 15, ✆ 06/4180211, www.arcilesbica.it.

• *Bars/Pubs*   **Hangar**, die älteste Schwulenbar Roms. Enger Raum mit zwei Theken, besonders am Wochenende und bei Partys sehr voll. Di und im August geschlossen, sonst 22.30–2 Uhr. Via in Selci 69 (Metro Linie B, Station Cavour), ✆ 06/48813971, www.hangaronline.it.

Coming Out Pub, diese nette, gut besuchte Birreria und Cocktailbar ist die einzige schon tagsüber geöffnete Schwulenbar in Rom. Regelmäßig Live-Musik. Tägl. 11–2 Uhr. Via San Giovanni in Laterano 8 (direkt beim Kolosseum), ✆ 06/7009871, www.comingout.it.

Garbo, freundliche Szene-Bar in Trastevere. Vicolo di S. Margherita 1A (zwischen Via della Scala und Tiber), ✆ 06/5812766.

• *Sauna*   Mehrere im Stadtgebiet, akzeptabel ist z. B. **Europa Multiclub**, die größte und am besten ausgestattete Schwulensauna in Rom, mit Pool, 1300 qm auf drei Etagen. Tägl. 14–24 Uhr, Fr/Sa bis 6 Uhr geöffnet. Via Aureliana 40 (nahe Via Veneto), ✆ 06/4823650.

• *Men's Clubs*   **Skyline Club**, zwei Bars, Video-Bereich, Labyrinth, viele Veranstaltungen. Tägl. 22.30–4 Uhr. Via Pontremoli 36 (nahe Lateran), ✆ 06/7009431, www.skylineclub.it.

Il Diavolo Dentro, Cruising Bar, in der Regel Themen-Partys (Info unter www.ildiavolodentro.com). Nur am Wochenende geöffnet: Fr/Sa 23–5 Uhr, So 22–3 Uhr. Largo Itri 23 (etwas außerhalb an der Ausfallstraße Via Penestrina, südöstlich des Bahnhofs, ab Termini mit dem Nachtbus Nr. 12 bis Largo Telese).

• *Danceclubs*   **Alibi**, die angesagteste Disco der römischen Szene. Über zwei Etagen tanzt man hier am Wochenende bis in den frühen Morgen. In lauen Nächten kann man sich auf der herrlichen Dachterrasse erholen. Viele Veranstaltungen und Motto-Partys. Mi–So regulär 23–4 Uhr, am Wochenende oft auch länger. Via di Monte Testaccio 39-44, ✆ 06/5743448.

Max's Bar, Szene-Bar mit Disco. Via A. Grandi 7A (Metro Linie A, Station Manzoni, in der Nähe der Piazza Porta Maggiore), ✆ 06/70301599.

In der Nacht verlagert sich die Szene nach Schließung der meisten Clubs zum Gay Afterhour ins **Frutta e Verdura**, Via P. Zurla 68-70 (zweigt am Largo Alessi von der Via Casilina ab, außerhalb der Porta Maggiore). In der Nacht zum Sonntag ab 4.30 Uhr bis ca. 10 Uhr geöffnet. ✆ 06/290620, www.fruttaverdura.roma.it.

• *Danceclubs mit regelmäßigen Gay-Events*   Freitags „Muccassassina" im **Qube**, Via Portonaccio 212 (im Stadtviertel Prenestino, nahe dem Bahnhof Prenestina), ✆ 06/5413985, www.muccassassina.com.

Samstags „Gorgeous" im **Alpheus Multiclub** (wo 2500 Personen Platz finden), oft Livemusik, Via del Commercio 36 (beim Gasometer), nur von Oktober bis Mai.

• *Lesben*   In den Clubs finden regelmäßig auch spezielle Veranstaltungen für Lesben statt. Besonders beliebt ist „Venus rising" im angesagten **Goa-Club** an jedem letzten Sonntag im Monat. Eintritt nur für Frauen. Via G. Libetta 5 (in der Clubmeile südlich der Piramide, Metro Linie A, Station Garbatella), ✆ 339/7725619.

Eine Winebar mit Restaurant für „women only" ist **Luna e l'Altra** (sehr beliebt ist hier der Sonntagsbrunch), Via San Francesco di Sales 1, ✆ 06/6864201.

• *Übernachten*   Preiswerte private Übernachtungsmöglichkeiten weltweit (auch mit

Wissenswertes von A bis Z

Musiker auf der Piazza Navona

Angeboten in Rom) vermittelt **enjoy bed and breakfast** in Berlin, ☎ 030/23623610, www.ebab.de.

B&B In and Out, Via Arco del Monte 97 (sehr zentral in der Nähe des Campo de'Fiori gelegen), DZ 120-130 €. ☎ 339/7840653, www.inandout-rome.com.

Sprachschulen

Ein paar Worte in Italienisch sind schnell gelernt, und viele Römer sprechen auch Englisch, sodass die Verständigung eigentlich kein Problem ist. Wenn Sie Italienisch aber ernsthaft lernen und korrekt sprechen wollen, wird es – wie bei allen Sprachen – schwieriger. Wer sich dennoch dafür entscheidet, ist in einer der Sprachschulen Roms bestens aufgehoben. Da es sich hier fast ausnahmslos um internationale Klassen handelt, ist die Kurs- und Konversationssprache immer Italienisch. Die Sprachschulen bieten günstige (oft auch ganz zentrale) Unterkünfte an. Eine umfangreiche Informationsbroschüre über

Sprachreiseveranstalter sowie sämtliche italienischen Sprach- und Hochschulen erhalten Sie bei der **Aktion Bildungsinformation (ABI)**, Lange Straße 51, D-70174 Stuttgart, ☎ 0711/22021630, ✆ 22021640, www.abi-ev.de (die Broschüre heißt „Italienisch lernen in Italien" und kostet inkl. Versand 16 €).

Zwei weitere Empfehlungen:

Torre di Babele, der „Babylonische Turm" liegt nahe der Uni ein gutes Stück nördlich des Bahnhofs Termini. Nette, lockere Atmosphäre, Kurse ab 216 € oder 376 € (ein oder zwei Wochen, vier Unterrichtsstunden am Tag), Unterkunft ab 180 € bzw. 295 € (eine bzw. zwei Wochen, WG-Unterkunft im EZ). Via Cosenza 7, 00161 Roma, ☎ 06/44252578, ✆ 06/44251972, www.torredibabele.com.

Dilit, ebenso empfehlenswert und nur unerheblich teurer als Torre di Babele (2-Wochen-Kurse ab 380 €, 14 Tage WG-Unterkunft im EZ 265 €), fast identisches Angebot, in Bahnhofsnähe und somit etwas zentraler gelegen. Via Marghera 22, 00185 Roma, ☎ 06/4462593, ✆ 06/4440888, www.dilit.it.

Supermärkte

Die wenigen Supermärkte in der Innenstadt von Rom sind **DeSpar**, **DiperDi**, **CONAD** und **Standa** (Lebensmittelabteilung im Untergeschoss von Kaufhäusern). Einen kleineren, aber bestens sortierten *DeSpar*-Supermarkt finden Sie z. B. ganz zentral in der Via del Pozzetto 119 (gleich ums Eck von der Piazza San Silvestro) und in der Via Nazionale 211; *CONAD* im Forum Termini (Einkaufszentrum im Untergeschoss der Stazione Termini) und an der Stazione Tiburtina (nordwestlich vom Zentrum); *Standa* auf dem Viale Trastevere 60 (in Trastevere, Untergeschoss des Kaufhauses Oviesse) und in der Via Cola di Rienzo (Untergeschoss von Coin).

Bio-Supermärkte bzw. **Reformhäuser** sind in der Innenstadt rar, einen zentral gelegenen Laden finden Sie in der Via S. Maria del Pianto 20 (Nähe Campo de'Fiori; → S. 154) sowie in Trastevere in der Via San Francesco a Ripa 106 (→ S. 228).

Telefonieren

Wichtiges Accessoire im römischen Alltag ist das *telefonino* (= Telefönchen): das Handy. Jeder Römer hat eins, viele sind mittlerweile auf der Straße nur noch mit Headset anzutreffen. Im Fahrzeug darf das Handy nur mit Freisprechanlage benutzt werden. Wer länger in Rom bleiben und dabei nicht total verarmen möchte, dem empfehlen wir, bei den Mobilanbietern TIM oder WIND (Filialen im gesamten Stadtgebiet) eine italienische Prepaid-Karte zu kaufen, diese kostet ca. 50 € (mit Gesprächsguthaben in gleicher Höhe), so zahlen Sie für empfangene Anrufe nichts. Seit Sommer 2009 gelten folgende neue EU-Richtlinien für Roaming-Gebühren: Netz- und betreiberunabhängig kosten abgehende Anrufe maximal 0,43 €/Minute, eingehende Anrufe 0,19 €/Minute, abgehende SMS 0,11 € (ankommende SMS gebührenfrei), hinzu kommt jeweils noch die Mehrwertsteuer.

Auf dem konventionellen Weg telefoniert es sich in Italien erheblich günstiger, auch bei Gesprächen ins Ausland. Telefonkarten (*carta telefonica*) für öffentliche Telefone werden zu 5 € bei Zeitschriften- und Tabacchi-Läden sowie in Bars und bei der Post verkauft. Achtung: Sie funktionieren nur, wenn man zuvor die perforierte Ecke abgebrochen hat!

Auslandsvorwahlen: von Deutschland und der Schweiz nach Italien ☎ 0039, von Österreich ☎ 0040; von Italien nach Deutschland

✆ 0049, in die Schweiz ✆ 0041, nach Österreich ✆ 0043.

Die Vorwahl von Rom ist 06, sie muss immer mitgewählt werden, auch bei Telefonaten innerhalb des Stadtgebiets; ebenso bei Anrufen aus dem Ausland (✆ 0039/06 plus Anschlussnummer). Jedoch fällt die Null bei der deutschen, österreichischen und schweizerischen Vorwahl weg (z. B. ✆ 0049/69 für Frankfurt plus Anschlussnummer).

Trinkgeld

In Italien nicht ganz so üblich wie hierzulande, zufriedene Gäste geben im Restaurant jedoch stets ein Trinkgeld (dezent ein paar Münzen auf dem Tellerchen mit der Rechnung, ca. 5–10 % der Summe), im Hotel bekommt das Zimmermädchen 1–2 € pro Tag, ebenso Gepäckträger und Portiere. Im Taxi wird nicht generell Trinkgeld gegeben.

Trinkwasser/Brunnen

Schon in der Antike beförderte man große Mengen Wasser nach Rom. Auch heute sprudelt aus unzähligen römischen Brunnen bestes Trinkwasser (einige Brunnen sind allerdings mit dem Hinweis *acqua non potabile* ausdrücklich gekennzeichnet – hier kein Trinkwasser!). Auch die kleinen Brunnen an jeder Straßenecke (genannt *il nasone* – „die große Nase") liefern hervorragendes kaltes Trinkwasser. Der Trick, um sich beim Trinken nicht allzu sehr zu verrenken: Halten Sie die große Öffnung zu, das Wasser kommt dann – im hohen Bogen! – mundgerecht aus dem kleinen Loch auf der Oberseite der Leitung.

Zeitungen/Zeitschriften

Typische Boulevardblätter gibt es fast nicht (diesen Part übernehmen wöchentlich erscheinende Regenbogenblätter wie *Di Più*, *Gente* und *Chi*). Auch die Vertriebsstruktur unterscheidet sich erheblich von der nördlich der Alpen: Die meisten Zeitungen gehen per Straßenverkauf an ihre Leser, der Anteil der Abonnements liegt bei unter 10 %. Die auflagenstärksten italienischen Tageszeitungen sind die konservative Mailänder **Corriere della Sera**, die linksliberale römische **La Repubblica**, die liberale **La Stampa** aus Turin und das ebenfalls in Rom herausgegebene linksliberale Traditionsblatt **Il Messagero**. Meistgelesene Tageszeitung Italiens ist und bleibt aber die rosafarbene **Gazzetta dello Sport**.

Überregionale deutsche Zeitungen wie **Süddeutsche** und **FAZ** erreichen die größeren Zeitungsläden in der Innenstadt am selben Morgen, die Preise liegen etwa 20–30 % höher als zu Hause. Auch der **Spiegel** ist am römischen Zeitungskiosk wie gewohnt montags zu haben.

Zollbestimmungen

Im Zuge des Binnenmarktes gelten großzügige Richtlinien für die Ein- und Ausfuhr. So unterliegt das persönliche Reisegepäck keinerlei Beschränkungen mehr. Gleiches gilt im Prinzip auch für Genuss- und Lebensmittel, allerdings muss hier im Zweifelsfall glaubhaft gemacht werden, dass man größere Mengen tatsächlich privat verbraucht. Bei folgenden Richtmengen pro Erwachsenem wird der private Bedarf erst gar nicht in Frage gestellt:

800 Zigaretten, 400 Zigarillos, 200 Zigarren, 1 kg Tabak, 10 l Spirituosen, 20 l Alkoholika bis 22 %, 90 l Wein (dabei 60 l Schaumwein) und 110 l Bier.

Beim Transit durch die **Schweiz** ist eine freiwillige Deklaration der mitgeführten Waren fällig, wenn die geltenden Freimengen (200 Zigaretten, 50 Zigarren, 2 l Wein und 1 l Spirituosen) überschritten werden. Für Waren, die das Limit überschreiten, muss eine Kaution in Landeswährung hinterlegt werden, die man bei der Ausreise zurückerhält.

Stadttouren und Ausflüge

Blick auf den Kapitolsplatz

Rundgang 1: Antikes Rom – Kapitol, Forum Romanum, Palatin, Circus Maximus und Aventin

Der Kapitolshügel war in der Antike als Sitz des Götterchefs Jupiter das Herz der Stadt und das Symbol staatlicher Ordnung. Seine Bedeutung ist bis heute spürbar. In unmittelbarer Nähe befinden sich östlich die Überreste der Kaiserforen, südöstlich das Forum Romanum mit dem Palatin und südlich der Circus Maximus und der Aventin.

In der Antike spielte sich hauptsächlich in diesem Gebiet das öffentliche Leben der Stadt ab. Der älteste besiedelte Hügel der Stadt war der Palatin, der in republikanischer Zeit zu einem der begehrtesten Wohnviertel im alten Rom avancierte. Das Gleiche gilt für den Aventin, den südlichsten der sieben römischen Hügel, auf dem die Mächtigen während der späteren Kaiserzeit in prachtvollen Villen residierten.

Zwischen beiden Hügeln wurde im Circus Maximus bis ins 6. Jh. n. Chr. das Volk bei Laune gehalten. Nur wenige Schritte vom Circus Maximus entfernt (an der heutigen Piazza Bocca della Ve-

rità) befand sich das Forum Boarium, einer der ältesten Marktplätze der Stadt, auf dem der römische Viehmarkt abgehalten wurde.

Der Kapitolshügel oberhalb der belebten Piazza Venezia und neben dem alles überragenden Nationalmonument *Vittoriano* bzw. *Altare della Patria* (→ S. 175/176) war vor 2000 Jahren das politische und geistige Zentrum des römischen Weltreiches. Alle wichtigen Staatshandlungen und auch jeder Triumphzug eines siegreichen Feldherrn fanden hier, am Tempel des Jupiter, ihren kultischen Abschluss. Heute wird Rom vom Bürgermeister der Stadt im

Senatorenpalast an der Kopfseite des Kapitolsplatzes regiert.

Im Mittelalter und in der Renaissance dienten die Überreste der antiken Gebäude als Steinbruch: Zahlreiche Bauteile, besonders die kostbaren antiken Säulen, wurden zur Errichtung von Kirchen benutzt. Mit Ausnahme des Aven-tin ist das Gebiet südlich und östlich des Kapitols heute reines Ausgrabungsgebiet; lediglich große Straßenzüge, wie die unter Mussolini entstandene Via dei Fori Imperiali von der Piazza Venezia zum Kolosseum, und einige Wohnhäuser bzw. Kirchen unterbrechen das größte archäologische Gelände der Stadt.

Die Wölfin

La Lupa Capitolina, die kapitolinische Wölfin, ist seit jeher das heilige Wahrzeichen der Stadt. Schließlich war es eine Wölfin, die die Zwillinge Romulus und Remus im Ufergestrüpp des Tibers fand, sie säugte und ihnen so das Leben rettete (→ S. 17). Am Kapitolsplatz ist links neben dem Senatorenpalast eine verkleinerte Kopie der berühmten Wölfin mit den beiden Säuglingen aufgestellt. Das Original der etruskischen Bronzeskulptur stammt vermutlich aus dem 6. oder 5. Jh. v. Chr. und ist im Konservatorenpalast der Kapitolinischen Museen zu sehen. Ein Blitzschlag im Jahr 65 v. Chr. stürzte die Wölfin vom Sockel, Spuren davon sind am linken Hinterlauf noch zu sehen. Romulus und Remus wurden übrigens erst Ende des 15. Jh. von *Antonio Pollaiolo* hinzugefügt. Der Wölfin als Wahrzeichen Roms begegnet man auch heute noch immer wieder, z. B. im Vereinswappen des Fußballclubs AS Roma.

Spaziergang

Ausgangspunkt des Spaziergangs ist der **Kapitolsplatz**, auf dem sich in den **Kapitolinischen Museen** eine der wichtigsten Sammlungen zur römischen Antike befindet.

Um dem Verkehrschaos an der Piazza Venezia zu entkommen, geht es nun – vorbei an der **Wölfin** (→ Kasten) – auf der heutigen Rückseite des Kapitols hinunter zu den **Kaiserforen**. Auf dem Weg dorthin lohnt ein Abstecher zum **Mamertinischen Kerker**, in dem Petrus gefangen gewesen sein soll.

Von den Kaiserforen, die sich zu beiden Seiten der Via dei Fori Imperiali erstrecken, ist es nur ein kurzes Stück zum **Forum Romanum** (Eingang am Largo Romolo e Remo/Largo della Salara Vecchia). Nach Abschluss des Rundgangs auf dem Forum geht es in südliche Richtung auf den **Palatin**. Hier oben genießen Sie von der Aussichtsterrasse einen herrlichen Blick auf Forum und Kapitol. Lohnend ist auch ein kurzer Streifzug durchs **Antiquarium Palatino**, dem kleinen Museum auf dem weitläufigen Gelände des Palatins.

Für den Rundgang sollte man – je nach Intensität der Besichtigungen (z. B. Kapitolinische Museen) – 4 bis 6 Stunden einkalkulieren, wer das Kolosseum (im Kombiticket beinhaltet) mit einbeziehen möchte, sollte noch mal ca. 1,5 Stunden draufschlagen. Bars und Restaurants auf der Strecke sind rar, die Imbisswagen an der Via dei Fori Imperiali und der Via di San Gregorio bieten in der Regel mindere Qualität (bei Snacks) und verlangen völlig überzogene Preise. Einzige Lichtblicke sind das Panoramacafé der Kapitolinischen Museen (→ S. 120) und das neue Caffè auf der Rückseite des Vittoriano (→ S. 120), nur wenige Schritte links vom Haupteingang der Kirche S. Maria in Aracoeli entfernt.

Auf der Ostseite des Palatins führt ein Pfad in Serpentinen hinunter zur Via di San Gregorio, auf die man nach rechts in Richtung **Circus Maximus** einbiegt. Nach wenigen Metern erreichen Sie die Piazza Porta Capena am südöstlichen Ende des Circus Maximus; von hier hat man einen schönen Blick über das weite Gelände bis zur Kuppel der Peterskirche im Hintergrund. Rechts geht es in die Via dei Cerchi, auf der man am etwas verwahrlosten, grasbewachsenen Gelände des Circus entlangläuft und an dessen Stirnseite man nach links in die viel befahrene Via del Circo Massimo einbiegt (oder aber quer über den Circus und dann die Treppen hoch). Ein kurzes Stück bergauf, dann geht es rechts ab den Clivo del Publicii hinauf.

Links der Straße erstreckt sich am Hang ein Rosengarten, aus dem es ab Mai herrlich duftet. Folgen Sie immer geradeaus der etwas steiler werdenden Straße (jetzt Via S. Sabina), nach wenigen hundert Metern landen Sie auf der beschaulichen **Piazza dei Cavalieri di Malta**. Hinter hohen Mauern verbirgt sich hier das Stammhaus des Malteserordens. Der Blick durch das berühmte **Schlüsselloch** am grünen Tor auf die Piazza eröffnet eine reizvolle Aussicht auf die Kuppel der Peterskirche.

Einige Meter zurück auf dem gleichen Weg stößt man links auf die **Kirche Santa Sabina**, kurz danach geht es links ab in den kleinen **Parco Savello**, von dessen Aussichtsterrasse sich ein weiteres Mal ein grandioser Blick auf die Stadt bietet. Zurück nun auf gleichem Weg auf die Via del Circo Massimo und geradeaus, dann rechts zur Piazza Bocca della Verità. Auf der Via Santa Maria in Cosmedin sind es wenige Schritte zur gleichnamigen **Kirche** mit der berühmten **Bocca della Verità** (dem Mund der Wahrheit). Entlang der verkehrsreichen Via Petroselli (vorbei am Marcellus-Theater, → S. 143) sind es nur wenige Minuten zurück zum Ausgangspunkt Kapitol bzw. Piazza Venezia.

Sehenswertes

Kapitolsplatz (Piazza di Campidoglio)

Den vielleicht elegantesten Platz der Stadt betritt man über die **Cordonata**, eine breite Rampe, die, wie weitere Teile des **Campidoglio**, nach Plänen Michelangelos entstand. Flankiert wird die große Freitreppe am unteren Ende von zwei Wasser spendenden ägyptischen Löwen aus Basalt. Links davon befindet sich die **Statue von Cola di Rienzo**, dem selbst ernannten Volkstribun aus der papstlosen Zeit des 14. Jh., der hier, am Fuß des Kapitols, 1354 von seinem Volk erschlagen wurde.

Am oberen Ende der breiten Rampe bilden die Dioskuren **Castor und Pollux** quasi das Eingangsportal zur Piazza di Campidoglio. Die beiden Kolossalstatuen aus der Antike wurden Ende des 16. Jh. hier aufgestellt, gefunden hatte man sie kurz zuvor im benachbarten jüdischen Ghetto.

Der Kapitolsplatz hatte in der Antike eine entgegengesetzte Ausrichtung: Vor dem Bau des Senatorenpalasts (13. Jh.) am heute hinteren Ende der Piazza war der Blick frei auf das gesamte Forum Romanum. Hier stand einst der vermutlich größte und prächtigste **Jupitertempel** des Imperiums. Er war ebenfalls zum Forum hin ausgerichtet und nur von dort aus über einen schmalen Prozessionsweg zu erreichen. Daneben vermutet man den **Tarpeischen Felsen**, von dem Staatsverbrecher in die Tiefe gestürzt wurden. Der Kapitolshügel ist der niedrigste der sieben römischen Hügel.

Der Kapitolsplatz liegt über einer Senke zwischen zwei (heute nicht mehr erkennbaren) Gipfeln. Auf dem höheren namens **Arx** befand sich der **Tempel der Juno Moneta** (heute die Kirche Santa Maria in Aracoeli, s. u.). In der Senke zwischen den beiden Gipfeln hat man zu Zeiten des römischen Imperiums einen kleinen, dem Gott Asylius geweihten Tempel für Schutzsuchende gebaut, das **Asylum**.

Von all dem ist heute nichts mehr zu sehen. Mit dem Niedergang des Weltreichs verfiel auch das Kapitol, lediglich die mächtigen Tempelmauern waren noch bis ins 6. Jh. erhalten. Im Mittelalter standen hier die Festungen reicher Adelsfamilien; auf dem Arx-Hügel bauten die Franziskaner um 1250 eine Marienkirche, deren äußeres Erscheinungsbild bis heute kaum verändert ist (Santa Maria in Aracoeli). Im 13. Jh. wurde auch der **Senatorenpalast** gebaut. Er steht auf den Fundamenten des **Tabulariums**, des antiken Staatsarchivs.

Sein heutiges Aussehen erhielt das Kapitol Mitte des 16. Jh. durch Michelangelo, den Papst Paul III. 1538 mit der Gestaltung des Platzes beauftragt hatte. Den Senatorenpalast ließ er mit einer symmetrischen Freitreppe versehen, davor entstand ein Brunnen mit den Statuen der Flussgötter **Tiber** und **Nil**.

Michelangelo wurde auch mit dem Umbau des **Palazzo dei Conservatori** auf der rechten Seite des Platzes betraut; außerdem sollte er einen neuen Palast, den **Palazzo Nuovo**, bauen, der das gegenüberliegende symmetrische Gegenstück bilden sollte. Beide Paläste wurden aber erst nach seinem Tod (1564) von seinem Schüler Giacomo della Porta und dessen Nachfolgern vollendet.

Zentraler Punkt der mit einer sternförmigen Pflasterung versehenen Piazza Campidoglio ist die in der Mitte aufgestellte antike **Reiterstatue des Marc Aurel**.

Einer der beiden Dioskuren

Das Reiterstandbild des Marc Aurel

Die berühmte Bronzestatue des „Philosophenkaisers" Marc Aurel (121–180 n. Chr.) entstand ca. 177 n. Chr. und überstand nur durch eine Verwechslung die Zerstörungswut des mittelalterlichen Christentums, die gegen die als heidnisch gebrandmarkten Standbilder der Antike gerichtet war: Man hielt die Darstellung des Marc Aurel irrtümlich für ein Abbild Kaiser Konstantins, dessen Toleranzedikt im Jahr 313 das Christentum im römischen Staat hoffähig gemacht hatte. Seit dem 10. Jh. stand die Statue deshalb im Vorhof der Lateransbasilika und wurde 1538, als man die Verwechslung erkannte, auf das Kapitol versetzt.

Marc Aurel ging als gütiger und bescheidener Herrscher in die Geschichte ein. Trotz Kriegswirren, Naturkatastrophen und der Pest gelang es ihm, sein Riesenreich vorbildlich zu regieren. Als Anhänger der Stoiker bewahrte er immer eine ihm eigene Ausgeglichenheit – nachvollziehbar in seinen noch heute lesenswerten „Selbstbetrachtungen".

Die Marc-Aurel-Statue wurde 1979 vom Sockel auf dem Campidoglio entfernt und in zehn Jahre andauernden Restaurierungsarbeiten von Schäden der Umweltverschmutzung befreit. Heute befindet sie sich gut geschützt im Inneren der Kapitolinischen Museen (s. u.). Auf dem Kapitolsplatz ist eine exakte Kopie zu sehen.

Marc Aurel auf dem Kapitolsplatz

Kapitolinische Museen (Musei Capitolini)

Bereits 1471 richtete man auf Veranlassung von Papst Sixtus IV. im **Palazzo dei Conservatori** eine kleine Ausstellung ein. Zweieinhalb Jahrhunderte später, im Jahr 1734, wurde hier auf Geheiß von Papst Clemens XII. das erste öffentliche Museum der Welt eröffnet.

Nach mehrjähriger Renovierung wurden die Kapitolinischen Museen im Jahr 2000 wiedereröffnet, in den letzten Jahren wurde noch ein Trakt des rückseitig angrenzenden Palazzo Caffarelli in die Ausstellung integriert. Über einen unterirdischen Verbindungsgang gelangt man heute vom Palazzo dei Conservatori zum Palazzo Nuovo und kann dabei auch das **Tabularium** besichtigen. Von hier bietet sich ein herrlicher Blick wie von einer Tribüne auf das Forum Romanum. Während der Renovierung des Museums wurde ein Teil der Exponate in das eigens dafür eingerichtete **Museum Centrale Montemartini** (Via Ostiense, → S. 245) ausgelagert, wo sie bis heute zu besichtigen sind. Der Besuch dieses ehemaligen Elektrizitätswerks (1912 im Jugendstil erbaut) ist unbedingt empfehlenswert.

Die Kapitolinischen Museen bieten eine Fülle von sehenswerten Ausstellungsstücken, sodass Interessierte hier sicherlich einen ganzen Tag zubringen können. Man betritt die Ausstellungsräume durch den Haupteingang des **Palazzo dei Conservatori**. Im Hof finden sich die Fragmente der größten Sitzstatue des antiken Rom (Kaiser Konstantin in riesigen Ausmaßen). Über eine Monumentaltreppe gelangt man ins erste Obergeschoss. Hier wurden 1957 die Römischen Verträge zur Gründung der EWG unterzeichnet. Fast 50 Jahre später, am 29. November 2004, unterzeichneten die europäischen Regierungschefs im gleichen Saal den Vertrag über die (später gescheiterte) europäische Verfassung.

Sehenswert im ersten Stock sind die prachtvollen Konservatorensäle mit dem **Spinario** („Der Dornauszieher", griech. Original aus dem 1. Jh. v. Chr.) im *Triumphsaal (Sala dei Trionfi)* sowie die antiken bronzenen Enten, die man für Gänse hielt, im *Saal der Gänse (Sala delle Oche)*. Hier befindet sich auch ein eindrucksvolles Medusenhaupt von Bernini.

> ### Die Gänse auf dem Kapitol
>
> In der Antike lebten im Tempel der Juno jene berühmten Gänse, die den Auguren (Sehern) Aufschluss über die Zukunft gaben. Den Römern dienten sie gleichzeitig als Wachen, da sie beim geringsten Geräusch in lautes Geschnatter ausbrachen. Der Legende nach waren sie es, die das Forum 387 v. Chr. mit ihrem Getöse vor den Galliern warnten.

Hier im ersten Stock gelangt man auch zur neuen **Esedra di Marco Aurelio** mit luftigem Glasdach, in der sowohl das Original des **Reiterstandbildes des Marc Aurel** (→ S. 107) als auch das der **Kapitolinischen Wölfin** (*Lupa Capitolina*) ausgestellt werden. Die römische Wölfin, das Wahrzeichen der Stadt, entstand wahrscheinlich im 6. oder 5. v. Chr. und ist etruskischen Ursprungs (neuerdings umstritten). Die Zwillinge Romulus und Remus wurden erst im Jahr 1490 vom Bildhauer *Antonio Pollaiolo* hinzugefügt. Eine Rampe führt zum Fundament des **Jupitertempels** mit seinen mächtigen Steinquadern (6. Jh. v. Chr.), den man hier erst vor einigen Jahren bei Restaurierungsarbeiten entdeckte.

Vom ersten Stock des Konservatorenpalastes gelangt man zur **Dachterrasse** mit dem Café der Museen (tolles Panorama).

Im zweiten Stock des Palazzo dei Conservatori ist die **Pinakothek** untergebracht, in der einige bedeutende Werke von Tizian, Caravaggio, Rubens und van Dyck zu sehen sind; im zweiten Stock des Caffarelli-Palastes ist eine antike **Münzsammlung** untergebracht.

Vom Palazzo dei Conservatori gelangt man über einen Durchgang im Untergeschoss (hier geht es rechts ab zum Tabularium, von wo man einen Blick auf das Forum Romanum werfen kann) hinüber in den **Palazzo Nuovo**. Im Hof

Antike Kunst in den Kapitolinische Museen: elegant ...

trifft man zunächst auf die riesige antike **Brunnenfigur des Marforio**. Im oberen Stockwerk befindet sich eine Ausstellung hervorragend erhaltener antiker Kunstwerke; abgesehen von den Vatikanischen Museen (→ S. 236ff.) gilt sie als beste und eindrucksvollste Sammlung antiker Kunst in Rom. Besonders hervorzuheben sind der **Sterbende Gallier**, eine Kopie nach griechischem Vorbild aus Pergamon in Kleinasien (*Sala del Gladiatore*), und die rote, marmorne **Faunstatue** aus der Hadriansvilla bei Tivoli (*Sala del Fauno*); von dort stammen auch die beiden Mosaike (trinkende Tauben und Satyrmasken, *Sala delle Colombe*).

Eines der Highlights der ersten Etage ist zweifelsohne der Kaisersaal (*Sala degli Imperatori)*: Neben der **Sitzenden Helena** in der Raummitte sind hier zahlreiche Porträts römischer Kaiser zu sehen, u. a. die von Nero, Caracalla, Marc Aurel und Augustus. Nicht übersehen sollte man auch die **Kapitolinische Venus** in einem kleinen, separate Kabinett neben der Galleria (*Gabinetto della Venere*).

⊘ Di–So 9–20 Uhr, je nach Jahreszeit teilweise auch bis 21 Uhr und manchmal sogar bis 23 Uhr (Einlass bis jeweils eine Stunde vor Schließung), Mo geschlossen. Eintritt 6,50 €, ermäßigt 4,50 € (EU-Jugendliche zwischen 18 und 25 J., Jugendliche unter 18 und Senioren über 65 J. frei), Kombiticket mit Museo Montemartini (→ S. 245) 8,50 €, ermäßigt 6,50 € (eine Woche gültig). Bei Sonderausstellungen in den Kapitolinischen Museen kostet der Eintritt 8 € (erm. 6 €), in Kombination mit dem Museo Montemartini 10 € (8 €). Wer sein Eintrittsticket reserviert (an Sonn- und Feiertagen ratsam), zahlt eine zusätzliche Gebühr von 1 €. Audioguides in deutscher Sprache sind am Eingang für 5 € erhältlich (Audioguide für 2 Pers. 6,20 €), hierfür muss ein Ausweisdokument hinterlegt werden. Führungen werden nur für Gruppen angeboten. Zu Vergünstigungen siehe außerdem „Roma Pass" → S. 85. Bookshop am Eingang. Piazza del Campidoglio 1, ✆ 06/0608, www.museicapitolini.org. Wer nur das **Caffè Capitolino** besuchen möchte: gleiche Öffnungszeiten wie die Museen, aber eigener Eingang am Piazzale Caffarelli 4.

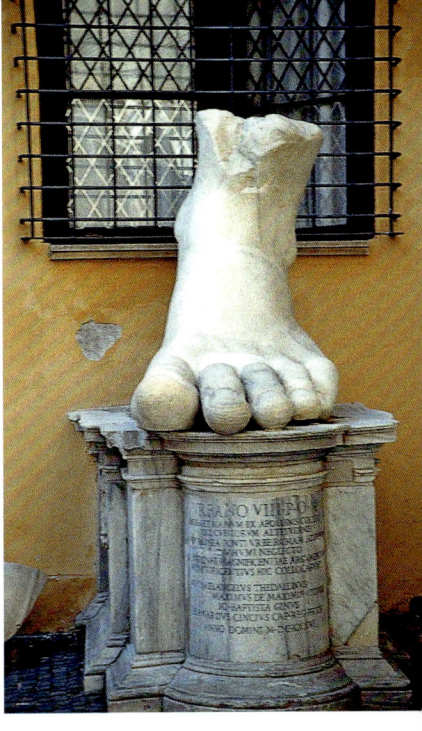

... und manchmal kolossal

Kirche Santa Maria in Aracoeli

Zu der Kirche mit ungewöhnlich schlichter Backsteinfassade führt vom Fuß des Kapitols neben der Cordonata (der Rampe) eine sehr steile Marmortreppe hinauf, die so genannte „Himmelsleiter". Bequemer geht es allerdings vom Kapitolsplatz (neben dem Rathaus) links ab einige Stufen hinauf zum Seiteneingang des Gotteshauses. Santa Maria in Aracoeli wurde auf dem höchsten Punkt des Kapitols, dem Arx, an der Stelle des antiken **Tempels der Juno Moneta** (zugleich der Sitz der antiken römischen Münzpräge) gebaut. Ein Vorgängerbau stammt wahrscheinlich bereits aus dem 6. Jh. n. Chr. Von der ursprünglichen Klosteranlage ist allerdings nichts mehr übrig geblieben. Mitte des 13. Jh. übergab Papst Innozenz IV. das Gotteshaus an die Franziskaner, die sogleich mit dem Bau der heute noch erhaltenen Kirche begannen.

Ihr prunkvolles Inneres steht in starkem Kontrast zur schlichten Fassade dar: Das Hauptschiff wird von antiken Säulen aus dem benachbarten Forum flankiert, der Hauptaltar birgt ein berühmtes **Madonnenbildnis**. Die vergoldete geschnitzte **Kassettendecke** entstand Ende des 16. Jh. und erinnert an die Seeschlacht von Lepanto von 1571. Besondere Attraktion der Kirche ist das hoch verehrte **Santo Bambino**, das „Jesuskind von Rom", dem man bis heute

Blick auf die Trajanssäule

wundersame Heilkräfte nachsagt, und das, obwohl das 1994 gestohlene Original durch eine Kopie ersetzt wurde. Um seinen Altar in der Cappella del Santo Bambino (im rechten Seitenschiff neben dem Altar) stapeln sich Bittbriefe von Kindern aus aller Welt, die sich vom Jesuskind Hilfe erhoffen.

⏰ Täglich 9–12.30 und 15–18.30 Uhr (im Winter 14.30–17.30 Uhr). Links neben dem Haupteingang zur Kirche geht es zum Vittoriano und zum Panoramaaufzug (→ S. 175f.).

Mamertinischer Kerker (Carcere Mamertino)

Auf der heutigen Rückseite des Kapitols (gegenüber dem Septimius-Severus-Bogen) befindet sich unter der Kirche **San Giuseppe dei Falegnami** das antike römische Staatsgefängnis (Via San Pietro in Carcere). In den beiden Kerkerräumen wurden politische Häftlinge gefangen gehalten. Der Legende nach soll auch Petrus hier eingesperrt gewesen sein.

⏰ Zuletzt wegen Restaurierungsarbeiten geschlossen.

Kaiserforen (Fori Imperiali)

Die Kaiserforen erstrecken sich beiderseits der von Mussolini erbauten und nach ihnen benannten Via dei Fori Imperiali. Die durch die Straße geschlagene breite Schneise zwischen den Foren verfälscht die ursprüngliche Optik, denn in der Antike wirkten die Kaiserforen wie ein geschlossener Komplex dicht aneinander gereihter Bauwerke.

Schräg gegenüber dem Nationaldenkmal Vittoriano (→ S. 175f.) steht am Anfang der Prachtstraße die 35 m hohe **Trajanssäule**, die im Mai des Jahres 113 n. Chr. fertig gestellt wurde. Die hervorragend erhaltene Reliefdarstellung am Fries der Säule zeigt auf einem 200 m langen, sich spiralförmig nach oben windenden Reliefband die Geschichte der beiden Feldzüge Trajans gegen die Daker (101 und 105 n. Chr.).

Trajansforum (Foro di Traiano)

Wenige Meter östlich der Trajanssäule befindet sich mit dem **Trajansforum** das letzte und größte Kaiserforum. Um das verbliebene noch unbebaute Areal zwischen Caesar- und Augustusforum nutzen zu können, ließ Trajan die etwa 30 m hohe Ostseite des Quirinalhügels abtragen; die Trajanssäule mit der gleichen Höhe vermittelt noch heute eine Vorstellung von dieser Arbeit.

Das Trajansforum betrat man durch einen Triumphbogen. Im Inneren der 300 x 185 m großen Anlage befanden sich die **Basilica Ulpia**, eine Bibliothek, in deren Hof die Trajanssäule stand, und ein prächtiger Tempel. Fertig gestellt wurde das spektakulärste aller Foren erst knapp 30 Jahre nach dem Tod des Kaisers.

Trajansmärkte (Mercati di Traiano)

Nordwestlich des Forums schließen die **Trajansmärkte (Mercati di Traiano)** aus dem 2. Jh. n. Chr. an. Sie sind noch so gut erhalten, dass sie ein erstaunlich anschauliches Bild einer antiken Ladenpassage vermitteln. In den damals etwa 150 Läden wurden hauptsächlich Lebensmittel umgeschlagen, angeschlossen waren auch staatliche Verwaltungseinrichtungen und Büros privater Firmen. In den Ausstellungsräumen des angeschlossenen **Museo dei Fori Imperiali** sind Funde aus allen Kaiserforen zu sehen, dazu zahlreiche Erläuterungen, alles didaktisch bestens aufbereitet.

🕑 Di–So 9–19 Uhr, im Winter 9–17 Uhr (letzter Einlass jeweils 1 Std. früher). Eintritt 6,50 €, ermäßigt 4,50 € (EU-Bürger unter 25 J. und Studenten mit ISIC), unter 18 und über 65 J. freier Eintritt. Audioguide (auch in deutscher Sprache) 3,50 €. Via IV Novembre 94, ✆ 06/6790048. Der Eingang zu den Trajansmärkten befindet sich in der Via IV Novembre 94 kurz vor dem Largo Magnanapoli (über Treppen von der Via Alessandrina zu erreichen).

Augustusforum (Foro di Augusto)

Neben dem Trajansforum befindet sich das wesentlich kleinere **Forum des Augustus** (42 v. Chr.). Mittelpunkt dieser Anlage war der **Tempel des Mars Ultor**, der allerdings erst 40 Jahre nach dem Forum entstand und an den Mord an Julius Caesar erinnern sollte. Zu sehen sind noch einige Säulen und Teile der Treppe. Hier tagte der römische Senat in Kriegsangelegenheiten, links vom Tempel befand sich das Gericht, von dem noch die halbkreisförmigen Gänge zu sehen sind. Das Forum ist nur von außen einsehbar.

Südwestlich an das Augustusforum (in Richtung Kolosseum) schließt das schmale **Forum des Nerva** (Foro di Nerva) an: Das ursprünglich von Domitian begonnene Forum wurde im Jahr 97 n. Chr. von Nerva fertig gestellt. Noch weiter südwestlich, an der Ecke zur Via Cavour, befindet sich das **Friedensforum** (*Templum Pacis*) des Vespasian aus dem Jahr 75 n. Chr., das erst bei Grabungen im Jahr 2000 entdeckt wurde. Beide Foren sind ebenfalls nur von außen einsehbar.

Forum des Julius Caesar (Foro di Cesare)

Schräg gegenüber dem Augustusforum (auf der anderen Seite der Via dei Fori Imperiali) liegt das **Forum des Julius Caesar**. Das älteste der Kaiserforen wurde im Auftrag Julius Caesars zwischen 54 und 46 v. Chr. nördlich des Forum Romanum gebaut. Heute noch sichtbar sind Reste der Säulenhallen, die den rechteckigen Platz des Forums umgaben. Am Nordende der Anlage befand sich der **Tempel der Venus Genitrix**, den Caesar als Dank für die gewonnene Schlacht von Pharsalos (48 v. Chr.) bauen ließ; daneben schloss die **Basilica Argentaria** an, die Börse. Neu ausgegraben wurde eine große Latrine (öffentliche Toilette), die von den Kolonnaden aus zugänglich war. Das gesamte Areal ist nur von der Straße einsehbar.

Antikes Rom
Karte S. 105

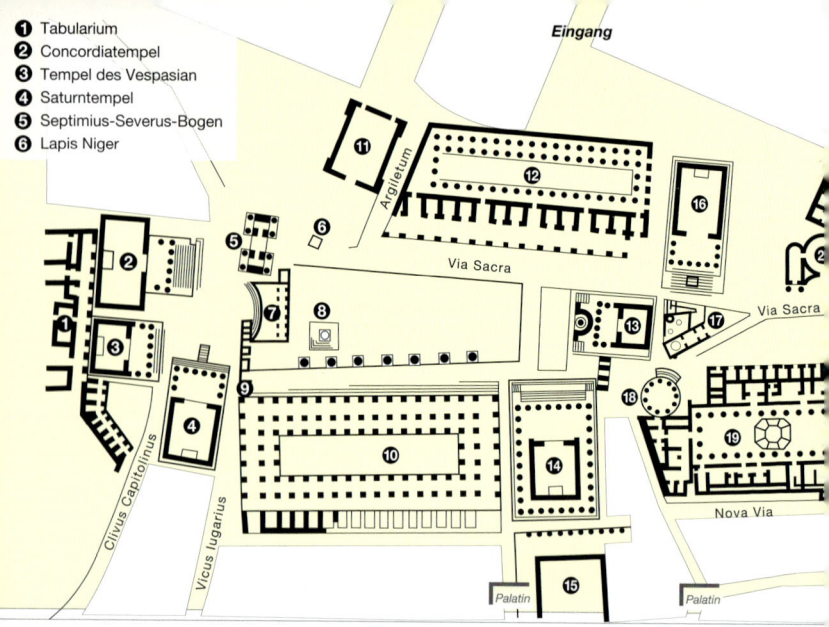

Eingang

Via Sacra

Via Sacra

Nova Via

Argiletum

Clivus Capitolinus

Vicus Iugarius

Palatin

Palatin

Forum Romanum
(Foro Romano)

Das Forum liegt in einer Senke zwischen Kapitol und Palatin, den beiden ältesten Siedlungskernen der Stadt. Um ca. 500 v. Chr. begannen damals noch die Etrusker, das ehemalige Sumpfgebiet durch die **Cloaca Maxima** zu entwässern; der Abwasserkanal funktioniert noch heute und mündet in den Tiber. Das Forum, politisches und religiöses Zentrum, aber auch Marktplatz des antiken Roms, wurde in der republikanischen Zeit angelegt und im Lauf der Jahrhunderte immer prachtvoller gestaltet – aus dem alten Marktplatz eines Hirten- und Bauernstaates wurde der Schauplatz monumentaler staatlicher Selbstdarstellung einer Weltmacht.

Nach antiker Vorstellung befand sich hier der Mittelpunkt der Welt, symbolisch durch einen steinernen Nabel dargestellt. Mit dem Untergang des Römischen Reiches verfiel auch das Forum. Zunächst plünderten die Barbaren, später missbrauchten bauwütige Päpste die damals noch prächtigen Ruinen als Steinbruch, sodass sich zahlreiche antike Säulen heute in römischen Kirchen wieder finden. Im Mittelalter weidete zwischen den Ruinen des Forums das Vieh. Ausgrabungen, die bis heute nicht abgeschlossen sind, wurden ab Anfang des 19. Jh. vorgenommen.

Der Rundgang auf dem Gelände führt vom Eingang am Largo Romolo e Remo/Largo della Salara Vecchia (Via dei Fori Imperiali) zunächst zur **Basilica Aemilia (12)** aus dem Jahr 179 v. Chr. Gleich daneben (vom Eingang rechts) befindet sich die wesentlich kleinere **Curia (11)**, in der der römische Senat tagte. Das vollständig erhaltene Gebäude entstand unter Diokletian im Jahr 303 n. Chr. auf dem Fundament der ersten Kurie, die bereits 29 v. Chr. von Augustus eingeweiht worden war. Bei dem monumentalen Eingangstor handelt es sich um eine Kopie, das bronzene Original schließt seit 1660 das Hauptportal der Lateranskirche. Im Inneren der Kurie stößt man auf zwei große Reliefs aus trajanischer Zeit.

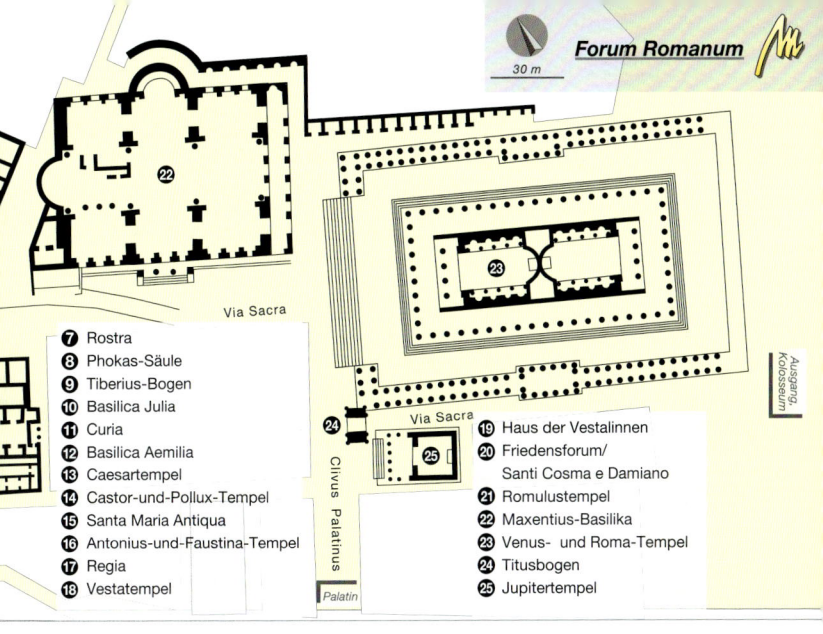

⑦ Rostra
⑧ Phokas-Säule
⑨ Tiberius-Bogen
⑩ Basilica Julia
⑪ Curia
⑫ Basilica Aemilia
⑬ Caesartempel
⑭ Castor-und-Pollux-Tempel
⑮ Santa Maria Antiqua
⑯ Antonius-und-Faustina-Tempel
⑰ Regia
⑱ Vestatempel

⑲ Haus der Vestalinnen
⑳ Friedensforum/
   Santi Cosma e Damiano
㉑ Romulustempel
㉒ Maxentius-Basilika
㉓ Venus- und Roma-Tempel
㉔ Titusbogen
㉕ Jupitertempel

Via Sacra

Clivus Palatinus

Palatin

Ausgang Kolosseum

Gegenüber vom Eingang der Kurie liegt, zu erkennen an dem Absperrgitter, der **Lapis Niger (6)**. Dieser schwarze Marmorblock soll der Legende nach das Grab des Stadtgründers Romulus bedecken. Weiter rechts befindet sich der **Septimius-Severus-Bogen (5)** (203 n. Chr.), mit 21 m Höhe einer der größten Triumphbögen der Antike. Er wurde zum zehnjährigen Dienstjubiläum des gleichnamigen Kaisers vom Senat errichtet und stellt auf den Reliefs dessen zahlreiche militärische Triumphe dar (z. B. die Schlachten und Eroberungsfeldzüge gegen die Parther).

Triumphbögen

Bereits im 2. Jh. v. Chr. wurden Ehrenbögen errichtet, die man im Lauf der Zeit immer prächtiger ausschmückte. Durch Reliefdarstellungen erinnerten sie an die Triumphe der siegreich heimgekehrten Feldherren. In einer großen Prozession zogen damals vier weiße Pferde den Prunkwagen des Siegers durch die Stadt.

Mit Blick auf die Rückseite des Kapitols stößt man links vom Septimius-Severus-Bogen auf die **Rostra (7)**, die Rednerbühne im antiken Rom. Benannt wurde die unter Julius Caesar erweiterte Tribüne (ursprünglich aus dem Jahr 338 v. Chr.) nach ihrer Dekoration aus bronzenen Schiffsschnäbeln erbeuteter Schiffe. Daneben befindet sich das unscheinbare runde Fundament, auf dem der **Umbilicus Urbis Romae**, der „Nabel der Stadt Rom", als symbolischer Mittelpunkt der Welt ruhte.

Zwischen Rostra und **Tabularium (1)**, dem antiken römischen Stadtarchiv am Fuß des Kapitolshügels, erstrecken sich u. a. die acht noch erhaltenen Säulen des **Saturntempels (4)**, des ältesten Tempels auf dem Forum aus dem Jahr 498 v. Chr. Hier wurde ein Teil des Staatsschatzes aufbewahrt.

Nebenan (gegenüber der Basilica Aemilia) befindet sich die fünfschiffige **Basilica Julia (10)**, die 54 v. Chr. von Julius Caesar in Auftrag gegeben, aber erst unter Augustus vollendet wurde. Einige Bögen und Säulensockel sowie Treppenstufen zum Podium sind noch gut sichtbar.

An der östlichen Schmalseite der Basilica Julia schließt der **Dioskurentempel (14)** an, der auch **Castor-und-Pollux-Tempel** genannt wird; er stammt aus dem Jahr 484 v. Chr. Seine drei noch erhaltenen korinthischen Säulen gelten heute als das Wahrzeichen des Forums. Der Tempel wurde den Götterbrüdern Castor und Pollux zum Dank gestiftet, nachdem sie der Legende nach hier den Sieg über die Latiner (499 v. Chr.) verkündet hatten.

Rechts vom Dioskurentempel liegt der runde **Vestatempel (18)**, in dem ständig ein Feuer brannte, das Lebenslicht der Stadt. Was in der Vorzeit des Römi-schen Reiches noch eine ganz praktische Funktion hatte, nämlich die Bewohner der Stadt jederzeit mit Feuer zu versorgen, wurde später zum Kult erhoben: Das nun heilige Feuer durfte von niemandem gelöscht werden, da man glaubte, dass sonst der Untergang des Reiches drohe. Bewacht wurde es von den Vestalinnen, den Priesterinnen der Schutzgöttin Vesta. Neben dem Tempel befand sich das prächtige **Wohnhaus der Vestalinnen (19)**. Marmorfußboden und Wandverkleidung dieses komfortablen antiken „Klosters" sind noch zu erkennen, ebenso der Innenhof mit Statuen der Vestalinnen, wenn z. T. auch ohne Kopf.

Zurück Richtung Forums-Eingang und vorbei an der **Regia (17)**, dem Priestersitz, geht man frontal auf den **Antoninus-und-Faustina-Tempel (16)** zu. Die 17 m hohen Säulen der Eingangshalle sind noch erhalten. Antoninus Pius ließ den Tempel 141 n. Chr. zum Gedenken an seine verstorbene Frau Faustina errichten, nach seinem Tod wurde das Heiligtum dann auch ihm selbst geweiht. Mitte des 12. Jh. wandelte man den Tempel schließlich in eine Kirche um (San Lorenzo in Mirinda). Das Gleiche geschah mit dem runden **Romulus-Tempel (21)** direkt nebenan. Dessen Name bezieht sich übrigens nicht auf den legendären Stadtgründer, sondern auf den 307 n. Chr. früh verstorbenen, gleichnamigen Sohn des Kaisers Maxentius.

Von hier führt der Rundgang auf der **Via Sacra** leicht bergauf zum Titusbogen (und dem Ausgang Richtung Kolosseum). Die „Heilige Straße", ein Prozessionsweg, verlief über das ganze Forum bis hinauf zum Kapitol. Erkennbar sind noch tiefe Wagenspuren, die jedoch nicht aus der Antike, sondern aus der Renaissance stammen, in der das Forum als Steinbruch geplündert wurde. Zu Zeiten des Römischen Reiches war das Forum Fußgängern vorbehalten.

Forum Romanum

Auf der Via Sacra gelangt man zur **Maxentius-Basilika (22)**, einem der eindrucksvollsten Gebäude der Kaiserzeit. Das Kolossalbauwerk wurde von Maxentius 306 n. Chr. begonnen und später von Konstantin vollendet. Es hatte eine Grundfläche von über 6000 qm und eine Höhe von etwa 35 m. Von diesen Ausmaßen liefert einzig der erhaltene Teil des niedrigeren Seitenschiffs Zeugnis.

Geradeaus auf der Via Sacra folgt der **Titusbogen (24)** aus dem Jahr 81 n. Chr. Der Triumphbogen wurde zur Erinnerung an den Sieg der Römer über die aufständischen Juden in Palästina und die Zerstörung des Großen Tempels in Jerusalem 71 n. Chr. aufgestellt. Dieses Ereignis ist auch das Thema der Reliefdarstellungen im Bogendurchgang: Titus mit Siegerkranz und dem sagenumwobenen Tempelschatz aus Jerusalem.

Neben dem Titusbogen gelangt man auf einer Terrasse zu den Resten des **Tempels der Venus und Roma (23)**, mit einer Grundfläche von 145 x 100 m der ehemals größte Tempel Roms. Kaiser Hadrian gab ihn nach eigenen Entwürfen 121 n. Chr. in Auftrag. Vom Titusbogen geht es nach rechts zum Palatin hinauf.

☼ Tägl. 8.30–19 Uhr, im Frühjahr/Herbst bis 17.30 Uhr, im Winter 16.30 Uhr, Einlass bis jeweils eine Stunde vor Schließung. Eintritt nur mit dem Kombiticket (2 Tage gültig) für Forum Romanum, Palatin und Kolosseum: 9 €, ermäßigt 4,50 €, unter 18 und über 65 J. frei. Hinzu kommen 3 € für die Ausstellung im Kolosseum. Führungen (4 € pro Pers.) nur in italienischer und englischer Sprache nach Anmeldung unter ✆ 06/39967700. Einen Audioguide in deutscher Sprache bekommt man an der Biglietteria, für Forum und Palatin je 4 €, für beide zusammen 6 €. Eingang am Largo della Salara Vecchia. (Via dei Fori Imperiali, hier auch der Bookshop und Toiletten).

Alles zum **Kolosseum** siehe unter Rundgang 2 → S. 123.

Moderne Kunst auf dem Forum

Palatin (Palatino)

Der Aufstieg zum ältesten Siedlungshügel der Stadt (ab dem 10. Jh. v. Chr.) lohnt in jedem Fall, allein schon wegen des grandiosen Ausblicks, der sich von hier über das Forum Romanum zum Kapitol sowie über den Circus Maximus bis zum Vatikan bietet. Mit seinen Gärten und den vielen ruhigen Plätzchen auf dem weitläufigen Areal lädt der Palatin auch zum Picknick ein.

Schon vor der römischen Kaiserzeit avancierte der Palatin zum nobelsten Wohnviertel der Stadt. Augustus erwarb sein Haus hier nicht ohne Hintergedanken: Durch die Lage des Palatin wohnte er erhöht über dem Forum, aber doch knapp unterhalb des gegenüber liegenden Kapitols, auf dem Götterchef Jupiter seinen Sitz hatte. Den prachtvollsten Palast baute Domitian im Jahr 80 n. Chr., zu diesem Zweck ließ er weite Teile des Hügels einebnen. Der Palatin wurde vermutlich nach der latinischen Hirtengöttin Pales benannt.

Im Mittelalter wurde der kaiserliche Palast aus der Antike in Festungen verwandelt. Erst im 16. Jh. gewann der Hügel etwas von seinem alten Glanz zurück, als ein Neffe Papst Pauls III. hier die **Farnesischen Gärten** anlegen ließ. Den beliebten Gartenanlagen fielen allerdings zahlreiche Teile der antiken Kaiserpaläste zum Opfer.

Die Romulus-Grotte

Restaurierungsarbeiten beim Haus des Augustus brachten im Herbst 2007 eher zufällig eine kleine Sensation zutage: Die Archäologen stießen auf eine 16 m tiefe Höhle, von der man annimmt, sie sei die Grotte, auf der der Gründungsmythos der Stadt Rom fußt. Hier nämlich soll die berühmte Wölfin die Zwillinge Romulus und Remus gesäugt haben. Später wurde die Grotte zu einer bedeutenden Kultstätte, deren Verzierung mit Mosaiken und Muscheln noch heute erhalten ist. Die Höhle galt lange Zeit als unauffindbar und bis heute ist es umstritten, ob es sich dabei wirklich um die sagenumwobene Grotte handelt. Erkundet wurde sie bisher jedenfalls nur mit einer endoskopischen Kamera, wir warten gespannt auf neue Erkenntnisse.

Direkt südlich der Gärten befindet sich ein Bau, der für das **Haus der Livia** (Casa di Livia, der Ehefrau des Augustus) gehalten wird. Das Erdgeschoss des Gebäudes, das ca. aus dem Jahr 30 v. Chr. stammt, ist relativ gut erhalten, in den drei Räumen beeindrucken die schönen Fresken (zuletzt geschlossen). Südwestlich davon liegt das zeitgleich entstandene, einst prachtvoll ausgemalte **Haus des Augustus (Casa di Augusto)**, die Wohnräume des Augustus. Heute nimmt man an, dass das gesamte Areal um die beiden Häuser Augustus gehörte.

Die **Casa di Augusto** ist nur Mo, Mi, Sa und So 11–17.30 Uhr geöffnet. Aus Sicherheits- und Denkmalschutzgründen werden immer nur 5 Pers. gleichzeitig eingelassen.

Vom Haus der Livia in östliche Richtung gelangt man zur **Domus Flavia** (Haus der Flavier) auf der linken Seite. Die um 80 n. Chr. unter Domitian errichtete weitläufige Palastanlage erstreckte sich über das gesamte Zentrum des Palatin und umfasste neben dem Repräsentationspalast auch die **Domus Augustana**, das Wohnhaus des Kaisers Domitian. Außerdem legte er hier auf dem Hügel ein **Stadion** an.

Weiter im Süden schließen die Erweiterungsbauten des Septimius Severus an, der den Palatin durch eine aufwändige Konstruktion künstlich verlängerte. So gewann er Platz für seine **Thermenanlagen** (nicht zugänglich). Östlich des Stadions führt ein Weg hinunter zum Ausgang an der Via di San Gregorio.

Auf keinen Fall entgehen lassen sollte man sich einen Besuch im **Museo Palatino** im südlichen Teil des Palatin (gleich südlich des Domus Flavia): Die Exponate aus der Siedlungsgeschichte des Hügels sind in verschiedenen Sälen nach den jeweiligen Herrscherperioden geordnet. Sehenswert sind u. a. die Fresken aus der Zeit Neros im ersten Stock. Es werden nur alle 20 Minuten 30 Personen in das Museum eingelassen (Di–So 8–16 Uhr).

⏱ Tägl. 8.30–19 Uhr, im Frühjahr/Herbst bis 17.30 Uhr, im Winter 16.30 Uhr, Einlass bis jeweils eine Stunde vor Schließung. Eintritt nur mit dem Kombiticket (2 Tage gültig) für Forum Romanum, Palatin und Kolosseum: 9 €, ermäßigt 4,50 €, unter 18 und über 65 J. frei. Hinzu kommen 3 € für die Ausstellung

Blick vom Palatin auf Forum Romanum und Kolosseum

im Kolosseum. Führungen (4 € pro Pers.) nur in italienischer und englischer Sprache nach Anmeldung unter ☎ 06/39967700. Einen Audioguide in deutscher Sprache bekommt man an der Biglietteria am Largo Salara Vecchia, für Forum und Palatin je 4 €, für beide zusammen 6 €. Mehrere öffentliche **Toiletten** auf dem Gelände.

Tipp: Wer ein größeres Besichtigungsprogramm plant, sollte evtl. den Erwerb des *Roma Pass* in Erwägung ziehen (→ S. 85).

Achtung: Einige der Sehenswürdigkeiten auf dem Palatin sind immer wieder wegen Restaurierung geschlossen. Erkundigen Sie sich an der Kasse über den aktuellen Stand der Arbeiten.

Circus Maximus (Circo Massimo)

In der größten Arena Roms ging es wohl so ähnlich zu, wie im Filmklassiker „Ben Hur" 1959 mit monumentaler Kulisse nachempfunden: turbulent, spektakulär und äußerst blutig. Die zwischen Palatin und Aventin hoch aufgebauten Zuschauertribünen der Arena fassten nach mehrmaligen Umbauten in der Antike bis zu 200.000 sensationslustige Besucher. In den Untergeschossen der Tribünen befanden sich die Imbissstände und Wettbüros, in denen schwindelerregende Summen auf die Wagenlenker (meist traten vier Parteien gegeneinander an) gesetzt wurden. Wein floss beim Rennspektakel in Strömen, und nicht selten kam es zu gewalttätigen Ausschreitungen unter den Zuschauern.

Ein Wagenrennen führte über sieben Runden, schreckliche Unfälle – besonders in der berüchtigten „Titus-Kurve" – gehörten zum Programm. Kaiser Nero, selbst begeisterter Wagenlenker, erließ während seiner Amtszeit eine Anordnung, nach der die Rennen eines Veranstaltungstages (bis zu 60 im Jahr) bis Sonnenuntergang zu dauern hatten. Ein Besuch des Circus Maximus galt im alten Rom als Volksbelustigung Nummer eins. Erst mit dem Bau des Kolosseums bekam der Circus Konkurrenz.

Bereits um 500 v. Chr. vergnügten sich hier die Zuschauer bei Schaukämpfen und Spielen. Im Lauf der Zeit wurden die Veranstaltungen im Circo Massimo zu einem der wichtigsten Mittel im „Wahlkampf" des jeweils Herrschenden – es galt, das Volk bei Laune zu halten; hierzu zählten auch die berüchtigten Gladiatorenkämpfe (→ S. 128). Eingestellt wurde der Wettkampfbetrieb des Circus erst Anfang des 6. Jh. n. Chr. durch die Goten.

Von der gigantischen Anlage sind nur einige spärliche Fundamentreste übrig geblieben. Der Circo Massimo ist heute nichts weiter als ein nur mäßig attraktiver Rasenplatz zwischen großen Straßenzügen, auf dem Jogger und Hunde ihre Runden drehen. Die gigantischen Ausmaße der Anlage sind allerdings noch eindrucksvoll und dienen im heutigen Rom immer wieder auch als Schauplatz moderner Massenspektakel: 2001 hielt der heimische Fußballclub *AS Roma* hier gemeinsam mit rund einer Million Fans seine ausgelassene Meisterfeier ab, 2005 sangen die Popstars des Konzertes „Live 8" auf dem Circo Massimo für die gute Sache und im Juli 2006 jubelten hier über eine halbe Million Tifosi ihren Weltmeistern zu. Auch für (politische) Großkundgebungen bietet – neben der Piazza del Popolo – der Circo Massimo heute den passenden Rahmen.

Aventin (Aventino)

Auf dem südlichsten Hügel der Stadt befand sich ab ca. dem 5. Jh. v. Chr. ein Wohn- und Geschäftsviertel des einfachen Volkes. Erst in der Kaiserzeit wurde die römische Oberschicht auf die bevorzugte Lage des Aventins (und des gegenüberliegenden Palatins) aufmerksam und richtete sich hier in prächtigen Villen häuslich ein. Mit dem Einfall der Goten im 5. Jh. n. Chr. wurden die zahlreichen schicken Gebäude komplett geplündert und zerstört. Heute hat der Aventin seine Stellung als eine der besten Wohngegenden der Stadt zurückerobert: Beim Spaziergang fallen viele gepflegte Villen auf, dazwischen sieht man aber auch einige eintönige Mietshäuser. Alles in allem eine ruhige und ziemlich unspektakuläre Gegend.

Zu den beliebtesten Sehenswürdigkeiten auf dem Aventin zählt das berühmteste **Schlüsselloch** der Stadt an der Piazza dei Cavalieri di Malta: Von hier bietet sich ein ganz besonderer Ausblick auf die Kuppel der Peterskirche. Hinter der grünen Tür hat der Malteserorden seinen Stammsitz. Einen wesentlich weiteren Blick auf die Peterskirche (und ganz Rom) genießt man von der Terrasse des kleinen **Parco Savello** (bis Sonnenuntergang geöffnet), neben der Kirche Santa Sabina.

Im alten Rom Volksbelustigung Nr. 1: der Circus Maximus

Kirche Santa Sabina

Die Kirche der heiligen Sabina, einer römischen Märtyrerin, zählt zu den interessantesten frühchristlichen Basiliken in Rom – wenn auch nur in der Rekonstruktion. Mit dem Bau der Kirche begann man bereits 422 n. Chr. Umbauten aus dem 9. und 13. Jh. sowie die barocke Umgestaltung Ende des 16. Jh. gaben der dreischiffigen Basilika zwischenzeitlich ein völlig anderes Aussehen. Anfang des 20. Jh. entschied man dann, Santa Sabina in den ursprünglichen Zustand zurückzuversetzen.

Wertvollstes Kunstwerk der Kirche ist die **Porta lignea** aus dem Jahr 432, die hölzerne Pforte im Mittelportal, das von der Vorhalle ins Innere führt. Von den 28 Bildtafeln mit Szenen aus dem Alten und Neuen Testament sind noch 18 erhalten, ganz links oben ist die Kreuzigungsszene dargestellt. Im Innenraum finden sich Marmorsäulen mit korinthischen Kapitellen, die eigens für diese Kirche angefertigt wurden. Aus dem frühen 5. Jh. stammt auch die Wandverkleidung mit den verschiedenfarbigen Marmorintarsien. Das benachbarte Kloster geht auf das 13. Jh. zurück, errichtet wurde es vom heiligen Dominikus, dem Gründer des Dominikanerordens. Der schöne Kreuzgang des Klosters ist gegen eine Spende (1 €) zu besichtigen.
⏱ Tägl. 6.30–12.45 und 15–19 Uhr.

Piazza della Bocca della Verità

Der viel befahrene Platz verdankt seinen Namen und seine Anziehungskraft dem „Mund der Wahrheit" – der **Bocca della Verità** am Eingang zur Kirche Santa Maria in Cosmedin. Bei Touristen ist dieser vermeintliche Lügendetektor äußerst beliebt. Oft bilden sich lange Warteschlangen vor dem furchterregenden Steinschlund, sei es für das obligatorische Erinnerungsfoto oder den Beweis der eigenen Unschuld (es wird – in

Reinen Gewissens oder sehr mutig: Touristen am Mund der Wahrheit

mehreren Sprachen – eine Spende von 0,50 € erhoben).

Das antike Marmorrelief stammt vermutlich schon aus dem 4. Jh. v. Chr., der ursprüngliche Zweck der Steinplatte ist unklar. Im Mittelalter verwendete man sie zur Rechtsfindung (bzw. -beugung): Jeder, der eine Aussage machte, musste die Hand in den Mund des Ungeheuers legen. Der düsteren Legende zufolge wurde Lügnern die Hand abgebissen, und gelegentlich frischte wohl jemand mit einem Schwert hinter der Marmorplatte die abschreckende Wirkung des Höllenmauls wieder auf. In den 1950er Jahren erlangte das alte Steingesicht durch Audrey Hepburn und Gregory Peck in „Ein Herz und eine Krone" neue Popularität.

Kirche Santa Maria in Cosmedin

Hinter der Hauptattraktion Bocca della Verità in der offenen Vorhalle verbirgt sich eine außerordentlich sehenswerte frühmittelalterliche Kirche, die außer den gut erhaltenen Mosaiken und Fresken durch die hier herrschende Ruhe auch einen angenehmen Kontrast zum Verkehr des Platzes bietet.

Die Kirche entstand im 6. Jh. auf den Fundamenten eines antiken Gebäudes. Besonders sehenswert ist die wertvolle Ausstattung der Kirche durch die Cosmaten-Arbeiten aus dem 12. Jh. – die Cosmaten waren eine Handwerkerfamilie, die durch ihre Marmormosaike berühmt wurde. Das kostbarste Mosaik von Santa Maria in Cosmedin befindet sich allerdings im Verkaufsraum neben der Kirche: Im Jahr 706 von Johannes VII. in Auftrag gegeben, stellt es die Heiligen Drei Könige zusammen mit Maria (mit dem Jesuskind auf den Knien) dar. Das Mosaik – nach seinem Auftraggeber auch **Mosaico di Giovanni VII** genannt – befand sich ursprünglich in der alten Peterskirche.

🕐 Tägl. 9.30–17.50 Uhr. Die Bocca della Verità ist auch außerhalb dieser Öffnungszeiten gut einsehbar. *Achtung*: Wegen Restaurierungsarbeiten sind immer wieder Teile des Kircheninnenraums gesperrt.

An der Piazza della Bocca della Verità befinden sich außerdem zwei antike Tempel: der runde **Tempel des Victor Hercules** (spätes 2. Jh. v. Chr.) und nur wenige Meter entfernt der fast vollständig (mit Dach) erhaltene **Tempel der Fortuna Virilis** aus dem 1. Jh. v. Chr. Das Areal um den Platz gehörte in der Antike zum **Forum Boarium**, dem Viehmarkt.

Praktische Infos

(→ **Karte S. 105**)

Osterie/Enoteche/Cafés

Caffè San Teodoro (8), recht schickes Café mit Terrasse (und Blick auf die Rückseite des Kapitolshügels), etwas abgelegen. Relativ günstiger Mittagssnack. Via dei Fienilli 54, Mo–Fr 8.30–19.30 Uhr geöffnet, Sa 9.30–15 Uhr, So geschlossen.

Der Kaiser ...

Enoteca Cavour (4), die vor über 30 Jahren eröffnete Enoteca ist eigentlich eher eine Mischung aus Winebar und Osteria, was schon an den Öffnungszeiten erkennbar ist: mittags 12.30–14.45 Uhr (Weinverkauf ab 10 Uhr), am Abend 19.30–0.30 Uhr. Angeboten werden viele kalte Gerichte (Schinken, Salami, Käse, Räucherfisch, Salate und Desserts), einige warme Suppen und wechselnde Tagesgerichte, preislich noch im Rahmen: Kleinigkeiten um 10–12 €, Fleischgerichte 11–14 €, Käse-/Salumiplatte je 8 €, Salate etwas günstiger. Für den kleineren Hunger am Mittag, dazu ein Glas Wein – ideal. Ca. 500 Flaschenweine, von denen einige auch im Ausschank sind (3–8 €/Glas). Für ein Mittag- oder Abendessen bezahlen Sie ca. 25 €. Im Sommer sonntags geschlossen, im August Betriebsferien. Via Cavour 313, ✆ 06/6785496.

Caffè Capitolino (7), Panoramacafé in den Kapitolinischen Museen im zweiten Stock des Palazzo dei Conservatori, zu einem separaten Eingang für Nicht-Museumsbesucher geht es vom Palazzo links herum und die Treppen hinauf. Service nicht optimal, teures Essen, aber ein fantastischer Blick, der den Besuch hier unbedingt lohnt! Tägl. (außer Mo) 9–20 Uhr geöffnet. Piazzale Caffarelli 4.

Caffeteria Italia (2), auf der Rückseite des Nationalmonumentes Vittoriano gelegen. Neuer Glaspavillon (zeitweise etwas warm),

... und die wuchtigen Ruinen seiner Thermen

von draußen schöner Blick auf das Forum. Panini, Snacks und Mittagstisch, Kaffee und kühle Getränke. Noch relativ günstig: Ein Panino kostet 3,50 €, ein Nudelgericht

9 €. Geeignet für den Snack zwischendurch. Geöffnet Mo–Do 9.30–18.30 Uhr, Fr–So bis 19.30 Uhr, im Sommer auch länger. ✆ 06/6780905.

Abstecher zu den Caracalla-Thermen

Die großen öffentlichen Badeanlagen hatten im gesellschaftlichen Leben der Stadt eine wichtige soziale Funktion. Sie dienten als Begegnungsstätte, in der man Körper und Geist pflegte. Darüber hinaus trugen sie erheblich zum Hygienestandard der Römer aller Schichten bei. Denn die geringen Eintrittspreise machten den Aufenthalt in einer der Badeanstalten Roms für jedermann erschwinglich. Man unterschied zwischen den kleineren, privat geführten *balnae* und den ungleich größeren öffentlichen *terme*.

In der gigantischen Badeanlage der Caracalla-Thermen, die auf einem Areal von etwa elf Hektar angelegt waren, wurde neben dem Kalt- und Warmbad auch ein attraktives Umfeld für die Freizeitgestaltung geboten: ein Garten zum Lustwandeln, diverse Läden und Restaurants, Palästren (Sportplätze), Konferenz- und Vortragsräume und so-

gar eine Bibliothek. Geöffnet war das Bad von mittags bis Sonnenuntergang, viele Römer verbrachten den ganzen Nachmittag hier.

Die Caracalla-Thermen liegen nur wenige hundert Meter vom Circo Massimo entfernt (an der Piazza Porta Capena in die Via di Terme di Caracalla, Eingang bestens beschildert). **Metro B** bis Circo Massimo (Piazza Porta Capena) oder **Bus Nr. 3** ab Kolosseum (Richtung Trastevere) bis Piazza Porta Capena bzw. **Bus Nr. 160** oder **628** ab Piazza Venezia bis Via delle Terme di Caracalla (s. auch Karte S. 244).

Die Tradition der römischen Badehäuser geht bereits ins 3. Jh. v. Chr. zurück. Die ersten öffentlichen Thermen wurden 19 v. Chr. von Agrippa auf dem Marsfeld (Campo Marzio → S. 137) eröffnet, private Badeanstalten existierten zu diesem Zeitpunkt bereits häufiger.

Die Caracalla-Thermen wurden 216 n. Chr. nach etwa zehnjähriger Bauzeit eingeweiht. Sie waren die luxuriösesten der antiken Welt und bis zum Bau der Diokletians-Thermen (beim Bahnhof Termini) etwa ein Jahrhundert später auch die größten. In puncto Ausstattung blieben die Caracalla-Thermen jedoch ungeschlagen: Die Wände waren mit Glas- und Marmormosaiken verkleidet, in den großzügigen Räumlichkeiten standen unzählige Bronze- und Marmorstatuen, und für die Fußwärme sorgten beheizte Mosaikfußböden. Berechnungen zufolge waren in den Caracalla-Thermen mindestens 250 Säulen aufgestellt, von denen einige über 12 m hoch waren. Die Zahl der Besucher wird auf bis zu 8000 pro Tag geschätzt.

Beim Rundgang durch die z. T. noch gut erhaltenen Überreste der Thermen werden die Ausmaße der Badeanlage deutlich, das Fundament mit den hoch aufragenden Mauern steht noch fast vollständig. Vom Inneren der Anlage sollte man allerdings nicht allzu viel erwarten; der bleibende Eindruck wird dem heutigen Besucher hier vor allem durch Größe vermittelt.

An der nördlichen Außenmauer des Badehauses befand sich das **Schwimmbad** (natatio) mit einer Fläche von 50 x 22 m; es folgte das **Kaltbad** (frigidarium) in zentraler Lage mit unmittelbarem Zugang zu den anderen Sälen. Durch das **Warmwasserbad** (tepidarium) mit seitlichen Durchgängen zu den **Saunen** (laconica) gelangte man in den wohl eindrucksvollsten Raum der gesamten Anlage, das **Schwitzbad** (caldarium). Es hatte einen kreisförmigen Grundriss und wurde von einem großen Kuppeldach überspannt (36 m Durchmesser), das sich auf acht Pilaster stützte. Die sieben Marmorbecken, in die heißes Wasser floss, wurden zusätzlich durch das darunter befindliche Heizungssystem erwärmt.

Die Wasserversorgung der Anlage funktionierte über eigene Aquädukte, deren Wasser in Zisternen mit etwa 80.000 Liter Fassungsvermögen an der Südseite der Anlage gesammelt wurde. Die Heizungsanlage befand sich unterhalb des Caldariums. Für den Badebetrieb wurden täglich etwa zehn Tonnen Brennholz benötigt.

Die Caracalla-Thermen waren bis 537 n. Chr. in Betrieb und wurden erst nach der Zerstörung der Aquädukte durch die Goten geschlossen. Ein Erdbeben im 9. Jh. zerstörte die Räume vollständig, und die verfallene Anlage geriet in Vergessenheit. Im 12. Jh. nutzte man sie als Steinbruch für den Bau von Kirchen und Palästen, ebenso während des Baubooms der Renaissance. Systematische Ausgrabungen der Caracalla-Thermen begannen 1824, dabei stieß man auch auf die Mosaike.

Die wertvollen Statuen der Anlage sind – soweit sie nicht in den Kalköfen der Renaissance-Baumeister verbrannt wurden – heute in Museen auf der ganzen Welt verstreut. Zwei Granitwannen aus dem Frigidarium wurden zu Brunnen umfunktioniert und sind auf der Piazza Farnese (beim Campo de'Fiori) zu bewundern.

Im Juli und August bildet die Ausgrabungsstätte den eindrucksvollen Rahmen für Opernaufführungen des römischen Opernhauses (Teatro dell'Opera). ⏰ Mo 9–14 Uhr, Di–So 9 Uhr bis 1 Std. vor Sonnenuntergang (Ende Oktober bis Mitte Februar: 9–16.30 Uhr), die Biglietteria schließt jeweils eine Stunde vorher. Eintritt 6 €, ermäßigt 3 €, EU-Bürger unter 18 und über 65 J. frei. Im Eintrittspreis ist auch der Besuch der Villa dei Quintili und des Mausoleo di Cecilia Metella an der Via Appia Antica enthalten (eine Woche gültig). Audioguide in Englisch oder Italienisch 4 €, Führungen nur in italienischer Sprache. Viale Terme di Caracalla 52, ☎ 06/39967700.

Damals wie heute eine Attraktion: das Kolosseum

Rundgang 2: Um das Kolosseum

Das eindrucksvolle Bauwerk aus der römischen Kaiserzeit lässt sich kaum ein Rom-Reisender entgehen. Mächtig thront das Kolosseum in der Senke zwischen den beiden Hügeln Esquilin und Celio, täglich umlagert von Tausenden Besuchern. Bei einem Streifzug durch die Gegend um das Kolosseum und zum benachbarten Caelius-Hügel stößt man auch auf mehrere interessante frühchristliche Kirchen.

Die Gegend am Esquilin (der Hügel direkt nördlich des Kolosseums) war bereits im 6. Jh. v. Chr. eines der am dichtesten besiedelten Wohngebiete Roms. Zunächst lebte hier das einfache Volk, während der Republik und Kaiserzeit wurde der weitläufige Hügel genau wie der südlich des Kolosseums gelegene Monte Celio zur bevorzugten Wohngegend der römischen Adligen. Vor der Fertigstellung des alles dominierenden „Amphitheaters der Flavier" (80 n. Chr.), so der antike Name des Kolosseums, hatte Kaiser Nero auf dem Gelände zwischen Esquilin und Caelius mit seiner Domus Aurea eine der berühmtesten und die größte der Palastanlagen

der Antike bauen lassen. Bald darauf entstanden auf den beiden Hügeln mehrstöckige Mietshäuser, am Celio wurden zusätzlich Kasernen errichtet.

Foto mit dem Gladiator

Ein Foto mit dem neuzeitlichen Gladiator – im Hintergrund das Kolosseum – macht sich gut, ist aber nicht umsonst: in der Regel um die 5 €.

Zur Zeit des frühen Christentums wurden besonders auf dem Caelius-Hügel zahlreiche Kirchen gebaut, von denen einige noch heute nahezu unverfälscht

▲ Rundgang 6
siehe S. 190/191

▲ Rundgang 3
siehe S. 138/139

◄ Rundgang 1
siehe S. 105

Übernachten (S. 58–61)
1 Nerva
2 Forum
4 Fori Imperiali Cavalieri
5 Romano
11 Celio
15 Capo d'Africa
19 Re di Roma

Einkaufen (S. 136)
18 Coin

erhalten sind. Die Südseite des Esquilin verfiel im Mittelalter zusehends, erst Ende des 16. Jh. schenkten die Stadtplaner der Gegend wieder Aufmerksamkeit.

Ab dem 4. Jh. n. Chr. lag das neue Zentrum der Gegend östlich des Celio: Mit dem Lateran entstand hier ein Stadtteil, der bis zum Papstexil ab 1309 bewohnt blieb. Danach verkam die Gegend, prächtige Zeugnisse der Renaissance sucht man daher vergebens. Im 19. Jh. wurde das Gebiet an der Südseite des Esquilin und der Nordseite des Celio zum Wohnviertel. Zwischen Kolosseum und Lateran findet man einige Restaurants und Osterien – das Spektrum reicht von der einfachen römischen Küche bis hin zum gehobenen französisch inspirierten Lokal.

C **afés, Bars und Enoteche** (S. 136)

3 Enoteca Cavour
7 Da Nunzia
9 Divin Ostilia Enoteca

E **ssen & Trinken** (S. 135/136)

6 Hostaria da Nerone
8 Pizza Forum
10 Trattoria/Pizzeria Luzzi
12 Hostaria Isidoro
13 Trattoria Da Domenico
14 Il Bocconcino
16 Charly's Sauciere
17 Hostaria Cannavota

Rundgang 2

150 m

Spaziergang

Ausgangspunkt des Spaziergangs ist das **Kolosseum**, gleich daneben sieht man den gut erhaltenen **Konstantinsbogen**. Vom Kolosseum geht es über die Via dei Fori Imperiali zur Metro-Station und hier die Treppen hinauf zum Largo Peikov (links unterhalb rauscht die Via d. Annibaldi vorbei) und weiter bergauf in die Via della Polveriera. Am Ende der Straße links ab, kurz darauf stehen Sie vor der technischen Fakultät (Ingenieurwesen) der römischen Universität; an den kleinen, ineinander übergehenden Plätzen im Umkreis finden Sie einige belebte Bars. Nur wenige Schritte weiter gelangt man zur **Piazza San Pietro in Vincoli** mit der gleichnamigen Kirche, die wegen der Marmorplastik des *Moses* von Michelangelo berühmt ist.

Von der Kirche links hinunter geht es auf der Via Terme di Tito (den Parco di Traiano linker Hand können Sie ebendort liegen lassen) wieder auf das Kolosseum zu. Dann biegt man links ab in die Via Nicola Salvi und folgt deren Verlängerung Via Domus Aurea, bis man nach wenigen Metern zum Eingang der **Domus Aurea** gelangt (linker Hand). Die heute unterirdisch liegenden Säle und Korridore des gigantischen Palastes von Kaiser Nero lohnen unbedingt den Besuch (zuletzt wegen „Lavori" geschlossen).

Im kleinen **Parco Oppio** lädt unweit der Domus Aurea ein kleiner Kiosk unter schattigen Bäumen zum Rasten ein. Kurz davor rechts die Treppen hinunter kreuzt man die Via Labicana und gelangt (immer geradeaus) hinauf auf den **Monte Celio** (Via Celimontana). Die Piazza Celimontana ist heute ein Parkplatz (hinter der Fassade links verbirgt sich ein großes Militärkrankenhaus), am Largo di Sanità Militare oberhalb davon geht es steil rechts durch den Torbogen Arco di Dolabella in die Via S. Paolo della Croce und zu den Kirchen **Santi Giovanni e Paolo** und **San Gregorio Magno**. Hier oben auf dem Monte Celio herrscht noch Ruhe: kein Lärm, keine Autos. Fast ein kleines Idyll erwartet Sie im kleinen Park **Villa Celimontana** links der Straße. Im Sommer finden hier im Rahmen der Kulturveranstaltungen des „Estate Romana" open air Jazzkonzerte statt (dann auch Bar und Tanz). Der Park ist täglich von 7 Uhr bis Sonnenuntergang geöffnet.

Vom Largo di Sanità Militare führt nun ein kurzer Abstecher in die Via di Santo Stefano Rotondo und zur gleichnamigen **Rundkirche** gleich auf der rechten Seite. Dann geht es zurück auf Via Celimontana wieder hinunter und – unten angekommen – rechts ab in die Via di San Giovanni in Laterano. Nach wenigen Minuten erreicht man den verkehrsumtosten **Lateran**. Von hier aus geht es auf dem Viale Carlo Felice weiter zur **Kirche Santa Croce in Gerusalemme**. Rechter Hand sehen Sie die Porta San Giovanni und die Aurelianische Mauer aus dem 3. Jh. n. Chr., die heute von der Porta S. Paolo (Piazza Ostiense/Piramide) bis zur Porta Maggiore (bei S. Croce in Gerusalemme) auf einer Länge von rund 10 km gut erhalten ist.

Vom Lateran bis zur Pilgerkirche Santa Croce in Gerusalemme sind es gut zehn Minuten zu Fuß (Verbindungen von dort zur Innenstadt, → S. 135). Der gesamte Rundgang dauert etwa vier Stunden.

Sehenswertes

Kolosseum (Colosseo)

Das Wahrzeichen der Stadt am Ende der Via dei Fori Imperiali beeindruckt auch nach fast 2000 Jahren unverändert und ist wohl der wichtigste Touristenmagnet in der Ewigen Stadt. Mit einer Höhe von 54 m und Grundrissausmaßen von 188 x 156 m ist der ovale Bau das größte Amphitheater der Antike. Seinen heutigen Namen erhielt es erst im frühen Mittelalter, und zwar in Anlehnung an den *Colossos*, eine etwa 36 m hohe Statue des Nero, die sich ursprünglich in der nahen Eingangshalle der Domus Aurea befand und zum Sonnengott umgestaltet vor das Theaters versetzt wurde.

69 n. Chr. begannen unter Kaiser Vespasian die Arbeiten, elf Jahre später wurde die „kolossale" Arena von seinem Sohn Titus eingeweiht. Veranstaltet wurden hier blutrünstige Kämpfe

auf Leben und Tod, die das Volk bei Laune halten sollten. Tatsächlich begeisterten die „Spiele" die Römer mehr als jedes andere Freizeitangebot, das die Stadt zu bieten hatte.

Das Theater war bis 523 n. Chr. in Betrieb, die letzten Spiele fanden unter dem Ostgotenkönig Theoderich statt. Im Mittelalter wurde das im Verfall begriffene Kolosseum in eine Festung umgebaut, in der Renaissance diente es als Steinbruch für den Bau von Kirchen und Palästen.

Da man glaubte, dass hier auch Christen umgebracht worden seien, weihte Papst Benedikt XIV. den Bau 1750 allen Märtyrern. Die Ruine wurde gesichert, Pilger aus aller Welt trafen sich in der Freiluftkirche, um der Leiden der ersten Christen zu gedenken. Zu diesem Zweck wurde auch ein Kreuz im Inneren aufgestellt. Als sich die Legende von der Christenverfolgung im Kolosseum nicht bestätigte, wurden die Passionsbilder wieder entfernt, aber noch heute schreitet der Papst immer am Karfreitag den Kreuzweg im Kolosseum in einer feierlichen Prozession ab.

In jüngster Vergangenheit war das Kolosseum durch die starke Luftverschmutzung ernsthaft gefährdet, umfangreiche Sanierungs- und Reinigungsmaßnahmen wurden beschlossen, die auch derzeit noch andauern. Beim Rundgang durch das riesige Amphitheater stößt man im Erdgeschoss auf den Arkadengang. Hier mündeten die 80 Eingänge, von denen aus die Zuschauer der Antike über ein gut durchdachtes System von Gängen und Treppen auf ihre nummerierten Plätze gelangten – auf dem zweiten Rang saß die Ritterschaft, im dritten und vierten das übrige Volk, und auf dem fünften, dem obersten Rang mit einer Holztribüne saßen die Frauen. Der erste Rang direkt an der Arena hatte einen gesonderten Zugang und war dem Kaiser, Staatsbeamten, Senatoren, Priestern und Vestalinnen vorbehalten.

Vom dritten Rang der Zuschauertribüne eröffnet sich ein guter Blick auf das heute freigelegte Untergeschoss des Kolosseums. Hier befanden sich die Tierkäfige, die Ankleideräume und diverse Lagerräume. Am oberen Rand des Baus ragen außen einige Stützsteine aus dem

Brot und Spiele

Bei den „Spielen" im Kolosseum unterschied man zwischen den *venationes*, den Tierkämpfen, und den Gladiatorenkämpfen. Dazu kamen nachgestellte Seeschlachten, zu deren Zweck das Kolosseum geflutet werden konnte. Für die Tierkämpfe – sie fanden meist am Vormittag statt – hielt man sich im Untergeschoss eine Artenvielfalt, wie sie heute selbst im Zoo kaum anzutreffen ist: Dutzende von Löwen, Tigern, Leoparden, Braunbären und Hyänen, aber auch Elefanten, Wildpferde und Giraffen wurden im Lauf der Zeit aus ihren Käfigen über Aufzüge mitten in die Arena gehoben und mussten zum Kampf antreten – gegeneinander oder gegen einen eigens ausgebildeten Tierkämpfer. Allein bei den 100-tägigen Feierlichkeiten zur Eröffnung sollen bei den Kämpfen 5000 Tiere getötet worden sein. Nicht selten kämpften die Tiere auch gegen zum Tode verurteilte Gefangene. Über die etwaige Begnadigung eines besonders starken oder tapferen Kämpfers entschied der Kaiser, natürlich unter Berücksichtigung der Stimmungslage im Publikum.

Eingeleitet wurde das Spektakel mit harmlosen Schaukämpfen, am Nachmittag fanden die Gladiatorenkämpfe (von lat. *gladius* = Schwert) statt. Hier traten unterschiedlich ausgerüstete Männer – manche in voller Rüstung, andere fast nackt – zum Kampf gegeneinander an. Meist handelte es sich um professionelle Kämpfer, die es bei spektakulären Siegen durchaus zu Ruhm und Vermögen bringen konnten.

Die Kämpfe im Kolosseum wurden im Lauf der Zeit immer brutaler. Von ihrer Ursprungsform, den Tierkämpfen, die man bereits Anfang des 2. Jh. v. Chr. zelebrierte, entwickelten sie sich mehr und mehr zum Massengemetzel. Dem Verlangen des Publikums nach immer spektakuläreren Spielen konnten sich die Herrschenden nicht entziehen – schließlich hing hiervon ein großer Teil ihrer Popularität ab. Die ca. 60.000 Zuschauer hatten im Kolosseum freien Eintritt. Das Unterhaltungsprogramm war Bestandteil einer geschickten „Sozialpolitik", zu der auch die Verteilung kostenloser Lebensmittelrationen gehörte: *panem et circenses*, Brot und Spiele, wie es der zeitgenössischen Satirendichter Juvenal (etwa 55–127 n. Chr.) treffend beschrieben hat.

Mauerwerk. Sie dienten als Sockel für die Holzbalken, an denen das Sonnensegel aufgehängt war, das mittels Seilzügen und Winden ausgerollt werden konnte. Etwa im jährlichen Wechsel finden im Kolosseum meist hochkarätige **Ausstellungen** statt, die mit 3 € auf das normale Ticket zu Buche schlagen. Zur Galerie hinauf führt auch ein Fahrstuhl, das Kolosseum ist zumindest in Teilen barrierefrei.

🕐 Im Sommer täglich 8.30–19 Uhr bzw. 19.15 Uhr, im Frühjahr/Herbst bis 18.30 bzw. 17 Uhr, ab dem letzten Sonntag im Oktober bis 15. Februar 8.30–16.30 Uhr. Eintritt nur mit dem Kombiticket (2 Tage gültig) für Forum Romanum, Palatin und Kolosseum: 9 €, ermäßigt 4,50 € (EU-Bürger von 18 bis 24 J.), unter 18 und über 65 J. frei. Hinzu kommen 3 € für die Ausstellung im Kolosseum. Zu Vergünstigen s. unter „Roma Pass" → S. 85. Führungen in englischer Sprache ab 9.45 Uhr bis ca. 17 Uhr jede volle Stunde (vormittags je nach Andrang jede halbe Stunde), 4 €. Audioguide (auch in Deutsch) 4,50 €, es muss ein Ausweisdokument als Pfand hinterlegt werden. Tagsüber oft sehr lange Schlangen am Eingang, wir empfehlen daher, das Eintrittsticket im Forum Romanum (am Largo della Salara Vecchia) zu kaufen, dann kann man sich das Warten sparen. Piazza del Colosseo, Reservierungen unter ☎ 06/39967700 (Ticketreservierung: 1,50 €).

Konstantinsbogen (Arco di Constantino)

Der jüngste und besterhaltene der drei großen römischen Triumphbögen (direkt neben dem Kolosseum) wurde Kaiser Konstantin vom Senat zur Erinnerung an seinen Sieg an der Milvischen Brücke über seinen Kontrahenten Maxentius gestiftet (312 n. Chr.), das Bauwerk befindet sich hier seit 315 n. Chr.. Vorbild für den dreitorigen Bogen war der Septimius-Severus-Bogen (→ Forum Romanum, S. 112ff.).

Für den auffallend reich geschmückten Konstantinsbogen wurde auf Fragmente älterer römischer Bauwerke zurückgegriffen: Zahlreiche Reliefs stammen aus der Zeit Trajans, Hadrians und Marc Aurels, die für den Konstantinsbogen umgearbeitet wurden (die Porträtdarstellungen früherer Kaiser wurden durch die Konstantins ersetzt). Durch den Konstantinsbogen führte der traditionelle Weg des Triumphzugs.

San Pietro in Vincoli

Hinter der unscheinbaren Fassade nahe der technischen Fakultät der römischen Universität befindet sich im vergleichsweise spärlich ausgestalteten Inneren der Kirche eines der Meisterwerke Michelangelos: die **Statue des Moses** am Grabmal für Papst Julius II. im rechten Seitenschiff.

Die Gestaltung seines Grabes hatte Julius II. bereits 1505 bei Michelangelo in Auftrag gegeben, vorgesehen war ein Monument mit stolzen 40 Skulpturen. Da Julius II. aber entgegen ursprünglicher Planung nicht im Petersdom, sondern in seiner Kardinalskirche San Pietro in Vincoli beigesetzt wurde, fiel das Grabmal schließlich deutlich bescheidener aus. Neben der Sitzstatue des Moses aus dem Jahr 1515, eingerahmt von den biblischen Schwestern Lea (rechts) und Rachel (links), stammt vermutlich

Der Konstantinsbogen, nebenan das Kolosseum

auch die liegende Skulptur des Papstes im oberen Teil des Monuments von Michelangelo. Die anderen Teile fertigten von unbekannten Künstlern.

Die eindrucksvolle Gestalt des Moses mit grimmigem Blick ist von zwei Hörnern gekrönt. Michelangelo hat damit einen Übersetzungsfehler in Stein gemeißelt: Im hebräischen Urtext heißt es, Moses' Gesicht habe bei seiner zweiten Sinaibesteigung nach der Unterredung mit dem Herrn „Strahlen geworfen", in der Vulgata, der Bibelübersetzung des Hieronymus ins Lateinische, ist aber nicht von einem strahlenden Gesicht die Rede, sondern von einem gehörnten (*facies cornuta* statt *facies coronata*).

Zeitgenössischen Berichten zufolge soll Michelangelo nach Vollendung seines Werkes den Meißel gegen die überaus lebendig wirkende Figur geworfen und gerufen haben: „Warum sprichst Du nicht?"

Die dreischiffige Basilika entstand bereits im 5. Jh. n. Chr. und sollte zum würdigen Aufbewahrungsort für die Ketten werden, mit denen angeblich Petrus gefesselt worden war; daher auch der Name „Sankt Peter in Ketten". Sie befinden sich in dem prachtvollen Renaissance-Tabernakel unter dem Hochaltar. Papst Sixtus IV. veranlasste 1475 eine grundlegende Erneuerung der Kirche; aus dieser Zeit stammen auch Vorhalle und Fassade des Bauwerks. Das Deckenfresko wurde im 18. Jh. hinzugefügt.

⏰ Täglich 8–12.30 und 15–18 Uhr, im Sommer bis 19 Uhr. Kirchensouvenirs im kleinen Shop nebenan. Auf sittsame Kleidung wird hier besonders streng geachtet.

Domus Aurea

Eines der eindrucksvollsten Beispiele für den Größenwahn Neros: Der riesige Palast, der den Staatshaushalt ruinierte, wurde von Nero 68 n. Chr. in Auftrag gegeben, nachdem der große Brand (64 n. Chr.) ausreichend Platz dafür geschaffen hatte.

Das **Goldene Haus** (= *Domus Aurea*) brachte es mit allen Nebengebäuden auf eine Frontlänge von 1500 m. Zur Anlage gehörten ein künstlicher See, der später trockengelegt wurde und an dessen Stelle das Kolosseum entstand, sowie die 36 m hohe kolossale Statue von Nero selbst. Nach einem weiteren Brand im Jahr 104 n. Chr. verschwand die Domus Aurea aus dem Stadtbild. Man füllte die Innenräume mit Schutt und nutzte das entstandene Plateau am Fuß des Esquilin-Hügels als Fundament für die Trajans-Thermen.

Noch heute zugänglich sind einige der unterirdisch gelegenen Räume des Haupthauses, das 1506 durch einen Zu-

fall entdeckt wurde. Damals fand man hier auch die berühmte Laokoon-Gruppe (→ S. 237). Erst 1907 begannen die Ausgrabungen des Palastes, von dem man vermutet, dass er an die 500 Räume zählte. 88 davon wurden freigelegt. Nur ein kleiner Teil davon ist heute zu besichtigen.

Der Rundgang in der Domus Aurea findet – nur nach vorheriger Anmeldung – in kleinen Gruppen mit Begleitung statt. (Achtung: Hier ist es kalt: ganzjährig ca. 12 Grad; nehmen Sie sich auch im Hochsommer eine Jacke mit!) Zu sehen sind Reste der Mosaikfußböden, zahlreiche Stuckfragmente und Fresken, für die die Domus Aurea berühmt ist. Diese Dekoration diente Raffael, der selbst hier war, als Vorlage für die Loggien des Vatikans (→ S. 238). Höhepunkt der Besichtigung ist der **oktagonale Kuppelsaal**, der nach einem Teileinsturz im Jahr 2001 wieder hergestellt wurde. Er lag in der Mitte der Palastanlage und konnte nur durch eine Öffnung in der Decke beleuchtet werden. Die Kuppel gilt als Vorbild für das später erbaute Pantheon (→ S. 158f.).

Die Besichtigung der oberhalb gelegenen **Trajans-Thermen** lohnt selbst für speziell Interessierte kaum: Die wenigen noch erhaltenen Mauerreste sind weit über das Gelände des Parco di Colle Oppio verteilt und beeindrucken nur mäßig.

⏰ Wegen Restaurierungsarbeiten ist die Domus Aurea voraussichtlich bis 2011 geschlossen. Näheres bei den Pavillons der Touristeninformation.

Celius (Monte Celio)

Ähnlich wie Palatin und Aventin war der Celius-Hügel (benannt nach dem etruskischen Feldherrn Caelius Vibenna) eine der bevorzugten Wohngegenden in der Antike; darüber hinaus gab es hier einige Kasernen. Nero erbaute im 1. Jh. n. Chr. einen Teil seiner weitläufigen Domus Aurea am Hang des Monte Celio. Heute herrscht hier wohltuende

Kaiser Nero: Eitelkeit und Größenwahn

Mord und Totschlag sowie jede Menge Größenwahn gehörten bei einigen römischen Cäsaren anscheinend dazu – eine Eigenschaft, die besonders Kaiser Nero (37–68 n. Chr.) zu zweifelhaftem Ruhm verhalf. Die Erziehung durch den Philosophen Seneca – ihn zwang Nero später in den Selbstmord – brachte nicht den gewünschten Erfolg. Vielmehr war mit Nero einer der größten Narzissten des römischen Imperiums an der Macht, und seine Eitelkeit lebte er hemmungslos aus. Im Laufe seiner Regierungszeit widmete er sich aktiv den schönen Künsten, vornehmlich Gesang und Schauspiel – und wenn Nero den ganzen Abend über sang, war es dem Publikum unter Androhung der Todesstrafe verboten, das Theater zu verlassen. Es soll sogar Leute gegeben haben, die sich während einer Darbietung des Kaisers tot gestellt haben, um der quälenden Langeweile zu entkommen.

Kaiser Nero, der Eitle

Den Ruf, wahnsinnig gewesen zu sein, erhielt Nero wegen des großen Brandes 64 n. Chr., bei dem mehrere Stadtviertel Roms in Flammen aufgingen. Allerdings zweifeln Historiker heute daran, ob der Kaiser hier tatsächlich als Brandstifter tätig war. Eindeutig auf sein Konto geht jedoch die anschließende Verfolgung der Christen, die als Sündenböcke für den Brand herhalten mussten. Quellen berichten, dass Christen – in brennende Tücher eingehüllt – als lebende Fackeln in Gärten aufgestellt wurden.

Ruhe im ansonsten meist hektischen Rom. Ein Abstecher zu den am Hügel gelegenen Kirchen (s. u.) lohnt auf alle Fälle, ebenso ein Besuch des Parks **Villa Celiomontana** (Eingang gegenüber der Kirche Santi Giovanni e Paolo).

Santi Giovanni e Paolo

An der gleichnamigen Piazza stößt man auf die frühchristliche Kirche aus dem 4. Jh. mit angeschlossenem Kloster. Im 12. Jh. wurde die Kirche umgebaut, das Innere ist heute barock ausgestaltet. Sehenswert ist ein mittelalterliches Fresko (Christus mit den Aposteln) hinter dem linken Seitenaltar. Unter dem Hauptaltar werden die Reliquien der Heiligen aufbewahrt, denen die Kirche geweiht ist. Sehenswert ist auch die **Cappella di San Paolo della Croce** mit ihrer reichen barocken Ausgestaltung.

Die bereits Ende des 19. Jh. entdeckten **Case Romane** (römische Häuser) unter der Kirche wurden im Jahr 2002 nach längerer Restaurierung der Öffentlichkeit zugänglich gemacht. In elf Räumen sind schöne und zum Teil sehr gut erhaltene Wandmalereien überwiegend aus dem 3. Jh. n. Chr. zu sehen; im angeschlossenen Antiquarium hat man diverse Funde aus der Kirche und den Case ausgestellt.

⏱ **Kirche** tägl. 8.30–12 und 15.30–18 Uhr, **Case Romane** 10–13 Uhr und 15–18 Uhr, Di/Mi geschl. Eintritt 6 €, 12–18 J. und über 65 J. 4 €, Kinder unter 12 J. frei. Am Wochenende deutschsprachige Führungen (3,50 € pro Person), die unter ✆ 06/70454544 angemeldet werden müssen. Eingang zu den Case Romane von der Straße zur Kirche San Gregorio Magno auf der rechten Seite (Clivo di Scauro). Weitere Infos unter www.caseromane.it.

San Gregorio Magno

Ein echtes Idyll! Die Kirche mit spätbarocker Fassade wurde nach Papst Gregor I. benannt, der hier Ende des 6. Jh. im angeschlossenen Kloster gelebt hat. Von der ursprünglichen mittelalterlichen Kirche ist allerdings nichts mehr zu sehen. Im Inneren der Klosteranlage beeindrucken gleich drei Kapellen mit gut erhaltenen Fresken.

⏱ **Kirche** Mo–Sa 8.30–12.30 und 15–18.30 Uhr, So nur zum Gottesdienst (11 Uhr). Die **Kapellen** sind nur unregelmäßig geöffnet, am besten versucht man es am Vormittag. Piazza San Gregorio 1.

Santo Stefano Rotondo

Die kaum besuchte frühchristliche Kirche am Anfang der gleichnamigen Straße, die zum Lateran führt, war 25 Jahre lang die Titularkirche von Friedrich Kardinal Wetter, dem ehemaligen Erzbischof von München und Freising. Der Grundriss des fast schmucklosen Innenraums aus dem 5. Jh. ist rund, 22 ionische Säulen tragen das Dach. Ursprünglich hatte das Gebäude, das vermutlich auf den Fundamenten eines antiken römischen Bauwerks steht, einen Durchmesser von über 60 m.

⏱ Di–Sa 9.30–12.30 Uhr und 15–18 Uhr (im Winter bis 17 Uhr), So nur 9.30–12.30 Uhr, Mo geschl. Via di Santo Stefano Rotondo 7.

San Clemente

Bei der dreischiffigen Kirche in der Via di San Giovanni in Laterano treffen drei Epochen römischer Baukunst aufeinander: die romanische Basilika aus dem Jahr 1108, die auf dem Fundament einer größeren Basilika aus dem 4 Jh. n. Chr. gebaut wurde, und darunter schließlich die Überreste einer Mithras-Kultstätte aus dem 2. Jh. n. Chr.

Man betritt zunächst die romanische Basilika (Oberkirche), in deren Innerem ein noch gut erhaltener Marmorfußboden und die Chorschranken mit Cosmaten-Arbeiten zu sehen sind. Berühmt ist die Apsis mit dem **Goldmosaik**. Die später überbaute Basilika aus dem 4. Jh. (Unterkirche) wurde von den Normannen 1080 weitgehend zerstört.

Zum **Mithräum** (2./3. Jh. n. Chr.) noch unter der ersten Basilika (auf dem sehr viel tiefer gelegenen antiken Straßenniveau) gelangt man vom rechten Seitenschiff durch ein gut erhaltenes römisches Wohnhaus aus dem 1. Jh. n. Chr. Der Mithras-Kult war bereits im 4. Jh. v. Chr. in Persien bekannt und zählte zu den wichtigsten Mysterienreligionen in der Antike, die nur Männern offen stand. Über ihre Riten ist heute nur wenig bekannt, man weiß jedoch, dass ein Mithras-Jünger sieben Grade der Einweihung zu durchlaufen hatten, um Aufnahme in die Religionsgemeinschaft zu finden. Im frühen Christentum wurden die meisten Mithräen mit Kirchen überbaut oder zugeschüttet – wodurch man sie ungewollt doch noch der Nachwelt erhielt.

Ein wichtiger Bestandteil des Mithras-Kults war das Segen spendende Stieropfer, das als **Altarrelief** im Mithräum von San Clemente zu sehen ist: Mithras, der Sohn des Lichtgottes, tötet den Urstier, dessen Blut neues Leben spendet.

⏱ Mo–Sa 9–12.30 (letzter Einlass 12.10 Uhr) und 15–18 Uhr (letzter Einlass 17.40 Uhr), So 12–18 Uhr. Eintritt Mithräum/römische Villa: 5 €, ermäßigt 3,50 €. Piazza San Clemente.

Lateran
(San Giovanni in Laterano)

Die Lateranskirche gehört zu den **Basilicae maiores** (bzw. Patriarchalbasiliken). Vier Kirchen der Stadt tragen diesen Ehrentitel: San Pietro in Vaticano (Peterskirche), San Paolo fuori le Mura, Santa Maria Maggiore und eben San Giovanni in Laterano.

Ursprünglich befand sich hier das prachtvolle Wohnhaus der Laterani, einer reichen römischen Familie, die unter Nero enteignet wurde. Als Kaiser Konstantin 312 n. Chr. auf wundersame Weise zum Christentum bekehrt wurde, schenkte er das inzwischen von seiner Familie genutzte Areal dem Papst. 326 entstand hier die erste große christliche Kirche, die als *caput et mater omnium ecclesiarum* (Haupt und Mutter aller Kirchen) gilt. Mehrere Jahrhunderte lang residierten hier die Päpste, bis der Papstsitz 1309 nach Avignon verlegt wurde. Nach ihrer Rückkehr im Jahr 1377 zogen die Päpste in den Vatikan, der Lateranspalast verlor an Bedeutung.

Für das Heilige Jahr 1650 wurde die fünfschiffige Basilika im barocken Stil grundlegend renoviert. Baumeister war Francesco Borromini (1599–1667), der ewige Widersacher von Bernini (→ S. 162). Die Lateranskirche ist bis heute die Kirche des Bischofs von Rom, also des Papstes. Hier wurden insgesamt acht ökumenische Konzile abgehalten.

Zum Gebäudekomplex des Lateran gehören neben der **Lateranskirche** auch der **Lateranspalast** und das **Sancta Sanctorum** mit der **Scala Santa**, der „Heiligen Treppe".

Lateranskirche

Auf dem Vorplatz befindet sich der mit einer Höhe von 31,5 m größte Obelisk der Welt, der im 4. Jh. n. Chr. von Ägypten nach Rom gebracht wurde. Ursprünglich ließ ihn Thutmoses III.

San Giovanni in Laterano

im 15. Jh. v. Chr. vor dem Tempel des Ammon in Theben aufstellen.

Auf der nachträglich vorgesetzten **Hauptfassade** der Lateranskirche aus dem Jahr 1736 erheben sich kolossale, bis zu 7 m hohe Statuen: in der Mitte Christus als Erlöser, links neben ihm Johannes der Täufer, rechts Johannes der Evangelist, dazu die wichtigsten Kirchenlehrer.

Das mächtige **Eingangstor** aus Bronze stammt aus der antiken Kurie im Forum Romanum, wo sich heute eine Kopie befindet. Ganz rechts sieht man die **Porta Santa**, die „Heilige Pforte", die alle fünfzig Jahre während eines Heiligen Jahres geöffnet ist, zuletzt im Jahr 2000.

Im **Inneren** der fünfschiffigen Kirche dominiert der barocke Stil, den Borromini hier Mitte des 17. Jh. geschaffen hat: Er gab dem Mittelschiff eine stärkere Betonung als Hauptachse der Kirche, indem er die ursprünglich 14 Arkaden auf fünf je Seite reduzierte. In den Nischen der Pfeiler (mit der Pamphilj-Taube, dem Wappen des päpstlichen Bauherrn im Giebel) befinden sich Statuen der zwölf Apostel, die im 18. Jh. u. a. von Schülern Berninis geschaffen wurden. Am ersten Pfeiler des rechten Seitenschiffes ist noch das Fragment eines Freskos von Giotto zu sehen, das Papst Bonifaz VIII. bei der Ankündigung des ersten Heiligen Jahres (1300) darstellt.

Die prachtvolle **Kassettendecke** des Hauptschiffes mit vergoldeten Schnitzereien stammt aus dem 16. Jh. Der **Hauptaltar** besteht aus einem gotischen Baldachin aus dem Jahr 1367, in dem sich angeblich in Goldgefäßen die Köpfe von Petrus und Paulus befinden; vor dem Altar, in der Confessio, ist Papst Martin V. (1417–1431) beigesetzt. In der Apsis des Hauptaltars schmückt die Kopie eines goldenen Mosaiks aus dem 13. Jh. die Wände. Im linken Querschiff sieht man die vergoldeten Säulen des antiken Jupitertempels.

Im kleinen **Lateransmuseum** (Museo Sacro) im rechten Schiff sind u. a. Teile des Kirchenschatzes und prachtvolle Messgewänder zu sehen; links vom linken Querschiff gelangt man zum sehenswerten romanischen **Kreuzgang** (Chiostro Lateranese) aus den Jahren 1215–1232. Er gilt neben dem von San Paolo fuori le Mura (→ S. 245) als einer der schönsten Kreuzgänge in Rom.

⏱ **Kirche** tägl. 7–19.30 Uhr (im Winter bis 18.30 Uhr), **Kreuzgang** 9–18 Uhr. Eintritt Kreuzgang 9 €, mit Audioguide 3 € (auch in Deutsch), Kinder und Studenten frei. **Museum** 9–18 Uhr, Eintritt 1 €, Kinder und Studenten frei. Piazza di San Giovanni in Laterano 4.

Baptisterium

Verlässt man die Kirche durch den Hinterausgang (rechts des Hauptaltars), gelangt man hinter der Mauer links zum Baptisterium. Es handelt sich um die älteste christliche Taufkirche, die als Prototyp aller Baptisterien gilt. Der achteckige Bau geht auf einen der Baderäume im antiken Haus der Laterani zurück. Kaiser Konstantin selbst ließ ihn im 4. Jh. zur Kapelle umbauen, die acht Porphyrsäulen sind ein persönliches Geschenk von ihm.

⏱ Täglich 7–12.30 und 16–19.30 Uhr.

Scala Santa und Sancta Sanctorum

Auf der gegenüberliegenden Straßenseite gelangt man zum Gebäude mit der „Heiligen Treppe", der Scala Santa. Die Treppe stammt angeblich aus dem Jerusalemer Palast des Pontius Pilatus und soll von Jesus mehrmals beschritten worden sein, u. a. auch am Tage seiner Verurteilung. Die 28 Stufen aus weißem Marmor wurden mit einer schützenden Nussbaumverkleidung versehen, die allerdings inzwischen fast durchgewetzt ist: Hier darf man – als Zeichen der Ehrerweisung an den leidenden Jesus – nur auf Knien nach oben gelangen und soll auf jeder Stufe den Rosenkranz beten. Als Lohn winkt der „vollkommene Ablass", wie eine Tafel in sechs Sprachen verspricht, dies allerdings nur am Karfreitag oder an Freitagen der Fastenzeit. An allen anderen Tagen des Jahres ist ein Teilablass möglich, vorausgesetzt allerdings, dass man „vollkommene Reue" empfindet. (Wer seine Knie schonen oder sich den Ablass nicht verdienen will, kann auch rechts und links aufrecht die Nebentreppe benutzen.)

Ursprünglich wurden die Stufen 326 n. Chr. von der heiligen Helena, der frommen Mutter Kaiser Konstantins, als Reliquien nach Rom geschafft. Seit dieser Zeit werden sie an diesem Ort verehrt.

Die Stufen führen zum **Sancta Sanctorum**, der schon im 8. Jh. urkundlich erwähnten Privatkapelle der Päpste, in der im Mittelalter die prestigeträchtigsten Reliquien der Kirche aufbewahrt wurden. Unterhalb des Gebäudes (Richtung Busbahnhof) an der Piazza San Giovanni in Laterano befindet sich eine große, mit Mosaiken geschmückte offene Apsis aus dem Jahr 810. Sie ist der einzige noch erhaltene Teil des Speisesaals vom alten Papstpalast.

① **Scala Santa** tägl. 6.15–12 Uhr und 15–18.45 Uhr (im Winter bis 18.15 Uhr). **Sancta Sanctorum** Mo–Sa 10.30–11.30 und 15.30–16.30 Uhr (im Winter 15–16 Uhr), Mittwochmorgens und sonntags geschlossen.

Santa Croce in Gerusalemme

Die Kirche gehört zu den sieben Pilgerkirchen, die ein gläubiger Katholik am selben Tag besucht haben muss, um Sündenablass zu erhalten. Sie wurde vermutlich ebenfalls von Helena, der Mutter Konstantins, gestiftet, um die Kreuzreliquien hier aufzubewahren. Die drei Schiffe der barocken Basilika werden durch korinthische Säulen getrennt. Der Fußboden besteht aus Cosmaten-Arbeiten, die Apsis wird von einem Fresko von Romano geschmückt, das die Entdeckung des Kreuzes durch die heilige Helena darstellt. Im rechten Seitenschiff führt eine Treppe zur Kapelle St. Helena, vom linken Seitenschiff gelangt man in die **Reliquienkapelle**. Hier befinden sich in einem Glaskasten hinter dem Altar u. a. Bruchstücke der Inschriftentafel des Kreuzes, ein Kreuznagel, zwei Dornen aus der Dornenkrone sowie der Zeigefingerknochen des Apostels Thomas, der mit jenem Finger die Seitenwunde Christi berührt haben soll. Von dieser Fülle an Beweisstücken sollen selbst hart gesottene Atheisten schon beeindruckt gewesen sein.

① Tägl. 6.45–12 Uhr und 15.30–19.30 Uhr (im Winter nur bis 18.30 Uhr). Im angeschlosse-

Santa Croce in Gerusalemme

nen Laden werden Kosmetika auf Kräuterbasis, Honig, Marmelade, Liköre sowie allerlei heilsame Pillen und Kapseln verkauft (tägl. 9–13 und 16–19 Uhr). Piazza Santa Croce in Gerusalemme.

> Von der Piazza Santa Croce in Gerusalemme gelangen Sie mit dem **Bus Nr. 3** zurück zum Kolosseum, mit der **Buslinie 571** via Kolosseum ins Zentrum (Piazza Venezia und Largo Torre Argentina) und mit der **Buslinie 649** zum Hauptbahnhof Termini.

Praktische Infos   (→ Karte S. 124/125)

Nur wenige Gehminuten vom Kolosseum entfernt bietet sich eine erstaunlich große Auswahl an Lokalen, in denen man gut und gar nicht mal teuer essen kann. Richtig günstig wird es in den (Snack-)Bars um die Via di San Giovanni in Laterano und rund um die Uni bei der Kirche San Pietro in Vincoli: Panini, Pizza al taglio, kleiner Mittagstisch und Salate, teilweise auch mit Tischen draußen auf der Straße, teilweise nur zum Mitnehmen für die Parkbank.

Ristoranti, Trattorien, Osterien

Charly's Sauciere (16), wohltuendes Ambiente und gehobene italienisch-französische Küche: z. B. Schnecken, verschiedene Suppen und Gratins; gute Weinkarte, sehr freundlicher und hilfsbereiter Service. Menü um 45 €. Mittags und abends geöffnet (Mo und Sa nur abends), So Ruhetag. Via San Giovanni in Laterano 270, ℘ 06/70495666.

Trattoria Da Domenico (13), typisches römisches Gasthaus (schon seit über 40 Jahren), in dem die traditionelle Küche gepflegt wird. Besonders empfehlenswert sind: *Rigatoni con la pajata* (mit Milchdarm) und *Pasta e ceci* (Kichererbsensuppe). Ein komplettes Menü kostet um die 35 €, was noch angemessen ist. Mittags und abends geöffnet, So abends und Mo geschlossen. Via San Giovanni in Laterano 134, ℘ 06/77590225.

Osteria Il Bocconcino (14), sympathisches, noch recht neues Lokal etwas abseits gelegen, von Slow Food und diversen anderen Gastro-Guides geadelt. Einige Tische auch draußen, karierte Tischdecken, freundlicher Service. Serviert wird klassische römische Küche wie auch die der Region Latium, dazu saisonale Angebote. Relativ günstige Preise, auch einiges Vegetarisches, das Menü kommt auf ca. 25–30 €. Mittags und abends geöffnet, Mi Ruhetag. Via Ostilia 23, ℘ 06/77079175.

Hostaria Isidoro (12), große Auswahl an - Primi und Hauptgerichten, abends gibt es auch Pizza. Für ein Menü zahlt man um die 25–30 €. Via San Giovanni in Laterano 59–63, ℘ 06/7008266. Mittags und abends geöffnet, für abends sollte man reservieren, Samstagmittag geschlossen.

Pizza Forum (8), hier bekommen Sie (auch mittags) eine dünne Pizza mit hohem Rand und leckerem Belag, dazu gibt es Bier oder offenen Wein. Pizza 5–11 €, es wird auch ein Mittagsmenü mit Bruschetta, einfacher Pizza und Getränk (Dose) für 10 € angeboten. Außerdem viele Nudelgerichte. Etwas kühle Einrichtung und viele Touristen, das Forum liegt keine 5 Minuten vom Kolosseum entfernt. Via San Giovanni in Laterano 34/38, ℘ 06/7002515. Mo Ruhetag.

Hostaria da Nerone (6), gepflegte und einladende Osteria, die auch mittags bis auf den letzten Platz besetzt ist – sehr beliebt bei Touristen: nah am Kolosseum und für

die Lage noch relativ erschwinglich (Menü um 25–30 €), römische Spezialitäten, nette Terrasse. Mittags und abends geöffnet, So Ruhetag. Via delle Terme di Tito 96, ℘ 06/4817952.

Trattoria/Pizzeria Luzzi (10), bodenständiges und schlichtes Lokal, immer voll und recht laut, viele Römer verbringen hier ihre Mittagspause. Eine günstigere Trattoria werden Sie in diesem Radius um das Kolosseum nicht finden. Freundlicher Besitzer. Im Sommer kann man draußen sitzen. Pizza auch mittags, Menü ca. 20 €, passabler Hauswein. Via S. Giovanni in Laterano 88, ℘ 06/7096332. Mittags und abends geöffnet, Mi Ruhetag.

Hostaria Cannavota (17), gegenüber dem Lateran. Das Ambiente ein wenig auf die berüchtigte Touristengemütlichkeit ausgerichtet, das Essen jedoch typisch römisch mit traditioneller Küche, empfehlenswert z. B. Saltimbocca. Nicht teuer, das Menü kommt auf ca. 25 €. Freundlicher und aufmerksamer Service. Mittags und abends geöffnet, Mi geschlossen. Piazza San Giovanni in Laterano 20, ℘ 06/77205007.

Enoteche, Bars, Cafés

Enoteca Cavour (3), → S. 120.

Divin Ostilia Enoteca (9), ganz in der Nähe des Kolosseums, Winebar und Bistro mit großer Weinauswahl und gutem Essen, auch Salate und Nudelgerichte sowie Pizza. Mittags und abends geöffnet, So geschlossen. Via Ostilia 4.

Chiosco Da Nunzia al Colle Oppio (7), bei der Domus Aurea, gerade mal 200 m vom Kolosseum entfernt, von Touristenströmen trotzdem keine Spur. Ein nettes Plätzchen, man sitzt unter schattenspendenden Bäumen bei einem kühlen (aber leider teuren) Bier – sehr entspannend. Tägl. 9–21 Uhr geöffnet.

Shopping

Coin (18), an der Porta S. Giovanni (Lateran). Kaufhaus für Bekleidung und Accessoires (große Auswahl!) für Damen und Herren, nicht allzu teuer. In der Bar im obersten Stock gibt es zur Happyhour (Mo–Fr 18–20 Uhr) gute Cocktails und leckere Snacks.

Zahlreiche **Bekleidungsgeschäfte** für Damen und Herren von trendig bis klassisch mit vergleichsweise moderaten Preisen finden Sie auf der Via Appia Nuova zwischen Piazza Porta S. Giovanni und Piazza Re di Roma (= Metrostation Linea A).

Blick auf die Tiberinsel

Rundgang 3: Largo Argentina, jüdisches Viertel und Campo de'Fiori

Das Altstadtviertel zwischen dem Kapitolshügel im Osten, dem breiten Corso Vittorio Emanuele II und dem östlichen Tiberufer ist eine der schönsten Ecken im historischen Zentrum. Besonders reizvoll ist der Kontrast zwischen prächtigen Palazzi und den einfachen Häusern in engen mittelalterlichen Handwerksgassen, wo die Zeit stehen geblieben zu sein scheint.

Das Viertel um Largo Argentina und Campo de'Fiori gehörte in der Antike zum Campo Marzio, dem Marsfeld außerhalb des heiligen Stadtgebiets (*pomerium*), in dem keine Waffen getragen werden durften. Benannt wurde der Campo Marzio nach dem Kriegsgott Mars; hier befanden sich seit der republikanischen Zeit auch die Übungsplätze für das römische Militär. Während der Kaiserzeit baute man auf dem Marsfeld verschiedene Theater und Thermen.

Im Mittelalter verödete das Stadtviertel – mit Ausnahme des Campo de'Fiori – und wurde erst Ende des 15. Jh. wieder bebaut. Damals entstanden auch die vielen engen und verwinkelten Handwerksgassen, die den Besucher auch heute noch in eine längst vergangene Zeit zurückversetzen. Gerade in der Via del Pellegrino, der Via Cappellari, der Via di Montoro und der Via Banchi Vecchi wechseln sich heute schicke kleine Galerien mit einfachen Schreinereien, Werkstätten, Buchläden und Einrichtungsgeschäften ab, dazwischen Fahrradläden oder Teppichgeschäfte in Kleinformat – die Gegend zwischen Corso Vittorio Emanuele II und dem Fluss lädt unbedingt zur Entdeckungsreise ein.

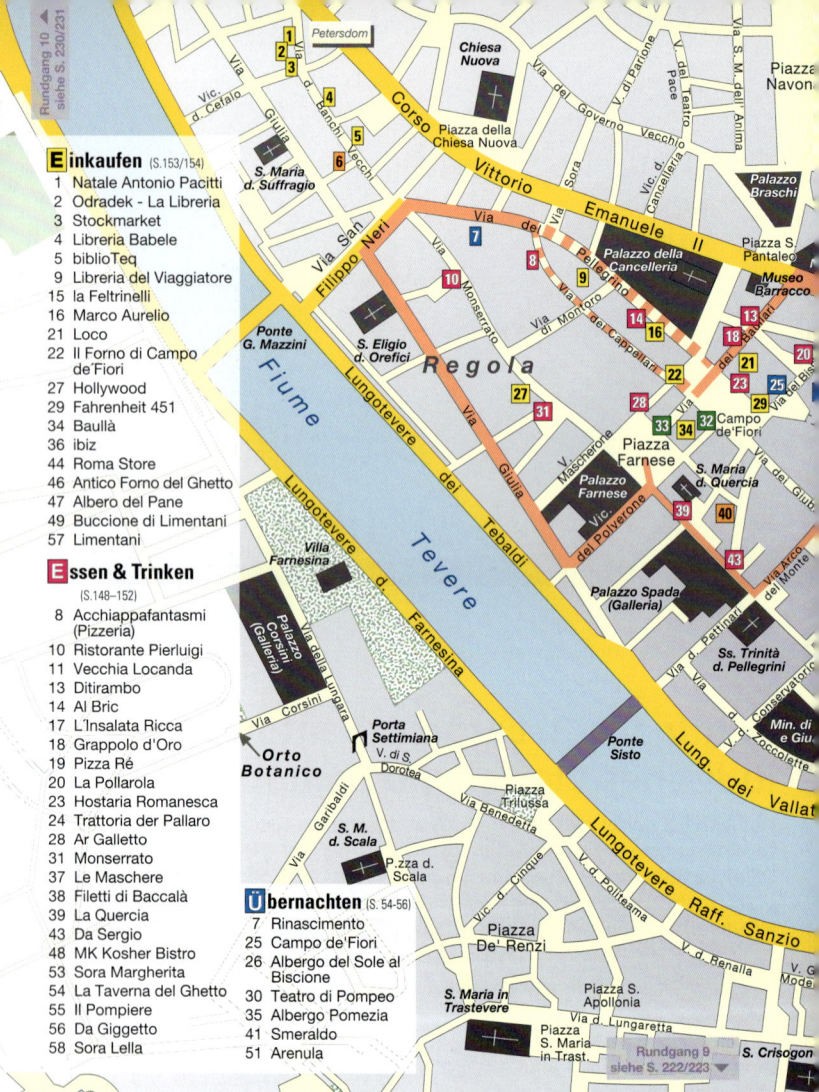

Rundgang 10 siehe S. 230/231

Rundgang 9 siehe S. 222/223 ▼

Die Via del Pellegrino führte früher übrigens vom Campo de'Fiori, auf dem während der Inquisitionszeit viele Menschen den Tod auf dem Scheiterhaufen fanden, direkt zum Vatikan – wie auch die von Papst Julius II. in Auftrag gegebene schnurgerade Prachtstraße Via Giulia parallel zum Tiber.

Das Areal zwischen Piazza Mattei, Marcellus-Theater, Tiber und Piazza delle Cinque Scole wurde von Papst Paul IV. 1555 zum jüdischen Ghetto erklärt und mit hohen Mauern umgeben. Erst nach mehr als drei Jahrhunderten, kurz nach der Einigung Italiens verschwanden die Ghettomauern.

E noteche/Winebars (S. 152)

6 Il Goccetto
12 Enoteca Corsi
40 Winebar L'Angolo Divino
42 Winebar Roscioli
50 La Vecchia Bottega

C afés/Bars (S. 152/153)

32 La Vineria Reggio
33 Cafe Farnese
45 Bartaruga
52 Alberto Pica (Gelateria)

Rundgang 3

Spaziergang

Ausgehend vom **Largo (di Torre) Argentina**, einem der wichtigsten Verkehrsknotenpunkte in der Innenstadt, folgt man zunächst dem Corso Vittorio Emanuele II in Richtung Nationalmonument bis zu **Il Gesù**, der ersten großen Jesuitenkirche in Rom.

Von hier gelangt man durch die schmale Via Celsa zur Via delle Botteghe Oscure mit der **Crypta Balbi**. Von der Via delle Botteghe Oscure geht es dann halb links in die Via dei Pollachi. Durch enge, von kleinen Plätzen unterbrochene Gassen erreichen Sie die Via dei Fu-

Das jüdische Ghetto

In der Antike lebten die römischen Juden meist in Trastevere. Nachdem Judäa im Jahr 71 n. Chr. zur römischen Provinz geworden war, kam eine erste größere Zahl von Juden als Sklaven in die Hauptstadt, einige freie Handwerker und Händler folgten und gründeten hier ihre erste Gemeinde in der Diaspora. Im 14. Jh. übersiedelten viele von Trastevere auf die andere Flussseite – in die Gegend, die sie ab 1555 zwangsweise zu bewohnen hatten. Antisemitische Stimmungen gegen Juden und Benachteiligungen waren in den vorhergegangenen Jahrhunderten in Rom zeitweise gang und gäbe, doch kam mit Papst Paul IV. 1555 ein Fanatiker an die Macht, der zu drastischeren Maßnahmen gegen die damals über 8000 Mitglieder zählende Gemeinde griff: Das nur etwa drei Hektar große Ghetto wurde mit einer Mauer umgeben, die Juden durften das Gelände nur bei Tag verlassen und mussten als Zeichen ihrer gesellschaftlichen Diskriminierung dabei einen roten Mantel bzw. roten Rock tragen. Der Zugang zu bestimmten Berufen wurde ihnen verwehrt, sie zahlten den höchsten Steuersatz und mussten sich jeden Freitag vollzählig in einer der vier Kirchen im Ghetto versammeln, um sich von frommen Franziskanern Predigten anzuhören, die sie zum Christentum bekehren sollten.

Nach der Einigung Italiens 1870 und der Entmachtung der Kirche zerstörte man die Ghettomauern und gab den Juden die vollen Bürgerrechte. Die Freiheit hielt jedoch nur, bis Mussolini eine Reihe antijüdischer Gesetze verabschieden ließ. Das Ghetto, in dem die Juden unter den Faschisten wieder separiert waren, wurde in der Nacht des 16. Oktober 1943 von der Gestapo gestürmt; 2091 Juden wurden in die Konzentrationslager von Auschwitz und Bergen-Belsen deportiert. Von ihnen überlebten nur 15. Die Namen der Opfer sind auf einer Gedenktafel bei der Synagoge verzeichnet. Heute leben im ehemaligen Ghetto wieder etwa 500 jüdische Familien.

nari, in die Sie links einbiegen. Vorbei an der Kirche Santa Maria in Campitelli (aus dem Jahr 1656) geht es dann rechts ab in die Via Tribuna di Campitello zum **Marcellus-Theater** mit angeschlossenem Ausgrabungsgebiet zwischen Portico d'Ottavia (2. Jh. v. Chr.), den Augustus später seiner gleichnamigen Schwester stiftete, und der Via del Teatro di Marcello.

Direkt dahinter befindet sich mit **Sant' Angelo in Pescheria** eine der Kirchen des ehemaligen Ghettos, in der Juden im 16. Jh. zum katholischen Glauben zwangsbekehrt werden sollten. Der Name *Pescheria* erinnert daran, dass an dieser Stelle einst der antike Fischmarkt abgehalten wurde. Über den Ponte Fabricio gelangen Sie auf die **Tiberinsel**. Von hier aus geht es zurück zum Lungotevere Cenci, wo man auf die gut bewachte **Große Synagoge** trifft.

Der Spaziergang führt nun zurück durch das jüdische Viertel zur **Piazza Mattei** mit ihrer anmutigen **Fontana delle Tartarughe** (Schildkrötenbrunnen). Von hier geht es auf der Via dei Falegnami in westlicher Richtung weiter. Man überquert die breite Via Arenula und die beschauliche Piazza Cairoli (Parkbänke laden hier zur Rast ein). Auf dem Platz thront die Statue von Benedetto Cairoli, einem Anhänger von Giuseppe Mazzini, dem radikalen Führer im Risorgimento. Cairoli war zwischen 1879 und 1881 Ministerpräsident des geeinten Italien.

Ausgrabung und Katzenasyl: die Area Sacra

Die Piazza Cairoli mündet in die Via dei Giubbonari, eine der beliebtesten Einkaufsstraßen im Altstadtzentrum. Nach einem Abstecher zum **Palazzo Spada** gelangen Sie zur eleganten **Piazza Farnese**. Links vorbei am **Palazzo Farnese** geht es nun auf die **Via Giulia**, eine der schönsten Straßen der Stadt.

An deren Ende gelangen Sie im großen Bogen zurück und durch die Via del Pellegrino (die Pilgerstraße) oder die Via del Cappellari zum **Campo de'Fiori**, auf dem vormittags einer der beliebtesten und besten Märkte der Stadt stattfindet. Von hier sind es nur wenige Schritte zum **Museo Barracco** (Eckhaus am Corso Vittorio Emanuele II). Wenn Sie nach rechts in den Corso einbiegen, stoßen Sie nach wenigen Metern auf die Kirche **Sant'Andrea della Valle** mit ihrer sehenswerten Kuppel. In wenigen Minuten gelangen Sie zurück zum Ausgangspunkt am Largo Argentina. Der Spaziergang dauert ca. 3–4 Stunden.

Sehenswertes

Ausgrabungen am Largo di Torre Argentina

Im Zentrum des verkehrsreichen Largo Argentina liegt unterhalb des Straßenniveaus die **Area Sacra**, der „heilige Bezirk", in dem vier antike Tempel aus republikanischer Zeit ausgegraben wurden: drei rechteckige und ein runder Tempel aus dem 3. bzw. 2. Jh. v. Chr., die 1926 bei Bauarbeiten für einen hier geplanten Platz entdeckt wurden. Gut erhalten sind noch Fundamente, Treppen und einige antike Säulen, ebenso die antike Pflasterung. Da nicht bekannt ist, welchen Göttern die Tempel geweiht waren, nannte man sie einfach A, B, C und D.

Von Tempel D ist nur ein kleiner Teil sichtbar, der Rest liegt unter der Via delle Botteghe Oscure, die das Areal im Süden begrenzt. Einige Historiker gehen davon aus, dass sich an der Stelle,

Das römische Katzenasyl

Da das archäologische Gebiet Schutz vor Straßenverkehr und Menschen bietet, haben sich in der Area Sacra ausgesetzte und verwilderte Katzen niedergelassen. Um sie kümmert sich seit Jahren eine Gruppe von engagierten Freiwilligen, die Geld und Freizeit opfern, um die Tiere zu versorgen und wenigstens für einige von ihnen – in ganz Rom geht man von etwa 200.000 herrenlosen Katzen aus – ein neues Zuhause zu finden. Inzwischen leben ständig ca. 250 Katzen im Bereich des Largo Argentina; wer von der Straße einen Blick hinunter auf die Ausgrabungsstätte wirft, sieht viele der Vierbeiner hier faul in der Sonne dösen.

An der Ecke Largo Arenula/Via Florida führt eine Treppe hinunter zum Katzenasyl (tägl. 12–18 Uhr geöffnet). Hier kann man etwas spenden, eine Patenschaft übernehmen oder auch ein Tier adoptieren. Zuletzt wurden auch geführte Touren über die Area Sacra angeboten (Mi, Fr und Sa 16.30 Uhr). Ein weiteres Katzenasyl befindet sich an der Cestius-Pyramide (→ S. 242f.). Detaillierte Infos im Internet unter www.romancats.com.

wo heute zwei Zypressen stehen, die **Curia Pompeja** befand, in der angeblich am 15. März des Jahres 44 v. Chr. Julius Caesar ermordet wurde. Wahrscheinlicher ist aber, dass der Schauplatz des Geschehens am Pompejus-Theater beim Campo de'Fiori lag (→ S. 147). Die Ausgrabungen sind nur von der Straße einzusehen, hilfreich ist die Schautafel an der Straßenbahnhaltestelle Via Torre Argentina, Ecke Via delle Botteghe Oscure.

Das von außen unscheinbare **Teatro Argentina** am Platz gibt es bereits seit 1731. Hier wurde 1816 Rossinis „Barbier von Sevilla" uraufgeführt. Heute inszeniert man in der Regel italienische Klassiker und Komödien.
⏱ Vorverkauf Di–So 10–14 und 15–19 Uhr, an Aufführungstagen auch 20–22 Uhr. Karten 12–27 €. Largo Argentina 52, ✆ 06/684000311, www.teatrodiroma.net.

Theaterfreunden sei ein Abstecher zum kleinen **Museo del Burcardo** in der Via del Sudario 44 (Seitenstraße vom Teatro Argentina) empfohlen. Zu sehen ist eine bedeutende Sammlung von Bühnenbildern, Masken, Kostümen und anderen Ausstellungsstücken rund um das Thema Theater.
⏱ Mo–Fr 9–13.30. Eintritt frei. ✆ 06/6819471, www.burcardo.org.

Il Gesù

Die Mutterkirche des Jesuitenordens am gleichnamigen Platz liegt unmittelbar an der viel befahrenen Via del Plebiscito. Umso entspannender wird es, wenn man das Gotteshaus betreten hat und die Ruhe hier genießen kann. Die prunkvolle Barockgestaltung diente vielen Kirchen als Vorbild und wurde so stilprägend für den Jesuitenbarock.

Der 1540 von Ignatius von Loyola gegründete Jesuitenorden musste sich in Rom anfangs mit einem bescheidenen Kirchlein zufrieden geben. Mit dem Neubau der Kirche Il Gesù konnte 1568 dank der großzügigen Unterstützung durch Kardinal Alessandro Farnese begonnen werden. Baumeister war zunächst Giacomo Vignola, der nach einem Streit mit Farnese von dem jungen Giacomo della Porta abgelöst wurde.

Die gegenreformatorische Kirche wurde bei ihrem Bau noch schmucklos gestaltet. Um sich von der Schlichtheit des Protestantismus abzuheben, setzten die Jesuiten allerdings schon bald auf Reichtum und Pracht in der Ausgestaltung. Im Inneren von Il Gesù wird das besonders beim 1696–1700 von Andrea Pozzo errichteten Altar des Heiligen

Ignatius (dessen Grab sich unter dem Altar befindet) im linken Querschiff deutlich. Die Weltkugel oben am Altar besteht aus dem angeblich größten Lapislazuliblock der Welt, die versilberte Statue des Ordensgründers Ignatius steht lebensgroß in der Mitte des Altars. Zu beiden Seiten des Grabes sind allegorische Figurengruppen platziert: In der rechten Marmorgruppe vertreibt die personifizierte Wahrheit mit dem Kreuz die (protestantischen) Irrlehren. Sehenswert auch die barocke Ausmalung der Kuppel und des Gewölbes im Längsschiff.

☉ Tägl. 7–12.30 und 17–19.45 Uhr.

Crypta Balbi

Keine Krypta, sondern das kleinste von drei antiken Theatern auf dem Campo Marzio, das aber immerhin Platz für rund 6500 Zuschauer bot. Benannt ist es nach Lucio Cornelio Balbo, einem Militärberater von Kaiser Augustus, der es um 15 v. Chr. bauen ließ. Die Bezeichnung *Crypta* geht vielleicht auf die düsteren Arkaden mit Tavernen zurück, die sich einst in einem Hof unmittelbar hinter der Bühne befanden (sozusagen der antike Gastronomiebereich). Es könnte aber auch sein, dass sie erst im Mittelalter gebräuchlich wurde, als es hier neben zahlreichen Geschäften und Handwerksbetrieben auch Grabstätten gab.

Nach rund 20 Jahren Ausgrabungs- und Restaurierungsarbeiten befindet sich in der Crypta Balbi heute ein Teil des Römischen Nationalmuseums – anschaulich wird die bauliche Entwicklung dieses Ortes von der Antike bis heute mit zahlreichen Modellen dargestellt (Erläuterungen in Italienisch und Englisch). Zu sehen sind auf zweieinhalb Stockwerken auch viele Kleinfunde, Schmuck, Öllampen etc. In Begleitung eines Museumsmitarbeiters können auch die römischen Mauern im Untergeschoss (u. a. Zisterne) besichtigt werden.

☉ Di–So 9–19.30 Uhr (Einlass bis 19 Uhr), Mo geschlossen, Eintritt 7 € (gilt auch für Palazzo Altemps, Palazzo Massimo und Terme di Diocleziano), ermäßigt 3,50 € (EU-Bürger zwischen 18 und 25 J.), unter 18 und über 65 J. frei; Sa und So kann um 10.45, 11.45, 12.45, 14.45 und 15.45 Uhr die Exedra besichtigt werden (im Sommer auch 16.45 Uhr). Via delle Botteghe Oscure 31, ✆ 06/6780167.

Marcellus-Theater (Teatro di Marcello)

Das wohl einzige antike Theater der Welt, in dem heute Menschen wohnen! Das Gebäude mit dem halbrunden Zuschauerraum wurde von Julius Caesar begonnen und um das Jahr 12 v. Chr. von Augustus zu Ehren seines früh verstorbenen Neffen und Schwiegersohnes Marcellus vollendet. Im Mittelalter bau-

Ausgrabungsgelände um das Marcellus-Theater

te man es zur Festung aus, heute sind hier sehr begehrte Privatwohnungen untergebracht. Ursprünglich bot das Theater ca. 15.000 Zuschauern Platz. Erhalten sind noch die ersten beiden Stockwerke mit Arkaden mit dorischen und ionischen Säulen. Das Marcellus-Theater ist nur von außen einsehbar. Die *Area Archeologica* (tägl. 9–19 Uhr, Eintritt frei) zwischen Portico d'Ottavia und Via del Teatro di Marcello bietet nur wenig Aufregendes: ein paar aufgerichtete korinthische Säulen und diverse Mauerreste, das war's.

Tiberinsel (Isola Tiberina)

Die Insel in Form eines Schiffes war bereits im 3. Jh. v. Chr. Äskulap, dem Gott der Heilkunde, geweiht, und auch heute befindet sich hier ein Krankenhaus. Die Isola Tiberina erreicht man wie bereits in der Antike vom Marcellus-Theater

Fontana delle Tartarughe – der Schildkrötenbrunnen

über den Ponte Fabricio: Die Brücke aus dem Jahr 62 v. Chr. zählt zu den ältesten Steinbrücken über den Tiber; nach der Statue auf der linken Seite wird sie auch „Ponte dei Quattro Capi" (Brücke der vier Köpfe) genannt. Der Ponte Cestio, die Brücke hinüber nach Trastevere, ist ebenfalls teilweise noch antiken Ursprungs. Von der Tiberinsel bietet sich ein guter Ausblick auf das Bogenfragment des antiken Ponte Rotto (Pons Aemilius), die vermutlich älteste Tiberbrücke, die den Viehmarkt auf dem Forum Boarium mit Trastevere verband. Die Brücke wurde 1598 durch ein Hochwasser zerstört.

Synagoge/ Jüdisches Museum (Museo Ebraico)

Die prachtvolle Große Synagoge am Lungotevere dei Cenci entstand nach Auflösung des jüdischen Ghettos (1870) in den Jahren 1899–1904. Das Grundstück am Tiber hatte die Stadt der israelischen Universität geschenkt. Das Gebäude ist rund um die Uhr von bewaffneten Carabinieri bewacht, man erinnert sich noch immer an ein Bombenattentat der PLO im Oktober 1982, bei dem ein kleines Mädchen getötet und zahlreiche Menschen verletzt wurden. Nach dem 11. September 2001 wurden die Sicherheitsmaßnahmen nochmals verschärft. Die Synagoge kann im Rahmen einer englischsprachigen Führung (nach telefonischer Anmeldung auch auf Deutsch) vom Museum aus besichtigt werden.

Im **Museo Ebraico** sind in zwei Räumen neben Sakralgegenständen auch Dokumentationen zur Geschichte der jüdischen Gemeinde in Rom und Italien sowie zur Verfolgung der Juden zu sehen.

⏰ Mitte Juni bis Mitte September So–Do 10–18.15 Uhr, Fr 10–15.15 Uhr, Mitte September bis Mitte Juni So–Do 10–16.15 Uhr, Fr 10–13.15 Uhr, Sa an jüdischen Feiertagen geschlossen. Eintritt 7,50 €, Studenten 4 €, Kinder unter 10 J. frei; im Preis ist die Führung durch die Synagoge (findet alle 30 Minuten statt) inbegriffen. Deutschsprachige Führungen sind nach Voranmeldung unter ✆ 06/68400661 möglich. Fotografieren verboten! Strenge Sicherheitskontrollen am Eingang. Vom Museum werden auch Führungen durch das ehemalige Ghetto veranstaltet.

Fontana delle Tartarughe (Schildkrötenbrunnen)

Auf der beschaulichen Piazza Mattei an der Rückseite des gleichnamigen Palazzos (die Mattei waren eine ein-

flussreiche römische Familie des 16. Jh.) steht ein Brunnen, der seinen Namen den vier Schildkröten am Rand der Schale verdankt. Den Auftrag für den Brunnen, ein Geschenk an das römische Volk, gab 1585 Papst Gregor XIII. Ausgeführt wurde er von den beiden berühmten Architekten und Bildhauern Giacomo della Porta und Taddeo Landini. Die Schildkröten wurden erst 1658 hinzugefügt.

Aldo Moro

Von der Piazza Mattei sind es nur wenige Schritte in die Via Caetani, wo 1978 im Kofferraum eines Wagens die Leiche des früheren Ministerpräsidenten Aldo Moro gefunden wurde. Eine Gedenktafel erinnert heute an den Mord.

Der reformorientierte Christdemokrat war von den terroristischen „Roten Brigaden" entführt und nach fast achtwöchiger Geiselhaft ermordet worden. Seine dramatischen Appelle in den Medien, auf die Forderungen der Entführer einzugehen, blieben ohne Erfolg. In einem letzten Brief rechnete er mit seinen ehemaligen politischen Freunden ab. Besonders sein Parteifreund Giulio Andreotti, der sein Nachfolger werden sollte, lehnte jede Verhandlung mit den Entführern ab. Ein Journalist, der später über die Verbindung Andreottis zur Mafia recherchierte, stellte die These auf, dass Andreotti der Tod Moros nicht ungelegen kam. Bevor er allerdings Details enthüllen konnte, wurde er umgebracht. Im Prozess wegen Beteiligung an diesem Mord wurde Andreotti in letzter Instanz aus Mangel an Beweisen freigesprochen.

Palazzo Spada/Galleria Spada

Nur wenige Meter von der Piazza Farnese entfernt liegt der 1550 für Kardinal Capodiferro erbaute Palazzo Spada mit reich verzierter manieristischer Fassade, der gut 80 Jahre später von Bernardo Spada – ebenfalls Kardinal – übernommen wurde. Er gab Francesco Borromini den Auftrag zum Umbau des Komplexes. Der Palazzo Spada zählt zwar sicherlich nicht zu den Hauptattraktionen Roms, lohnt aber allein schon wegen Borrominis faszinierender **Prospettiva** (1632–1635) einen Besuch. Die nur knapp 9 m lange Kolonnade im linken, kleineren Innenhof wirkt durch eine optische Täuschung wesentlich länger; erst wenn jemand hindurchgeht,

bemerkt man, dass die Säulen im Verlauf immer kleiner werden und der Fußboden leicht ansteigt. Die Statue am Ende der Kolonnade hat schließlich gerade noch eine Höhe von 60 cm. Sehenswert sind auch der größere Innenhof, über den man zum Museum gelangt, und der Garten des Palazzo.

In der zweiten Etage des Gebäudes befindet sich die **Galleria Spada**. In vier repräsentativen Räumen ist die beachtliche Kunstsammlung der Spada-Familie zu sehen. Dicht an dicht hängen knapp 200 Bilder an den Wänden, darunter auch Werke von Jan Breughel d. Ä., Lorenzo Lotto, Orazio Gentileschi, Domenico Tintoretto und Guido Reni. Zudem sind neben Möbeln, Uhren sowie antiken Büsten und Statuen auch zwei Globen aus dem frühen 17. Jh. ausgestellt, einer zeigt die Welt, der andere das Himmelszelt.

🕐 Di–Sa 8.30–19 Uhr, Auslass bis 19.30 Uhr, Mo geschlossen. Eintritt 5 €, ermäßigt 2,50 € (18–25 J.), unter 18 und über 65 J. frei.
Die *Prospettiva* befindet sich im kleineren Innenhof links, der nur über das Museum zu erreichen ist. Borrominis perspektivisches Kunstwerk darf leider vom Besucher nicht betreten werden. Eine Mitarbeiterin wird aber gerne bereit sein, die Kolonnade abzugehen und somit die optische Täuschung entlarven. Sollte im Innenhof niemand sein, fragen Sie an der Kasse. Piazza Capo di Ferro 13, 📞 06/ 6832409 oder 06/ 6874893, www.galleriaborghese.it/spada/it.

Piazza Farnese/Palazzo Farnese

Trotz relativ schlichter Fassade ein eindrucksvoller, mächtiger Palazzo, den Alessandro Farnese, der spätere Papst Paul III., hier bauen ließ. Die Arbeiten dauerten insgesamt ein dreiviertel Jahrhundert (1514–1589); beteiligt waren die bedeutendsten Baumeister ihrer Zeit, unter ihnen auch Michelangelo und Giacomo della Porta. Der Palazzo Farnese gilt als einer der schönsten Renaissancepaläste Roms und diente vielen ähnlichen Stadtpalästen als Vorbild. Vor allem das Innere mit der Freskenausmalung von Annibale Carracci (ca. 1597) im ersten Stock beeindruckt beim Blick von außen durch die Fenster, wenn im Palazzo abends das Licht angeschaltet ist. Das Gebäude gelangte per Erbfolge in den Besitz der Bourbonen und wurde später französisches Staatseigentum. Heute hat hier die französische Botschaft ihren Sitz. Der Palazzo kann leider nicht besichtigt werden.

Auf der majestätischen Piazza Farnese, dem Vorplatz des gleichnamigen Palazzo, stehen heute in symmetrischer Anordnung zwei große, zu Brunnen umfunktionierte Wannen aus den antiken Caracalla-Thermen (→ S. 121f.).

Die Schale mit der Lilie aus dem Wappen der Fürsten Farnese wurde natürlich erst später als Schmuck angefügt. Im Gegensatz zum nur wenige Schritte entfernten und meist überfüllten Campo de'Fiori herrscht hier beschauliche Ruhe.

Via Giulia

Papst Julius II. (Pontifikat 1503–1513) ließ die nach ihm benannte schnurgerade Straße knapp 1 km weit quer durch das Gewirr mittelalterlicher Gässchen schlagen. Die Gestaltung übernahm der berühmte Renaissance-Architekt Bramante, der spätere Baumeister der Peterskirche. Für viele ist die Via Giulia die schönste Straße Roms mit zahlreichen eleganten, aber nicht überladenen Renaissancepalästen zu beiden Seiten, durch deren geöffnete Tore man immer wieder in herrliche Innenhöfe schauen kann. Obwohl nicht komplett zur Fußgängerzone erklärt, geht es in der Via Giulia relativ ruhig, fast idyllisch zu, die hektische Großstadt scheint weit entfernt. Hinter alten Fassaden verbergen sich z. T. sehr schicke Wohnungen, vornehme Kunstgalerien und teure Antiquitätengeschäfte.

Gleich am Anfang der Via Giulia stößt man – an der Rückseite des Palazzo Farnese – auf den Fonte Mascherone (Brunnen der großen Maske), der ebenfalls mit der Lilie der Fürsten Farnese geschmückt ist. Hier soll bei Feierlichkeiten der Farnese angeblich Wein statt Wasser geflossen sein. Gleich daneben ist eine unvollendete Brücke (auch hier Lilien) zu sehen: Sie wurde von den Farnese gebaut, um den Palazzo mit der Villa Farnesina auf der anderen Tiberseite zu verbinden (→ S. 221f.). Die Farnese hatten nach dem Niedergang der Familie Chigi deren prachtvolle Villa 1580 erworben und sie – nicht ohne Häme – in *Farnesina*, also „kleine Farnese" umgetauft.

Campo de'Fiori

Das „Blumenfeld" zählt heute zu den lebhaftesten Plätzen der Altstadt. Abends treffen sich hier überwiegend junge Leute entweder am Denkmal auf der Piazza oder in einer der vielen Bars rund um den Platz. Besonders nachts strahlt der Campo de'Fiori eine ganz besondere Atmosphäre aus.

Vormittags findet hier einer der schönsten Märkte Roms statt. Frisches Obst und Gemüse, aber auch Fisch und Fleisch werden angeboten, die besten Stücke gehen schon am frühen Morgen an die Einkäufer der Restaurants. Am Mittag wird der Platz geräumt und von Abfällen gesäubert, dann geht es in die zweite Schicht: Restaurants und Bars öffnen, der Platz füllt sich mit neuer Kundschaft, die zum Essen hierher kommt. Seinen Namen hat der Campo de'Fiori übrigens nicht etwa von den Blumenständen, sondern von der Blumenwiese, die sich hier vor der Bebauung des Platzes im 15. Jh. ausbreitete.

Giordano Bruno

In all der Geschäftigkeit steht mitten auf dem Platz das eindrucksvolle Denkmal für den Dominikanermönch und Philosophen Giordano Bruno (1548–1600).

Er wurde am 17. Februar 1600 hier als Ketzer auf dem Scheiterhaufen verbrannt, nachdem er sich geweigert hatte, seinen Ideen abzuschwören. Bruno widersprach den Glaubenssätzen der Kirche gleich mehrfach: im Gegensatz zur Vorstellung, die Erde sei das Zentrum des Universums, glaubte Bruno, dass das Weltall unendlich sei. Daher konnte es keinen Mittelpunkt haben. Außerdem lehnte er es ab, von Jesus als Gottes Sohn zu sprechen.

Für diese Auffassungen war er die meiste Zeit seines Lebens auf der Flucht, Stationen waren u. a. Genf, Paris, Oxford, Wittenberg, Prag und Frankfurt. Dabei floh er nicht immer nur von der römisch-katholischen Inquisition, auch von den Calvinisten und den Lutheranern wurde er exkommuniziert. 1591 kehrte er nach Italien zurück, 1593 wurde er bis zu seiner Hinrichtung eingekerkert. Das Denkmal Brunos mit gesenktem Kopf und düsterem Blick wurde 1887 – nach Auflösung des Kirchenstaates – aufgestellt. Während der Inquisition wurden viele Menschen am Campo de' Fiori verbrannt.

Düsterer Wächter auf dem Campo de'Fiori: Giordano Bruno

Am südöstlichen Ende des Campo de' Fiori (am Anfang der Via dei Giubbonari) befand sich in der Antike das **Pompejus-Theater**, das vermutlich älteste Theater der Stadt aus dem Jahr 55 v. Chr. Wenn man rechts in die Via di Grotta Pinta einbiegt, kann man am gekrümmten Straßenverlauf noch das Halbrund der Zuschauertribünen nachvollziehen. Zu sehen ist von dem antiken Theater selbst allerdings nichts mehr.

Nach der vorherrschenden Meinung in Historikerkreisen wurde in der Kurie hinter dem Theater am 15. März des Jahres 44 v. Chr. Julius Caesar von seinen politischen Gegnern ermordet. Caesar war durch seine militärischen Erfolge und sein politisches Geschick (u. a. bei der Beendigung des Bürgerkriegs) zum Alleinherrscher geworden. Die Folge war ein Mordkomplott der einflussreichsten konservativen Senatoren. Nach 23 Dolchstößen brach Caesar tot am Sockel der Statue des Pompejus zusammen, den er vier Jahre zuvor in einer Schlacht vernichtend geschlagen hatte. So zumindest berichtet Plutarch ca. 100 n. Chr. über die Ermordung Caesars.

Museo Barracco di scultura antica (Piccola Farnesina)

Vom Campo de'Fiori Richtung Corso Vittorio Emanuele II stößt man linker Hand auf den Renaissancepalast, der 1523 auf Veranlassung des französischen Diplomaten Thomas Leroy gebaut wurde. Der Name „Piccola Farnesina" beruht auf der fälschlichen Annahme, dass die Lilien im Wappen an der Fassade der Familie Farnese zuzuordnen seien. Der Baron Giovanni Barracco schenkte der Stadt Anfang des 20. Jh. seine Antikensammlung, die seitdem hier untergebracht ist. Zu sehen sind im Museo Barracco hauptsächlich Fragmente antiker Skulpturen und Reliefs, darunter ägyptische, assyrische, phönizische und griechische Werke. Sehenswert sind die **Marmorskulptur der verwundeten Hündin** aus dem 2. Jh. v. Chr. und die Ausgrabungen der Grundmauern eines antiken Wohnhauses im Untergeschoss.
① Di–So 9–19 Uhr, Einlass bis 18.30 Uhr, Mo geschlossen. Eintritt 3 €, ermäßigt 1,50 €, unter 18 und über 65 J. frei. Audioguide (auch in englischer Sprache) 3,50 €. Corso Vittorio Emanuele II 166/A, ✆ 06/82059127, www.museobarracco.it.

Sant'Andrea della Valle

Die für den Theatinerorden unter dem berühmten Baumeister Giacomo della Porta begonnene und vom nicht weniger berühmten Carlo Maderno fortgeführte Kirche (Bauzeit 1591–1622) weist eine der größten und schönsten Kuppeln Roms auf. Das Innere der Kuppel ist mit einem Fresko von Giovanni Lanfranco ausgemalt, einem der bedeutendsten Barockmaler der Stadt, der hier seine Vorstellung vom Paradies dargestellt hat. Später diente Sant'Andrea della Valle dem Komponisten Puccini als Schauplatz für den ersten Akt seiner Oper „Tosca".
① Tägl. 7.30–12 Uhr und 16.30–19.30 Uhr (So und feiertags mittags bis 12.45 Uhr, abends bis 19.45 Uhr).

Praktische Infos

(→ Karte S. 138/139)

Ristoranti, Trattorien, Osterien

Sora Lella (58), das edle Restaurant auf der Tiberinsel (Isola Tiberina) bietet neben dem einladend eleganten Ambiente auch eine hochklassige römische Küche und hervorragenden Service. Gehobenes Preisniveau, ein Menü kostet um 50 €, Weine werden hier erfreulicherweise auch glasweise angeboten. Via Ponte Quattro Capi 16, ✆ 06/6861601, www.soralella.com. Mittags und abends geöffnet, So und Di mittags geschl. **Bar** und **Gelateria** nebenan.

Marktstand am Campo de'Fiori

Largo Argentina, jüd. Viertel, Campo de'Fiori
Karte S. 138/139

Monserrato (31), ca. 100 m von der Piazza Farnese entfernt liegt diese alteingesessene Trattoria. Auf der Speisekarte stehen hauptsächlich Fisch und Meerestiere, je nach Saison z. B. *Spaghetti all'astice* (Spaghetti mit Hummer) und *Sauté di vongole* (große Venusmuscheln, in Weißwein und Kräutern gegart). Gute Flaschenweine, guter Service. Menü um 50 €. Das Restaurant wurde auch von Lesern mehrfach empfohlen. Via Monserrato 96, ✆ 06/6873386. Mittags und abends geöffnet, Mo Ruhetag.

La Quercia (39), sehr beliebtes Ristorante schräg gegenüber dem Palazzo Spada unweit der Piazza Farnese und dem Campo de'Fiori. Draußen sitzt man herrlich auf der schönen Piazza della Quercia unter der namensgebenden Eiche. Umsichtiger Service, der auch in der größten Hektik die Nerven behält. Wir probierten leckere *Filetti di Baccalà* und *Fiori di Zucca* gefüllt mit Mozzarella und Anchovis, das *Pollo al Forno* (Secondo) kommt auf 12 €, die hervorragenden *Spaghetti Cacio e Pepe* auf 7 €, dazu knackig frischer Salat, die Flasche guten Hauswein gibt es für 10 €. Das Preisniveau ist für das Gebotene günstig. Möglichst reservieren oder etwas Zeit mitbringen. Piazza della Quercia 23, ✆ 06/683000932, www.laquerciaosteria.com. Mittags und abends geöffnet.

Ditirambo (13), unser *Tipp*! Dieses sympathische kleine Lokal liegt zwischen Corso Vittorio Emanuele II und Campo de'Fiori. Innen rustikaler Schick, auf den Tisch kommt eine feine, raffinierte Küche. Die Speisekarte wechselt saisonal, es sind immer auch vegetarische Gerichte dabei, die Weinkarte ist exzellent, auch der Hauswein ist absolut empfehlenswert. Auch die köstlichen hausgemachten Desserts sollte man nicht auslassen. Menü ca. 35–40 €. Piazza della Cancelleria 74, ✆ 06/6871626, www.ristoranteditirambo.it. Mittags und abends geöffnet, Mo mittags geschlossen. Reservierung erforderlich.

La Pollarola (20), etwas unspektakuläre Lage, aber nur wenige Schritte vom Campo de'Fiori, dafür ausgesprochen günstig, wir probierten ein gutes *Antipasto rustico* für 6 €, die Nudelgerichte kommen auf ca. 8 €, sehr gute *Bucatini all'amatriciana* und *Penne all'arrabiata*. Guter Salat, guter und günstiger Hauswein. Prompter Service. Menü um 25–30 €. Mittags und abends geöffnet, So geschlossen. Piazza Pollarola 24, ✆ 06/68801654, www.lapollarola.it.

Trattoria der Pallaro (24), schnörkellose römische Hausmannskost in schlichtem Ambiente. Die Signora schwingt den Kochlöffel wie ein Zepter und führt ein Regiment von strenger Güte. Es gibt keine Karte, sondern ein festes Menü mit mehreren bodenständigen Gängen (pro Pers. 25 €). Wünsche (z. B. vegetarisches Menü) werden soweit möglich berücksichtigt. Wir genossen (u. a.!) köstliche Linsen, Fenchelsalat und gebackene Auberginen, *Spaghetti Cacio e Pepe* und hervorragenden Braten. Das Essen wird zügig serviert, der gute Hauswein ist inklusive. Innen nüchterner Gastraum, auch außen ein paar Tische auf der etwas schiefen, überdachten Terrasse. Largo del Pallaro 15, ☎ 06/68801488. Mittags und abends geöffnet, Mo Ruhetag.

Al Bric – Osteria Enoteca (14), schick und modern gestylt, mit erlesener Weinauswahl, man kann hier aber auch ein mehrgängiges Abendmenü einnehmen. Tolle Käseauswahl. Schönes Ambiente, nur wenige Schritte vom Campo de'Fiori entfernt. Gehobenes Preisniveau. Via Pellegrino 51–52, ☎ 06/6879533, www.albric.it. Nur abends geöffnet (Happy Hour 19.30–20.30 Uhr), Mo geschlossen.

Vecchia Locanda (11), → Rundgang 4, S. 167.

Ar Galletto (28), der alteingesessene, freundliche Familienbetrieb in einer Ecke der herrlichen Piazza Farnese bietet gut zubereitete, traditionelle römische Gerichte, z. B. die „fiori di zucca fritti" (frittierte Zucchiniblüten) oder aber das hervorragende „saltimbocca alla romana". Menü um 40 €. Nette Terrasse, die oft auch mittags bis auf den letzten Platz besetzt ist, deshalb besser reservieren. Piazza Farnese 102, ☎ 06/6861714. Mittags und abends geöffnet, So geschlossen.

Grappolo d'Oro (18), nur wenige Schritte vom Campo de'Fiori entfernt. Moderne, freundliche Trattoria, netter Service, gute römische Küche. Menü um 40 €. Piazza della Cancelleria 80–84, ☎ 06/6897080. Jeden Abend geöffnet, Sa, So und Mo auch mittags.

Hostaria Romanesca (23), direkt am Campo de'Fiori und bei Touristen sehr beliebt. Die Preise noch okay, die Qualität ebenfalls. Für abends sollte man reservieren. Menü um 30 €. Piazza Campo de'Fiori 40, ☎ 06/6864024. Mittags und abends geöffnet, Mo Ruhetag.

Ristorante Pierluigi (10), großes gutbürgerliches Restaurant, dessen Tische die malerische kleine Piazza di Ricci (an der Via Monserrato) fast ausfüllen. Gute römische Küche und viele Fischgerichte. Drinnen wie draußen nett zu sitzen, wirkt aber ein wenig wie Massenspeisung. Beliebt bei Römern und bei amerikanischen Touristen, Reservierung daher dringend empfehlenswert. Menü ca. 50 €. Piazza dei Ricci 144, ☎ 06/6861302, www.pierluigi.it. Mittags und abends geöffnet, Mo geschlossen.

Da Sergio (43), hier, hinter dem Campo de'Fiori, finden Sie ein Stück altes Rom. Meist überfülltes Lokal mit einfachem Ambiente, draußen stehen einige Tische mit karierten Tischdecken eng an der Hauswand der schmalen Gasse. Die Küche hält sich an bewährte lokale Traditionen wie z. B. hausgemachte „fettucine e polpette" (in Tomaten geschmorte Fleischklößchen), freitags gibt es „baccalà" (Stockfisch), samstags „trippa alla romana" (Kutteln). Der Service ist manchmal von herbem Charme, was auch von einigen Lesern angemerkt wurde. Wir empfehlen zu reservieren oder früh am Abend zu kommen. Das Menü kostet um 30 €. Vicolo delle Grotte 27, ☎ 06/6864293. So Ruhetag.

Filetti di Baccalà (38), auf dem kleinen Platz mit der Kirche S. Barbara erkennt man das beliebte Lokal allein schon an der Menschenmenge davor und darin. Wie der Name schon sagt, dreht sich hier alles um den *baccalà*, den Stockfisch. Bei der Bestellung muss man angeben, wie viele Stücke man vom Fisch haben möchte (serviert wird ohne Teller nur auf einer Serviette). Man sollte allerdings etwas Geduld mitbringen und auch mal eine Weile anstehen. Für das Essen zahlt man ca. 15–18 €. Largo dei Librai 88 (Ecke Via dei Giubbonari). Nur abends ab 17.30 Uhr geöffnet, So Ruhetag.

Ristorante Pizzeria Le Maschere (37), unweit des Campo de'Fiori, gute Hausmannskost mit kalabresischem Einschlag (köstlich die Fleischbällchen), auch Pizza. Sehr freundlicher Service, im Sommer auch ein paar Tische vor der Tür. Via del Monte della Farina 29, ☎ 06/6861550, tägl. nur abends geöffnet.

Lokale im ehemaligen Ghetto

Il Pompiere (55), hier pflegt man eine ganz besondere, sehr traditionsreiche und speziell römisch-jüdische Küche. Kennern zufolge soll es hier die besten frittierten Artischocken der Stadt geben. Das Restaurant im ersten Stock des Palazzo Cenci verfügt über 120 Plätze in einem hohen Saal mit dunkler Holzvertäfelung und Fresken. Zum schnellen und vergleichsweise günstigen Mittagstisch ist das Lokal meist überfüllt. Abends wird es ruhiger, der Preis für ein Menü liegt um die 35 €. Via S. Maria dei

Gut besucht: Da Giggetto

Calderari 38 (zweigt gegenüber der Piazza B. Cairoli von der Via Arenuela ab), ✆ 06/6868377. Mittags und abends geöffnet, So Ruhetag.

Da Giggetto (56), weithin bekanntes Traditionsrestaurant direkt neben dem Tempel am Marcellustheater; im Sommer sitzt man draußen auf der Straße neben antiken Säulen. Das labyrinthartige Innere des Lokals ist riesig, aber oft bis auf den letzten Platz besetzt, gepflegt wird die klassische römisch-jüdische Küche – wir probierten *Fior di Zucca* (2 €/Stück), *Carciofo* (gebackene Artischocke) und ein leckeres *Filetto di Baccalà* (6 €). Trotz der vielen Touristen angemessenes Preis-Leistungs-Verhältnis, Menü ca. 30–40 €. Via del Portico d'Ottavia 22, ✆ 06/6861105, www.giggettoalportico.com. Mittags und abends geöffnet, Mo Ruhetag.

La Taverna del Ghetto (54), in einem Gebäude aus dem 13. Jh. wird auch hier traditionelle jüdisch-römische Küche serviert, natürlich koscher (wunderbar sind die auf jüdische Art frittierten Artischocken), freundlicher Service. Menü um 30 €. Via del Portico d'Ottavia 8, ✆ 06/68809771, www.lataverna delghetto.com. Mittags und abends geöffnet, Fr abends und Sa geschlossen, So nur abends geöffnet.

Sora Margherita (53), nur wenige Tische im kleinen Gastraum, schlichte Einrichtung, deftige Hausmannskost. Serviert werden jeden Tag wechselnde traditionelle Gerichte, darunter immer frische Pasta und eine kleine Auswahl an Hauptgerichten. Typischer Hauswein, familiäre Atmosphäre. Menü um 20–25 €. Piazza delle Cinque Scole 30 (rechts neben der Kirche), ✆ 06/6874216. Etwas komplizierte Öffnungszeiten: Im Winter Di–So mittags und Fr/Sa auch abends; Mo geschlossen; im Sommer Mo–Fr mittags und nur Fr abends; Sa/So geschlossen, abends wird in zwei Schichten gegessen, die eine beginnt um 20 Uhr, die andere um 21.30 Uhr, dementsprechend muss man für einen der Termine am Abend auch reservieren.

Pizzeria/Snacks

Acchiappafantasmi (8), gute und reichlich belegte Pizza ab 7 € (auch mittags frisch gebacken) und andere Gerichte (vieles davon - aus der Küche Kalabriens), Menü ca. 20 €. Via dei Cappellari 66, ✆ 06/6873462, www. acchiappafantasmi.it. Mittags und abends geöffnet, Mo geschlossen.

MK Kosher Bistro (48), eine der seltenen Gelegenheiten, koschere Pizza zu essen. Das bunte, kleine Bistro bietet wunderbare *Pizza a taglio* (vom Blech), aber auch Hamburger, Falafel, Würstchen und Brötchen, alles zum Mitnehmen und garantiert koscher, wie die vielen Bescheinigungen des Rabbinats bezeugen. Via S. Maria del Pianto 69. Ganztägig geöffnet, Fr abends und Sa geschlossen.

Eine günstige Alternative zu dem zuweilen doch eher hochpreisigen kulinarischen Angebot bieten die nebeneinander liegenden **Pizza Ré (19)** (moderne Einrichtung, solide Pizza, flotter Service, Largo dei Chiavari 83/84, ✆ 06/68808074) und **L'Insalata Ricca (17)**: große Auswahl an Salaten, aber auch an Antipasti, Pasta, Secondi und Pizza, Largo dei Chiavari 85/86, ✆ 06/68803656, beide tägl. mittags und abends geöffnet.

Enoteche/Winebars

Il Goccetto (6), Treffpunkt für Journalisten der Wein- und Gastronomieszene, aber auch für „einfache" Weinliebhaber und Genießer. Sergio Ceccarelli, der sympathische Besitzer der kleinen Enoteca, schreibt übrigens für den bekannten Restaurant- und Weinführer *Gambero Rosso*. Außer dem großen Angebot an offenen Weinen hat er auch eine reichhaltige Auswahl an Fla-

An der Piazza Farnese

schenweinen und internationalen Bränden sowie ein großes Grappa-Sortiment im Programm. Zum offenen Wein gibt es einige Sorten Käse und feine Salami. Via dei Banchi Vecchi 14 (neben der Kirche), ✆ 06/6864268. Mittags und abends geöffnet, So mittags geschlossen.

Winebar L'Angolo Divino (40), die Enoteca besteht seit über 50 Jahren. Die Flaschenpreise beginnen für einfache Weine bei ca. 5 €, bessere Weine kosten bis zu 35 €. Große Auswahl an Olivenöl aus den Regionen Latium und Toskana bis hoch zum Gardasee. Zu essen gibt es leckere kleine Gerichte wie z. B. Tartar oder Entenbrust mit Radicchio. Mittagsmenü für 10 €, abends zahlt man ca. 25 € fürs Essen. Via d'Balestrani 12–14, ✆ 06/6864413. Mittags und abends geöffnet, Mo mittags geschlossen.

Winebar Roscioli (42), verlockend appetitlich aussehender Feinkostladen mit Käse-, Schinken- und Salamitheke (edelste Produkte), dazu frisches Brot, gutes Weinangebot und Weine im Ausschank (teuer). Das angeschlossene Restaurant im hinteren Teil bietet mittags auch kleinere, schnelle Gerichte, abends kommt das Menü auf ca. 45 €. Via dei Giubbonari 21, ✆ 06/6875287, www.anticofornoroscioli.com. Mittags und abends geöffnet, So Ruhetag. Die dazugehörige **Bäckerei** befindet sich in der Via dei Chiavari 35, die gegenüber der Winebar beginnt.

Enoteca Corsi (12), → Rundgang 4, S. 169.

La Vecchia Bottega (50), große Weinauswahl hauptsächlich italienischer Gewächse (viel Hochklassiges) im Verkauf, einige offene Weine zur Verkostung. *Enoteca con Cucina*, man kann hier also auch Mittag- und Abendessen einnehmen. Via S. Maria del Pianto 9A/11, ✆ 06/68192210. Mo–Sa über Mittag, Di–Fr auch abends geöffnet, So geschlossen.

Bars/Cafés

La Vineria Reggio (32), die angesagte Bar am Campo de'Fiori für einen Aperitivo, auch später am Abend meist bis auf den letzten Platz besetzt. Nicht allzu teuer. Campo de'Fiori 15 (→ „Nachtleben", S. 74).
Ebenfalls am Campo de'Fiori befinden sich die beiden Bars **Aristocampo** und **The Drunken Ship**: Auch hier trifft man sich zum Aperitivo oder zum Drink nach dem Essen, um dem Treiben auf der stimmungsvollen Piazza zuzuschauen. (→ „Nachtleben", S. 74).

Café Farnese (33), herrliche Lage an der gleichnamigen Piazza, zentral, aber relativ ruhig, mit tollem Blick auf den Farnese-Palast, dafür aber auch entsprechend teuer (Cappuccino am Tisch 2,80 €). Die Bedienungen sind von eher herbem römischem Charme. Trotzdem ein schöner Ort zum Frühstücken oder zum Aperitivo. Via dei Baullari 106.

Bartaruga (45), → „Nachtleben", S. 74.

Gelateria

Alberto Pica (52), das angeblich einzig wahre Eis kredenzt nur Alberto Pica, „*il presidente del sindacato italiano gelatieri artigianali*" (der Präsident des italienischen Eisherstellerverbands). Im Sommer hat der selbst ernannte Eiskönig bis zu 50 verschiedene Eissorten im Repertoire, darunter gelegentlich *Crema di fragoline di bosco* (Walderdbeereis), *Baileys* und Pinienkerneis, aber manchmal auch ganz andere, sehr eigenwillige Kreationen (lassen Sie sich überraschen). Auch Bar mit Panini. Via della Seggiola 12 (zweigt beim Justizministerium von der Via Arenuela ab). Tägl. 8–2 Uhr durchgehend geöffnet, So erst ab 16 Uhr.

Blue Eyes, römische Eisdielenkette, hervorragendes Gelato (köstlich vor allem *limone*, aber auch *fragola* und *cioccolato*). In der Via dei Baullari zwischen dem Corso Vittorio Emanuele II und dem Campo de'Fiori gleich mit zwei Filialen vertreten.

Bäckereien/Patisserie

Il Forno di Campo de'Fiori (22), während es sonst meist nur das Einheitsweißbrot gibt, haben Sie hier eine riesige Auswahl an Sorten; nicht ganz günstig. Tägl. außer So 7.30–14.30 und 16.30–20 Uhr geöffnet. Campo de'Fiori 22.

Antico Forno del Ghetto (46), traditionsreiche, einfache Bäckerei mit hervorragendem Brot, guten Brötchen und ausgezeichneter Pizza (bianco, also unbelegt); preiswert und nach Leseraussage manchmal ziemlich unfreundlich. Piazza Costaguti 30/31.

An der Ecke gegenüber dem Antico Forno befindet sich **Buccione di Limentani (49)**. Die süßen Backwaren sind ein Stück jüdischer Tradition und nicht wegzudenken. Via del Portico d'Ottavia 1, Sa geschlossen.

Weitere vorzügliche Kuchen nach jüdischer Tradition bekommen Sie einige Häuser weiter bei **La Dolceroma**, neben Da Giggetto **(56)**, außerdem aber auch echt wienerische

Sachertorte und Apfelstrudel. Via del Portico d'Ottavia 20 A, geöffnet tägl. (außer Mo) 8.30–13.30 und 15.30–20, So 10–13.30 Uhr.

Shopping

Um den **Campo de'Fiori** (z. B. in der Via dei Giubbonari) gibt es Mode für jüngere Leute, weniger schrill als in der Via del Corso, dafür preiswerter. Antiquitätengeschäfte finden Sie hauptsächlich in der Via dei Banchi Vecchi und in der Gegend um die Via Pellegrino (viele Fälschungen!). Nett zum Stöbern sind die überwiegend autofreien Gassen des ehemaligen Ghettos: viele kleine Läden und entspannte Ruhe.

Baullà (34), ausgefallene Damenmode. Via dei Baullari 37 (Verbindung vom Campo de'Fiori zum Corso Vittorio Emanuele II), tägl. geöffnet, Mo vormittags geschlossen.

Loco (21), modische Schuhe, ausgefallene Exemplare der gehobenen Preisklasse. Via dei Baullari 22.

Mauro Leone, italienische Schuhmode, links neben dem Hotel Campo de'Fiori, Via del Biscione 8.

Empresa, modische bis ausgefallene Herrenmode, teuer. Via dei Gubbionari 26.

Largo Argentina, jüd. Viertel, Campo de'Fiori
Karte S. 138/139

Marco Aurelio (16), ausgefallener, aufwändig gearbeiteter und teurer Schmuck mit teilweise antiken Einflüssen. Di–Sa 11–14 Uhr und 17–21 Uhr. Via del Pellegrino 48 (nahe Campo de'Fiori), www.marcoaurelio.it.

Limentani (57), Haushaltswaren, Glas und Porzellan aller Art, stark verstaubt, in Regalen bis zur Decke des Kellerlabyrinths aufgeschichtet, finden Sie hier Küchengeräte in jeder Form und Produkte edler Porzellanhersteller neben einfachem Steingutgeschirr. Sollten bei Ihrem Lieblingsservice Teile fehlen, hier haben Sie die reelle Chance, Ersatz zu bekommen, und das auch noch zu günstigen Preisen! Der Ausstellungsraum ist genau das Gegenteil des Lagergeschäfts: Er befindet sich rechts gegenüber in den Resten des antiken Theaters (neben dem Kircheneingang) in einer pompös ausgestatteten Fischhalle aus dem Jahr 1638. Hier sind in erster Linie Hochzeitstische aufgebaut, es werden aber auch feinste Gedecke und Gläser präsentiert. Limentani ist übrigens ein Familienbetrieb in der siebten Generation und Hoflieferant für Könige, Fürsten, den Vatikan und Botschaften. Geöffnet Mo–Fr 9–13 und 16–20 Uhr, Sa durchgehend 10–20 Uhr, So geschlossen. Via Portico d'Ottavia 48 (jüdisches Viertel).

Natale Antonio Pacitti (1), Via dei Banchi Vecchi 59. Alte Kunstdrucke zumeist über Rom. Mo–Sa 10–19 Uhr. An der Ecke zum Corso Vittorio Emanuele II.

la Feltrinelli (15), *der* Buchladen Italiens, auch in Rom einen Besuch wert. Gut sortiert, auch Literatur über Rom sowie eine kleine Auswahl an deutschen und englischen Titeln, große Musikabteilung, mit Café. Largo Torre Argentina 5A/6.

Libreria del Viaggiatore (9), Reisebuchhandlung, herrlich zum Stöbern, viele Bildbände zu fernen Ländern, Reiseberichte etc. Geöffnet Mo 16–20 Uhr, Di–Sa 10–14 und 16–20 Uhr. Via del Pellegrino 78.

Fahrenheit 451 (29), links orientierter Buchladen am Campo de'Fiori 44. Auch Foto- und Kunstbände, viele ausgefallene Postkarten etc. Abends bis ca. 22 Uhr geöffnet.

Odradek – La Libreria (2), ähnliche Ausrichtung wie Fahrenheit, sehr große Auswahl zu Soziologie und Philosophie. Alles nur in italienischer Sprache. Via dei Banchi Vecchi 57, tägl. (außer So) 9–20 Uhr.

Libreria Babele (4), schwuler Buchladen und gleichzeitig Infobörse für schwul/lesbische Veranstaltungen, kostenlose Infoblätter. Via dei Banchi Vecchi 116.

biblioTeq (5), netter Teeladen, in dem es nicht nur zahlreiche Teesorten, sondern auch originelle und günstige Teekannen, Tassen und andere Accessoires gibt. Auch Kaffee und ausgewählte Schokolade. Mo 15–20 Uhr, Di–Fr 10–13.30 Uhr und 15.30–20 Uhr, Sa 11–20 Uhr. Via dei Banchi Vecchi 124, www.biblioteq.it.

Stockmarket (3), günstige Wohnaccessoires von der Klobürste über Tassen und Teller bis hin zur Kühltasche im Handtaschenformat. Dazwischen viel Kitsch. Via dei Banchi Vecchi 51, Di–Sa 10–20 Uhr, Mo ab 15.30 Uhr.

Hollywood (27), winziger Laden, der Cineastenherzen höher schlagen lässt. Filmposter (auch Raritäten), T-Shirts, DVDs und für Mitglieder auch DVD-Verleih. Di–Sa 10–19.30 Uhr, Mo 15–19.30 Uhr, Via Monserrato 107.

Roma Store (44), Fanartikel des AS Rom im Untergeschoss eines Sportgeschäfts an der Piazza B. Cairoli 119, tägl. außer So 10–19.30 Uhr.

ibiz (36), Ledermanufaktur. Die Schlüsselanhänger, Portemonnaies, Hand- und Aktentaschen sind zwar nicht gerade billig, dafür ist jedes ein Einzelstück. Via dei Chiavari 39, ✆ 06/68307297.

● *Supermarkt* **Punto Sma**, Via del Monte della Farina 51; **De Spar** auf dem Corso Vittorio Emanuele II 42 und im Vicolo della Moretta 10 (zwischen Via Monserrato und Via dei Banchi Vecchi).

● *Naturkostladen* **Albero del Pane (47)**, in der Via S. Maria del Pianto 20: Reformhaus, Backwaren, Obst, Gemüse etc., außerdem Naturkosmetik und anderes.

Täglich vormittags findet der **Markt** auf dem Campo de'Fiori statt: vermutlich das beste Obst und Gemüse (auch Haushaltswaren und Kleidung) der Stadt, allerdings teurer als auf anderen Märkten. Vor malerischer Kulisse in der Altstadt.

Zweiradverleih

Eurorent Roma Service, Fahrrad- und Scooterverleih unweit dem Campo de'Fiori, Fahrrad ab 3 €/Std. (12 €/Tag; 55 €/Woche), Scooter ab 10 €/Std. (40 €/Tag; 200 €/Woche), tägl. 9–19 Uhr geöffnet, Viccolo dei Bovari 7A, ✆/📱 06/6896555.

Collalti Bici, Fahrradverleih in der Via del Pellegrino 82 (beim Campo de'Fiori). Di–Sa 9–13 und 15.30–19.30 Uhr, So durchgehend 9–19 Uhr, Mo geschlossen. Nur Fahrräder: 4 €/Std., jede weitere Stunde 1 €, pro Tag 10 €. ✆/📱 06/68801084, collaltibici@libero.it. Von Lesern empfohlen.

Die Piazza Navona, der vielleicht schönste Platz der Stadt

Rundgang 4: Pantheon und Piazza Navona

Das Herz der Altstadt lädt mit seinen malerischen Gassen vor prachtvollen Fassaden und den unzähligen Bars, Cafés und Restaurants zum Schlendern ein. Hauptattraktion der Gegend sind unbestritten das Pantheon und die wunderschöne Piazza Navona.

Dieser überwiegend autofreie Teil des Centro Storico um Pantheon und Piazza Navona zieht Touristen in Scharen an. Kein Wunder – denn hier zeigt sich Rom von seiner romantischen Seite: enge Gassen, die immer wieder in pittoreske kleine Plätze münden, Kirchen und Paläste, die zur Besichtigung einladen, und natürlich jede Menge Flair eines gewachsenen historischen Stadtviertels.

Am so genannten „Tiberknie" (von der heutigen Piazza del Popolo bis zum Kapitol) erstreckte sich in der Antike das Marsfeld, ein Gebiet, das von Tempeln,

Thermen und Theatern geprägt war. Vor allem die Umgebung des Pantheons war im Mittelalter noch dicht besiedelt. Mit wenigen Ausnahmen (z. B. der Palazzo Altemps) spielten die Bautätigkeiten der Renaissance in diesem Teil der Stadt eine nur untergeordnete Rolle; seinen städtebaulichen Höhepunkt erlebte das Gebiet im Barock – z. B. durch die Neugestaltung der Piazza Navona und die zahlreichen Kunstwerke von Gianlorenzo Bernini und Francesco Borromini, denen man hier quasi an jeder Ecke begegnet.

Spaziergang

Ausgangspunkt ist die **Piazza della Rotonda** mit dem **Pantheon** aus dem 2. Jh. n. Chr., dessen berühmte Kuppel

als Vorbild für sämtliche römischen Kirchenkuppeln diente. Nur wenige Schritte südlich davon stoßen Sie auf

Berninis erstes von vielen Meisterwerken in dieser Gegend: die marmorne Elefantenstatue als Träger für einen antiken Obelisken auf der **Piazza della Minerva**, dahinter die gleichnamige gotische Kirche. Hier beginnt auch die Via dei Cestari, die „Modemeile" der Geistlichen. Die edelste Adresse ist hier zweifelsohne das Traditionshaus *Gamarelli* an der Piazza Santa Chiara – die Firma ist Hoflieferant des Papstes und stattet auch Kardinäle in leuchtendem Purpur aus.

Über die Via Santa Chiara gelangt man zur netten kleinen Piazza Sant'Eustachio mit der gleichnamigen Kirche (leider meist geschlossen) und von hier –

vorbei am Palazzo di Brazza – auf der Via della Dogana Vecchia zur kleinen Piazza mit der **Kirche San Luigi dei Francesi**, die ursprünglich für französische Pilger im 16. Jh. gebaut wurde und die einige Werke des Malers Caravaggio beherbergt. Wieder in südliche Richtung geht es auf dem Corso del Rinascimento, einer der wenigen breiteren und viel befahrenen Straßen des historischen Zentrums, zum **Palazzo Sant'Ivo della Sapienza**, dem ehemaligen Sitz der römischen Universität mit der gleichnamigen Kirche. Von hier sind es nur wenige Meter bis zur Westseite der **Piazza Navona** mit ihren berühmten **Brunnen** und der **Kirche Sant'Agnese**.

Man verlässt die Piazza Navona am Nordende und gelangt direkt zur Piazza di Tor Sanguigna, wo Sie noch einen Teil der Fundamente der Zuschauertribünen des unter Kaiser Domitian im 1. Jh. n. Chr. erbauten **Circus** sehen.

Vom Komplex des **Palazzo Altemps** an der Piazza di Sant'Apollinare führt die Via Zanardelli zum **Museo Praz** und **Museo Napoleonico** an der Piazza di Ponte Umberto I, benannt nach dem im Jahr 1900 ermordeten italienischen König.

Über die Via degli Acquasparta und durch den schmalen Vicolo di S. Trifone gelangen Sie rechter Hand auf die malerische Via Coronari, die Papst Sixtus IV. als Schneise durch das enge Gassengewirr schlagen ließ. Heute befinden sich hier vor allem **Antiquitätengeschäfte** der gehobenen Preisklasse. In der ersten Hälfte des 20. Jh. war die Gegend um die Via Coronari noch bettelarm. Klerikern war es verboten, diese Straße zu betreten, da hier zahlreiche Bordelle angesiedelt waren.

Nach wenigen hundert Metern erreicht man die Piazza Coronari. Hier geht es links ab in die Via di Panico, dann rechts in die Via Orsini (vorbei am Palazzo Taverna mit schönem Innenhof) und schließlich in die Via del Governo

Vecchio, die Straße mit den besten **Se-condhand-Shops** in Rom. Seit einiger Zeit haben sich auch einige aufstrebende Nachwuchs-Designer (hauptsächlich ausgefallene Damenmode) hier niedergelassen.

Es lohnt sich noch ein Abstecher zur **Chiesa Nuova**, bevor man linker Hand in die Via di Parione und weiter in die Via della Pace einbiegt. In Letzterer – und den umliegenden Gassen – findet ein großer Teil des Nachtlebens in der Innenstadt statt. Zum Abschluss des Rundgangs bietet sich eine Besichtigung der **Kirche Santa Maria della Pace** und des erst jüngst als Museum (und Café) wiedereröffneten **Chiostro di Bramante** (neben der Kirche) an. Von hier sind es nur wenige Schritte zurück zur Piazza Navona. Der Spaziergang dauert ca. 3,5 Stunden.

Sehenswertes

Pantheon/Piazza Rotonda

Keine Frage – das Pantheon, das der Gesamtheit der Götter geweiht war (daher der Name), ist eine der beeindruckendsten Sehenswürdigkeiten der Stadt und zudem das am besten erhaltene antike Bauwerk Roms. Hier wird römische Baukunst, die man bei anderen antiken Überresten oft nur mühsam und mit viel Fantasie zu einem Ganzen zusammensetzen kann, wirklich anschaulich, denn das Pantheon aus dem frühen 2. Jh. n. Chr. ist heute noch vollkommen erhalten. Der gute Zustand ist u. a. darauf zurückzuführen, dass das Bauwerk Anfang des 7. Jh. vom Christentum sozusagen „adoptiert" und als Kirche entsprechend gepflegt wurde. Bereits 27 v. Chr. wurde hier unter Agrippa, dem Schwiegersohn von Kaiser Augustus, ein konventioneller Tempel gebaut, der jedoch durch zwei Brände völlig zerstört wurde. Die Inschrift unter dem Giebeldreieck erinnert daran. Kaiser Hadrian ließ von 118 bis 125 n. Chr. einen neuen Tempel bauen, der alles Bisherige in den Schatten stellte: Der Rundbau mit einer Mauerstärke von über 6 m hat einen Durchmesser und eine Höhe von jeweils 43,3 m. Sein zylinderförmiger Unterbau ist genauso hoch wie die Kuppel. Würde man also die halbkugelförmige Kuppel zur Vollkugel erweitern, würde sie in genau einem Punkt die Mitte des Fußbodens berühren. Sämtliche Kirchenkuppeln der Renaissance gehen auf die des Pantheons zurück; u. a. diente sie Bramante als Vorbild für die Kuppel der Peterskirche. Das Straßenniveau war in der Antike übrigens deutlich niedriger: Zur Vorhalle des Pantheons führte eine Treppe hinauf, die Kuppel war daher von außen nicht sichtbar.

Das Pantheon hatte auch in frühchristlicher Zeit einen hohen Stellenwert bei der römischen Bevölkerung. Den Päpsten war der eindrucksvolle heidnische Bau allerdings ein Dorn im Auge, doch ihr Versuch, das Gebäude zur Markthalle zu degradieren, misslang. Also wandelte man das Pantheon kurzerhand in eine christliche Kirche um. Geweiht wurde **S. Maria dei Martiri** an Allerheiligen des Jahres 609. Um dem neuen Namen Sinn zu geben, ließ man 28 Wagenladungen mit Gebeinen von Märtyrern aus den Katakomben hierher schaffen. Im Jahr 663 plünderte Konstantinus II. die bronzene Innenverkleidung der Kuppel. Unter Papst Urban VIII. wurde knapp 1000 Jahre später auch noch die Bronzeverkleidung in der Vorhalle entfernt, aus der Bernini den 93 Tonnen schweren Baldachin für den Altar der neuen Peterskirche anfertigte.

Man betritt das Pantheon durch die rechteckige Vorhalle mit 16 korinthischen Säulen. Das originale bronzene

Eingangstor der Vorhalle zum Rundbau ist 6,50 m hoch, in den beiden Nischen neben dem Portal standen einst Statuen der Kaiser Hadrian und Augustus. Das runde Innere des Pantheons beeindruckt besonders durch seine Schlichtheit und Größe. Die riesige Kuppel mit den vertieften Kassettenfeldern verstärkt diesen Eindruck. In der Antike war die Kuppel mit Bronze ausgekleidet und mit goldenen Sternen versehen: das perfekte Himmelsgewölbe. Die Öffnung in der Mitte mit einem Durchmesser von 9 m dient als einzige Lichtquelle und entlastet gleichzeitig die Statik. Hereinfallender Regen wird bis heute durch ein noch immer intaktes Entwässerungssystem unter den Fußboden abgeleitet.

In den sieben Nischen der runden, mit farbigem Marmor inkrustierten Innenwand waren in der Antike die Statuen aller römischen Götter aufgestellt. Heute befinden sich hier die Gräber italienischer Könige (Umberto I und Umberto II), besondere Verehrung genießt der antike Sarkophag mit dem Grab des Renaissancemalers Raffael (1483–1520) zwischen der zweiten und dritten Nische auf der linken Seite.

⏱ Täglich 8.30–19.30 Uhr, So 9–18 Uhr. Jeden Sa (und an Tage vor Feiertagen) um 17 Uhr und So um 10.30 Uhr wird hier die Messe gelesen. Wie bei allen anderen Kirchen der Stadt ist der Eintritt ins Pantheon frei!

Die **Piazza della Rotonda** vor dem Pantheon ist bis spät in die Nacht ein beliebter Treffpunkt für Touristen und Römer. Auf den Stufen des Brunnens von Giacomo della Porta aus dem Jahr 1578 sitzt man gut und vor allem preiswerter als in den umliegenden teuren Cafés.

Piazza della Minerva

Der Platz vor der gleichnamigen Kirche wird durch eine der schönsten Skulpturen Berninis dominiert. Im Klostergarten des hier ansässigen Dominikanerordens fand man 1665 einen kleinen ägyptischen Obelisken aus dem 6. Jh. v. Chr., der einst zu einem **Isis-Heiligtum**

Am Pantheon

gehörte. Auf Veranlassung von Papst Alexander VII. wurde der Monolith auf der Piazza vor der Kirche aufgestellt.

Um dem nur 3,40 m hohen Obelisken etwas mehr Größe zu verschaffen, entwarf Bernini den Elefanten als weiteren Sockel, der trotz der schweren Last auf seinem Rücken überaus fröhlich wirkt. Ausgeführt wurde dieses Meisterwerk 1667 von Berninis bestem Schüler Ercole Ferrata. Auf der Sockelinschrift ist zu lesen: „Der du dies zu sehen bekommst, erkenne darin den Beweis, dass man robust sein muss, um die Last der Weisheit zu ertragen."

Dieser Satz wird immer wieder auch als Anspielung auf Galileo Galilei interpretiert, der genau hier 1633 vor der Inqui-

Berninis fröhlicher Elefant

sition seinen Theorien abschwören musste. Bei der Planung der Statue soll es übrigens zu einem hässlichen Streit zwischen Bernini und seinen Auftraggebern gekommen sein. So kommt es, dass der Elefant vor dem Gebäude der Dominikaner (links der Kirche) nicht – wie geplant – huldvoll sein Haupt neigt, sondern den Mönchen sein faltiges Hinterteil entgegenstreckt: Bernini hatte zur Genehmigung trickreich eine spiegelverkehrte Skizze der Skulptur vorgelegt.

Santa Maria sopra Minerva

Die einzige gotische Kirche Roms wurde über einem antiken Isistempel errichtet (der Name *sopra Minerva* ist darauf zurückzuführen, dass man hier lange Zeit einen Minervatempel vermutete). Baubeginn der Kirche war 1280, vollendet wurde sie allerdings erst Ende des 15. Jh. Die schlichte Renaissancefassade stammt aus dem Jahr 1453, das für die damalige Zeit unübliche steinerne Kreuzgewölbe entstand 1450. Unter dem Hauptaltar liegt das Grab der heiligen Katharina von Siena (gest. 1380), hinter dem Altar sind rechts und links die prachtvollen Gräber der Medici-Päpste Leo X. und Clemens VII. zu sehen. Das wohl bedeutendste Kunstwerk der Kirche ist Michelangelos **Marmorstatue des auferstandenen Christus** (1519–1522) links vom Hauptaltar, deren bronzenes Tuch erst im Barock schamvoll hinzugefügt wurde. Sehenswert auch die **Carafa-Kapelle** im rechten Querschiff. Kardinal Oliviero Carafa von Neapel ließ die Kapelle Ende des 15. Jh. zu Ehren des heiligen Thomas von Aquin von Filippo Lippi ausmalen.
🕐 Tägl. 7–19 Uhr, So 8–19 Uhr, während der Messen keine Besichtigung möglich.

San Luigi dei Francesi

Die französische Nationalkirche in Rom geht auf eine Gründung von Papst Leo X. zurück. Hier sollten französische Pilger Aufnahme finden. Der Bau mit seinem düsteren Innenraum wurde 1580 fertig gestellt. Sehenswert sind vor allem die drei berühmten Gemälde von Caravaggio. Sie zeigen Szenen aus dem Leben des Evangelisten Matthäus: die Berufung, Matthäus mit dem Engel und das Martyrium des Evangelisten. Zu finden sind sie in der Contarelli-Kapelle im linken Seitenschiff.
🕐 Tägl. 10–12.30 Uhr und 16–19 Uhr, Donnerstagnachmittag geschlossen.

Sant'Ivo della Sapienza

Die Kirche befindet sich im Hof der früheren römischen Universität im **Palazzo della Sapienza** (sapienza = Weisheit). Die alte Universität war hier bis 1935 untergebracht, heute dient der Palazzo als Kirchen- und Stadtarchiv. Als

Francesco Borromini 1642 den Auftrag für die Gestaltung der Kapelle erhielt, hatte sein Vorgänger Giacomo della Porta den ovalen Arkadenhof bereits fertig gestellt. Auch der Grundriss für die Kirche stand schon fest – für eine neue Kirchenfassade war kein Platz. Als Kontrast zur konkaven Rundung des Hofes gestaltete Borromini den konvex gewölbten Innenraum der Kirche, deren Grundriss angeblich der Barberini-Biene aus dem Wappen der Familie von Papst Urban VIII. nachempfunden sein soll. Außergewöhnlich ist auch der **spiralförmige Turmaufsatz** auf der Kuppel: Hier vermutet man eine Anspielung auf den Turmbau zu Babel, nach Borrominis eigener Erklärung soll die Spirale jedoch die Tiara, die Papstkrone, darstellen. Sant'Ivo gilt als Meisterwerk Borrominis. ⏱ Tägl. 9–12 Uhr, der Hof ist bis ca. 19 Uhr geöffnet. Eingang am Corso del Rinascimento Nr. 40 (Archivio del Stato).

Piazza Navona

Diese wunderschöne Piazza gehört zu den wichtigsten barocken Platzanlagen Italiens und übt auch heute eine unverändert große Anziehungskraft auf Römer und Touristen aus. Hier am Abend zu flanieren macht einfach Spaß: Unzählige Römer machen eine *bella figura*, schlendern nach dem Shopping oder vor dem Essen über den weitläufigen Platz und lassen sich zum Aperitivo in einem der vielen – extrem teuren – Straßencafés nieder: Sehen und gesehen werden lautet hier das Motto wie an kaum einer anderen Piazza der Stadt. In der Mitte des Platzes haben Porträtmaler, Wahrsager, Souvenirverkäufer und Straßenkünstler ihre Stände aufgebaut. Auf der Piazza Navona wird jede Menge geboten.

Bereits in der Antike hatte der Platz seine Attraktion: Kaiser Domitian ließ 92–96 n. Chr. ein **Stadion** für sportliche Wettkämpfe (später auch Gladiatorenkämpfe) bauen. Die Anlage war 276 m lang und 54 m breit, 20.000 Zuschauer fanden auf der Tribüne Platz. Bis in die Renaissance blieb die Arena in Teilen erhalten. Ab 1477 wurde der Markt (vorher am Kapitol) hier abgehalten, 1485 ließ man den Platz pflastern und Wohnhäuser auf den Tribünenfundamenten bauen. Damals war die Piazza Navona der größte Platz der Stadt, das Wohngebiet drum herum wurde zu einem der bevorzugtesten in Rom. Giacomo della Porta errichtete um 1570 zwei Brunnen auf dem Platz, Barockmeister Bernini erneuerte im Zuge der Umgestaltung der Piazza unter Papst Innozenz X. den Brunnen am südlichen Ende und ließ die prachtvolle Fontana dei Quattro Fiumi in der Platzmitte bauen (→ S. 162). Ab dem 18. Jh. bis weit ins 19. Jh. hinein fanden hier auch Wasserspiele statt, zu deren Zweck man die Abflüsse der Brunnen verstopfte und so die Piazza zum **Lago di Piazza Navona** flutete. Das Publikum planschte und war begeistert.

Die Brunnen der Piazza Navona

Am Südende der Piazza Navona befindet sich die 1652 von Bernini neu gestaltete **Fontana del Moro**: ein Maure (daher der Name) kämpft mit einem großen Fisch. Am Nordende des Platzes steht die **Fontana di Nettuno** (Neptunsbrunnen), die erst im 19. Jh. ihr heutiges Aussehen erhielt. Dargestellt ist Neptuns Kampf mit einem Meeresungeheuer.

Beide flankieren den Hauptbrunnen in der Mitte, die **Fontana dei Quattro Fiumi** (Vierflüssebrunnen), eine weitere Glanztat des Barockkünstlers Bernini. Der Brunnen sollte die päpstliche Weltherrschaft symbolisieren und in diesem Zusammenhang diskret auf den Phamphilj-Papst Innozenz X. hinweisen. Für diesen Auftrag musste der erfolgsverwöhnte Bernini übrigens hart kämpfen: Durch geschickt gestreute Gerüchte seiner Kontrahenten war er zwischenzeitlich bei Innozenz in Ungnade gefallen.

Die Künstlerfehde schlechthin: Bernini vs. Borromini

Die bewegten Posen der Figuren am Vierflüssebrunnen der Piazza Navona führten seinerzeit zu einer ganz eigenen Interpretation von Berninis Werk: Auffällig wenden sich Donau und Ganges scheinbar mit Schrecken von der gegenüberliegenden Kirche Sant'Agnese ab, der Rio de la Plata hält mit einem Ausdruck des Entsetzens abwehrend den Arm hoch, so, als ob er jeden Augenblick den Einsturz der Kirche befürchtet, und der Nil hat sich sogar ein Tuch über den Kopf gezogen, um das grässliche Machwerk nicht ansehen zu müssen. Angeblich übt Bernini hier Rache an seinem Intimfeind Borromini, der statt seiner den Auftrag für Sant'Agnese erhalten hatte. So einleuchtend diese Geschichte auch scheinen mag, sie kann nicht stimmen, da der Vierflüssebrunnen mehrere Jahre vor der Kirche Sant'Agnese entstand – die Arbeiten am Brunnen (1648–1651) waren längst abgeschlossen, als Borromini 1652 mit dem Bau von Sant'Agnese begann. Dennoch, eines zeigt diese berühmte Interpretation der Bernini-Borromini-Fehde deutlich: die abgrundtiefe Feindschaft zwischen den beiden herausragenden Künstlern ihrer Epoche.

Gianlorenzo Bernini (1598–1680), Sohn eines etablierten Bildhauers am päpstlichen Hof, lernte sein Handwerk bereits im Kindesalter, als er in Papas Werkstatt erste Statuen meißelte und auf den Baustellen aushalf. Papst Paul V. zeigte sich beeindruckt vom Talent des Jungen. Einen einflussreichen Mentor fand der geniale Bernini später in Kardinal Barberini, der 1623 als Urban VIII. den Papstthron bestieg. Mit ihm verband ihn eine tiefe Freundschaft, und Bernini wurde mit Aufträgen geradezu überschüttet – ein Umstand, von dem sein Gegenspieler **Francesco Borromini** (1599–1667) anfangs nur träumen konnte.

Zwar war Borromini seinerzeit einer der ganz wenigen Künstler in Rom, die sich gegenüber der Monopolstellung von Berninis Werkstätten behaupten konnten; allerdings musste er mangels entsprechender Beziehungen zu Vatikan und Adel viel härter um Aufträge kämpfen. Durchsetzen konnte sich der ehrgeizige Borromini durch seinen damals noch sehr ungewöhnlichen, neuen Stil der „bewegten Architektur" mit dem Wechselspiel konkaver und konvexer Wandelemente. Bald bekam er einige wichtige Aufträge, bei denen er sein großes Talent unter Beweis stellen konnte. Die Konkurrenz zwischen den beiden Künstlern entwickelte sich zur Feindschaft, die bis zu nächtlichen Sabotageakten an der gegnerischen Baustelle führten, und auch die Verbreitung rufschädigender Gerüchte war an der Tagesordnung. Als Bernini beim Pamphilj-Papst Innozenz X. in Ungnade gefallen war, schien es zunächst, als würde Borrominis großer Karriere endlich nichts mehr im Wege stehen. Trotz aller Missstimmigkeiten gelang es Bernini (er schmeichelte sich bei der dominanten Papst-Schwägerin Donna Olimpia ein) am Ende aber doch, den Auftrag für die Gestaltung des Vierflüssebrunnens auf der Piazza zu ergattern – und damit Borromini ein weiteres Mal die Schau zu stehlen. Nicht zuletzt durch die Erkenntnis, niemals die Nummer eins in Rom werden zu können, nahm sich Francesco Borromini am 2. August 1667 verzweifelt das Leben. Bernini starb 13 Jahre später im Alter von 82 Jahren – und hatte im Auftrag von insgesamt acht Päpsten das Stadtbild von Rom geprägt wie kein anderer.

Schlimmer noch: Sein Widersacher Borromini hatte bereits Entwürfe für den Brunnen gefertigt – der prestigeträchtige Großauftrag schien diesmal ohne Bernini über die Bühne zu gehen. Dank einflussreicher Fürsprecher und dank seines grandiosen Gegenentwurfes konnte Bernini das Rennen aber doch für sich entscheiden. Allerdings beschränkte sich seine Arbeit bei diesem Projekt im Wesentlichen auf die Gesamtkonzeption, die Fertigung der dominierenden Brunnenfiguren besorgten seine Schüler.

Der Vierflüssebrunnen symbolisiert die vier damals bekannten Kontinente jeweils durch einen personifizierten Fluss: die Donau mit Papstwappen und Pferd steht für Europa, der Ganges mit Palme und Schlange für Asien, der Nil mit Löwe und verdecktem Haupt für Afrika und der Rio de la Plata mit Schlange und Münzen für Amerika. Über dem Brunnen erhebt sich der Obelisk (unter Domitian 81. n. Chr. in Rom angefertigt) als Symbol päpstlicher Weisheit und Vorherrschaft über die damals bekannte Welt. Ganz oben prangt das Wappen von Innozenz X., eine Taube. Den Obelisken hatte man erst 1647 im Maxentius-Circus an der Via Appia Antica entdeckt.

Der Vierflüssebrunnen an der Piazza Navona

Sant'Agnese in Agone

Gleich neben ihrem Familiensitz, dem **Palazzo Pamphilj** (heute die brasilianische Botschaft) an der Westseite der Piazza Navona, ließ Papst Innozenz X. eine prachtvolle Haus- und Grabkirche bauen. Die Arbeiten zogen sich ab 1652 über 20 Jahre hin. Bis 1657 war auch Borromini als Architekt am Bau beteiligt (v. a. an der Fassade), danach stieg er wegen Streitigkeiten mit dem Auftraggeber aus. Geweiht wurde die Kirche der heiligen Agnes. Die Märtyrerin sollte nackt in einem Bordell ausgestellt und hingerichtet werden, weil sie sich geweigert hatte, einen heidnischen Römer zu heiraten. Doch plötzlich wuchsen ihre Haare so lang, dass ihr gesamter Körper verhüllt war. Und auch die Hinrichtung verlief zunächst nicht nach Plan: Auf dem Scheiterhaufen teilte sich das Feuer und verschonte das Mädchen, erst ein Schwert konnte sie töten. ✆ Di–So 9.30–12.30 Uhr und 16–19 Uhr, Mo geschl.

Palazzo Braschi/Museo di Roma

An der Südseite der Piazza Navona steht der Palazzo Braschi, einer der prächtigsten Barockpaläste der Stadt. 1790 kaufte Papst Pius VI. das baufällige Gebäude für seinen Neffen Luigi Braschi Onesti und ließ es von den bedeutendsten Architekten seiner Zeit umbauen. Maßgeblich beteiligt waren Giuseppe Valadier und der päpstliche Architekt

Der Vierflüssebrunnen im Detail

Cosimo Morelli. Der Palazzo Braschi ist eines der letzten großen Bauprojekte, mit dem Prestige und Machtfülle des Heiligen Stuhls dokumentiert werden sollten – entsprechend üppig ist die Ausgestaltung des nach langer Renovierungsphase im Jahr 2002 wiedereröffneten Palazzos. Besonders bemerkenswert ist die prachtvolle Treppenanlage mit ihren roten Marmorsäulen aus der Zeit Caligulas. Umrahmt wird der Treppenaufgang von zahlreichen antiken Skulpturen.

Wer sich für die Geschichte Roms ab dem Mittelalter interessiert, sollte die Besichtigung des **Museo di Roma** in den Räumlichkeiten des Palazzos gleich an den Anfang seines Besuches legen: Auf zwei Stockwerken finden Sie hier Stadtansichten en masse (viele aus dem 18./19. Jh.), dazwischen aber auch Porträts bedeutender römischer Familien sowie diverse Büsten. Ein guter Einblick in die topografische, soziale und kulturelle Entwicklung der Stadt, das Museum ist unbedingt sehenswert! Beim Blick aus dem Fenster sieht man das bunte Treiben auf der angrenzenden Piazza Navona.

Ⓣ Di–So 9–19 Uhr (Einlass bis 18 Uhr), Mo geschlossen. Eintritt 6,50 €, ermäßigt 4,50 € (EU-Bürger zwischen 18 und 25 J.), unter 18 und über 65 J. frei (Eintrittspreis kann bei Sonderausstellungen variieren). Audioguide (nur in Ital./Engl.) ca. 3,50 €, Führungen nur nach vorheriger Anmeldung. Via San Pantaleo, ✆ 06/82059127, www.museodiroma.it.

Palazzo Altemps/Museo Nazionale Romano

An der Piazza di Sant'Apollinare nördlich der Piazza Navona stößt man auf den mächtigen Palazzo Altemps mit Aussichtsturm. Das repräsentative Gebäude mit eindrucksvoller Renaissancefassade stammt ursprünglich aus dem Jahr 1477 und wurde für einen Neffen von Papst Sixtus IV. gebaut. Der Gebäudekomplex wechselte jedoch mehrfach den Besitzer, bis Kardinal Marco Sitico Altemps 1570 den Palazzo übernahm. Seit 1901 ist das Gebäude im Besitz des italienischen Staates, der hier eine bedeutende Zweigstelle des Museo Nazionale Romano eingerichtet hat. Zu sehen sind neben der teilweise noch erhaltenen prachtvollen Ausgestaltung des Renaissancepalazzos selbst auch antike Statuen aus der Sammlung der Altemps und der Mattei sowie Teile der berühmten Ludovisi-Sammlung, die gemeinsam mit dem Gebäude vom italienischen Staat erworben wurden. Für die äußerst lohnenswerte Besichtigung des Palazzo Altemps sollten Sie sich etwas Zeit nehmen. Aufgrund der Fülle bedeutender Exponate können im Folgenden nur einige wenige herausgegriffen werden:

Sehenswert sind im Erdgeschoss der besonders schöne Innenhof (hier auch das Wappentier der Ludovisi, der Steinbock) und einige antike Statuen aus der Ludovisi-Sammlung.

Im ersten Stock sehen Sie im Saal der Landschaftsmalerei den **Hermes Loghios** aus dem 1./2. Jh. n. Chr. Im nächsten Saal, der mit einem Fresko von 1477 geschmückt ist, befindet sich u. a. der **Ares Ludovisi**. Beide Statuen sind römische Kopien von griechischen Bronzestatuen aus dem 2. Jh. v. Chr., letztere wurde 1622 von Bernini restauriert. Im nächsten Saal stößt man auf das überlebensgroße **Haupt der Juno** und den bedeutenden **Ludovisi-Thron** aus dem 5. Jh. v. Chr., auf dem u. a. die Geburt der Venus dargestellt ist. Im Kaminsaal befindet sich der berühmte **Gallier**, der seine Frau getötet hat und nun das Schwert gegen sich selbst richtet (Kopie nach griechischem Original aus dem 5. Jh. v. Chr.). Die Skulptur gehört zum **Sterbenden Gallier**, der heute in den Kapitolinischen Museen (→ S. 109) zu besichtigen ist. Zum Abschluss des Rundgangs sollte man auch einen Blick in die opulent ausgestattete **Hauskirche Sant'Aniceto** aus dem Jahr 1617 werfen.

⏱ Di–So 9–19.45 Uhr (Einlass bis 19 Uhr), Mo geschlossen. Eintritt 7 €, ermäßigt 3,50 € (18–25 J.), EU-Bürger unter 18 und über 65 J. frei. Piazza di Sant'Apollinare 46, ✆ 06/68485182, Ticketreservierung unter ✆ 06/39967700. Das Ticket ist für alle Zweigstellen des **Museo Nazionale Romano** gültig, also auch für Palazzo Massimo, Terme di Diocleziano und Crypta Balbi (Gültigkeit drei Tage).

> Wer viele archäologische Sehenswürdigkeiten und Museen besichtigen will, für den lohnt sich die Anschaffung des **Roma Pass** → S. 85.

Museo Mario Praz

Die Privatsammlung des adligen Gelehrten, Übersetzers und Schriftstellers Mario Praz (1896–1982) umfasst rund 1200 Ausstellungsstücke aus der Zeit von 1790 bis 1840: Möbel, Gemälde und dekorative Objekte aller Art. Ein Besuch des Museums, das wie eine noch bewohnte Privatwohnung wirkt, lohnt nur für speziell Interessierte.

⏱ Di–So 9–14 Uhr und 14.30–19.30 Uhr, Mo nur nachmittags (letzter Einlass jeweils eine Stunde vor Schließung). Etwa stündlich finden begleitete Touren ohne Kommentare statt (ca. 30 Min.). Eintritt frei. Via Zanardelli 1, dritterStock, ✆ 06/6861089.

Museo Napoleonico

Im Erdgeschoss desselben Palazzos, in dem sich das Museo Mario Praz befindet (allerdings mit Eingang an der Piazza Ponte Umberto I), sind zahlreiche Besitztümer der Bonapartes zu besichtigen, u. a. Handschriften, Möbel, Kleidung, Schmuck und auch einiges Skurriles. Graf Giuseppe Portoli, ein entfernter Nachfahre der Bonapartes, war zeitlebens damit beschäftigt, alles zusammenzutragen, was mit seinen Ahnen zu tun hatte. Die Sammlung schenkte er 1927 der Stadt Rom, seit 1929 ist sie zu besichtigen.

⏱ Di–So 9–19 Uhr, Mo geschlossen. Eintritt 3 €, erm. 1,50 €. Piazza Ponte Umberto I 1, ✆ 06/68806286, www.museonapoleonico.it.

Chiesa Nuova/ Santa Maria in Vallicella

Die „Neue Kirche" am Corso Vittorio Emanuele II wurde von Papst Gregor XIII. 1575 als Neubau anstelle einer Kirche aus dem 12. Jh. in Auftrag gegeben. Sie zählt zu den größten Barockkirchen in Rom und ist – wie auch die nahe gelegene Kirche Il Gesù (→ S. 142) – ein typisches Beispiel für die Kirchenarchitektur der Gegenreformation. Die prunkvolle barocke Ausstattung wurde erst um 1640 beigefügt. Bemerkenswert sind im Inneren die drei Gemälde von Rubens am Hochaltar aus dem Jahr 1608.

⏱ tägl. 7.30–12 Uhr und 16.30–19.15 Uhr

Santa Maria della Pace

Die Kirche der „Heiligen Maria des Friedens" ließ Papst Sixtus IV. bereits 1482 anlässlich des Friedens von Mailand und Neapel bauen. Mitte des

Die sprechenden Statuen

Im 16. Jh., in einer Zeit, in der Massenmedien noch unbekannt und die freie Meinungsäußerung lebensgefährlich sein konnte, nahm sich der römische Schneider Pasquino das Recht auf dieselbe heraus, indem er dem Torso einer antiken Statue Zettel mit derben Spottversen und satirischen Bemerkungen über die Obrigkeit anheftete. Pasquinos Idee machte Schule, und andere Statuen der Stadt „antworteten" ihrerseits mit bissigen Kommentaren mittels angehefteter Zettel, sodass die steinernen Mitbewohner Roms bald miteinander kommunizierten und das politische Tagesgeschehen kommentierten. Die Dialoge der „sprechenden Statuen" nennt man bis heute nach dem Schneider *Pasquinaten*; besonders beliebt waren die Figuren der Brunnen – u. a. auch der Facchino-Brunnen in der Via Lata (beim Palazzo Doria Pamphilj), denn hier traf sich halb Rom zum Wasserholen, und jeder konnte die anonymen Spottschriften lesen.

Während der politischen Krisen Mitte der 1990er Jahre erinnerten sich die Römer an ihren zwischenzeitlich in Vergessenheit geratenen Brauch: Sie ließen diverse Brunnenfiguren wieder zu Wort kommen, die bekannteste davon an der Piazza di Pasquino (Ecke des Palazzo Braschi zur Via del Governo Vecchio). Noch heute zeugen diese Figuren vom heftig geäußerten Ärger der Römer über die nicht enden wollenden politischen Skandale dieser Zeit, und auch in jüngerer Zeit sparte man nicht mit Kommentaren über die Regierung des Landes.

17. Jh. kam eine neue Fassade hinzu, die der Barockarchitekt *Pietro di Cortona* gestaltete, ebenso wie die angrenzenden Gebäude in der idyllischen Via della Pace. Im Inneren der Kirche ist das Fresko der **Vier Sibyllen** von Raffael aus dem Jahr 1514 (erste Kapelle rechts) sehenswert.
🕐 Mo, Mi und Sa 9–12 Uhr.

Chiostro di Bramante

Der kleine zweigeschossige **Kreuzgang** gleich links neben der Kirche Santa Marina della Pace ist von besonderem kunsthistorischen Wert. Der Renaissancearchitekt Donato Bramante entwarf ihn im Jahr 1499. Die unteren Arkaden des Kreuzgangs erscheinen noch recht wuchtig, geht man hinauf in die Galerie, beeindrucken die zierlichen Säulen im Wechsel mit den mächtigen Pfeilern. In den Räumlichkeiten um den Chiostro finden wechselnde Ausstellungen statt; im Sommer werden im Hof Konzerte gegeben. Die Galerie im Obergeschoss beherbergt heute ein nettes Café (→ S. 168) und den Bookshop.
🕐 tägl. 10–20 Uhr (Einlass bis eine Stunde vor Schließung), der Kreuzgang und das Café sind kostenlos zugänglich, für die Ausstellung gelten folgende Preise: 10 €, ermäßigt 7,50 €, dienstags nur 7,50 €. Via della Pace, ☎ 06/68809035, www.chiostrodelbramante.it.

Praktische Infos

(→ Karte S. 156/157)

Ristoranti, Trattorie, Osterie

Il Bacaro (8), für einen romantischen Abend in schönem Ambiente sind Sie hier genau richtig, im Sommer sitzt man bei Kerzenschein unter einem Blätterdach in dieser ruhigen Ecke unweit der Piazza delle Coppelle. Den guten Service und die überzeugende Qualität der Küche schätzen auch viele Römer. Umfangreiche Weinkarte. Das Menü kostet um die 45 €. Via degli Spagnoli 27, ✆ 06/6872554, www.ilbacaro.com. Mittags und abends geöffnet, So Ruhetag. Da das Restaurant nur 20 Plätze hat, ist eine Reservierung dringend zu empfehlen.

Da Armando al Pantheon (31), familiäres Restaurant mit etwas dunklem Gastraum und traditioneller Küche mit typisch römischen Gerichten (freitags gibt es baccalà – Stockfisch) und einem vegetarischen Menü. Weine aus ganz Italien. Menü um 40 €. Salita de'Crescenzi 31 (nur wenige Schritte vom Pantheon entfernt); ✆ 06/68803034, www. armandoalpantheon.it. Mittags und abends geöffnet, Sa abends und Sonntag geschl.

Fortunato al Pantheon (23), dieses Ristorante gehört zu den Klassikern Roms. Früher trafen sich hier fast nur Politiker, vor allem mittags sind hier viele Geschäftsleute. Schöne Holzmöbel und ein untadeliger Service. Die Speisekarte ist seit vielen Jahren dieselbe, was zwar etwas langweilig sein kann, doch dafür hat das bei den Köchen zur Perfektion der Gerichte geführt. Bringen Sie etwas Zeit mit, im Fortunato hat man es nicht eilig. Menü 40–50 €. Via del Pantheon 55, ✆ 06/6792788. Mittags und abends geöffnet, So Ruhetag.

La Rosetta (22), das elegante und sehr teure Fischrestaurant (es gibt nur Fisch und Meeresfrüchte) ist eine Institution in Rom. Nirgendwo sonst werden Sie in der Stadt frischeren und perfekter sowie raffinierter zubereiteten Fisch bekommen. Die Speisekarte wechselt je nach Fang- und Saisonangebot. Mittags (Mo–Sa) gibt es ein Tagesmenü für 50 €, das große Menü am Abend kostet 140 € (mit weißem Trüffel 190 €), das Sonntagsmenü (mittags und abends) 160 €, ein Menü à la carte um 140 € (mit Langusten und Hummer wird es natürlich teurer). Via della Rosetta 8/9, ✆ 06/6861002, www.larosetta.com. Mittags und abends geöffnet.

L'Eau Vive (41), das bekannte Restaurant wird von Missionsschwestern geleitet, die dafür sorgen, dass Bibeln und Gesangsbücher immer griffbereit sind. Im Hintergrund spielt oft klassische Musik, einmal am Abend kommen die Schwestern zum gemeinsamen Beten und Singen in den Gastraum. Viele Kardinäle sind hier Stammgäste. Geboten wird sowohl klassische französische Küche als auch Gerichte von allen fünf Kontinenten. Das Menü kostet um die 35 €, das Mittagsmenü ist günstiger, die internationale Spezialiät des Tages

um die 20 €. Via Monterone 85, ✆ 06/ 68801095. Mittags und abends geöffnet, So Ruhetag.

Il Convivio – Troiani (6), das schöne, elegante Restaurant wird von drei Brüdern geführt (zwei arbeiten im Service, einer in der Küche). Es gibt ein Menü und eine kleine zusätzliche Karte. Die Weinkarte ist beachtlich und nach dem Essen kann man im gemütlichen kleinen Raucherzimmer eine hervorragende Auswahl an Digestifs sowie Zigarren genießen. Tagesmenü 98 €, à la carte muss man mit ca. 120 € rechnen. Sehr versteckt gelegen im Vicolo dei Soldati 31 (nahe der Piazza Ponte Umberto I), ✆ 06/ 6869432, www.ilconviviotroiani.com. Nur abends geöffnet, So Ruhetag.

Vecchia Locanda (47), neben hervorragenden Weinen wird hier traditionelle römische Küche auf hohem Niveau geboten (wunderbar sind z. B. die hausgemachten Desserts). Menü ca. 40–45 €. Vicolo Sinibaldi 2 (über die Via Torre Argentina zu erreichen), ein romantisches Gässchen. Das Restaurant ist hauptsächlich bei gutsituierten Touristen beliebt. Mittags und abends geöffnet, So Ruhetag. ✆ 06/68802831.

Santa Lucia (15), sehr schickes und angesagtes Restaurant (es waren auch schon einige VIPs zu Gast), entsprechend teuer, Menü ca. 45–55 €. Herrliche Terrasse am idyllischen Largo Febo 12 (keine 5 Minuten von der Piazza Navona), abends auch Bar, ✆ 06/68802427, www.santaluciaristorante.it. Mittags und abends geöffnet, Di geschl.

Maccheroni (12), zurzeit beliebtes Restaurant an der schönen Piazza delle Coppelle, im Sommer einige Tische draußen, drinnen kann man dem Treiben in der Küche durch die Glasscheibe zusehen. Angeboten werden die klassischen römischen Gerichte, wie z. B. „ravioli di ricotta e spinaci al pomodoro e basilico" (Ravioli mit Frischkäse und Spinat gefüllt in Tomatensoße mit Basilikum). Menü um 35 €. Piazza delle Coppelle 44, ✆ 06/ 68307895, www.ristorantemaccheroni.com. Tägl. mittags und abends geöffnet.

Da Mario (10), gleich oberhalb des Maccheroni an der Piazza, ebenfalls sehr beliebt, bodenständiger und günstiger als obiges. Nette Terrasse mit karierten Tischdecken, auch innen recht gemütlich. Menü um 30 €. Piazza delle Coppelle 51, ✆ 06/68806349. Mittags und abends geöffnet, So geschl.

Riccioli Café (14), eine Mischung aus Sushi-, Austern-, Cocktail- und Winebar, Lounge, Restaurant und Tearoom, also modern ge-

Pantheon und Piazza Navona
Karte S. 156/157

stylt und mit kleinen Gerichten. Mit über-dachter Terrasse. Geöffnet ist täglich ab 9 Uhr, Mittagessen gibt es von 12.30 bis 15.30 Uhr, zudem belegte Baguettes und Salate (z. B. vom Büffet für 9 €), von 17 bis 21 Uhr ist Aperitivo-Zeit, angeboten wird ein Getränk mit Austern und Büffet, von 17 bis 0.30 Uhr gibt es Abendessen, à la carte oder das Tagesmenü, So mittags großes Büffet, abends großes Menü; die Bar schließt um 1 Uhr. Das Sushi ist immer frisch, man kann bei der Zubereitung an der Bar im Untergeschoss zuschauen (um 35 €). Für ein komplettes Abendessen muss man mit etwa 55 € rechnen. Piazza delle Coppelle 13; ☎ 06/68210313, www.riccciolicafe.com. So Ruhetag. → auch „Nachtleben", S. 75.

Trattoria La Campana (1), Traditionslokal in einer Gasse nahe dem Tiberufer, angeblich das älteste Restaurant der Stadt (seit 1518). Sehr einladend, viele römische Stamm-gäste, typische römische Küche (besonders gut ist das Vorspeisenbuffet). Menü 45 €. Vicoletto della Campana 18, in einer Seiten-straße der Via della Scrofa, nahe Ponte Um-berto I. ☎ 06/6875273, mittags und abends geöffnet, Mo Ruhetag. Auch Lesertipp von Ulrich Kreft aus München.

• *Lesertipp* **Cybo**, „sympathisches Lokal, im Design hell und modern und offenbar noch ein bisschen neu (im Oktober 2009). Wir haben hier ausgezeichnet gegessen." Auch Wine- und Cocktailbar. Via di Tor Millina 27, ☎ 06/68210341, www.cyboroma.it.

Pizzeria

Il Baffetto (33), fast jeden Abend das glei-che Bild: Eine große Menschenmenge auf der Via del Governo Vecchio wartet geduldig auf einen Platz in der Pizzeria Baffetto. Dabei ist der Raum gar nicht so klein, und über eine schmale Stiege geht es in den ersten Stock mit weiteren Tischchen. Im Sommer gibt es auch noch draußen Platz. Die Nachfrage ist berechtigt, denn die Pizza – dünner Teig und im Ofen über offener Flamme gebacken – ist großartig und noch dazu preiswert. Wenn Sie nicht lange auf einen Platz warten wollen, sollten Sie früh (19.30 Uhr) oder sehr spät (nach 22 Uhr) kommen. Aufgrund des riesigen Andrangs kein Ort, an dem man den Abend verbringt – wer gegessen hat, bekommt die Rech-nung, und es wird auch erwartet, dass man dann geht. Pizza um 10 €. Via del Governo Vecchio 114, ☎ 06/68612617. Nur abends ge-öffnet (18.30–1 Uhr).

Cafés/Bars

Eustachio (35), die Spezialität dieser Bar ist der Gran Caffè Sant'Eustachio: In einer gro-ßen Cappuccinotasse wird eine cremige Geheimmischung serviert. Nach Ansicht ei-niger Leser der beste Kaffee der Stadt, den man in der schlichten Bar auch kaufen kann, außerdem Schokolade und diverse Süßigkeiten. Nach Ansicht anderer Leser allerdings überschätzt und überteuert. Tägl. durchgehend bis 1 Uhr (Fr bis 1.30 Uhr, Sa bis 2 Uhr) geöffnet. Piazza Sant'Eustachio 82.

Caffeteria Chiostro del Bramante (17), links neben der Kirche Santa Maria della Pace, das Café im Obergeschoss des von Bra-mante entworfenen Kreuzgangs ist herrlich ruhig und dabei relativ günstig – hier kann man sich eine entspannende Auszeit im hek-tischen Rom gönnen. Kekse, Kuchen und andere süße Kleinigkeiten warten in der Vit-rine, außerdem diverse kleine Mittagsge-richte (Salate, Sandwiches etc.) um 6–8 €, die glasweise angebotenen Weine sind da-gegen sehr teuer. Sa/So wird Brunch ange-boten (30 €). Kostenlose WI-FI-Zone (W-LAN). Di–So 10–19.30 Uhr geöffnet (Lunch von 12–16 Uhr), Mo geschlossen. Arco della Pace 5, ☎ 06/68809035, www.chiostrodelbramante.it.

Tazza d'Oro (24), hier bekommen Sie alles, was die Kaffeebohne hergibt, z. B. arabi-schen Kaffee oder verschiedenste andere Mischungen (auch koffeinfrei). Es werden auch hochwertige Teesorten, Marmeladen und Schokoladen angeboten. An der Theke können Sie den vorzüglichen Tazza d'oro genießen oder sich im Sommer mit einer „granita di café con panna" (halbgefrorener Kaffee mit Sahne) aufmuntern. Via degli Or-fani 84, gleich beim Pantheon. Mo–Sa 7–20 Uhr geöffnet, So geschlossen.

Jazz Cafè (7), American Diner & Pizzeria, vergleichsweise günstig. Abends dann auch schicke Cocktailbar, ab und zu Live-Musik oder DJ. Beliebt v. a. bei Römern zwischen 20–30 Jahren, und das besonders am Wochenende. Via G. Zanardelli 10/12 (Straße von der Piazza Navona zum Ponte Umberto I), ☎ 06/68210119. Tägl. (außer Mo) durchgängig bis 3 Uhr geöffnet.

Caffè della Pace (27), in der gleichnamigen Via, sehr schön zum Draußensitzen, mor-gens Frühstück, tagsüber ein gemütliches Café, dann Aperitivo und abends Cocktail-Bar, hier lässt es sich stundenlang aushalten. Teuer. Via della Pace 4-7, tägl. von 9 bis ca. 3 Uhr nachts geöffnet. → „Nachtleben", S. 74.

Enoteche/Winebars

Cul de Sac (45), die erste Enoteca, die vom Verkauf offener Weine und Öle aus Fässern abkam, Flaschenweine ins Sortiment aufnahm und auch glasweise ausschenkte. Dazu wurden Kleinigkeiten zu essen angeboten. Aus dieser Idee sind die heutigen Winebars entstanden. Cul de Sac ist seiner Tradition treu geblieben und bietet noch immer verschiedene kalte (riesige Käseauswahl) und warme Gerichte an. Umfangreiche, vielseitige Weinkarte. Menü um 30 €. Piazza Pasquino 73 (schräg gegenüber dem Palazzo Braschi), ☎ 06/68801094. Tägl. 12–16 Uhr und 18–0.30 Uhr geöffnet.

Casa Bleve (44), der Familienbetrieb auf der Rückseite des Teatro Valle gehört zu den elegantesten und besten Önotheken Roms. Sie wirkt von außen eher unscheinbar, die umgebaute Remise eines Palazzos aus dem 14. Jh. mit einer großzügigen hohen Halle als Salon, Arkaden, Marmorsäulen, Repliken antiker Statuen und einem Marmorbrunnen. Im Boden eingelassene Glasscheiben lassen den Blick frei auf Kellergewölbe voller Weinregale und auf römisches Mauerwerk. Die Seele des Hauses ist die stets herzliche, kleine, aber doch energische Tina, deren kalte Platten in Rom berühmt sind. Eine Reservierung ist erforderlich. Der Hausteller kostet etwa 30 €, für ein leichtes Mittagessen muss man mit rund 45 € rechnen; Weine zwischen 6–12 € pro Glas. Via del Teatro Valle 48/49, ☎ 06/6865970, www.casableve.it. So/Mo Ruhetag, Di–Sa 12.30–15 Uhr und 19.30–22.30 Uhr.

Trattoria/Enoteca Corsi (46), immer sehr voll und laut. Diese spartanische, typisch römische Osteria mit den wenigen, aber stets frischen traditionellen Gerichten hat für viele Geschäftsleute der Umgebung die Funktion einer Kantine. Einfache, deftige Hausmannskost, bestes Preis-Leistungs-Verhältnis, komplettes Menü um 25 €, der Liter des guten Hauswein kostet 12 € (gibt es auch glasweise). Sehr freundlicher Service. Nur Mo–Sa mittags 12–15 Uhr geöffnet, So Ruhetag. Die dazugehörige **Weinhandlung** (nebenan) ist Mo–Sa 8.30–13 und 17–20 Uhr geöffnet. Via del Gesù 87/88, ☎ 06/6790821, www.enotecacorsi.com.

Enoteca Il Piccolo (34), die kleine Önothek mit den wenigen Tischchen vor der Tür bietet mittags ein paar kleine, schnelle Gerichte oder Snacks (Käse, Salami). Gut sind auch die hausgemachten Dolci und die

Fontana del Moro, der Maurenbrunnen an der Piazza Navona

Waldbeeren-Bowle (Sangria ai frutti di bosco) oder der Heidelbeerwein (Mirtilino). Via del Governo Vecchio 74, ☎ 06/68801746. Tägl. 10.30 bis ca. 1 Uhr nachts geöffnet.

La Bevitoria Navona (26), direkt auf der traumhaft schönen Piazza Navona, Winebar sowie Pizzeria und Ristorante, u. a. werden Kleinigkeiten (warm/kalt) und verschiedene offene Weine (z. B. Prosecco und Spumante) angeboten, und das zu nicht ganz so überteuerten Preisen (im Gegensatz zu vielen anderen gastronomischen Betrieben auf dem Platz). Kleines Menü um die 25 €. Piazza Navona 72, ☎ 06/68801022, kein Ruhetag.

Gelaterie

Tre Scalini (29), probieren Sie hier unbedingt ein Tartufo-Eis (besser zum Mitnehmen, sonst wird es extrem teuer). Es gibt in Rom nichts, was mit dieser süßen Kalorienbombe aus Schokoladenstückchen und kandierten Kirschen in einem Klumpen Schoko-ladeneis vergleichbar ist. Piazza Navona.

Fiocco di Neve (21), bietet ebenfalls gutes Eis. Empfehlenswert die suppli al gelato und die mit Eis gefüllten warmen Hörnchen (cornetti caldi con gelato). Via del Pantheon 51.

Gelateria della Palma (13), die ziemlich große, moderne Eisdiele ist für ihre gigantische Auswahl an ausgefallenen Eissorten (auch Süßigkeiten) bekannt. Hier ist auch noch spätabends etwas los, manchmal finden Musikveranstaltungen statt. Mit Bar. Via della Maddalena 20, nur wenige Schritte vom Pantheon entfernt.

Il Gelato San Crispino (20), mutet eher an wie die Kantine eines High-Tec-Labors und versteht sich wohl auch als "laboratorio del gusto". Die Produkte der kleinen römischen Eisdielenkette sind mit 3 € die vielleicht teuersten Eiskugeln der Stadt, schmecken aber ziemlich gut. Piazza della Maddalena 3, tägl. 12–0.30 Uhr geöffnet (im Winter und im August Di Ruhetag).

Giolitti (9), vor der vermutlich besten Eisdiele Roms bilden sich immer wieder lange, lange Schlangen ... – beim Parlament → S. 186.

• *Lesertipp* **Artigianale Frigidarium**, kleine Thekeneisdiele mit Bank davor, die Besitzerin steht selbst hinter der Theke, für einige Leser das beste Eis Roms. Durchschnittliches Preisniveau. Via del Governo Vecchio 112 (Ecke Via Sora).

Shopping

Ai Monasteri (16), unterschiedlichste Waren, die ausschließlich in **Klöstern** hergestellt wurden, wie z. B. frische Schokolade, naturreiner, geschleuderter Bienenhonig, handgeschöpfte Seifen, herrliche Kräuterschnäpse und andere Naturprodukte. Eine Spezialität des Hauses ist "Grappa al tartufo bianco" (Grappa mit weißen Trüffeln). Corso Rinascimento 72 (Ecke Via San Giovanni d. Arco, Nähe Piazza Navona), 10–13 Uhr und 15.30–19.30 Uhr geöffnet, Do nachmittags geschlossen, www.monasteri.it.

L'Antica Erborista (48), eine der ältesten Kräuterapotheken Europas. Via di Torre Argentina 15.

Confetteria Moriondo & Gariglio, Pralinenkunst in der Via del Piè di Marmo 21–22 (→ S. 187).

Erschwingliche **Designermode**, hauptsächlich für Damen, ist in mehreren Geschäften der Via del Governo Vecchio zu finden. In dieser Straße gibt es auch einige ausgefal-lene Secondhand-Läden. Zu den interessantesten Designläden gehören: **Arsenale**, Via del Governo Vecchio 63/65: ausgefallene, junge Damenmode; **Morgana**, Via del Governo Vecchio 27, bietet ebenfalls ausgefallene und lässige Damenmode; außerdem: **Luna e L'Altra** an der Piazza Pasquino 75 (neben Cul de Sac).

D Cube (25), Dekorationsstücke und Wohnaccessoires, teilweise sehr originell, anderes aber auch ganz schlicht und elegant. Via della Pace 38 (bei der Piazza Navona).

Arcon (3), moderne, hippe Einrichtungsgegenstände, vieles zwar etwas zu groß fürs Reisegepäck, dazwischen aber auch kleinere Wohnaccessoires. Via della Scrofa 105.

Melis (4), teurer Schmuck nach antiken etruskischen Vorbildern oder unter Verwendung antiker römischer oder etruskischer Fundstücke (Glasperlen, Münzen etc.). Via dell'Orso 57 (nördlich der Piazza Navona, neben dem Albergo Portoghesi).

la Feltrinelli (49), → S.154.

Amore e Psiche (43), sympathische kleine Buchhandlung bei der Kirche Santa Maria Sopra Minerva. Auch viele Bildbände. Via S. Caterina da Siena 61.

Altroquando – Libri e Cinema (36), unzählige Bücher zu Kino und Film (leider nur in Italienisch), auch Filmposter. Netter Laden zum Stöbern. Mo–Sa 11–2 Uhr geöffnet. Via del Governo Vecchio 80, ✆ 06/6879825, www.altroquando.com.

Rund um das Pantheon sind drei schicke Papier- und Schreibwarengeschäfte angesiedelt. Der schönste Laden ist wohl **Il Papiro (19)**, ausgesuchte, teils handgeschöpfte Papiere, schmucke Kartonagen, hübsche Tisch- und Taschenkalender, Notizbücher und natürlich das passende Schreibgerät vom Federkiel mit Tintenfässchen bis zum noblen Füllfederhalter. Via del Pantheon 50. Tägl. 10–20 Uhr geöffnet (So ab 10.30 Uhr).

Verglichen mit Il Papiro entspricht **Cartoleria Pantheon (11)** eher den klassischen Schreibwarenladen mit schönen Taschenkalendern und Notizbüchern, aber auch Aktentaschen. Via della Maddalena 41. Tägl. 10.30–20 Uhr geöffnet (So ab 13 Uhr).

Ähnliches gilt für **Antica Cartotecnica (37)**, nur dass es hier noch ein wenig preisintensiver ist, was die noblen Stifte und die Ledertaschen betrifft. Piazza dei Caprettari 61. Sa geschlossen.

• *Supermärkte* **Di per Di**, Via del Governo Vecchio 119 und Via Monterone 8.

Internationales Publikum auf der Spanischen Treppe

Rundgang 5: Um die Via del Corso

Schnurgerade verläuft die zentrale Straße von der Piazza Venezia zur Piazza del Popolo am Nordende der Innenstadt. Die Via del Corso ist eine der wichtigsten und beliebtesten Einkaufs- und Flanierstraßen Roms, hier haben auch die italienische Regierung und das Parlament ihren Sitz. Östlich der Via del Corso, in Richtung Piazza di Spagna, befinden sich die edlen Geschäfte berühmter Modemacher – das nobelste Einkaufsviertel der Stadt.

Die 1,5 km lange Via del Corso hat ihren Namen von den Pferderennen, die hier vom 15. bis ins 19. Jh. im Rahmen des römischen Karnevals stattfanden. Die heutige Via del Corso gab es im etwa gleichen Verlauf schon in der Antike: Die Fortsetzung der Via Flaminia, auf der Reisende früher aus dem Norden in die Innenstadt kamen, führte nach Süden weiter zur Via Appia. Im Mittelalter hieß sie Via Lata und war die wichtigste Nord-Süd-Verbindung durch die Stadt. Im 15. Jh. wurde die Straße begradigt, im 17. Jh. verbreitert.

An der Straße liegen einige der schönsten Renaissance- und Barockpaläste Roms in unmittelbarer Nachbarschaft, das Parlament und der Regierungssitz Italiens und unweit davon auch Handelskammer und Börse (Piazza di Pietra). Außerdem säumen Banken, Geschäfte und, an der Piazza Colonna, das Gebäude der Zeitung *Il Tempo* die Via del Corso, deren letzter Abschnitt vom Largo Chigi bis zur Piazza del Popolo heute Fußgängerzone ist.

Das Gebiet westlich der Straße, Tiberknie genannt, gehörte in der Antike zum Marsfeld (ital.: *Campo Marzio*), dem militärischen Übungsgelände zu republikanischer Zeit, das in der Kaiserzeit mit Thermen und Theatern zu einem attraktiven Viertel für die römische Bevölkerung neu gestaltet wurde.

Östlich der Via del Corso befinden sich neben eleganten Geschäften namhafter Designer zahlreiche edle Kunst- und Antiquitätengeschäfte in der Via del Babuino und in der Via Margutta, in der noch immer Malerateliers und Rahmenmacher angesiedelt sind.

Spaziergang

Ausgangspunkt der Tour ist die hektische **Piazza Venezia** vor dem alles überragenden Nationalmonument **Vittoriano (Altare della Patria)**, das auch besichtigt werden kann (fantastische Aussicht vom Dach!). Auf der rechten Seite des Platzes befindet sich mit dem **Palazzo Venezia** der erste Renaissancepalast der Stadt. Wer den Spaziergang an einem Samstag unternimmt, sollte einen Abstecher Richtung Quirinal zum imposanten **Barockpalazzo** der einflussreichen Adelsfamilie **Colonna** unternehmen, der nur am Samstagvormittag geöffnet ist. Zurück zum Ausgangspunkt Piazza Venezia folgt man der Via del Corso in nördliche Richtung und erreicht nach wenigen Schritten auf der linken Seite den **Palazzo Doria Pamphilj** mit seiner umfangreichen und sehr sehenswerten Gemäldegalerie. Direkt am Eck des Palazzo biegt man links ab durch die Via Lata und vorbei am heute noch häufig als Trinkwasserquelle genutzten, unscheinbaren Facchino-Brunnen.

Von hier geht es zunächst am großen Gebäudekomplex des *Collegio Romano* rechter Hand entlang, bis man an dessen Ecke nach rechts einbiegt in die schmale Via di Sant'Ignazio: zunächst zur **Kirche Sant'Ignazio** und dann zur Piazza di Pietra, an der noch elf korinthische Säulen (einige davon restauriert, dann ging das Geld aus) von einem im 2. Jh. unter Hadrian errichteten Tempel stammen.

Nur wenige Schritte sind es bis zur **Piazza Colonna** (Via del Corso) mit der mächtigen **Marc-Aurel-Säule** und dem

150 m

Palazzo Chigi an seiner Nordseite (heute der Sitz des italienischen Ministerpräsidenten). An der benachbarten **Piazza di Montecitorio** hat im gleichnamigen Palazzo das italienische Parlament seinen Sitz.

Nördlich des Parlaments stößt man – von der Piazza del Parlamento über die Via di Campo Marzio – auf die Piazza S. Lorenzo in Lucina. Hier führt ein kleiner Abstecher links ab zum Palazzo Borghese (Ende 16. Jh.), auf der gleichnamigen, angenehm autofreien Piazza davor findet wochentags ein Büchermarkt statt (Café/Bar auf der Piazza Borghese). Nur wenige Schritte sind es von hier bis zum Ponte Cavour, wo man nach rechts in die Via Tomacelli und in einem weiteren Abstecher zum **Augustusmausoleum** und zur besonders eindrucksvollen **Ara Pacis**, dem reliefgeschmückten „Friedensaltar des Augustus" (nach langen Jahren der Restaurierung endlich wieder geöffnet!) nahe dem Tiber abbiegt. Unverkennbar im faschistischen Stil ist die angrenzende Piazza Augusto Imperatore angelegt. Auf die Via del Corso zurückgekehrt, erreichen Sie nach wenigen hundert Metern durch die Fußgängerzone das kleine **Goethe-Museum** (Casa di Goethe).

Kurz darauf erreicht man mit der **Piazza del Popolo** einen der schönsten Plätze der Stadt. Sehenswert am Nordende des großen Platzes ist in jedem Fall die **Kirche Santa Maria del Popolo** mit ihren zahlreichen bedeutenden Kunstwerken, u. a. mit zwei berühmten Gemälden Caravaggios.

Auf der eleganten Via del Babuino, der bedeutendsten Antiquitäten-Straße der Stadt, geht es schließlich zur **Piazza di Spagna**. Einen Besuch wert ist hier das **Keats-Shelley-Memorial** am Fuß der Spanischen Treppe, in dem 1821 der englische Dichter John Keats starb. Am oberen Ende der Treppe, vor der **Kirche Trinità dei Monti**, bietet sich ein herrlicher Blick auf die Gassen der Innenstadt. Genau gegenüber der Spanischen Treppe mündet die berühmte Via Condotti mit ihren exklusiven Designermodeläden, die auch in den umliegenden Straßen Via Borgogna, Via Frattina und Via Bocca di Leone u. a. zu finden sind.

Von der Piazza di Spagna in südöstliche Richtung erreichen Sie zunächst die Piazza Mignanelli und über die Via di Propaganda schließlich den Endpunkt des Rundgangs: die **Kirche S. Andrea delle Fratte** mit den beiden Bernini-Engeln. Der Rundgang dauert je nach Besichtigungsdauer der Museen ca. 4–4,5 Stunden (Metrostation Spagna der Linea A).

Antico Caffè Greco → Karte S. 172/173 (35)

Das älteste und traditionsreichste Café der Stadt wurde erstmals 1742 in den Memoiren Casanovas erwähnt und erhielt seinen heutigen Namen, als es 1760 von einem leutseligen Griechen namens Georgios übernommen wurde. Er machte guten Kaffee, plauderte gern, und die Gäste kamen zahlreich. Das Caffè Greco wurde bald zum Treffpunkt berühmter Zeitgenossen wie Schopenhauer, Liszt, Wagner, Balzac und Lord Byron. Auch Goethe war hier Gast und soll an einem der runden Marmortische an seiner „Iphigenie" geschrieben haben. Heute sind in dem sehr teuren Café hauptsächlich Touristen anzutreffen, ab und an legen hier auch reiche Römer eine Shopping-Pause ein. Dennoch: Allein die Atmosphäre lohnt einen Besuch des traditionsreichen Hauses in der Via Condotti 86.

„Altare della Patria" – das Nationaldenkmal an der Piazza Venezia

Sehenswertes

Piazza Venezia/Vittoriano (Altare della Patria)

Am meistbefahrenen Platz Roms herrscht Chaos rund um die Uhr. Hier treffen sich einige der wichtigsten Verkehrsadern der Stadt und halten zahlreiche Busse; außerdem befindet sich in der Mitte des Kreisverkehrs ein Taxistand. Über all dem hektischen Treiben prangt das Nationalmonument **Vittoriano** mit dem **Altare della Patria** (Vaterlandsaltar) in der Mitte. Das Bauwerk beherrscht optisch nicht nur die Piazza Venezia, sondern das gesamte Stadtbild. Ihm musste ein Teil der benachbarten Kaiserforen weichen, und auch die Proportionen des direkt angrenzenden Kapitols wirken durch das überdimensionale, protzige Denkmal aufdringlich gestört. Die Römer haben ihrem Nationalmonument ganz ehrfurchtslos die Spottnamen „Schreibmaschine", „Hochzeitstorte" oder auch „Gebiss" gegeben – was so fern dann auch wieder nicht liegt.

Einige Kunsthistoriker nennen den Vaterlandsaltar auch einen „Scherz des schlechten Geschmacks" und erheben immer wieder die Forderung, ihn abreißen zu lassen. Seit einigen Jahren ist das Vittoriano auch für die Öffentlichkeit zugänglich, man kann auf den Treppen und Terrassen des Monuments herumspazieren und die schöne Aussicht vom oberen Säulengang genießen – der Blick reicht über die ganze Innenstadt und hinüber bis zum Piazzale Garibaldi (Gianicolo) in Trastevere. Im Inneren des Vittoriano finden wechselnde, meist hochkarätige **Kunstausstellungen** statt. Jüngste Attraktion ist der gläserne Aufzug, der die Besucher bis aufs **Dach** des Monuments auf die *Terrazza delle Quadrighe* befördert – ein umwerfendes Panorama.

Das 81 m hohe neoklassizistische Denkmal wurde zwischen 1895 und 1911 als Symbol für das geeinte Italien errichtet. Das 12 m hohe Reiterstandbild in der Mitte stellt Vittorio Emanuele II dar, den ersten König des vereinigten Italiens aus dem Haus Savoyen. Unterhalb des Reiterstandbildes befindet sich seit 1921 das **Grab des Unbekannten Soldaten** – der eigentliche Altare della Patria. Davor halten zwei Soldaten rund um die Uhr Ehrenwache.

🕐 **Vittoriano** tägl. 9.30–16.30 Uhr, für die **Ausstellungen** im Inneren des Vittoriano galten zuletzt folgende Öffnungszeiten: Mo–Do 9.30–19.30 Uhr, Fr/Sa 9.30–23.30 Uhr, So 9.30–20.30 Uhr, Einlass jeweils bis 45 Minuten vor Schließung. Eintritt 10 €, ermäßigt 6,50 € (variiert auch je nach Ausstellung). Der **Aufzug** fährt Mo–Do 9.30–18.30 Uhr, Fr–So 9.30–19.30 Uhr, 7 €, ermäßigt 3,50 €, Kinder bis 10 J. frei. Zum Vittoriano gehört auf dessen Rückseite auch eine **Caffeteria** mit grandiosem Ausblick (→ S. 120). ☎ 06/69202049.

Museo Centrale del Risorgimento im Vittoriano

In den Innenräumen des Vittoriano befindet sich das Museo del Risorgimento: eine Sammlung an Büsten, Gemälden, Waffen und historischen Schriften (auch Karikaturen) aus der Zeit des *Risorgimento*, des nationalen „Wiederauflebens" Italiens in der Zeit von 1815 bis 1870, außerdem Reliquien des Freiheitskämpfers Garibaldi. Der rechte Seitentrakt ist wechselnden Ausstellungen vorbehalten.

🕐 Tägl. 9.30–18.30 Uhr, Eintritt frei. Eingang in der Via San Pietro in Carcere (rechte Seite des Monuments), ☎ 06/6793598.

Palazzo Venezia (Museum)

1455 gab Kardinal Pietro Barbo, der spätere Papst Paul II., diesen ersten Renaissancepalast der Stadt in Auftrag. Da der Lateran zu dieser Zeit bereits unbewohnbar und der Vatikan noch recht bescheiden war, diente ihm der Palazzo ab 1464 als Residenz, bevor er 1468 in den Vatikan umzog. Zwischen 1546 und 1797 war das rote Gebäude Sitz der venezianischen Gesandtschaft – daher der Name. 1916 wurde der Palazzo Eigentum des italienischen Staates, zwischen 1922 und 1943 residierte hier Mussolini. Vom kleinen Balkon zur Piazza brüllte er dem versammelten Volk seine Propagandareden entgegen.

Das **Museo Nazionale del Palazzo di Venezia**, so der vollständige Name, beherbergt in prachtvollen Räumen eine sehenswerte Sammlung an Kunstwerken aus dem 13. bis 18. Jh.; regelmäßig finden hier auch hochkarätige Sonderausstellungen statt. Neben spätmittelalterlichen Tafelbildern und Renaissance-Gemälden sind Gobelins, liturgische Gegenstände, Rokoko-Porträts und eine Porzellan-Sammlung (u. a. mit Stücken aus den Manufakturen Meißen und Fürstenberg) zu sehen; außerdem kunstvolle Silber- und Bronzearbeiten, mittelalterliche Tontöpfe und Skulpturen: Modelle und Detailstudien bekannter römischer Kunstwerke, z. B. das Modell eines Engels von der Engelsbrücke (Bernini) und des Neptuns vom Trevi-Brunnen, daneben auch weitere Studien von Bernini.

Sehenswert ist auch die Raumausstattung im Palazzo: geschnitzte Holzdecken, Mosaik- oder Ziegelfußböden und Fresken. Highlight der Ausstellung ist die **Sala di Mappamondo** mit einer Weltkarte aus dem 16. Jh.; hier hatte Mussolini sein Arbeitszimmer eingerichtet.

🕐 Di–So 8.30–18.30 Uhr, Auslass bis 19.30 Uhr, Mo geschlossen. Eintritt 4 €, ermäßigt (18–25 J.) 2 €, unter 18 und über 65 J. frei. Für die wechselnden Ausstellungen im ersten Stock (hier auch die Sala di Mappamondo) muss ein eigenes Ticket gekauft werden, die Eintrittspreise ändern sich je nach Ausstellung. Libreria im Erdgeschoss. Eingang in der Via del Plebiscito 118, ☎ 06/69994284.

Kirche San Marco

Die Kirche mit Eingang auf der gegenüberliegenden Seite des Vittoriano (Piazza Venezia) wurde von Papst Paul II. als Hauskirche in den Komplex des späteren Palazzo Venezia integriert. Hier befand sich bereits im 4. Jh. ein Kirchenbau zu Ehren des Evangelisten Markus. Die Fassade wurde 1468 mit einer offenen, doppelten Loggia neu gestaltet, den reich ausgestattete Innenraum hat man im 18. Jh. mit viel Gold barockisiert. Sehenswert sind die byzantinischen Apsismosaike aus dem 9. Jh.

🕐 8.30–12 und 16–18.30 Uhr, im August 9–12 und 16–20 Uhr, Mo und an jedem dritten Donnerstag im Monat geschlossen. Piazza San Marco 48.

Palazzo Doria Pamphilj (Galleria)

Der weitläufige Palazzo nahe dem Palazzo Venezia entstand Anfang des 16. Jh. durch die Zusammenlegung zweier Vorgängerbauten. Im 17. Jh. ging das Gebäude in den Besitz der Fürsten Doria Pamphilj Landi über, die mit Innozenz X. (Pontifikat 1644–1655) einen bedeutenden Papst des Barock stellten. Er bedachte die bekanntesten Architekten seiner Zeit mit großzügigen Aufträgen. Die hier untergebrachte **Gemäldegalerie** umfasst über 400 Kunstwerke, die meisten aus dem 13. bis 18. Jh.

Ein Rundgang führt durch die elf kleineren Säle zur Galerie mit vier Flügeln, an deren Spiegelgalerie sich vier Ausstellungsräume (für temporäre Ausstellungen) und zwei weitere Säle anschließen. Allein die Räumlichkeiten mit ihrer prachtvollen Ausschmückung sind eine Besichtigung wert. Zu den berühmtesten Werken der Gemäldegalerie zählen neben Diego Velázquez' berühmtem **Porträt von Papst Innozenz X.** aus dem Jahr 1650 (in einem kleinen Raum neben dem Aldobrandini-Flügel) bedeutende Werke von Rubens, Tiziano, Caravaggio, Carracci und Breughel d. Ä.

Empfehlenswert ist der Rundgang mit dem im Preis enthaltenen Audioguide (in Italienisch oder Englisch), der vom Fürsten Jonathan höchstselbst besprochen ist! Er leitet Sie auf charmante Weise durch die Familiengeschichte

Weiter Blick von der „Hochzeitstorte"

und die Kunstsammlung, die eine oder andere Anekdote darf natürlich auch nicht fehlen.

🕐 Tägl. (außer Do) 10–17 Uhr, Einlass bis 16 Uhr. Eintritt 9 €, ermäßigt 7 € (Studenten bis 30 J. und Rentner über 65 J.). Bookshop neben der Biglietteria. Via del Corso 305, 📞 06/6797323, www.doriapamphilj.it.

Palazzo Colonna (Galleria)

Der imposante Stadtpalast mit dem wohl prächtigsten Barocksaal der Stadt liegt unweit des Corso, seitlich des Quirinal-Hügels und wird von der Via IV Novembre, Via della Pilotta, Via del Vaccaro und der Piazza SS. Apostoli umfasst, letztere Kirche ist Teil der Anlage. Der Palazzo entstand aus einer vielteiligen Gebäudegruppe, die die überaus einflussreiche Familie Colonna – der Colonna-Papst Martin V. brachte

Die Marc-Aurel-Säule

1420 immerhin den Papstthron aus Avignon zurück nach Rom – mehrfach umgestalten ließ, zuletzt um 1650 unter dem Baumeister Antonio del Grande.

Hauptattraktion des prunkvollen Palazzos ist die **Große Galerie** (Sala Grande), die 1654–1656 ebenfalls von Antonio del Grande konzipiert und bis 1703 vollendet wurde. Beim Betreten verschlägt es einem angesichts des Prunks zunächst die Sprache. Wem der Prachtsaal irgendwie bekannt vorkommt: Hier wurde die abschließende Pressekonferenz des Films „Roman Holiday" („Ein Herz und eine Krone") gedreht. In den übrigen elf zugänglichen Räumen des Palazzos sind u. a. Werke von Tintoretto und Veronese, aber auch viel flämi-

sche Malerei aus dem 15./16. Jh. zu sehen – alles leider recht dicht gehängt. Das **Appartamento Principessa Isabella** im anderen Flügel des Palazzo ist nur nach vorheriger telefonischer Anmeldung zu besichtigen.

🕐 Nur Sa 9–13 Uhr, Eintritt 10 €, ermäßigt 8 €. Auf Wunsch wird an der Kasse ein Beiblatt ausgehändigt, dass die durchgehend nummerierten Gemälde auflistet. Eingang in der Via della Pilotta 17 (zunächst die Via IV Novembre ein Stück hinauf, dann links ab), ☎ 06/6784350, www.galleriacolonna.it.

Sant'Ignazio di Loyola

Die Kirche ist neben Il Gesù (→ S. 142) die zweite große Jesuitenkirche in Rom und ein gelungenes Beispiel für die barocke Baukunst der Stadt. Vier Jahre nach der Heiligsprechung von Ignatius, dem Gründer des Jesuitenordens, wurde der Bau 1626 von Kardinal Ludovico Ludovesi in Auftrag gegeben und finanziert. Unbedingt sehenswert ist die gemalte Scheinarchitektur der Kirchendecke vom genialen Barockmaler und Architekten Andrea Pozzo (1642–1709): Den perfekten Eindruck erhalten Sie, wenn Sie sich auf die im Fußboden eingelassene gelbe Marmorplatte stellen. Thema des Deckengemäldes ist der Einzug des heiligen Ignatius von Loyola in das Paradies: Über einer filigranen Architektur sieht der Betrachter scheinbar direkt in den Himmel. Auf einer Wolke schwebt der Heilige. Von seinem Herzen breitet sich die christliche Lehre, als Lichtstrahl dargestellt, auf die damals bekannten vier Kontinente aus.

Ein weiterer gelber Marmorkreis im Fußboden in der Nähe des Hauptaltars markiert den Blickpunkt für das hintere Illusionsgemälde: ein schräger Blick in eine hohe Kuppel, täuschend echt gelungen. Gehen Sie weiter bis zum Altar, wird der Schwindel durch einen Blick zurück entlarvt. Der Eindruck ist verblüffend! Eigentlich war über dem Altar eine Kuppel geplant, doch schon während des Baus musste man die Öffnung aus statischen Gründen schließen. Das riesige Leinwandgemälde ist aber ein reizvoller Ersatz.

⏱ Tägl. 8–12.30 Uhr und 15–19.15 Uhr. Piazza S. Ignazio.

Piazza Colonna

Der zentrale Platz an der Via del Corso wird von der 42 m hohen **Triumphsäule des Marc Aurel** aus dem Jahr 193 n. Chr. dominiert. Vorbild für die Säule aus 28 Marmorblöcken war unverkennbar die Trajanssäule (→ S. 110). Auch hier werden auf einem sich spiralförmig nach oben windenden Band Kriegsereignisse dargestellt, u. a. der Krieg gegen die Germanen. Im Inneren führen 203 Stufen zu einer kleinen Plattform hinauf, auf der das Standbild von Marc Aurel im 16. Jh. durch das des heiligen Paulus ersetzt wurde (nicht zugänglich).

Am Nordende der Piazza Colonna befindet sich der **Palazzo Chigi** aus dem Jahr 1656, der Sitz der italienischen Regierung. Gegenüber der Säule (auf der anderen Seite der Via del Corso) erbaute man 1923 die **Galleria Colonna**, die erste neuzeitliche Einkaufspassage Roms. Heute kennt man sie als **Galleria Alberto Sordi**, in der hauptsächlich Bekleidungsgeschäfte sowie zwei Cafés ansässig sind.

Piazza di Montecitorio/ Parlament

Wenige Schritte hinter der Piazza Colonna gelangt man zur Piazza di Montecitorio, auf der einer der größten ägyptischen Obelisken der Welt steht. Unter Augustus brachte man ihn im Jahr 8 n. Chr. von Heliopolis nach Rom. Dahinter befindet sich das **Parlamentsgebäude**, von Papst Innozenz X. Mitte des 17. Jh. ursprünglich als Sitz des Strafgerichts in Auftrag gegeben. Bernini begann mit den Arbeiten um 1650, vollendet wurde das Gebäude 1694 von Carlo Fontana.

Ara Pacis

Der **Friedensaltar** des Augustus am Tiberufer stellt unbestritten einen Höhepunkt der römischen Bildhauerkunst dar. Das Heiligtum weihte man nach knapp vier Jahren Bauzeit am 30. Januar des Jahres 9 v. Chr. feierlich dem Frieden, den Augustus im Römischen Reich wiederhergestellt hatte. Die historischen Reliefs auf der Ara Pacis zählen zu den bedeutendsten antiken römischen Staatsdenkmälern. Dargestellt ist der feierliche Prozessionszug mit Augustus, seiner Familie, seinen Ahnen, Priestern und hohen Staatsbeamten. Sie vereinen sich zu Ehren des

Die Ara Pacis – hier als Kulisse für ein modisches Kunstevent

Friedens, der Pax Romana, nach hundert Jahren Krieg und Bürgerkrieg.

Ursprünglich stand der Altar vier Häuserblocks weiter südlich am Rande der heutigen Via del Corso (nahe der Rückseite des Parlaments). Zwar wurden immer wieder einzelne Fragmente des Altars gefunden (und in den verschiedensten Museen der Welt verstreut), die komplette Bergung erwies sich jedoch als überaus schwierig. Erst 1938 wurde das Bauwerk aus Originalstücken, Abgüssen und Rekonstruktionen an seinem heutigen Standort aufgebaut, doch schon bald nagte der Zahn der Zeit an der Ara Pacis, die bis zu ihrer Wiedereröffnung im Jahr 2006 ein ganzes Jahrzehnt lang geschlossen blieb. Heute wird das Bauwerk von einem lichten Glas- und Travertinschrein des US-Architekten Richard Meier umhüllt. Im Inneren begeistert neben dem eindrucksvoll in Szene gesetzten Altar vor allem auch die Ausstellung im Untergeschoss: Vorbildlich werden hier (Bau-) Geschichte, Verschwinden und Wiederauffinden sowie die Bergung des Altars dokumentiert. Zu empfehlen ist die computeranimierte Tour mit Großbildschirm. Am Eingang liegt die Libreria des Museums, hier finden Sie zahlreiche Bücher zum Thema Design.

Die Ara Pacis bietet häufig auch den Rahmen für Sonderausstellungen (z. T. im Untergeschoss).

⏲ Di–So 9–19 Uhr (Einlass bis 18 Uhr), Mo geschlossen. Eintritt 6,50 €, ermäßigt 4,50 €, Audioguide (auch in Deutsch) 3,50 €; der Audioguide kann auch als Podcast kostenlos im Internet unter www.arapacis.it heruntergeladen werden. Lungotevere in Augusta, ✆ 06/82059127 oder 06/42888888.

Mausoleum des Augustus

Gleich neben dem glanzvoll hergerichteten Friedensaltar liegt das etwas verwahrlost wirkende Mausoleum, das man noch zu Augustus' Lebzeiten für ihn und seine Familie baute – ein großes Tumulusgrab nach etruskischem Vorbild. Über einem 12 m hohen Mauerring erhebt sich ein kegelförmiger, 32 m hoher Erdhügel (Durchmesser 87 m), auf dem in der Antike die Statue des Kaisers stand. Im Inneren des Gewölbes verwahrte man die Asche der Verstorbenen aus der Familie des Augustus. Das Mausoleum ist nicht zugänglich und zurzeit von einem hohen Bauzaun umgeben; was man von außen davon sehen kann, beeindruckt nur mäßig.

Casa di Goethe (Goethe-Museum)

Hier, in der Via del Corso 18, hat er gewohnt, der völlig unbekannte deutsche Maler Filippo Möller alias Johann Wolfgang von Goethe. Untergekommen war Goethe bei seinem Freund Tischbein als Untermieter eines Pferdekutschers.

Wie viele andere Künstler und Intellektuelle seiner Zeit kam auch Goethe nach Rom, um sich mit den Wurzeln der europäischen Kultur zu befassen. Am 3. September 1786 brach er heimlich zu der seit vielen Jahren geplanten Italienreise auf. Seine wenig befriedigende Tätigkeit als Minister in Weimar ließ er genauso hinter sich wie die enttäuschende Liebe zu Charlotte von Stein. Rom erreichte der große deutsche Dichter, der übrigens die ganzen zwei Jahre seiner Italienreise inkognito unterwegs war, am 29. Oktober 1786; mit Unterbrechungen hielt es ihn über ein Jahr lang in der Ewigen Stadt. Über Goethes Zeit in Rom ist nachzulesen in seinen Aufzeichnungen mit dem Titel „Italienische Reise" (dtv) – ein Klassiker der Reiseliteratur.

Die **Casa di Goethe** ist das einzige Goethe-Museum außerhalb Deutschlands. Da über die Ausstattung zu Goethes Zeit nichts bekannt ist, versuchte man gar nicht erst, die originale Wohnung zu rekonstruieren. So entstand eine Mischung aus historischer Bausubstanz und moderner Museums-

Auf der Piazza del Popolo

einrichtung. Das Museum ist als Ort des kulturellen Austausches mit Konferenzen und wechselnden Ausstellungen gedacht, ist aber ebenso dem Werk Goethes und speziell seiner Italienreise gewidmet. Zu den wenigen Originalen der Casa di Goethe gehört Andy Warhols Porträt des Künstlers. Eine Kopie von Tischbeins berühmtem Gemälde „Goethe in der Campagna" ist ungerahmt auf einer Staffelei zu sehen, außerdem wird ein Faksimile von Goethes Reisetagebuch gezeigt.

🕐 Di–So 10–18 Uhr (Einlass bis 17.30 Uhr), Mo geschlossen. Eintritt 4 €, ermäßigt 3 €. Führungen auf Anfrage. Via del Corso 18, 📞 06/32650412, www.casadigoethe.it.

Piazza del Popolo

Dieser herrliche Platz am Nordende der Altstadt war lange Zeit das Erste, was Besucher aus dem Norden von Rom sahen, wenn sie vom Monte Mario über die Milvische Brücke in die Stadt kamen. Durch die **Porta del Popolo** (das „Tor des Volkes"), dessen Innenfassade Bernini gestaltet hat, betrat man die gleichnamige ovale Piazza. Heute beeindruckt der elegante Platz durch die Symmetrie der beiden **Kirchen Santa Maria dei Miracoli** und **Santa Maria in Montesanto** (beide 17. Jh.), zwischen denen die Via del Corso schnurgerade auf das Nationaldenkmal zuführt. In der Mitte des Platzes thront der 24 m hohe **Obelisk**, den Augustus im Jahr 10 v. Chr. nach Rom bringen ließ und um den im 19. Jh. der symmetrische Brunnen mit vier Wasser spendenden Löwinnen gebaut wurde. Anfang des 19. Jh. hat der Baumeister Giuseppe Valadier den Platz im klassizistischen Stil vollendet.

Rechts über der Piazza del Popolo sehen Sie über Statuen, Balustraden und Zwischenterrassen die Aussichtsterrasse auf dem **Pincio**, ebenfalls ein Werk Valadiers. Der herrliche Blick über die Innenstadt und nach St. Peter belohnt den mühsamen Aufstieg.

Seit die Piazza del Popolo wieder autofrei ist, hat der Platz noch an Attraktivität gewonnen. Wer genug in der Reisekasse hat, kann sich im berühmten **Caffè Rosati** zwischen allerlei illustrem Publikum auf der Terrasse niederlassen.

Santa Maria del Popolo

Die von außen völlig unscheinbare Kirche neben der Porta del Popolo wurde 1227 von den Spenden römischer Bürger in Eigeninitiative gebaut. Papst Sixtus IV., dessen Wappen über dem Hauptportal zu sehen ist, gab im 15. Jh. den Auftrag für den Neubau mit Pilgerunterkünften. Im 17. Jh. restaurierte Bernini das Gotteshaus im barocken Stil. Dennoch hat sich Santa Maria del Popolo noch viel von der schlichten Eleganz des Renaissancebaus erhalten.

Der Innenraum ist – beinahe wie ein Museum – mit vielen bedeutenden Kunstwerken namhafter Meister ausgestattet; berühmt ist Santa Maria del Popolo vor allem für die prachtvoll ausgestalteten Kapellen. Martin Luther lebte während seines Aufenthaltes in Rom übrigens im angeschlossenen Kloster.

Gleich nach dem Eingang auf der rechten Seite sehen Sie die **Cappella della Rovere**, daneben die von Carlo Fontana 1682–1687 geschaffene **Cappella Cybo** mit den Gräbern zweier Kardinäle. Die Kuppel über dem Querschiff wurde von Bramante gestaltet, der auch die Kuppel der Peterskirche konzipierte. Das wohl bedeutendste Kunstwerk der Kirche ist die prächtige **Cappella Chigi** (im linken Seitenschiff), die 1513 von Raffael als Grabkapelle für die Familie Chigi entworfen wurde. Bernini fügte 1652 zwei Figurengruppen und das Fußbodenrelief mit dem Wappen der Chigis hinzu. Ganz hinten im linken Seitenschiff stößt man in der **Cappella Cerasi** auf zwei Meisterwerke von Caravaggio: Die Kreuzigung des hl. Petrus und die Bekehrung des hl. Paulus, beide datieren aus dem Jahr 1601.
⏱ 7–12 Uhr und 16–19 Uhr.

Piazza di Spagna/ Spanische Treppe

Auf der großzügigen Treppe (Scalinata di Spagna) hat wohl jeder Rom-Reisende schon einmal Platz genommen. Besonders abends treffen sich hier unzählige, vor allem jüngere Touristen aus aller Welt, dazu kommen kaum weniger Römer. Die Spanische Treppe ist noch immer ein beliebter Ort, um Kontakte zu knüpfen – wenn auch die Stadtverwaltung peinlich genaue Regeln für das Zusammensein erlassen hat: kein Tanzen, Essen, Trinken, Lärmen oder gar Musizieren …

Mit Spanien hat die Treppe übrigens nichts zu tun, ihr Name rührt daher, dass sie vom Platz an der spanischen Botschaft beim Heiligen Stuhl (Piazza di Spagna) aufsteigt. Da es den französischen König störte, dass die Kirche **Trinità dei Monti** (s. u.) nur über eine stei-

Die Spanische Treppe

le Wiese zu erreichen war, erteilte er 1585 den Auftrag, hier eine monumentale Treppe anzulegen. Gebaut wurde sie erst 1723–1726, und zwar nach neuen Plänen des Papstes. Am oberen Ende der Treppenanlage platzierte man einen **Obelisken**, der, wie so viele andere in Rom, bereits in der Antike in die Stadt geschafft wurde. Der **Barcaccia-Brunnen** in Form eines Bootes (barca) am Fuß der Treppe ist das letzte Werke von Pietro Bernini, dem Vater des berühmten Gianlorenzo. Er erinnert an das verheerende Hochwasser von 1598.

Santissima Trinità dei Monti

Die Dreifaltigkeitskirche rundet das harmonische Bild der Treppe ab. Mit ihrem Bau wurde auf Veranlassung Karls VIII. von Frankreich 1495 begonnen, vollendet war sie Anfang des 16. Jh. Noch heute ist sie französische Stiftskirche, in der täglich (außer sonntags) ein Gottesdienst in französischer Sprache abgehalten wird. Der Innenraum ist durch Gitter versperrt (nur zu Gottesdiensten geöffnet), Besuchern bleibt nur ein Blick durch die Eingangstür. Vom Portal der Kirche hat man einen herrlichen Blick über die Dächer der Innenstadt bis hinüber zur Peterskirche.
⏱ Tägl. 8.30–13 Uhr und 15.30–19.30 Uhr.

Keats-Shelley-Memorial

In dem apricotfarbenen Haus rechts am Fuß der Spanischen Treppe starb der englische Dichter John Keats am 23. Februar 1821 im Alter von nur 25 Jahren an Tuberkulose, begraben ist er auf dem Pro-

testantischen Friedhof von Rom (→ S. 243). In den fünf liebevoll eingerichteten Räumen des kleinen Museums – z. T. mit ungewöhnlichem Blick auf die Spanische Treppe – sind zahlreiche Bücher und Originalbriefe sowie Manuskripte von Keats, Shelley und Lord Byron ausgestellt. Letzterer wohnte gleich gegenüber auf der anderen Seite der Piazza. Viele Skizzen, Stadtansichten, Kopien bekannter Porträts sowie Miniaturen vermitteln einen interessanten Eindruck vom Leben der englischen Reisenden im frühen 19. Jh. Wer sich für englische Literatur interessiert oder einen ungewöhnliche Blick auf die Treppe genießen möchte, sollte sich einen Besuch des schönen kleinen Museums nicht entgehen lassen.
⏱ Mo–Fr 10–13 Uhr und 14–18 Uhr, Sa 11–14 Uhr und 15–18 Uhr, So geschlossen. Eintritt 4 €, ermäßigt 3 €, Kinder unter 6 J. frei. Piazza di Spagna 26, ✆ 06/6784235, www.keats-shelley-house.org. Im kleinen **Bookshop** des Museums werden Postkarten und Poster sowie Bücher von Keats, Shelley und Lord Byron verkauft, außerdem alle möglichen Souvenirs zum Thema Romantik.

San Andrea delle Fratte

Die Fassade der Barockkirche stammt von Borromini, ist aber nie fertig geworden und vielleicht gerade deshalb so reizvoll. Sehenswert sind im Inneren der Kirche die beiden **Marmorengel** Berninis, die bereits vom Eingang aus auffallen. Ursprünglich hatte er sie für die Engelsbrücke (→ S. 232) gefertigt.
⏱ Tägl. 6.30–12.30 und 16.30–19.30 Uhr, im Winter nachmittags 16–19 Uhr.

Um die Via del Corso Karte S. 172/173

Praktische Infos

(→ **Karte S. 172/173**)

Ristoranti, Trattorie, Osterie

Trattoria Gino (65), achten Sie (vom Parlamentsplatz kommend) auf der rechten Seite die winzige Gasse Vicolo Rosini auf das Schild „Trattoria". Dahinter verbirgt sich in zwei Räumen das alteingesessene Lokal der Familie del Grosso, das vor allem in der

Mittagszeit immer bis auf den letzten Platz besetzt ist – ein Stück altes Rom mit urtümlicher Einrichtung und familiärer Atmosphäre, ungemein beliebt bei den Römern, die hier die hervorragende Küche genießen, Touristen sieht man kaum. Große Auswahl, das Menü kostet ca. 25–28 € (inkl. Hauswein). Vicolo Rosini 4 (die kleine Gasse zweigt von der Piazza del Parlamento ab), ☏ 06/6873434. Mittags und abends geöffnet, So Ruhetag. Man sollte auch mittags (13–14.45 Uhr) reservieren, für abends unbedingt!

Matricianella (53), das enge Lokal mit netter Atmosphäre ist trotz zweier Gasträume und Terrasse auf der Straße stets ausgebucht, man sollte daher immer reservieren. Geboten wird eine verfeinerte klassisch-italienische Küche (Sie können sich ganz auf die Tagesempfehlung verlassen), zum Abschluss werden hausgemachte Desserts oder etwas von der vorzüglichen Käseplatte angeboten. Gute Weinkarte. Menü um 35–40 €. Via del Leone 2, ☏ 06/6832100, mittags und abends geöffnet, So geschlossen.

La Buca di Ripetta (19), die Tische sind hier recht eng aneinander gerückt, sodass sie sich fast berühren und die Kellner nur mit Akrobatik und etlichen Verrenkungen ihre Gäste erreichen. Davon abgesehen ist das überaus beliebte Lokal mit seiner guten Kü-

Blick von der Piazza del Popolo hinauf zur Terrasse auf dem Pincio

che bei akzeptablen Preisen durchaus empfehlenswert. Gute Weinkarte, Menü um 35–40 €. Via di Ripetta 36, ☏ 06/3219391. Mittags und abends geöffnet.

Dal Bolognese (4), auf einem der schönsten Plätze Roms bekommen Sie hier noch hausgemachte Nudelgerichte, ein sehr gutes *Fritto misto*, *Ossobuco con risotto* (geschmorte Kalbshaxenscheiben mit Reis) und gute Saison- und Fischgerichte. Gehobenes Preisniveau, Antipasti und Primi je um 15–20 €, Secondi 20–30 €. Schick, viele formell gekleidete Geschäftsleute und manchmal Starlets unter den Gästen, auch bei gut betuchten amerikanischen Touristen beliebt, die Terrasse (sehen und gesehen werden) ist meist bis auf den letzten Platz besetzt. Piazza del Popolo 1/2, ☏ 06/3611426. Mittags und abends geöffnet, Mo geschlossen.

Al 34 (29), beliebtes Restaurant in einer ruhigen Gasse, nicht zuletzt auch durch die Lage nahe der Spanischen Treppe. Angenehmes Ambiente mit schnellem und freundlichem Service, ordentliche Küche; gute Desserts und große Auswahl an Dessertweinen. Allerdings recht teuer, der Menüpreis liegt bei ca. 40 €. Via Mario de'Fiori 34, ☏ 06/6795091. Mittags und abends geöffnet, Mo Ruhetag.

Ristorante da Mario (50), der Schwerpunkt dieses oft ausgebuchten Restaurants liegt auf der toskanischen Küche. Freundlicher Service, ziemlich teuer. Immer reservieren! Via delle Vite 55, ☏ 06/6783818. Mittags und abends geöffnet, So Ruhetag.

Ristorante Nino (36), Nino bietet eine Mischung aus römischer und toskanischer Küche auf hohem Niveau. Seine Spezialitäten sind *Pappardelle al sugo di lepre* (breite Nudeln mit Wildhasensoße) oder *Fettuccine al porcini* (Bandnudeln mit frischen Steinpilzen), Di und Fr gibt es frischen Fisch. Menü um 45–50 €. Via Borgognona 11, ☏ 06/6795676. Mittags und abends geöffnet, So Ruhetag.

Settimio all'Arancio (45), gepflegte Trattoria, beliebt bei Römern, besonders bei Politikern und Journalisten, wie auch bei Touristen. Man sollte daher reservieren. Im Sommer kann man draußen sitzen. Menü um 35 €. Via dell'Arancio 50, ☏ 06/6876119. Mittags und abends geöffnet, So geschlossen.

Trattoria Edy (11), trotz der Nähe zur Spanischen Treppe eine der wenigen Trattorien, die traditionelle Gerichte (auch guten Fisch) zu vergleichsweise angemessenen Preisen bietet. Menü um 35-40 €. Vicolo del Babuino

4, ☎ 06/36001738. Mittags und abends geöffnet, So Ruhetag, außerdem Mo mittags geschlossen.

Gusto (31), nicht nur schickes Ristorante, sondern auch Osteria, Fischrestaurant, Winebar, Pizzeria, Formaggeria, (kulinarische) Buchhandlung und Haushaltswarengeschäft – mittlerweile auf mehrere Gebäude an der Piazza Augusto Imperatore verteilt und bei Römern sehr „in". Gehobenes Preisniveau, relativ günstig sind Pizza und Salate. Mit Terrasse. Alle Lokale sind mittags und abends geöffnet, die **Winebar (24)** durchgehend von 10.30–24 Uhr. Piazza Augusto Imperatore 9, ☎ 06/3226273, www.gusto.it.

Al Gran Sasso (18), das einfache Restaurant in der Via di Ripetta bietet bodenständige abruzzische Küche zu relativ günstigen Preisen. Der kleine Gastraum oben ist urgemütlich, etwas muffig dagegen der Raum im Kellergewölbe. Menü ca. 25–30 €. Via di Ripetta 32, ☎ 06/3214883. Mittags und abends geöffnet, Sa Ruhetag.

Vegetarisch

Il Margutta RistorArte (6), das einzige rein vegetarische Restaurant im Centro Storico, innen ziemlich groß, modern und elegant und beliebt bei den Römern. Das Preisniveau ist leicht gehoben, Menüs zu 29, 34 und 44 €, das vegane Menü kostet 32 €, Salate gibt es für 10 €. Empfehlenswert auch der "grüne Brunch": Mo–Fr für 15 € pro Person, am Wochenende 25 € (jeweils Büffet). Auch draußen in der autofreien Via Margutta ein paar Tische. Täglich mittags und abends geöffnet, für abends reservieren. Via Margutta 118, ☎ 06/32650577.

Pizzerie

Eine preiswerte Alternative zu den schicken Lokalen um die Via del Corso und die Piazza di Spagna ist die kleine **Pizzeria Il Buchetto (1)**, die sich jenseits der Porta del Popolo in der Via Flaminia 119 befindet (linke Straßenseite, gleich hinter der Piazza della Marina). Hier wird gute Pizza gebacken, und es geht schnell – viele Angestellte kommen in der Mittagspause hier. Die Pizzeria wirkt daher wie ein Imbiss, auch wenn alles frisch zubereitet wird. Preise um 12–15 €. Mittags und abends geöffnet, Di abends geschlossen, Sa/So mittags geschlossen. ☎ 06/3201707.

Recafé (33), gehört zur Kette PizzaRé, ungemein beliebt bei den Römern, viele Tische draußen unter den Arkaden der Piazza Augusto Imperatore, auch innen großzügig und viele Tische (und oft voll), nach hinten hinaus auch Bar und Café. Im Angebot Pizza (auch mittags, dann einfache Pizza und Getränk für 10 €), aber auch Pasta, Salate und Panini als günstiges Mittagsmenü, genau das Richtige für einen nicht ganz so fülligen Snack. Ansonsten Pizza 7–11 €, Salate 8–11 €, Primi 10–14 €, Secondi 12–20 €. Mittags und abends geöffnet. Piazza Augusto Imperatore 36, ☎ 06/68134730.

Fior-Fiore (23), knusprige und lecker belegte Pizza, daneben auch Panini, Eis und Obstsalat. Via della Croce 17/18. Tägl. durchgehend geöffnet.

Pizza Ciro (60), großes, modernes Lokal mit viel hellem Holz, umfangreiche Pizzaauswahl. Der Pizzateig ist hier auf neapolitanische Art, dicker als sonst in Rom üblich. Bei jungen Römern und Touristen beliebt, günstige Menüs (z. T. unter 10 €). Via della Mercede 43/44, ☎ 06/6786015. Mittags und abends geöffnet, So geschlossen.

Enoteche/Winebars

Enoteca Buccone (10), in den Regalen dieser alteingesessenen Enoteca finden Sie die besten Weine aus allen Regionen Italiens sowie internationale Tropfen (z. B. aus Griechenland, Chile und den USA). Angeboten werden auch verschiedene Delikatessen, Öle, Essigsorten. Täglich wechselnde Weine im Ausschank. Darüber hinaus kann man bei Buccone aber auch gut zu Mittag essen: Im Nebenraum gibt es eine Handvoll Tische, angeboten werden täglich wechselnd eine kleine Auswahl an Primi und 1–2 Secondi, außerdem auch Salate, kalte Gerichte etc. Preis um 20 € für ein Mittagessen. Freitags und samstags gibt es hier auch Abendessen. Via di Ripetta 19, ☎ 06/3612154, www.enotecabuccone.com. Mo–Do 9–20.30 Uhr geöffnet, Fr/Sa bis 23.30 Uhr, So geschlossen.

Enoteca al Parlamento (64), die Enoteca von Gianfranco Achilli liegt mitten im Herzen Roms. Die Auswahl reicht von in- und ausländischen Spitzenweinen über Sekt bis zu Champagner und diversen Bränden. Beeindruckend die Anzahl großer Jahrgänge von Cru-Weinen aus Bordeaux und Burgund. Signore Achilli bietet auch die wohl umfangreichste Palette von Spirituosen, 400 Whisky-Marken sind vertreten, die Jahrgänge des Armagnac beginnen mit dem Jahr 1825. Zusätzlich gibt es feine Öle, eingelegte Früchte und Süßwaren, zahlreiche Essigsorten und andere Spezialitäten, nicht zu vergessen die Kanapees aus der Vitrine; hier wird zweifelsohne ein gehobenes Publikum angesprochen. Leser berichteten uns von arrogantem Service und überteuerten Preisen. Mo–Sa 9–14 Uhr und 16–20.30 Uhr geöffnet, So geschlossen. Via dei Prefetti 15, ✆ 06/6873446, www.enotecaalparlamento.it.

Palatium (48), die Enoteca Regionale der Region Latium: ein modernes Lokal mit minimalistischem Ambiente, in dem man sich zum Mittagessen (wechselnde Karte mit nicht allzu großer Auswahl) und einem Glas Wein trifft (4–5 €). Leichte Gerichte, gekonnt zubereitet, das Mittagsmenü kommt auf ca. 25 €. Im ersten Stock auf der Empore ist es etwas ruhiger und gemütlicher als unten. Via Frattina 94, ✆ 06/69202132. Mo–Sa 11–1 Uhr durchgehend geöffnet, So geschlossen.

Pubs

Trinity College (75), gemütlicher, etwas düsterer irischer Pub mit allem, was dazugehört (Guinness vom Fass), jede Menge kleine Gerichte (Burger, Sandwiches, Salate, Pasta etc.), zwischen 12 und 20 Uhr kann man hier auch ein komplettes Menü essen (eher teuer). Beliebt bei jüngeren Touristen, aber auch Römer kommen gerne her. Riesige Getränkeauswahl, Happy Hour bis 20 Uhr. Fußballübertragungen (u. a. auch Champions-League), WI-FI. Via del Collegio Romano 6, ✆ 06/6786472. Tägl. ab 12 Uhr bis ca. 3 Uhr nachts geöffnet.

Cafés

Caffè Greco (35) (→ Kasten, S. 174).

La Caffèttiera (74), der Duft des Kaffees erfüllt den ganzen Platz. Zum Frühstück gibt es u. a. plum cake, Brot, Butter und Marmelade, gegen Mittag werden auch einige Snacks angeboten, außerdem empfehlenswerter Mittagstisch. Gediegenes Café mit ebensolchem Publikum, viele Geschäftsleute. Piazza di Pietra 65 (von der Via del Corso Richtung Pantheon).

Babington's (30), der 1894 von der Britin Anna Maria Babington eröffnete Tea Room direkt neben der Spanischen Treppe zeichnet sich auch nach über einem Jahrhundert durch sein britisches Ambiente aus und wirkt dabei etwas altmodisch. Bei den Preisen fragt man sich allerdings, ob es sich um den berühmten britischen Humor handelt – wie wäre es beispielsweise mit einem Stück Kuchen für 10,50 €? Dazu vielleicht eine Tasse Tee für 9,50 €? (Oder an dieser Stelle doch lieber gleich zum Prosecco greifen, kostet dasselbe.) Englisches und amerikanisches Frühstück, auch Mittagstisch (Salate um 20 €). Hauptsächlich englisches und amerikanisches Publikum. Piazza di Spagna 23, ✆ 06/6786027. 9–20.15 Uhr geöffnet, Di geschlossen.

Caffè Rosati (3), schicke Terrasse, meist voll besetzt, das Publikum setzt sich hier hauptsächlich aus reichen amerikanischen Touristen und römischer Oberschicht zusammen – im Vergleich zu Babington's Tea Room geradezu günstig: Cappuccino auf der Terrasse 5,50 €, Snacks ab 5 €. Schöne Lage. Eckhaus in der Via Ripetta an der Piazza del Popolo, bekannt ist das Rosati auch für gute Cocktails (abends bis 23.30 Uhr geöffnet). Etwas günstiger und nicht ganz so exklusiv ist das **Caffè Canova** auf der gegenüberliegenden Seite an der Piazza del Popolo (Anfang der Via del Babuino), hier sitzt man am Abend etwas länger in der Sonne. An der Piazza San Lorenzo in Lucina (nahe Parlament) trifft man sich zum kleinen Mittagssnack (v. a. bei **Teichner**, s. unten) und zum Aperitivo. Zwar ist es auch hier relativ teuer, doch kein Vergleich zu Rosati, Babington, Caffè Greco & Co.

Gelaterie

Giolitti (71), die wahrscheinlich beste Eisdiele Roms. Im Sommer werden in diesem Familienbetrieb mit 40 Angestellten pro Tag neun Doppelzentner Eis (es gibt bis zu 60 Sorten!) hergestellt, wofür 9000 Eigelbe (!) benötigt werden; in der Vitrine warten aber auch kleine Törtchen, Plätzchen, Kuchen etc. auf Abnehmer. In einem Nebenraum kann man in vornehmer Rokoko-Atmosphäre sitzen, es gibt außerdem einige Tische draußen. Via degli Uffici del Vicario 40 (beim Parlament), www.giolitti.it. Di–So durchgehend bis 2 Uhr nachts geöffnet, Mo geschl.

Vanni, hervorragendes Eis, Via Frattina 94.

Shopping (Kulinarisches)

Teichner (56), riesige Auswahl an Feinkost und überraschend günstiger Mittagstisch auf der Piazza Lucina (viele Tische, trotzdem meistens voll), das verwinkelte Traditionsgeschäft ist bei Römern sehr beliebt. Auch innen einige Sitzplätze. Piazza S. Lorenzo in Lucina 17 (nördlich des Parlaments, nahe der Via del Corso).

Fratelli Fabbi (22), Feinkost aus der Region Latium, z. B. Büffelmilchmozzarella und andere Käse-, aber auch Wurstspezialitäten, z. B. ausgezeichneter Parmaschinken. Via della Croce 27 (nahe der Spanischen Treppe).

Confetteria Moriondo & Gariglio (76), liebevoll gestalteter, kleiner Laden mit hausgemachten Pralinenkunstwerken. Sehr exquisit und teuer. Via del Piè di Marmo 21–22 (bei der Piazza Collegio Romano).

Pasta all'Uovo (27), seit fast 90 Jahren werden hier frische Nudeln nach altem Familienrezept hergestellt. Via della Croce 8 (Nähe spanische Treppe).

• *Supermarkt* DeSpar in der Via del Pozzetto 119 (gleich bei der Piazza San Silvestro).

Shopping (außer Mode)

Ein **Büchermarkt** findet werktags an der Piazza Borghese statt (am gleichnamigen Palazzo nahe dem Tiber), außerdem in der Via Muratte/Ecke Via del Corso (hier geht es zum Trevi-Brunnen).

Herder (72), bei der internationalen Buchhandlung an der Piazza Montecitorio 117–120 können Sie aus einem umfangreichen Sortiment an deutschsprachigen Büchern wählen: Belletristik, Sachbücher, Reiseführer zu Rom und Italien. Sehr freundliche und hilfsbereite deutschsprachige Mitarbeiter. Mo–Sa 9.30–13.30 und 15–19.30 Uhr geöffnet. ☎ 06/6795304, www.herder.it.

The Anglo-American Bookshop (52), englische Bücher, Zeitungen und Zeitschriften. Gut sortiert, auch zahlreiche Reisebücher. Geöffnet Di–Sa 10–19.30 Uhr, So geschlossen, Mo 15.30–19.30 Uhr. Via delle Vite 7.

Il Mare (12), in der ansprechenden Buchhandlung dreht sich – wie der Name schon sagt – alles um das Meer. Fachliteratur für Segler, Bildbände, Seekarten, schöne Poster (große Auswahl) und ein großer Bestand an italienischsprachigen Reisebüchern zu Italien und der ganzen Welt. Mit kleiner Bar. Via di Ripetta 239, www.ilmare.com.

la Feltrinelli (70), in der Galleria Alberto Sordi. Neben Büchern auch CDs und DVDs, mit Café (sehenswerte Räumlichkeiten).

L'Aventure (13), Comics, Graphic Novels usw. in großer Auswahl. Hilfsbereiter Besitzer. Tägl. 10–20 Uhr, Mo erst ab 13 Uhr. Via del Vantaggio 21, www.librerialaventure.com.

Fabriano (9), edle Papierwaren und Kladden, Blöcke, Filofaxe, Tagebücher etc. Eher teuer. Via del Babuino 173.

C.U.C.I.N.A. (28), alles für die Küche, darunter viel Edelstahl, das meiste passt auch in den Koffer. Auch Haushaltswäsche. Via Mario de'Fiori 65.

Gusto – La Libreria (25), riesige Auswahl an Kochbüchern (in Italienisch und Englisch), dazu edle Haushaltswaren vom Kochlöffel bis zur chromglänzenden Küchenmaschine. Hier finden Sie garantiert ein passendes Souvenir für Küchen- und Kochliebhaber, auch schönes Geschirr und Tischdecken etc. Durchgehend 10.30–0.30 Uhr geöffnet. Piazza Augusto Imperatore 7, www.gusto.it.

Maurizio Grossi Mosaici e Marmi d'Arredamento (8), edelste Wohnaccessoires in Marmor, z. B. Obelisken, täuschend echte Fruchtimitationen, Alabasterschalen, Marmorintarsien in allen Größen (auf Bestellung). Die Grenze zum Kitsch fließt mitten durch das hochwertige Sortiment. Via Margutta 109 (Nähe Spanische Treppe), www.mauriziogrossi.com.

T.A.D. Conceptstore (14), unscheinbarer Eingang, dahinter: Café, Kosmetik, Schmuck, Haushaltsaccessoires, Mode, Schuhe, Musik, Blumen, Friseur, Restaurant (asiatischer Mittagstisch) und Café mit WI-FI-Zone. Via del Babuino 155A, www.taditaly.com.

B.B.K. (21), moderne Einrichtungsgegenstände. Via della Frezza 60.

Vittorio Bagagli (61), edelstes Geschirr und Glas in der Via di Campo Marzio 42.

Campo Marzio Design (59), Füller, Tinte, Kladden, Vintage-Füller und Reparatur des

Um die Via del Corso

Karte S. 172/173

edlen Schreibgeräts. Sehr erlesen und nicht gerade preiswert. Via di Campo Marzio 41.

Ricordi (17), große Auswahl von gängigem Pop bis zur Klassik, die CD-Preise sind (selbst für Italo-Pop) in Deutschland günstiger. Via del Corso 506 (Nähe Spanische Treppe).

AS Roma-Store (73), an der Piazza Colonna, der Fanshop lässt das Herz eines eingefleischten *Romanista* höher schlagen. Kultfigur Francesco Totti grüßt lebensgroß vom Poster, daneben gibt es vom Schlüsselanhänger bis zur Boxershort einfach alles in den Farben der Giallorossi. Auch Tickets fürs Stadion. Piazza Colonna 360, www.asromastore.it.

Old Soccer (15), historische Fußballtrikots (um 50 €) vieler europäischer Vereine und der Nationalmannschaften, Schuhe, Bälle. Mützen, Schals etc. Nicht gerade günstig, aber eine Fundgrube für echte Fans. Via di Ripetta 30, www.oldsoccer.it.

Ferrari-Store (39), im Merchandise-Shop der Roten gibt es alles, was der Ferrarista so braucht. Bolide im Schaufenster, das Personal trägt rote Monteurskluft. Zentrale Lage. Via Tomacelli 146–152.

Mode

Das Modeviertel der Spitzen-Couturiers befindet sich im Dreieck Via del Corso, Via del Tritone und Via del Babuino mit der Via Condotti als teuerster und vornehmster Einkaufsstraße. Hier sind von Armani bis Zegna alle Götter des Modeolymps vertreten. Die Preise sind niedriger als in Deutschland, aber immer noch immens (Schnäppchen sind möglich, besonders im Schlussverkauf).

Bezahlbare Mode finden Sie in anderen Gegenden, z. B. im letzten Abschnitt der Via del Corso vor der Piazza del Popolo. Hier reihen sich Läden für junge Mode aneinander (auch preiswerte Schuhgeschäfte), darunter Ketten wie Benetton, Stefanel, Sisley, Diesel, Energie (gleich mehrfach in der Via del Corso) und Ethic. Exklusivere Geschäfte

befinden sich in den Gassen, die von der Via del Corso in Richtung Pantheon und weiter in Richtung Piazza Navona abgehen.

In der **Galleria Alberto Sordi** (gegenüber der Piazza Colonna) befinden sich zahlreiche Bekleidungsgeschäfte sowie einige Cafés. Tägl. 10–22 Uhr geöffnet.

La Rinascente (66), das alteingesessene Kaufhaus bietet eher konventionelle Kleidung an, die Preise liegen etwas über dem Niveau der kleineren Boutiquen. Auch Accessoires und Kosmetik. Via del Corso (schräg gegenüber der Piazza Colonna).

Davide Cenci (68), klassisch-konservative Mode für Damen und Herren, gute Auswahl, gehobene Qualität und ebensolche Preise. Über Mittag geschlossen. Via di Campo Marzio.

Ermenegildo Zegna (37), edle Anzüge des piemontesischen Traditionsunternehmens. Via Borgognona 7.

Empresa (63), geschmackvolle und ausgefallene Herrenmode, auch Schuhe und Accessoires. Teuer. Piazza del Parlamento 32.

Empresa für Damen (67) findet man in der Via Campo Marzio 71: sehr modisch und ebenfalls teuer.

Marina Rinaldi (40), gediegener Chic für etwas größere Größen, eher teuer. Via Borgognona 4.

Brighenti (44), erlesene Dessous und Negligees, Seidenpyjamas etc. Teuer und edel. Via Frattina 7, eine Filiale befindet sich in der Via Borgognona 27.

Armani Jeans (38), die etwas günstigere junge Mode von Armani in der Via Tomacelli 138, ein weitere Laden befindet sich in der Via del Babuino 70.

Borsalino, edle Hüte aller Art an der Piazza del Popolo 20 beim Hotel De Russie **(2)**, eine kleine Filiale gibt es auch in der Via Campo Marzio 72/A **(69)**.

Tod's (46), in Schuhen von Tod's machte schon Cary Grant eine gute Figur. Zeitlos klassische Modelle, die natürlich ihren Preis haben, auch Accessoires. Via Fontanelle Borghese (gleich beim Largo Goldoni).

Fratelli Rossetti (20), Nobelschuhe und Taschen, ungemein elegant, aber leider fast unbezahlbar. Via del Babuino 59A, www.rossetti.it.

Fausto Santini (43), exklusive Schuhmode und elegante Handtaschen in der Via Frattina 120.

Marco Marco (16), große Auswahl an preisgünstigen Schuhen für Damen und Herren. Via del Corso 43.

Najadenbrunnen auf der Piazza della Repubblica

Rundgang 6:
Um die Piazza della Repubblica

Hier, gleich beim Hauptbahnhof, liegen einige bemerkenswerte Sehenswürdigkeiten dicht beieinander: die Diokletians-Thermen mit dem umfangreichen Nationalmuseum für Archäologie, ein weiteres Nationalmuseum im Palazzo Massimo und schließlich die Pilgerkirche Santa Maria Maggiore. Südöstlich des Bahnhofs, um die Piazza Vittorio Emanuele II, zeigt sich Rom multikulturell, hier leben die meisten Einwanderer im Innenstadtbereich.

Die verkehrsreiche Piazza della Repubblica geht quasi in den Bahnhofsvorplatz (Piazza del Cinquecento) mit Busbahnhof über. Wie in anderen Bahnhofsgegenden europäischer Großstädte trifft man auch hier auf allerlei fliegende Händler, die vom billigen Feuerzeug bis zum MCM-Taschen-Imitat fast alles anbieten (*Achtung*: Imitate von Luxuslabeln zu einem Spottpreis zu kaufen ist in Italien strengstens verboten, wird man erwischt, ist eine deftige Geldbuße fällig!).

Die Piazza della Repubblica hieß früher Piazza Esedra und wird z. T. auch heute noch so genannt. Der Platz wurde nach der Einigung Italiens und der Erbauung des Bahnhofs 1886 als monumentaler Eingangsbereich zur Hauptstadt des noch jungen Königreichs neu gestaltet. Die hier beginnende Via Nazionale wird symmetrisch von zwei halbrunden Gebäuden mit Arkadengängen eingerahmt (eines davon beherbergt das Luxushotel Exedra), die auf den Fundamenten der Exedra der Diokletians-Thermen gebaut wurden – daher auch der ursprüngliche Name des Platzes. Die Exedra war ein halbrunder Säulengang, der den Innenhof der Thermen abschloss.

Die Nordseite des Esquilins und der benachbarte Viminal (zwischen Via Cavour und Via Nazionale), auf dem sich heute das italienische Innenministerium befindet, waren in der Antike dicht bevölkerte Viertel, später ließ sich auf dem Quirinal die Oberschicht nieder.

Im Mittelalter verkam die Gegend, erst durch Papst Sixtus V. wurden städtebauliche Maßnahmen ergriffen, um durch gerade Verbindungsstraßen die Pilgerkirche S. Maria Maggiore besser zugänglich zu machen und so in das Stadtzentrum zu integrieren.

Erst Ende des 19. Jh. wurden die großen Gründerzeit-Wohnblocks südlich des Hauptbahnhofs und um die Piazza Vittorio Emanuele II gebaut. Heute hat sich in der Via Nazionale und z. T. auch in den umliegenden Straßen ein beliebtes Einkaufsviertel gebildet, das in puncto Extravaganz mit der Gegend um die Via Condotti zwar nicht konkurrieren kann, dafür aber für den kleineren Geldbeutel eine vielfältige Auswahl bietet. Die Straßen Via del Boschetto, Via dei Serpenti und Via Panisperna im angesagten Stadtviertel „Monti" (grob zwischen Viminal und Kolosseum) zählen zu den schönsten Ecken in dieser eher hektischen Gegend der Innenstadt. Ein wenig Beschaulichkeit findet sich noch in den kleinen Gässchen beiderseits der Via Cavour.

Spaziergang

Die Tour beginnt an der **Piazza della Repubblica** mit dem **Najadenbrunnen**. Vorher sollte man jedoch (sofern man hier nicht ohnehin angekommen ist) einen Blick auf den nur wenige hundert Meter entfernten Hauptbahnhof **Stazione Termini** (benannt nach seiner Nähe zu den Diokletians-Thermen) werfen. Der erste große Bahnhof hier entstand 1870, als Rom Hauptstadt des geeinten Italien wurde. Das heutige Gebäude mit seiner 200 m langen Vorhalle wurde 1950 von Luigi Nervi konzipiert und galt damals als schönster Bahnhof Europas. Nachdem der Bahnhof zwischenzeitlich stark an Attraktivität eingebüßt hatte, zeigt er sich heute wieder recht elegant: zahlreiche Geschäfte und Bars, im Untergeschoss befindet sich die Shoppingmeile „Forum Termini" mit unzähligen Läden (hauptsächlich Bekleidung).

Zwischen der Piazza del Cinquecento und der Piazza Repubblica befindet sich auf der linken Seite das römische **Nationalmuseum** (Palazzo Massimo alle Terme) mit seiner bedeutenden Antikensammlung. Schräg gegenüber, auf der anderen Seite der Piazza della Repubblica, ist in den ehemaligen **Diokletians-Thermen** eine Zweigstelle des Nationalmuseums untergebracht. Zu dem Gebäudekomplex gehört auch die von Michelangelo gestaltete **Kirche Santa Maria degli Angeli** und die nur wenige Meter entfernte **Aula Ottagona** mit ihren bedeutenden antiken Bronze- und Marmorstatuen.

Von der Piazza gelangt man in nordwestliche Richtung nach wenigen Metern zur Piazza San Bernardo mit dem **Mosesbrunnen**, auf der anderen Straßenseite (die Via XX Settembre überqueren) stößt man auf die **Kirche Santa Maria della Vittoria**, in der Berninis überaus weltliche Darstellung der heiligen Theresia von Ávila seinerzeit für einen deftigen Skandal sorgte.

Vorbei an der runden **Kirche San Bernardo** erreicht man über die wenig ansprechende Via Torino nun die belebte Einkaufsstraße Via Nazionale und folgt ihr nach rechts hinunter in Richtung Nationalmonument. Schräg unterhalb des mächtigen **Palazzo delle Esposizioni** geht

Santa Maria degli Angeli

es halb links ab in die ruhige, abends autofreie und somit fast schon idyllische Via del Boschetto mit ihren kleinen Geschäften und Restaurants – pure Erholung nach der Hektik an der Piazza della Repubblica und der lauten Via Nazionale. Von der Via del Boschetto biegt man rechts ab in die Via Panisperna und dann gleich links hinunter in die Via dei Serpenti mit zahlreichen interessanten Läden und Restaurants. Ein Stück hinunter, und schon stehen Sie an der schönen Piazza della Madonna dei Monti mit Brunnen und Cafés (samt schattiger Terrassen) – ideal für eine Pause.

Am oberen Ende der Piazza biegt man nun links wieder in die Via del Boschet-

to ab und kurz darauf nach rechts in die Via Panisperna. Steil bergauf gelangen Sie geradeaus direkt zur Kirche **Santa Maria Maggiore**, einer der vier Patriarchalkirchen Roms. Hier endet der Rundgang, lohnend ist noch ein Abstecher von der Piazza zur sehenswerten kleinen **Kirche Santa Prassede**. Von Santa Maria Maggiore sind es nur wenige Minuten auf der Via Carlo Alberto zur **Piazza Vittorio Emanuele II** (Metrostation Linea A). Ein Abstecher führt in die Via Merulana zum **Museo Nazionale d'Arte Orientale**. Die Tour dauert – je nach Intensität der Besichtigung der beiden Nationalmuseen – ca. 4 bis 5 Stunden.

Sehenswertes

Palazzo Massimo alle Terme/ Museo Nazionale Romano

Das römische Nationalmuseum wurde zum Heiligen Jahr 2000 grundlegend restauriert. Vorher lagen die etwa 300.000 antiken Fundstücke – die bedeutendste Sammlung antiker römischer Kunst überhaupt – zum Teil unter haarsträubenden Bedingungen kreuz und quer in den Magazinen, bis man sich entschied, das Nationalmuseum auf verschiedene Orte zu verteilen. In unmittelbarer Nachbarschaft sind nun im **Palazzo**

Massimo, dem **Thermenmuseum** (Diokletians-Thermen) und der **Aula Ottagona** viele der wichtigsten Ausstellungsstücke zu besichtigen.

Der Palazzo Massimo alle Terme beherbergt den größten Teil der Kunstsammlung mit den bedeutendsten Werken der republikanischen Zeit (ab dem 2. Jh. v. Chr.) und der Kaiserzeit bis zur Reichsteilung im 4. Jh. n. Chr. Dazu zählen auch die herrlichen Fresken aus dem Haus der Livia (Palatin, → S. 116) und aus anderen antiken Villen. Bei den Skulpturen handelt es sich überwiegend um römische Kopien, aber auch um importierte Originale griechischer Kunst (meist aus dem 5. Jh. v. Chr.). Die Ausstellungsstücke sind in modernen, nüchtern gehaltenen Räumlichkeiten bei perfekten Lichtverhältnissen inszeniert. Ein grober Überblick:

Im *Erdgeschoss* finden Sie vor allem Exponate aus republikanischer Zeit, in Saal II sind Grabmäler und Porträts aus der Zeit Caesars zu sehen, Saal IV und V sind der Ära des Augustus gewidmet. Bedeutend ist in Saal V der **Altar von Ostia**, auf dem u. a. die mythologische Stadtgründung durch Romulus und Remus dargestellt ist. Auf dem Freskenband einer Grabanlage sind ebenfalls Szenen aus der Romulus- und der Troja-Mythologie zu sehen. In der Galerie III und im Saal VII finden sich griechische Originale (Statuen und Porträts).

Im *ersten Obergeschoss* des Palazzos befinden sich hauptsächlich Ausstellungsstücke aus der Kaiserzeit (1.–4. Jh. n. Chr.): Besonders hervorzuheben sind einige Porträts römischer Kaiser, die nach ihrer Ächtung durch den *damnatio memoriae* aus der Erinnerung der Römer sozusagen „gelöscht" werden sollten. Hierzu zählen Darstellungen von Domitian und Caligula.

Saal I ist der Dynastie der Flavier gewidmet, Saal II beschäftigt sich mit Trajan und Hadrian, Saal III u. a. mit der Ära des Antoninus Pius und Saal IV mit Marc Aurel. Sehenswert ist auch die Apollo-Statue in Saal VI, die römische Kopie eines schon in der Antike berühmten griechischen Originals aus dem 5. Jh. v. Chr., die man stark beschädigt im Tiber fand. Das Vorbild soll aus der berühmten Werkstatt des Phidias in Olympia stammen. Im großen Saal XIV sind Kunstwerke aus der Spätzeit des Römischen Reiches (Mitte 3. bis ca. Mitte 4. Jh.) zu sehen, darunter eine

kleine Statue des lehrenden Christus aus dem 3. Jh. in der klassischen Darstellung eines dozierenden Philosophen.

Im *zweiten Stock* sind einige der schönsten Fresken, Mosaike und Stuckarbeiten aus antiken römischen Villen ausgestellt, so in den Sälen I und II z. B. die herrlichen **Fresken aus dem Haus der Livia** (der Ehefrau von Augustus) auf dem Palatin.

Das *Untergeschoss* des Palazzos ist einer umfangreichen numismatischen Sammlung von frühgeschichtlicher Zeit bis in die Gegenwart gewidmet.

⏰ Di–So 9–19.45 Uhr, Einlass bis 18.45 Uhr, Mo geschlossen. Eintritt 7 €, ermäßigt 3,50 € (18–25 J.), EU-Bürger unter 18 und über 65 J. haben freien Eintritt, bei Sonderausstellungen jeweils 3 € teurer. Das Ticket ist auch für Palazzo Altemps, Terme di Diocleziano und Crypta Balbi gültig (drei Tage). Englischsprachige Literatur zum Museum wird im angeschlossenen Buchladen verkauft. Largo di Villa Peretti 1, ✆ 06/4814144.

Piazza della Repubblica

Einer der Verkehrsknotenpunkte der Innenstadt. Linienbusse, Autos, Taxis und Mopeds schieben sich unaufhörlich in den Kreisverkehr; den Platz zu Fuß zu überqueren ist im Prinzip unmöglich. Mitten im Verkehrsknäuel bildet die **Fontana delle Naiadi** (Najadenbrunnen) das Zentrum des Platzes. Der Brunnen wurde 1888 fertig gestellt, die nackten Bronzenymphen auf den Sockeln hat man – nach langen Diskussionen über eine drohende sittliche Gefährdung der römischen Jugend – erst 1911 hinzugefügt. In der Mitte ringt Neptun mit einem Fisch.

In einem der beiden halbrunden Gebäude mit Arkadengang an der Piazza della Repubblica ist heute mit dem „Exedra" eines der nobelsten Hotels der Stadt untergebracht. Der andere Arkadengang an der Piazza ist etwas schlichter, hier stößt man auf einfachere Geschäfte und Cafés.

Diokletians-Thermen/ Thermenmuseum

Rund 100 Jahre nach der Eröffnung der Caracalla-Thermen erteilte Kaiser Diokletian (bekannt für die größte Christenverfolgung in der Geschichte Roms) im Jahr 298 den Auftrag zum Bau einer weiteren öffentlichen Badeanstalt, der größten der Stadt, die allerdings nicht ganz so luxuriös ausgestaltet wurde wie die Caracalla-Thermen ein knappes Jahrhundert zuvor. Die Diokletians-Thermen boten ausreichend Platz für 3500 Badegäste. Nach nur acht Jahren Bauzeit war das 320 x 370 m große Freizeitzentrum fertig; die Anlage war bis ins Jahr 537 in Betrieb. Ab dem 16. Jh. nutzte man die noch erhaltenen leer stehenden Räume für neue Zwecke: Im mittleren großen Kaltbadesaal (Frigidarium) entstand unter Michelangelos Bauleitung die **Kirche Santa Maria degli Angeli**, in den Nebenräumen ein **Kartäuserkloster**, in das 1889 das **Nationalmuseum** (Thermenmuseum) einzog.

Zu sehen sind in den großen Räumlichkeiten auf drei Stockwerken zahlreiche römische Statuen, Büsten und Epigraphe. Darüber hinaus wird auf Schaubildern mit hervorragenden, ausführlichen Erläuterungen (wenn auch nur in Englisch) das Alltagsleben der Römer in der Antike vorgestellt. Ein Flügel des zweiten Stocks ist der Bronze- bis Eisenzeit gewidmet, der andere Flügel ist wechselnden Ausstellungen vorbehalten. Auf keinen Fall versäumen sollten Sie einen Abstecher in den ehemaligen **Klostergarten** mit dem von Michelangelo entworfenen Arkadengang und dem eindrucksvollen Brunnen in der Mitte.
🕐 Di–So 9–19.45 Uhr, Einlass bis 18.45 Uhr, Mo geschlossen. Eintritt 7 €, ermäßigt 3,50 € (18–25 J.), unter 18 und über 65 J. frei. Das Ticket ist auch für Palazzo Altemps, Palazzo Massimo und Crypta Balbi gültig (drei Tage). Audioguide in Englisch oder Italienisch 4 €. Via Enrico De Nicola 78, 📞 06/47826152.

Heute Nationalmuseum – die Diokletians-Thermen

Santa Maria degli Angeli

Papst Pius IV. beauftragte 1561 Michelangelo mit dem Bau einer Kirche für den Kartäuserorden in den Diokletians-Thermen. Man betritt sie durch einen achteckigen Rundsaal, der einst zum Warmwasserbad (Tepidarium) der Thermen gehörte; der zentrale Kirchenraum war früher der große Kaltbadesaal (Frigidarium). Besonders der Hauptraum mit seinen gigantischen Säulen vermittelt eine gute Vorstellung von der Monumentalität der Badeanlage. Das schmucklose Deckengewölbe stammt noch aus der Antike, nur die Dekoration mit Stuck geht auf eine Umgestaltung der Kirche im 18. Jh. zurück.
🕐 Mo–Sa 7–18.30 Uhr, So 8–19.30 Uhr. Piazza della Repubblica.

Aula Ottagona/ Museo Nazionale Romano

Der achteckige Saal liegt am westlichen Ende der Diokletians-Thermen. Unter der originalen antiken Kuppel der Aula Ottagona werden einige der besterhaltenen und wertvollsten Marmor- und Bronzeskulpturen der Antike ausgestellt, darunter der berühmte Faustkämpfer: eine sitzende Bronzefigur aus dem 1. Jh. v. Chr. Eine schmale Treppe führt ins Untergeschoss zu den freigelegten Fundamenten der Thermen.

ⓘ *Achtung:* Zuletzt war die Aula Ottagona wegen Restaurierungsarbeiten geschlossen. Via Giuseppe Romita 8.

Ein bisschen dick,
der Moses

Mosesbrunnen

Nur wenige Schritte entfernt trifft man an der Kreuzung der Via XX Settembre (Piazza San Bernardo) auf einen Brunnen an der Stelle eines antiken Vorgängerbaus. Bei dem von Papst Sixtus V. im 16. Jh. in Auftrag gegebenen neuen Brunnen nach Vorbild eines antiken Castellums kam es zum Skandal: Der Künstler Prospero Antichi hatte sich bei der Mosesstatue in den Proportionen verschätzt, weil er die Skulptur ohne Modell in seinem zu niedrigen Atelier aus einem liegenden Travertinblock meißelte. Bei der Enthüllung des Kunstwerks soll die Bevölkerung in schallendes Gelächter ausgebrochen sein – die Figur hat viel zu lange Arme, auch die übrigen Proportionen stimmen nicht. Der Papst war erzürnt, Nachbesserungsvorschläge Antichis lehnte er strikt ab – die Schande sollte den Künstler bis an sein Lebensende begleiten. Der bedauernswerte Antichi wurde trübsinnig und nahm sich bald darauf das Leben.

Santa Maria della Vittoria

In der Kirche auf der anderen Seite der Via XX Settembre sorgte Bernini ebenfalls für einen Skandal: Im linken Seitenschiff der eher düster und überladen wirkenden Kirche kreierte der große Barockmeister in der Cornaro-Kapelle die **Verzückung der heiligen Theresia von Ávila**. Durch Berninis Interpretation vermittelt der Gesichtsausdruck der heiligen Theresia nicht die überlieferte, sittsam-katholische Andacht, vielmehr wirkt sie doch sehr körperlich verzückt.

ⓘ Tägl. 7–12 Uhr und 15.30–19 Uhr, im Winter bis 18 Uhr.

Palazzo delle Esposizioni

Das pompöse Gebäude mit griechisch-römischen Stilelementen in der Fassade wurde 1876 vom gerade erst vereinigten Königreich Italien als Ausstellungs-

Abstecher zum MACRO (Museo d'Arte Contemporanea Roma)

Freunde zeitgenössischer Kunst kommen im restaurierten Gebäudekomplex der Firma Peroni voll auf ihre Kosten. Bis 1971 wurde hier noch Bier gebraut, seit 1999 finden in den großzügigen Räumlichkeiten wechselnde Ausstellungen zeitgenössischer Künstler statt (meist mehrere gleichzeitig). Außerdem gehören zum MACRO auch eine Dauerausstellung, Bibliothek, Buchladen und Cafeteria.

⏱ Di–So 9–19 Uhr (teilweise nur bis 16 Uhr), Mo geschlossen. Eintritt 4,50 €, ermäßigt 3 €; das Ticket gilt für alle Ausstellungen und auch für das MACRO Future (→ S. 243), sieben Tage Gültigkeit. Via Reggio Emilia 54 (auf der Via XX Settembre durch die Porta Pia stadtauswärts, dann links, ca. 20 Minuten Fußmarsch ab Piazza della Repubblica), ✆ 06/671070400, www.macro.roma.museum. Achtung: Bei Ausstellungswechseln bleibt das Museum geschlossen, erkundigen Sie sich vorher!

halle geplant, 1880 war Baubeginn und bereits drei Jahre später war das Prestigeobjekt fertig gestellt. Hier finden in der Regel mehrere Kunstausstellungen gleichzeitig statt, von alten Meistern über die klassische Moderne bis hin zur jungen Avantgarde, die hier ein Forum für Experimentelles findet. Im Untergeschoss gibt es eine **Snackbar** (auch ohne Museumsticket zugänglich), außerdem ein **Dachgarten-Café** (über den Seiteneingang Via Milano 9 zugänglich).

⏱ Die Öffnungszeiten variieren je nach Ausstellung (diese wechseln alle 3–4 Monate), als Anhaltspunkt: Di–Do und So 10–20 Uhr, Fr/Sa abends verlängerte Öffnungszeiten bis 22.30 Uhr (letzter Einlass jeweils 1 Std. vor Schließung), Mo geschlossen. Ebenso variieren die Eintrittspreise (zuletzt ca. 10–12,50 € für alle Ausstellungen). Audioguides und Führungen werden angeboten (je 4 €, Führungen nur in Italienisch, Audioguides auch in Englisch). Via Nazionale 194, ✆ 06/39967500, aktuelle Ausstellungen unter www.palazzoesposizioni.it.

Santa Maria Maggiore

Die mächtige Kirche auf dem Esquilin-Hügel gehört zu den vier Patriarchalbasiliken der Stadt und soll die größte Marienkirche der Welt sein. Der Legende nach hatten Papst Liberius und ein reicher römischer Adliger namens Johannes am 4. August des Jahres 352 die gleiche Erscheinung: Im Traum wurden sie von Maria aufgefordert, an der Stelle eine Kirche zu errichten, an der am nächsten Morgen Schnee liegen würde. Tatsächlich schneite es in der Nacht, und zwar auf dem Esquilin – mitten im Hochsommer.

Von der ursprünglichen Kirche aus dem 4. Jh. stehen nur noch 44 ionische Säulen. Die Kirche wurde im Laufe der Jahrhunderte mehrfach um- und ausgebaut, Ende des 17. Jh. wurde die große Freitreppe mit der barocken Schauwand vorgesetzt. Der riesige **Obelisk** vor dem Eingang an der Piazza Esquilino stammt vom Eingang zum Augustus-Mausoleum. Papst Sixtus V. ließ ihn 1587 hier aufstellen. Ursprünglich hatten die Römer den Obelisken zu Ehren des Augustus aus Ägypten herbeischaffen lassen.

Vor der Hauptfassade (an der Piazza SantaMaria Maggiore) befindet sich eine antike Marmorsäule aus der Maxentius-Basilika (Forum Romanum), die nun eine Marienstatue trägt. Der Campanile von Santa Maria Maggiore wurde 1377 gebaut und ist mit einer Höhe von 75 m der höchste Glockenturm Roms.

Im Inneren fällt im Hauptschiff sofort die kostbare geschnitzte **Kassettendecke** aus dem 16. Jh. auf, ihre Vergoldung stammt aus den ersten Beutezügen im gerade entdeckten Amerika. Zwischen den Fenstern ist eine Serie von 36 Mosaiken aus dem 5. Jh. zu sehen. Bei den

Szenen aus dem Alten Testament handelt es sich um den ältesten erhaltenen **Bilderzyklus der Bibel**. Der Fußboden besteht aus einem Marmormosaik aus dem 12. Jh. In der **Confessio** vor dem Hauptaltar werden als Reliquien angebliche Bretter der Krippe zu Bethlehem verehrt. Rechts des Hauptaltars befindet sich im Seitenschiff die von Papst Sixtus V. in Auftrag gegebene, reich ausgearbeitete **Cappella Sistina** (Ende 16. Jh.); gegenüber davon die **Cappella Paolina** (1611), ebenfalls mit Stuck, Fresken und Statuen prächtig ausgeschmückt. Hier ist auch die Schneelegende der Kirchengründung dargestellt. Hauptsehenswürdigkeit der Kirche ist das kunstvolle **Apsismosaik** (13. Jh.) hinter dem Hauptaltar: Thema ist die Krönung Marias.

Santa Maria Maggiore

In Santa Maria Maggiore wurde am 28. November 1680 der Barockkünstler **Gianlorenzo Bernini** in einem verhältnismäßig bescheidenen Grab beigesetzt; in der nach ihm benannten Cappella Sistina liegt Papst Sixtus V., unter dem die Kuppel der Peterskirche vollendet wurde, begraben.
🕐 Tägl. 7–19 Uhr.

Santa Prassede

Die dreischiffige Kirche, kaum hundert Meter von Santa Maria Maggiore entfernt, ist nach der heiligen Praxedis benannt. Sie war eine der Töchter des römischen Senators Pudens, der Petrus in seinem Haus in Rom aufgenommen haben soll. Bekannt war Praxedis als Fürsprecherin der verfolgten Christen, sie soll hier eine erste Kirche gestiftet haben. Sicher verbürgt ist ein Gotteshaus an dieser Stelle allerdings erst für das Jahr 491. Im Mittelalter brachte man in der Kirche die Reliquien von Märtyrern aus den verfallenen Katakomben unter.

Papst Pascalis I. ließ die Kirche im Jahr 822 erneuern, aus dieser Zeit stammen auch die sehenswerten byzantinischen Goldmosaike in der Apsis und in der San-Zeno-Kapelle im rechten Seitenschiff. Letztere plante Pascalis übrigens als Grabmal für seine Mutter Theodora, die auf dem Mosaik in der Kapelle dargestellt ist, als Einzige mit eckigem Heiligenschein. Der Papst ist auf dem Mosaik in der Apsis zu sehen: mit einem Modell des Kirchenneubaus in der Hand.
🕐 Tägl. 7.30–12 Uhr und 16–18.30 Uhr. Via de Santa Prassede 9a (unscheinbarer Seiteneingang, der Haupteingang in der Via San Martino ai Monti ist meist verschlossen).

Museo Nazionale d'Arte Orientale

Das größte italienische Museum für Kunst aus dem Nahen und Fernen Osten ist im **Palazzo Brancaccio** untergebracht und bietet eine umfangreiche Sammlung an Exponaten aus dem Iran, Indien, Pakistan, Tibet, Nepal, China und Südostasien (außerdem wechselnde Ausstellungen).

① Di–Fr 9–14 Uhr, Sa/So 9–19.30 Uhr, Mo geschlossen. Eintritt 6 €, ermäßigt (18–25 J.) 3 €, EU-Bürger unter 18 und über 65 J. Eintritt frei. Via Merulana 248, ✆ 06/46974831, www.museorientale.it.

Piazza Vittorio Emanuele II

Die etwas heruntergekommene Gegend um die Piazza Vittorio Emanuele II sollte im Zuge des Stadtteilsanierungsprogramms „Nuovo Centro Esquilino" aufgewertet werden, besonders der Platz mit den Resten eines Nymphäums aus dem 3. Jh. n. Chr. Der bunte Markt auf der Piazza musste hierfür in die nahe ehemalige Kaserne Pepe umziehen, wo eine blitzsaubere, glasgedeckte Markthalle entstand (Via Pepe, Mo–Sa 8–14 Uhr), in der frische Lebensmittel z. T. deutlich günstiger als bei den anderen Innenstadtmärkten angeboten werden. Die Fassade des ehemaligen Jugendstiltheaters **Jovinelli** neben dem Markt wurde restauriert, hier werden Konzerte und Kabaretts veranstaltet (Via Guglielmo Pepe 43/47, www.ambrajovinelli.com).

Nach den umfangreichen Umgestaltungen besteht die Piazza Vittorio Emanuele II heute aus einem etwas ungepflegten Park um das Nymphäum, und auch die angrenzenden Arkaden um den Platz wirken leicht vergammelt. Nachts gilt die Gegend als unsicher.

Praktische Infos (→ Karte S. 190/191)

Ristoranti, Trattorien, Osterien

Agata e Romeo (32), das elegante Restaurant gehört in die oberste Klasse der römischen Gastronomie. Es ist zudem ein prominenter Ort, denn die Küchenchefin Agata Parisella hat mehrere Kochbücher geschrieben, war für Staatsbankette verantwortlich und ist wegen ihrer Kochsendungen im italienischen Fernsehen dem breiten Publikum bekannt. Ihr Mann Romeo Caraccio gehört zu den besten Sommeliers Italiens, sein Weinkeller wurde mehrfach ausgezeichnet. Entsprechend teuer ist das gebotene Menü: 100–120 €. Via Carlo Alberto 45 (Verbindungsstraße zwischen Maria Maggiore und Piazza Vittorio Emanuele II), ✆ 06/4466115, www.agataeromeo.it. Mittags und abends geöffnet, Sa/So geschlossen.

Monti (36), einladende Trattoria nahe der Piazza Vittorio Emanuele II. Schlauchförmiges, etwas dunkles Lokal, im Sommer auch ein paar Tische draußen, klassische und sorgfältig zubereitete Gerichte, köstliche hausgemachte Desserts. Freundlicher und kompetenter Service, Menü um 35 €. Via S. Vito 13 a, ✆ 06/4466573, mittags und abends geöffnet, So abends und Mo geschlossen.

Im Stadtviertel Monti

In den Straßen um die Piazza della Madonna dei Monti finden sich neben den unten genannten Lokalen auch zahlreiche weitere Bars und Snackbars, in denen man einen guten und günstigen Mittagssnack bekommt. Viele Studenten der nahe gelegenen Uni verbringen ihre Mittagspause mit einem Panino auf den Treppen des hübschen Brunnens auf der Piazza della Madonna dei Monti, die Terrassencafés hier sind mittags und zum Aperitivo bis auf den letzten Platz besetzt.

La Cicala e la Formica (37), zwei Schwestern führen dieses kleine Restaurant, in dem die leichte Mittelmeerküche angeboten wird. Kleine Weinkarte und ein sympathischer Service, einige Tische draußen. Mittags gibt es sehr günstige Menüs (ab 10 €), abends wird es deutlich teurer (Menü um 25 €). Täglich mittags und abends geöffnet. Via Leonina 17, ✆ 06/4817490.

Hasekura (33), ist wohl das beste japanische Restaurant der Stadt. Empfehlenswert sind z. B. das „Sashimi" und das „Fritto misto con gamberi, pesce bianco e verdure", es gibt natürlich auch Sushi. Dazu wird japanisches Bier serviert, die Weinauswahl ist knapp. Menü um 45 €, günstiger sind die wechselnden Mittagsmenüs (20–35 €). Via dei Serpenti 27, ✆ 06/483648, www.hasekura.it. Mo mittags und So geschl.

Maharajah (27), gutes indisches Restaurant mit eleganter Einrichtung (wenn auch etwas kitschig) und freundlicher Bedienung. Vegetarisches Menü 20–22 €, Fischmenü

Um die Piazza della Repubblica
Karte S. 190/191

25 €, à la carte um 30 €. Via dei Serpenti 124, ℡ 06/4747144, www.maharajah-roma.com. Täglich mittags und abends geöffnet.

Gleich ums Eck davon befindet sich **Il Guru (26)**, ein ebenfalls empfehlenswertes indisches Restaurant, etwas einfacher in der Aufmachung, in Sachen indischer Küche aber dem Maharajah sicher in nichts nachstehend und sogar ein wenig günstiger: Menü um 20–25 €. Via Cimarra 4-6, ℡ 06/4744110. Nur abends geöffnet.

Valentino (24), Trattoria mit angenehm familiärem Ambiente und nicht nur, aber auch traditioneller Küche. Relativ günstiger Mittagstisch (auch Salate), ansonsten Menü um 25 €. Via del Boschetto 37, ℡ 06/4880643. Mittags und abends geöffnet, So geschl.

Urbana 47 (31), innen schönes, modernes Design und mit viel Liebe zum Detail hergerichtet, auch außen in der Via Urbana einige Tische – etwas versteckte Lage, bei der Metrostation Cavour nach links abbiegen. Das Publikum ist jung, urban, kreativ und auch ein wenig alternativ; entsprechend hat man sich ganz streng der regionalen und saisonalen Produktpalette verschrieben. Recht günstiges Mittagsbuffet: ein Teller nach Wahl kostet 8 €, Dessert und Käse 3 €. Schon zum Frühstück geöffnet, auch Aperitivo, durchgehend bis spät abends, kein Ruhetag. Via Urbana 47, ℡ 06/47884006, www.urbana47.it.

• *Lesertipp* **Ristorante/Pizzeria Andrea (7)**, gute Küche, auch der freundliche Service wird von Lesern gelobt. Via Castelfidardo 30, ℡ 06/486848. Mittags und abends geöffnet, Fr geschlossen.

Enoteche/Winebars

Trimani – Il Winebar (8), die Winebar gehört zur Enoteca Trimani (gleich um die Ecke, s. u.). Das stilvoll-elegante Ambiente schätzen in der Mittagspause besonders Geschäftsleute und Beamte der umliegenden Ministerien. Jeden Tag sind ca. 20 verschiedene Weine im Ausschank, das Glas ab 3,50 €. Zum Essen werden Crostini, Quiche, Salate, Räucherfisch und verschiedene Käsesorten, aber auch Suppen, Austern, Filets und feine Desserts angeboten. Zur Happy Hour (tägl. 16–19 Uhr) gibt es zwei Gläser Wein zum Preis von einem. Der Service ist überaus freundlich und kompetent. Menü um 30–35 €, es gibt auch einige günstigere Mittagssnacks. Auch von Lesern empfohlen. Tägl. (außer So) 11.30–15 Uhr und 16–0.30 Uhr geöffnet. Via Cernaia 37 b (gegenüber vom Finanzministerium,

nördlich des Hauptbahnhofs), ℡ 06/4469630, www.trimani.com.

Enoteca Trimani (11), dieses seit 1821 existierende Weingeschäft (ohne Ausschank, dafür gibt es ja die Winebar nebenan) ist heute eines der modernsten, vielfältigsten und größten ganz Italiens. Weinkenner und -liebhaber werden begeistert sein! Via Goito 20 (bei Il Winebar um die Ecke), geöffnet tägl. (außer So) 8.30–13.30 Uhr und 15.30–20 Uhr. ℡ 06/4469661, ℡ 06/4468351, www.trimani.com.

Bottiglieria ai Tre Scalini (25), erst kürzlich als Enoteca eröffnet (nur fünf Tische und Plätze an der Theke), die Weinhandlung besteht hingegen schon seit 1895. Familiärgemütliches Ambiente, die Leute aus der Umgebung kommen gerne, um bei einem Gläschen Wein Karten zu spielen oder zu lesen. Neben den üblichen Antipasti gibt es auch warme Tagesgerichte. Weine im Ausschank etwa 3–5 € pro Glas. Mo–Fr 12–1 Uhr, Sa/So 18–1 Uhr geöffnet. Via Panisperna 251, ℡ 06/48907495, www.aitrescalini.org.

Al Vino al Vino (35), eine kleine, gemütliche Winebar mit nur wenigen Tischen. Die Auswahl besonders an italienischen Rotweinen ist sehr gut, zu essen gibt es kalte Kleinigkeiten und hausgemachte Desserts. Zum Schluss sollte man einen der vielen Grappas probieren. Via dei Serpenti 19, ℡ 06/485803. Täglich ganztägig geöffnet.

La Barrique (22), gleich ums Eck von der Via Nazionale am Anfang der Via del Boschetto. Im Sommer angenehm kühles Gewölbe-Ambiente, hier gibt es einen günstigen, täglich wechselnden Mittagstisch (Pasta um 7 €), dazu ein gutes Glas Wein. Meist voll, daher besser reservieren. Abends Menü um 20–25 €. Via del Boschetto 41 b, ℡ 06/47825953. Mittags und abends geöffnet, Sa mittags und So geschlossen.

Cafés/Snacks

La Bottega del Caffè (38), tagsüber Café mit schattiger Terrasse an einem der schönsten Plätze des Viertels, abends Cocktailbar und Pub. Man kann hier aber auch ein komplettes Menü sowie diverse Kleinigkeiten essen, auch mittags Pizza. Ungemein beliebt, besonders auch bei deutschen Touristen. Ganztägig durchgehend geöffnet, abends ab 20 Uhr befindet sich hier die Rezeption des B & B Il Covo (→ S. 48). Piazza Madonna dei Monti 5, ℡ 06/4741578.

Zest Bar (28), auf der Dachterrasse des *Radisson SAS Hotels* am Pool. Restaurant („Sette") und Bar dieses ultramodernen Ho-

La Bottega del Cioccolato

tels gehören zu den aktuellen Hotspots der Schönen und Reichen der Stadt. Man trifft sich am frühen Abend zum Aperitivo, aber auch, um bis spät in die Nacht zu feiern. Via Filippo Turati 171, ℰ 06/444841. Täglich ab 18 Uhr auch für Nicht-Hotelgäste geöffnet.

Bookàbar (21), im Untergeschoss des Palazzo delle Esposizioni, neben Kaffee und Kuchen gibt es hier auch Salate, Sushi, Sandwichs etc. Auch ohne Ticket für den Palazzo zugänglich. Di–Do 10–20 Uhr, Fr/Sa 10–22.30 Uhr und So 10–20 Uhr geöffnet. Via Milano 15, ℰ 06/48913361.

Shopping

Das Kaufhaus **Upim** ist in der Via Giolitti 10 (Bahnhof) und an der Piazza S. Maria Maggiore vertreten. Haushalts- und Drogeriewaren etc.

Einen Besuch wert sind die **Markthallen** in der ehemaligen Kaserne Pepe (Via Turati, zwischen Bahnhof und Piazza Vittorio Emanuele, Mo–Sa 7–19 Uhr) mit ihrer verlockenden riesigen Auswahl an Lebensmitteln, darunter auch viel Exotisches.

● *Supermärkte* **DeSpar** in der Via Nazionale 213; **CONAD** im „Forum Termini" (Untergeschoss vom Hauptbahnhof Termini) und ein weiterer Supermarkt in der Via del Boschetto 52.

● *Feinkost etc.* **La Bottega del Cioccolato (40)**, in dem Familienbetrieb werden Schokolade und Pralinen nach traditioneller piemontesischer Art hergestellt. Durchgehend

9–19.30 Uhr geöffnet. Via Leonina 82, ℰ 06/4821473, www.labottegadelcioccolato.it.

Il Giardino del Tè (34), in diesem schmalen, schlauchförmigen Teeladen duftet es ganz betörend, im Angebot nicht nur zahlreiche Teesorten, sondern auch Marmeladen, Salz, Tassen, handgefertigte Kannen etc. Via del Boschetto 112/A, ℰ 06/4746888, www.ilgiardinodelte.it.

● *Bücher* **la Feltrinelli International (16)**, unweit der Piazza della Repubblica, internationale Buchhandlung, in der es auch deutschsprachige Bücher zu Rom gibt. Via Vittorio Emanuele Orlando 84/86.

Bookàbar Libreria (21), Buchladen im Untergeschoss des Palazzo delle Esposizioni (eigener Eingang). Kunstbücher, Bildbände etc., nett zum Stöbern. Via Milano 15. So geöffnet, Mo geschlossen.

● *Mode* **Modegeschäfte** für jede Altersgruppe und auch für den schmaleren Geldbeutel befinden sich in der Via Nazionale. Ein vielseitiges, aber nicht ganz so exklusives Angebot wie z. B. in der Gegend um die Via del Corso.

Junge Designermode findet man in den zahlreichen kleinen Boutiquen in der **Via del Boschetto** und den umliegenden Straßen, auch ausgefallene Einrichtungsgeschäfte, Secondhand-Shops etc.

Die gängigen jungen Modemarken (u. a. Sisley, Stefanel, Footlocker etc.) findet man geballt im **Forum Termini (20)** im Untergeschoss des Hauptbahnhofs.

Um die Piazza della Repubblica
Karte S. 190/191

Stadtviertel San Lorenzo

In das traditionelle Arbeiterviertel San Lorenzo, östlich des Bahnhofs zwischen Universität, Hauptfriedhof und Stadtautobahn (Tangenziale Est), dringen nur wenige Touristen vor. Es ist wie ein Schachbrett angelegt, mit geraden Straßen, die nach latinischen Stämmen benannt sind. Die Häuser sind schlicht und teilweise mit Graffitis verschmiert, ein paar sind besetzt. In San Lorenzo beginnt der Roman „La Storia" von Elsa Morante von 1978, in dem sich die Lehrerin Ida mit ihren Söhnen durch die harten Zeiten des Zweiten Weltkriegs schlägt. Und noch eine Lehrerin machte in San Lorenzo von sich reden: 1907 er-

öffnete die Ärztin und Pädagogin Maria Montessori hier ihr erstes Kinderhaus (*Casa dei Bambini*) und legte im Arbeiter- und Armenviertel den Grundstein für den Erfolg der nach ihr benannten Schulen.

Bis heute leben hier die Geringverdiener und Studenten der nahen Universität. Die Porta Tiburtina, das antike Tor der Aurelianischen Stadtmauer nahe der Unterführung, bildet so etwas wie ein eigenes Stadttor für San Lorenzo, das dadurch noch abgeschlossener wirkt und nichts mit dem pittoresken *Centro Storico* der Touristen gemeinsam hat. Man findet noch die schlichten Restaurants mit der traditionellen, etwas derben römischen Küche, einige preiswerte, aber vorzügliche Pizzerien und viele Kneipen (besonders in der Via degli Equi und um den Largo Osci).

Dieser ursprüngliche, schnörkellose Charme wirkt aber auch anziehend: Erst kamen arme Künstler, die teure Mieten nicht zahlen konnten und in der Kneipe auf ein Freibier hofften, danach auch die durchaus erfolgreiche Avantgarde. Es gibt einige interessante Ateliers und auch eine Handvoll hervorragender Restaurants. (Bus Nr. 71 ab Piazza San Silvestro/Innenstadt.)

Praktische Infos

Ristoranti, Trattorien, Pizzerien

Pommidoro (2), eine der ältesten Trattorien des Viertels mit treuer Stammkundschaft. Jahrzehntelang der Treffpunkt von Intellektuellen und Künstlern, heute kommen Schauspieler, Fußballstars und auch Touristen hinzu. Es geht trotzdem ungezwungen und familiär zu. Die Gerichte sind bodenständig römisch, die Karte ist immer gleich, wie auch die Qualität. Neben den römischen Standards sind je nach Saison vorzügliche Wildgerichte im Angebot. Nicht versäumen sollte man die Spezialität des Hauses: „la pasta alla carbonara". Gute

Weinkarte. Meist ausgebucht (früh kommen oder reservieren), im Sommer sitzt man schön auf der verglasten Terrasse zur Piazza. Menü um 35 €. Piazza dei Sanniti 44, ✆ 06/4452692. Mittags und abends geöffnet, So Ruhetag.

Tram Tram (5), neben dem Pommidoro eine weitere kulinarische Institution, der Name rührt von der Straßenbahnlinie, die hier vorbeiführt. Traditionelle römische Küche mit apulischem Einschlag, wechselnde Tageskarte. Menü um 30–35 €. Mittags und abends geöffnet, Mo geschlossen. Reservierung erforderlich. Via dei Reti 44, ✆ 06/490416.

Übernachten (S.48)

3 Casa della Palma

Essen & Trinken

1 Il Gatto e la Volpe
2 Pommidoro
4 Colli Emiliani
5 Tram Tram
6 Pizzeria l'economica
7 Da Franco ar Vicoletto
8 Pizzeria Formula Uno

Nachtleben

9 Rive Gauche 2

San Lorenzo

100 m

Colli Emiliani (4), eine sehr schlichte Trattoria mit einfacher, deftiger, preiswerter römischer Küche. Man darf sich vom Chaos im Gastraum und dem stets laufenden Fernseher nicht abschrecken lassen. Menü um 20–25 €. Via Tiburtina 70. So Ruhetag.

Da Franco ar Vicoletto (7), alteingesessenes Lokal mit einfachem Ambiente, oft bis auf den letzten Platz besetzt. Günstig: Das Menü kostet hier 18–27,50 €. Via dei Falisci 1 a, ✆ 06/4957675. Mo geschlossen.

● *Lesertipp* **Il Gatto e la Volpe (1)**, große Straßenterrasse an der Via Tiburtina, sehr einfaches Ambiente, gelobt werden die leckeren und sehr günstigen Nudelgerichte und die belegte Focaccia. Via Tiburtina 190, ✆ 06/4460753.

Pizzeria Formula Uno (8), einfache, große und sehr laute Pizzeria mit sympathischem

Service. Überwiegend junges und studentisches Publikum. Hervorragende Pizza auf römische Art mit dünnem, knusprigem Teig. Empfehlenswert sind auch die „Filetti di baccalà" (frittierter Stockfisch). Dazu trinkt man hier italienisches Bier vom Fass, es gibt aber auch Hauswein; Preis 10–20 €. Via degli Equi 9-11, ✆ 06/4453866. Nur abends geöffnet, So geschlossen.

Pizzeria l'economica (6), der Name stimmt, eine preiswerte Pizzeria, besonders bei Studenten beliebt. Nur abends geöffnet. Via Tiburtina 46.

Kneipen

Rive gauche 2 (9), eine der angestammten Kneipen von San Lorenzo, die am späten Abend meist sehr voll wird. Via dei Sabelli 43.

Dank Anita Ekberg weltberühmt: die Fontana di Trevi

Rundgang 7: Piazza Barberini, Via Veneto, Trevi-Brunnen und Quirinal

Die Umgebung des Quirinal-Hügels ist die Gegend des Barock, das auch hier immer mit dem Namen Bernini in Verbindung steht. In den 1960er Jahren spielte sich hier an der Via Veneto oberhalb der Piazza Barberini das „süße Leben" des Jet-Set ab. Geblieben ist davon außer ein paar noblen, unglaublich teuren Hotels und Bars allerdings nur wenig.

Wie die meisten anderen Hügel der Stadt war der Quirinal in der Antike eine bevorzugte Wohngegend gut situierter Römer. Kaiser Trajan ließ den östlichen Teil des Geländes abtragen, um Platz für sein Forum zu schaffen, später entstanden hier unter Kaiser Konstantin die letzten großen öffentlichen Thermen der Stadt. Im 5. Jh. n. Chr. verfiel die Gegend und war während des Mittelalters unbewohnt.

Im 16. Jh. wurde das Viertel erstmals seit der Antike wieder mit städtebaulichen Maßnahmen bedacht, Ende des 16. Jh. wurde der Quirinalspalast als Sommerresidenz der Päpste gebaut, da das Klima hier oben besser war als am Flussufer. Ab 1870 zogen die italienischen Könige in den Palast ein, heute residiert hier der Staatspräsident. In

unmittelbarer Nachbarschaft, an der nach ihnen benannten Piazza, ließen sich Anfang des 17. Jh. die Barberinis nieder, aus deren Familie der bedeutende Papst Urban VIII. stammte. Um den Quirinal finden sich auch einige Schauplätze aus Federico Fellinis Kultfilm „La Dolce Vita" von 1960: Nur wenige Gehminuten von Quirinal und Piazza Barberini entfernt liegt der Trevi-Brunnen, in dem sich Anita Ekberg durch ihre weltberühmte Badeszene unvergesslich machte. Auch der Via Vittorio Veneto verschaffte Fellini mit seinem Film einen legendären Ruf. Konzipiert wurde die berühmte Straße 1879 als Prachtboulevard des vereinten Italien mit repräsentativen Belle-Époque-Palazzi. Geblieben ist von Jet-Set, Reichtum und Dolce Vita bzw. „dolcefarniente" (dem „süßen Nichtstun") nur der Mythos. Wo sich in den Sechzigern noch Liz Taylor, Richard Burton, Anita Ekberg und Marcello Mastroianni ein munteres Stelldichein gaben, herrscht mittlerweile eine gewisse Öde. Die Luxushotels wie beispielsweise das Excelsior mit schwindelerregenden Zimmerpreisen und dem Glanz vergangener Zeiten gibt es aber noch immer, heute werden sie besonders von älteren und gut situierten Touristen aus den USA, Japan, den Golfstaaten und Russland besucht.

Spaziergang

Ausgangspunkt ist die **Piazza Barberini** mit den beiden von Bernini geschaffenen Brunnen **Fontana del Tritone** und **Fontana delle Api**. Nach einem kurzen Abstecher zum **Palazzo Barberini**, einem der schönsten römischen Barockpaläste, der heute die umfangreiche Sammlung der **Galleria Nazionale d'Arte Antica** beherbergt, geht es bergauf in die Via Veneto. Freunde des Schaurigen sollten der **Kirche Santa Maria della Concezione** (Via Veneto 27) einen Besuch abstatten: Hier stoßen Sie in den Gewölben des Friedhofs auf eine der skurrilsten Sehenswürdigkeiten der Stadt – Wanddekorationen aus Menschenknochen!

Auf der sich nach oben windenden Via Veneto (wegen ihres s-förmigen Verlaufs einst „Rückgrat Roms" genannt) passiert man die ehemals berühmten Treffpunkte der High Society wie das Café de Paris (Nr. 90) oder Harry's Bar (Nr. 150), Ersteres wurde im Sommer 2009 übrigens wegen mafiöser Verstrickungen von der Staatsanwaltschaft beschlagnahmt, blieb aber vorerst geöffnet (weiteres bleibt abzuwarten). Auf der Via Veneto hat auch die amerikanische Botschaft im Palazzo Boncompagni ihren Sitz. Am oberen Ende der Straße stößt man auf die Porta Pinciana, das Tor zur Villa Borghese (→ S. 212ff.).

Auf der gleichnamigen Straße (links ab) führt der Rundgang bergab – anfangs entlang der Mauer der Villa Borghese und durch das wenig aufregende Stadtviertel Ludovisi. Die Straße geht über in die Via Crispi (hier die sehenswerte kleine Galleria Comunale) und mündet in die große, viel befahrene Via del Tritone. Von hier wendet man sich halb links zur weltberühmten **Fontana di Trevi** (Trevi-Brunnen).

Nur wenige Schritte entfernt gelangen Sie linker Hand über die Freitreppe der Via della Dataria hinauf zur **Piazza del Quirinale** mit Aussichtsterrasse (herrlicher Blick über die Stadt). Entlang der nicht enden wollenden Seitenfassade des **Quirinalspalastes** passiert man zunächst Berninis Lieblingskirche **Sant'Andrea al Quirinale**; von hier aus sind es wenige Meter zur Piazza delle Quattro Fontane mit Borrominis Meisterwerk, der Kirche **San Carlo alle Quattro Fontane**. Links die Straße hinunter führt in wenigen Minuten zurück zum Ausgangspunkt Piazza Barberini (Metro Linea A, Station Barberini). Der Rundgang dauert 3–4 Stunden.

Sehenswertes

Piazza Barberini

Der verkehrsreiche Platz am oberen Ende der Via Tritone steht ganz im Zeichen des genialen Barockbaumeisters Bernini. Für Papst Urban VIII. konzipierte er hier 1642 die Fontana del Tritone mit einem von vier Delfinen getragenen Tritonen (halb Mensch, halb Fisch) in der Mitte. Durch eine Muschel bläst er einen mächtigen Wasserstrahl in die Luft. Die Tiara und die drei Bienen unter der großen Muschelschale verweisen auf das Wappen von Barberini-Papst Urban VIII. als Auftraggeber und edlen Spender.

Am oberen Ende der Piazza – am Anfang der Via Veneto – befindet sich die Fontana delle Api (Bienenbrunnen) aus dem Jahr 1644, ebenfalls von Bernini für seinen wichtigsten Förderer Urban VIII. gebaut. Auch hier ist der Bezug zum Familienwappen der Barberini unverkennbar: Drei monströse Bienen am Muschelrand speien in dünnen Strahlen Wasser in das Becken. Der Brunnen war ein Geschenk von Urban an die römischen Bürger, noch heute füllt man hier bestes Trinkwasser ab.

Palazzo Barberini/Galleria Nazionale d'Arte Antica

Der prachtvolle Palazzo liegt in einer Seitenstraße (Eingang in der Via Barberini 18), nur wenige Meter von der Piazza entfernt. 1625 kaufte die Familie Barberini hier den hässlichen alten Palazzo Sforza, ließ ihn umbauen und erweitern. Die Planung stammte vom renommierten Baumeister Carlo Maderno, die Bauarbeiten wurden nach dessen Tod von Bernini geleitet. Heraus kam 1633 einer der schönsten Paläste des römischen Barock, mit dem Bernini den Grundstein seiner großen Karriere legen konnte.

1949 kaufte der italienische Staat den Palazzo und brachte im linken Flügel des H-förmigen Gebäudes die **Galleria Nazionale d'Arte Antica** unter. Der andere Flügel ist dem italienischen „Club der Offiziere" vorbehalten, doch sollen deren Räumlichkeiten demnächst ebenfalls dem Museum zur Verfügung gestellt werden. Heute umfasst die Ausstellung der Galleria ca. 300 Exponate, zumeist aus dem 13.–18. Jh. Der Palazzo wird schon seit Jahren restauriert, sodass Sie damit rechnen müssen, dass einige Räumlichkeiten geschlossen sind. Im Folgenden eine grobe Übersicht:

Im großen Saal (salone) des ersten Stocks beeindruckt das riesige, zwischen 1633 und 1639 geschaffene **Deckenfresko** von Pietro da Cortona (15 x 25 m), das die Verherrlichung der Papstfamilie Barberini zum Gegenstand hat. In der Mitte des „Triumphes der göttlichen Vorsehung" schwirren die Bienen aus dem Familienwappen in einem gigantischen Lorbeerkranz.

Zwei Highlights der Gemäldesammlung bilden Filippo Lippis berühmte **Madonna mit Kind** aus dem Jahr 1437 (derzeit Saal II) und Raffaels **La Fornarina** aus dem Jahr 1518 (Saal VI): Das Porträt stellt vermutlich die für ihre Schönheit bekannte Tochter eines Bäckers und Geliebte Raffaels dar. In Saal XIII beeindrucken die Bilder Caravaggios, z. B. die **Enthauptung des Holofernes** (1599), der **Heilige Franziskus** und der **Narcissus**. Zu sehen sind außerdem Bilder aus Caravaggios Schule (auch Saal XIV). In Saal XVII stoßen Sie auf bekannte Porträts von Bernini: **Papst Urban VIII.** und **David** (hierbei soll es sich um ein Selbstporträt handeln). In der kleinen Kapelle befindet sich das berühmte Porträt des englischen Königs Heinrich VIII. von Hans Holbein.

Sehr sehenswert ist auch das von Borromini entworfene **spiralförmige Treppenhaus**, durch das man in das **Appartamento del '700** (18. Jh.) im zweiten Stock gelangt: Zu sehen ist die Einrichtung der Barberinis aus dem 18. Jh. mit originalen Möbeln und Tapeten, an den Wänden einige Gemälde Canalettos.

⏲ Tägl. (außer Mo) 9–19.30 Uhr (Einlass bis 19 Uhr). Eintritt 5 €, ermäßigt 2,50 € (EU-Bürger von 18 bis 25 J.), EU-Bürger unter 18 und über 65 J. sowie Kunststudenten frei. Tickets können unter ✆ 06/32810 bestellt werden (nur am Wochenende in der Hochsaison nötig), kosten dann 1 € mehr. Das Appartamento del '700 ist nur nach Voranmeldung (✆ 06/4814591) für Gruppen zu besichtigen. Via delle Quattro Fontane 13 (der Eingang in der Via Barberini 18 war zum Zeitpunkt der Recherche geschlossen), ✆ 06/4824184, www.galleriaborghese.it/barberini/it. Bookshop und Getränkeautomat im Untergeschoss (beim Ticketschalter).

G Gelateria/Café (S. 211)
11 Cecere
18 Café Papyrus

N Nachtleben (S. 211)
1 Harry's Bar
19 L'Antica Birreria Peroni

E Einkaufen (S. 211)
5 Libreria La Strada

Ü Übernachten (S. 56–58)
3 Excelsior
4 Grand Hotel Eden
6 Aleph
7 Daphne Inn (S. 48)
8 Ottocento
10 Boccaccio
13 B & B Trevi (S. 48)
15 Fontana
16 Trevi

E Essen & Trinken (S. 210/211)
2 Papà Baccus
9 Colline Emiliane
12 Piccolo Arancio
14 Al Moro
17 L'Archetto
  (Spaghetteria/Pizzeria)

Rundgang 7

150 m

Santa Maria della Concezione

Die Kirche der Kapuzinermönche am Anfang der Via Veneto (Nr. 27) könnte Sie das Grausen lehren: Auf halber Höhe zum Eingang befindet sich der Zugang zur Gruft, die aus sechs aufeinander folgenden Kapellen besteht, in denen die Knochen von etwa 4000 Mönchen zur Raumgestaltung verwendet wurden! Schädel als Wandverzierung, aus Rippenbögen nachgebildete Stuckornamente, kunstvoll inszenierte Kinderskelette und sogar Lampen aus Becken- und Wirbelknochen: gruselig. Die Mönche dokumentieren so ihre Einstellung zum hinfälligen Körper, der nur als sterbliche Hülle für den Geist angesehen wird. Weniger beeindruckend ist die düstere Kirche selbst, die Kardinal Antonio Barberini, Kapuzinermönch und Bruder von Papst Urban VIII., um 1626 hier bauen ließ.

① Tägl. 9–12 und 15–18 Uhr. Als Eintritt wird eine „Spende" von mehreren Euro erwartet. Fotografieren verboten (es gibt Postkarten).

Am Trevi-Brunnen: die Fans ...

Galleria Comunale d'Arte Moderna e Contemporanea

In der ersten Abteilung des etwas abseitig gelegenen Museums sind Bilder und Skulpturen aus der ersten Hälfte des 20. Jh. zu sehen (darunter zwei Skulpturen von Rodin und Werke von De Chirico und Guttuso); die zweite Abteilung bietet zeitgenössische Kunst ab 1945. Kaum besucht, für Liebhaber moderner italienischer Kunst aber sehenswert.

ⓘ Schon seit Jahren wegen Restaurierung geschlossen. Via Francesco Crispi 24, ✆ 06/4742848.

Fontana di Trevi

Der Trevi-Brunnen, dem Anita Ekberg in Fellinis „La Dolce Vita" von 1960 zu Weltruhm verhalf, ist heute in seiner letzten Gestaltung aus dem Jahr 1762 zu bewundern. Die Geschichte des Brunnens geht jedoch bis in die Antike zurück. Der Legende nach soll eine Jungfrau durstigen römischen Legionären eine versteckte Quelle mit köstlichem Wasser gezeigt haben. Augustus befahl daraufhin, die Quelle anzuzapfen und eine Leitung nach Rom zu legen. Am 9. April des Jahres 19 v. Chr. wurde der 19 km lange Aquädukt Aqua Vergine (benannt nach der Jungfrau) eingeweiht. Auf den **Relieftafeln** ist die Legende von der Entdeckung der Quelle dargestellt.

1453 ließ Papst Nikolaus V. die antike Wasserleitung ausbessern und wieder in Betrieb nehmen. Papst Urban VIII. erschien der Brunnen zu schlicht. Er beauftragte 1640 seinen Lieblingsarchitekten Bernini mit der Neugestaltung. Der riss den Brunnen ab und verlegte ihn an seine heutige Stelle. Als Urban 1644 starb, war gerade das Becken fertig; der neue Papst zeigte wenig Interesse an dem Projekt, sodass fast hundert Jahre vergingen, bis unter Clemens XII. 1732 ein Wettbewerb zur Neugestaltung ausgeschrieben wurde.

Von Nicola Salvi, dem Gewinner der Ausschreibung, stammte die Idee, den Brunnen auf der Rückseite des **Palazzo Poli** wie ein Barocktheater zu gestalten. Aus einem Bühnenbild hervorsprudelnd, sollte das Wasser hier seinen „Auftritt" haben – präsentiert vom Gott der Meere Ozeanos (in der Mitte) auf einer großen Muschel, die von zwei Pferden gezogen wird. Zwei Tritonen können die Tiere nur mit Mühe halten. Die Statue in der linken Nische des Triumphbogens symbolisiert den Überfluss, rechts sieht man die Personifikation der Heilkraft. Der Brunnen wurde nach 30 Jahren Arbeit im Mai 1762 von Papst Clemens XIII. eingeweiht.

Mit dem Kultfilm „La Dolce Vita" wurde die Fontana di Trevi weltberühmt. Als Marcello Mastroianni 1996 starb und ganz Rom trauerte, verhüllte ein Tuch den Mittelteil des Brunnens, weiße Rosen schwammen auf dem Wasser.

Ein Bad im Trevi-Brunnen ist übrigens streng verboten – Polizisten passen auf, dass niemand auf die Idee kommt, es Anita Ekberg nachzutun. Ebenso verboten ist es, die Geldstücke aus dem Brunnen herauszuholen, die Touristen alljährlich in der Hoffnung auf eine Rückkehr nach Rom hier versenken. Diesen Schatz von jährlich etwa 200.000 € eignet sich die Stadt Rom lieber selbst an.

Piazza del Quirinale/ Palazzo Quirinale

Unweit des Trevi-Brunnens gelangt man über die breite Treppe oberhalb der Via Dataria hinauf zum Quirinal. 1520 kaufte Kardinal Ippolito d'Este das Gelände und ließ prachtvolle Gärten anlegen. Der Quirinalspalast als Sommersitz der Päpste wurde Ende des 16. Jh. von Papst Gregor XIII. in Auftrag gegeben. Die Päpste residierten hier bis 1870, später italienische Könige, und seit 1947 hat hier der Staatspräsident seinen Amtssitz.

... und der Brunnen

Von der Terrasse der **Piazza del Quirinale** hat man einen schönen Blick über die Dächer der Stadt bis zur Peterskirche. Auf dem Platz befindet sich der Brunnen mit den beiden Dioskuren **Castor und Pollux**, die hier seit der späten Antike ihren Standort haben. Der uralte Obelisk wurde 1783 hinzugefügt, 1820 schaffte man das Brunnenbecken her. Es hatte seit der Antike auf dem Forum gestanden und dort im Mittelalter als Viehtränke gedient. Gegenüber der Aussichtsterrasse befindet sich der **Palazzo della Consulta** (18. Jh.), in dem der italienische Verfassungsgerichtshof seinen Sitz hat. Auf der gegenüberliegenden Seite des Eingangs zum Quirinalspalast liegen die **Scuderie del Quirinale**, die ehemaligen Stallungen, in denen heute wechselnde, oft hochkarätige

Ausstellungen zu sehen sind (Öffnungszeiten und Eintrittspreise variieren je nach Ausstellung, Infos unter www.scuderiequirinale.it).
① Der Quirinalspalast ist jeden Sonntag von 8.30–12 Uhr für die Öffentlichkeit zugänglich, besichtigt werden können die saloni bzw. das piano nobile (erster Stock) des Gebäudes. Eintritt 5 €. Am ersten Sonntag im Juni (anlässlich des Tages der Republik) ist auch der herrliche Garten des Palastes zur Besichtigung offen. ✆ 06/46991, www.quirinale.it.

Sant'Andrea al Quirinale

Die Andreaskirche am Quirinal war das Lieblingswerk Berninis, der oft zum Beten hierher kam. Der ovale Grundriss der Kirche, als spätes Meisterwerk Berninis in den Jahren 1658–1670 entstanden, erinnert nicht zuletzt durch die Säulen und Pilaster an das Pantheon.

*Berninis Fontana del Tritone
an der Piazza Barberini*

Die Kuppel wirkt im Vergleich zum massigen Unterbau leicht, wie allein durch die Rippen gehalten. Durch die Fenster über dem Gesims fällt das Licht auf die Darstellung des heiligen Andreas bei seiner Himmelfahrt, das Martyrium des Andreas ist am Hauptaltar dargestellt. Gebaut wurde die Kirche für Novizen der Jesuiten, die im Quirinal auf der anderen Straßenseite untergebracht waren. Mit Sant'Andrea al Quirinale stand Bernini übrigens mal wieder in Konkurrenz zu seinem Erzfeind Borromini, der nur wenige Meter entfernt ebenfalls sein persönliches Meisterwerk geschaffen hat: San Carlo alle Quattro Fontane.

🕐 8–12 Uhr und 16–19 Uhr, Di geschlossen. Via del Quirinale 29.

San Carlo alle Quattro Fontane

Direkt an der viel befahrenen Piazza delle Quattro Fontane (benannt nach den Brunnen an jeder der vier Ecken) baute Berninis Intimfeind Borromini das nicht weniger gelungene Kirchlein San Carlo alle Quattro Fontane, auch „San Carlino" genannt.

Borromini schuf hier ab 1634 im Auftrag des Trinitarierordens auf einem winzigen Grundstück eine anmutige kleine Kirche mit Kloster und Innenhof. Der Auftrag war der erste für Borromini, nachdem er seine Mitarbeit am Palazzo Barberini, wo Bernini statt seiner zum Baumeister ernannt worden war, gekündigt hatte. Bereits 1637 war die Kirche fertig und weist das für Borromini typische Wechselspiel konkaver und konvexer Flächen über einem ovalen Grundriss auf. Darüber scheint die ovale Kuppel mit den sich nach oben verkleinernden Kassetten zu schweben, da ihre durch Fenster unterbrochene Basis nicht zu sehen ist. Die ebenfalls Borromini-typische Fassade gestaltete der Baumeister 1665–1667 (kurz bevor er sich das Leben nahm).

🕐 Mo–Sa 10–13 Uhr und 15–18 Uhr, So geschlossen. Via del Quirinale 23.

Praktische Infos   (→ Karte S. 207)

Ristoranti, Trattorien, Osterien

In der Gegend um die Piazza di Trevi findet man fast nur Touristenlokale mit hohen Preisen bei miserabler Qualität. Das Gleiche gilt für die Via Veneto: Noch heute lebt die ehemalige High-Society-Meile von ihrem Ruhm aus den 1960ern, die Preise in manchen Restaurants sind schlicht horrend. Einige noch bezahlbare Empfehlungen:

Papà Baccus (2), römische Küche mit toskanischem Einschlag, feine Nudeln, Fisch- und Fleischgerichte. Menü um 55–60 €. Mit kleiner Terrasse. Via Toscana 36, ✆ 06/42742808, www.papabaccus.com. Mittags und abends geöffnet, Sa nur abends, So geschlossen.

Colline Emiliane (9), dieses beliebte kleine Restaurant bietet traditionelle römische Küche und klassische Küche der Emilia-Romagna, ein Tipp sind hier die berühmten „echten", hausgemachten „tagliatelle alla bolognese". Einfache, regionale Weinkarte und guter Sangiovese-Hauswein. Menü um 35–40 €. Via degli Avignonesi 22 (verläuft parallel zur Via del Tritone), ✆ 06/4817538. Mittags und abends geöffnet, So nur mittags, Mo Ruhetag.

Al Moro (14), gehobenes, gediegenes Ambiente (allerdings etwas beengt). Die Küche ist ordentlich, große Fischauswahl, recht teuer: Menü um 55–60 €. Vicolo delle Bollette 13 (wenige Schritte vom Trevi-Brunnen in die Via delle Muratte). Mittags und abends geöffnet, So Ruhetag. ✆ 06/6783495.

Piccolo Arancio (12), sehr kleine, familiäre Trattoria (im Sommer auch sechs Tische draußen auf der schmalen Gasse); typische regionale Küche, die auf Jahreszeiten und Marktangebot abgestimmt ist; es gibt auch ein Tagesmenü. Ansonsten Menü um 30–35 €. Via Scanderberg 112, ✆ 06/6786139. Mittags und abends geöffnet, Mo geschlossen.

Spaghetteria/Pizzeria L'Archetto (17),wenige Schritte vom Teatro Quirino und ca. 5 Minuten vom Trevi-Brunnen entfernt. Günstiges, gemütliches Lokal, bei Touristen beliebt, gute Pasta, nur abends Pizza, Menü um 25 €. Von mehreren Lesern empfohlen. Via dell'Archetto 26, ✆ 06/6789064. Täglich durchgehend bis spät abends geöffnet.

Birreria

L'Antica Birreria Peroni (19), für den Bierausschank der großen italienischen Brauerei Peroni haben wohl bayerische Brauhäuser als Vorbild gedient. Es gibt große, holzvertäfelte Räume, Bier vom Fass und kleine Gerichte. Mo–Sa durchgehend 12–24 Uhr, So Ruhetag. Via S. Marcello 19, ✆ 06/6795310.

Gelateria

Cecere (11), über 20 verschiedene Sorten, aufgeteilt in Milcheis (*Crema*) und Fruchteis (*Frutta*), empfehlenswert auch die *Frullati* (Shakes), die *Granite* (Halbgefrorenes) und die *Spremute* (frisch gepresste Säfte). Via del Lavoro 84. Do geschlossen.

Cafés/Bars

Harry's Bar (1), Dependance des berühmten Originals in Venedig und ein Überbleibsel der 1960er Jahre, als hier der Jet-Set tobte. Schwindelerregende Preise (Menü 60–110 €), dafür war aber auch schon der eine oder andere VIP da: Clint Eastwood, Sylvester Stallone und der römische Fußballgott Francesco Totti. Am oberen Ende der Via Veneto (Nr. 150) an der Porta Pinciana, große Terrasse. Die Bar ist durchgehend 11–2 Uhr geöffnet, das Ristorante mittags und abends. So Ruhetag. ✆ 06/484643, www.harrysbar.it.

● *Lesertipp* **Café Papyrus (18)**, Buch- und Literaturcafé, in dem man auch essen kann (Mittagstisch), aber auch zu Kaffee und Kuchen jederzeit ein gern gesehener Gast ist. Wenige Schritte vom Trevi-Brunnen. Via de'Lucchesi 28, ✆ 06/6990949.

Shopping

Eine beliebte Einkaufsstraße mit **Modegeschäften** für jedes Alter ist die **Via del Tritone**. Das Angebot ist vielseitig, aber nicht so ausgefallen wie bei den großen Modeschöpfern.

Libreria La Strada (5), gut sortierte Buchhandlung (auch Zeitungen und Zeitschriften) mit internationaler Abteilung. Via V. Veneto 42.

Die Galleria Borghese, eines der schönsten Museen der Welt

Rundgang 8: Villa Borghese

Der prächtige Landsitz eines Papstneffen ist heute der beliebteste Stadtpark Roms. Hier können Sie in aller Ruhe spazieren gehen, Sport treiben und überall auch ein stilles Plätzchen zum Ausruhen und Sonnen finden. An arbeitsfreien Tagen ist die Stille allerdings dahin, denn dann scheint sich hier ganz Rom zu treffen.

Hauptanziehungspunkt für römische Familien sind der zoologische Garten und der kleine See mit Ruderbootverleih. Großer Beliebtheit erfreuen sich auch die rikschaartigen überdachten Fahrräder (ital.: *Riscio*), mit denen ganze Familien bequem durch den Park rollen; an fast jeder Ecke werden aber auch gewöhnliche Räder (auch Kinderfahrräder), Inline-Skater und Go-Karts (!) angeboten. Kunstliebhaber werden von den drei großen Museen der Villa Borghese begeistert sein: dem etruskischen Museum in der Villa Giulia, der nur wenige Meter entfernten Galleria d'Arte Moderna (der größten italienischen Sammlung für moderne Kunst) und der weltberühmten Galleria Borghese.

Der Park entstand Anfang des 17. Jh. zusammen mit der Landvilla (heute Galleria Borghese) unter Kardinal Scipione Borghese, dem Lieblingsneffen Papst Pauls V., der ihn im Alter von 26 Jahren zum Kardinal ernannte. Scipione war ein begeisterter Kunstsammler und häufte in seiner Villa unglaubliche Kunstschätze an. Der zur Villa gehörende Park war etwa 80 Hektar groß und hatte damit solche Ausmaße, dass er sogar zur Jagd taugte. Zwischen 1770 und 1800 ließ die Familie Park und Villa modernisieren. Nach ihrem finanziellen Ruin verkauften die Borghese den Palast mit allen Kunstschätzen 1901 an den italienischen Staat, kurz darauf übernahm die Stadt Rom den Park. Im Jahr 2003 feierte man hier den 100. Geburtstag der Villa Borghese als öffentlicher Stadtpark. Im Sommer finden hier zahlreiche Kulturveranstaltungen statt.

Spaziergang

Ausgangspunkt ist die oberhalb der **Piazza del Popolo** gelegene, weitläufige Piazza Napoleone am Pincio-Hügel, von der man einen schönen Blick über die Stadt genießt. Es herrscht reger Andrang, an den Wochenenden ist die Piazza mehr als gut besucht. Von hier geht es über die Via del Obelisco und die breite Allee Viale delle Magnolie zum Piazzale delle Canestre.

Gleich nach der Kreuzung biegt man links ab in den Viale dell'Aranciera. Vorbei am kleinen Café gelangt man zum **Lago**, dem winzigen, erst Ende des 18. Jh. angelegten See der Villa Borghese mit dem malerischen **Tempio di Esculapio** (Äskulaptempel).

Von hier geht es geradeaus durch den Torbogen auf den Viale Madame Letizia (benannt nach Napoleons Mutter) und zum Piazzale Paolina Borghese (Napoleons Schwester). Dort führt eine riesige Freitreppe hinunter zur **Galleria Nazionale d'Arte Moderna**. Links die Straße hinunter sind es nur etwa 400 m zur **Villa Giulia** mit dem **etruskischen Museum**.

Von der Nationalgalerie für moderne Kunst geht man nun rechts bergauf über den Viale delle belle Arti und dann rechts ab (durch ein Tor) auf den Viale del Giardino Zoologico (Bioparco); den Haupteingang des **Zoos** erreichen Sie nach ca. 400 m. Vom gleichnamigen Piazzale vor dem Zoo führt der Weg nun halb rechts in den Viale dell'Uccel-

liera und zur berühmten **Galleria Borghese**, deren Besichtigung wir Ihnen unbedingt ans Herz legen wollen.

Auf dem Viale del Museo Borghese verläuft der Rundgang nun zurück in Richtung Spanische Treppe, dann halbrechts ab auf den Viale Goethe. Wiederum rechts ab erreicht man nach wenigen Schritten (auf dem Viale della Casina di Raffaello) den **Tempietto di Diana** (Ende 18. Jh., einst mit einer antiken Skulptur der römischen Jagdgöttin), ein Stück unterhalb befindet sich die **Casina di Raffaello**, ursprünglich unter Scipione Borghese gebaut, heute beherbergt das restaurierte Gebäude ein Kinderparadies.

Zurück auf dem Viale Goethe geht es – nun leicht bergab – zum mächtigen **Monumento a Goethe**, an dem der recht stark befahrene Viale San Paolo del Brasile entlangführt. Diese überqueren und ein Stück bergab (linker Hand erstreckt sich das Areal des Galoppatoio, der Pferdegaloppbahn) erreicht man kurz darauf den Kreisel Piazzale delle Canestre, von wo es nun links hinein zurück auf den Viale delle Magnolie geht. Hält man sich am Anfang der Via del Obelisco links, kommt man über eine Treppe und vorbei an der **Villa Medici** aus dem 16. Jh. nach wenigen hundert Metern zur Kirche Trinità dei Monti am oberen Ende der Spanischen Treppe. Die Tour dauert ca. 3–4,5 Stunden (Metrostation Flaminio bzw. Spagna der Linea A).

Sehenswertes

Piazzale Napoleone/Pincio

Die große Aussichtsterrasse mit herrlichem Blick über die Stadt wurde von Giuseppe Valadier zu Beginn des 19. Jh. entworfen. Hinter dem Platz befinden sich Büsten zahlreicher Volkshelden und Soldatenanführer des vereinigten

Italien. In der Antike hatte hier der Feinschmecker Lucullus, ein Zeitgenosse Caesars, luxuriöse Gärten anlegen lassen, in denen er seine berühmten Galadiners feierte. Den Obelisken auf dem Platz ließ Kaiser Hadrian im 1. Jh. zur Erinnerung an seinen Geliebten Antinous anfertigen.

Museo Nazionale di Villa Giulia

Das sehenswerte Renaissance-Bauwerk war früher die Sommerresidenz von Papst Paul III., bestehend aus einem Palazzo, drei Gartenabschnitten und einem Nymphäum. Heute ist hier das **Museum für etruskische Kunst** untergebracht. Ausgestellt sind unzählige bedeutende Fundstücke, von denen besonders die Exponate im rechten Flügel des Palazzos ausgesprochen sehenswert sind: z. B. der Terrakotta-Dachschmuck und Figurenfragmente des Merkurtempels bei Sassi Caduti. Besondere Aufmerksamkeit verdient auch die reiche Schmucksammlung (Castellani-Sammlung), aber auch der aufwändig gearbeitete **Sarcofago degli Sposi**, zu dem es ein Pendant im Pariser Louvre gibt.

Sofern man nicht den Ehrgeiz hat, alle 35 Ausstellungsräume genauestens unter die Lupe zu nehmen (dann wird es nämlich anstrengend), kann man sich in der Villa Giulia bestens entspannen: Der herrliche Garten mit Nymphäum lädt zum Schlendern ein, allein er lohnt den Besuch. In einer Cafeteria mit Sitzgelegenheiten unter schattenspendenden Bäumen (beim Ausgang Piazza Thorvaldsen) kann man sich erfrischen. Das Museum wird wenig besucht.

① Di–So 8.30–19.30 Uhr, die Biglietteria schließt bereits um 18.30 Uhr, Mo geschlossen. Eintritt 4 €, ermäßigt (18–25 J.) 2 €, unter 18 und über 65 J. frei. Piazzale di Villa Giulia 9, ✆ 06/3226571 oder 06/3200562. Achtung: An der Piazza Thorvaldsen befindet sich lediglich der Ausgang des weitläufigen Museumskomplexes, wer hinein will, muss um die Villa Giulia herum (am viel befahrenen Viale delle Belle Arti entlang) zum Piazzale di Villa Giulia laufen.

Pallazzo delle Belle Arti (Galleria Nazionale d'Arte Moderna e Contemporanea)

Über 4000 Gemälde und Plastiken sowie rund 12.000 Zeichnungen und Druckgrafiken umfasst die Sammlung in dem 1915 anlässlich der Weltausstellung errichteten Gebäude. Die Exponate dokumentieren anschaulich die ungeheure Wandlung der Malerei und Bildhauerei in den letzten 200 Jahren, natürlich mit besonderem Blick auf italienische Künstler.

Der Rundgang durch die Nationalgalerie bietet sich in chronologischer Reihenfolge an: Ausgehend von den Porträts, Stadtansichten und Landschaften des Neoklassizismus sind in den darauf folgenden großen und nüchtern gehaltenen Sälen Werke der Romantik, des Jugendstils und des Impressionismus zu sehen. Besonders ausführlich wird der italienische Futurismus behandelt, abschließend sind Werke aus der zweiten Hälfte des 20. Jh. zu sehen. Neben den vielen Arbeiten italienischer Künstler sind einige wenige Bilder von van Gogh, Cézanne, Klimt, Monet und Degas zu bewundern.

① Di–So 8.30–19.30 Uhr, Einlass bis 18.45 Uhr, Mo geschlossen. Eintritt 10 €, ermäßigt (18–25 J.) 8 €, unter 18 und über 25 J. frei. Audioguide (nur in Englisch/Italienisch) 4 €. Viale delle Belle Arti 131, ✆ 06/32298221. Im Gebäude befinden sich ein Café mit Terrasse und ein Bookshop.

Giardino Zoologico/Bioparco

In der nördlichen Ecke der Villa Borghese liegt der von Hagenbeck konzipierte (1911 eröffnete) und bei italienischen Besuchern äußerst beliebte Zoo. In diesem wichtigsten Tiergarten Italiens sind allein 200 Säugetierarten zu sehen. Die früher beklagenswerten Lebensumstände der Zoobewohner haben sich dank einer gründlichen Renovierung erheblich verbessert. Auf dem Areal mit botanischem Garten bietet sich die Möglichkeit zum Picknicken, es werden kostenlose Führungen angeboten (nur in Italienisch), auch das Angebot für Kinder wurde erheblich erweitert. Achtung: Vor allem an Sonntagen herrscht riesiger Andrang.

① Im Sommer tägl. 9.30–18 Uhr, an Wochenenden und Feiertagen im Sommer bis 19 Uhr, im Winter nur bis 17 Uhr (letzter Ein-

Rundgang 8

200 m

lass jeweils 1 Std. vor Schließung). Eintritt ab 12 J. 10 €, Kinder von 3 bis 12 J. und Senioren über 60 J. 8 €, Kinder unter 3 J. frei. Das Reptilienhaus kostet nochmal 2,50 € extra. Viale del Giardino Zoologico 20, ℡ 06/3608211, www.bioparco.it.

Galleria Borghese

Als Lieblingsneffe von Papst Paul V. (Pontifikat 1605–1621) wurde Scipione Borghese von seinem Onkel früh zum Kardinal ernannt und konnte durch die so erschlossenen Geldquellen seine Kunstleidenschaft voll ausleben. Als der Kardinalspalast bei der Peterskirche zu klein geworden war für Borgheses umfangreiche Kunstsammlung, entschied er sich für eine „Landvilla" nach Art der Antike, die er sich im Jahr 1620 in den Weinbergen außerhalb der Porta Pinciana erbauen ließ.

Zwischen 1770 und 1800 wurden Park und Villa modernisiert. Zahlreiche namhafte Künstler dieser Zeit wirkten daran mit, die Villa in spätbarocken und klassizistischen Formen neu erstrahlen zu lassen. Anfang des 20. Jh. wurde das Gebäude an den italienischen Staat verkauft, und die Stadt Rom übernahm den Park. Als die Galleria 1997 nach 14-jährigen Renovierungsarbeiten und immensen Kosten wiedereröffnet wurde, war die Begeisterung groß. Viele sind sogar der Meinung, dass die Galleria Borghese eines der schönsten Museen der Welt ist.

Im *Souterrain* befinden sich die Serviceeinrichtungen mit Kasse, Gardero-

Am Teich der Villa Borghese

be, erstaunlich günstiger Bar (zumindest am Tresen) und Museumsshop mit einer großen Auswahl an Bildbänden und anderen Kunstbüchern.

In den Repräsentationsräumen des *Erdgeschosses* sind die wichtigsten Marmorskulpturen Berninis, mehrere Hauptwerke Caravaggios und die berühmte Statue der Paolina (das Wahrzeichen der Galleria) ausgestellt. Die Gemäldesammlung im ersten Stock umfasst etwa 350 bedeutende Werke, die meisten davon aus dem 16. und 17. Jh.

Der Rundgang führt vom Portikus in den großen *Eingangssaal* mit einem gewaltigen Deckengemälde – Thema ist die Verherrlichung Roms. Bemerkenswert auch das aus der Wand in die Tiefe

stürzende Pferd, ein griechisches Original, dem Pietro Bernini einen Reiter hinzufügte. Das originale antike Fußbodenmosaik stellt Gladiatorenkämpfe dar.

Saal I: Die Skulptur der Paolina Borghese (die Schwester Napoleons) als Venus in freizügiger Pose, 1804–1808 von Antonio Canova geschaffen. Der Apfel in Paolinas Hand spielt auf das Urteil des Paris in der griechischen Mythologie an. Dem gleichen Thema ist auch das Deckengemälde gewidmet.

Saal II: Der „David", die erste der fünf bedeutenden Skulpturen von Bernini, die Kardinal Borghese in Auftrag gab. Der damals 25-jährige Bildhauer zeigt den David mit der Augenblick, in dem der mit der Schleuder ausholt, um Goliath zu töten. Als Modell für das Gesicht benutzte Bernini sein eigenes Spiegelbild. Das Gemälde von Carracciola (1613) gegenüber hat dasselbe Thema, allerdings eine Szene später.

Saal III: „Daphne und Apoll", die Figurengruppe von Bernini aus dem Jahr 1624. Hier greift der Künstler eine Szene aus Ovids „Metamorphosen" auf, in der Apoll, von Amors Pfeil getroffen, in heißer Liebe zur schönen Nymphe Daphne entbrennt. Sie flieht vor Apolls Zudringlichkeiten, und gerade als er sie einholt, verwandelt sich Daphne in einen Lorbeerbaum. Wenn Sie um die Skulptur herumgehen, erleben Sie Daphnes Metamorphose wie im Film: Auf der einen Seite ist sie noch Mensch, auf der anderen schon fast vollständig ein Baum. Das Thema von Daphne und Apoll wiederholt sich auch im Decken- und Wandgemälde.

Saal IV: Wieder ein von Bernini aufgegriffenes Motiv aus der Mythologie: „Der Raub der Proserpina". Diesmal entführt Pluto, der Herrscher der Unterwelt, Proserpina in sein düsteres Reich. Bis ins Detail ist hier die Anspannung der sich heftig wehrenden Frau dargestellt. Rechts neben Pluto sitzt der dreiköpfige Höllenhund Zerberus.

Saal V: In dem Durchgangsraum befindet sich die liegende Skulptur eines Hermaphroditen aus dem 1. Jh. n. Chr. nach griechischem Original von Polykles (150 v. Chr.).

Saal VI: Die Figurengruppe „Aeneas, Anchises und Ascanius" gilt als das erste große Werk Berninis, an dem der Vater des gerade 20-Jährigen noch deutlich mitgewirkt hat. Bernini hat den Helden der „Aeneis" des römischen Dichters Vergil dargestellt: Aeneas, der als einziger die Unheil verkündende Prophezeiung Laokoons beachtet, flieht gerade noch rechtzeitig aus dem brennenden Troja. Seinen Vater Anchises trägt er auf den Schultern, sein kleiner Sohn Ascanius folgt zu Fuß mit den Opfergeräten und dem heiligen Feuer. Das Deckengemälde greift die gleiche Thematik auf.

Saal VII: Für die ägyptische Sammlung der Fürsten Borghese wurde dieser Raum im ägyptisierenden Stil ausgestattet.

Saal VIII: Der „Tanzende Satyr" in der Saalmitte entstand im 2. Jh. n. Chr. Außerdem sind hier sechs der bedeutendsten Gemälde von Caravaggio zu sehen, u. a. seine „Madonna dei Palafrenieri" (1605), die ursprünglich für die Peterskirche gedacht war. Das schaurige Bild „David mit dem Haupt des Goliath" (ca.

1610) schickte Caravaggio als Flüchtiger (→ Kasten) mit der Bitte um Begnadigung nach Rom. Hier porträtierte er sich selbst im abgeschlagenen Kopf des Goliath. Ein frühes Selbstporträt zeigt Caravaggio in Gestalt des jungen Bacchus (1593); sehr bekannt ist der sinnliche „Knabe mit dem Fruchtkorb" (1594) mit dem detailliert ausgearbeiteten Obstkorb, der viele spätere Stilleben beeinflusst hat.

Die **Gemäldegalerie** im ersten Stock lässt sich während der zweistündigen Besuchszeit, die Ihnen vom Museum gewährt wird, unmöglich eingehend betrachten. Eine Auswahl:

Saal IX: Unter anderem Raffaels „Grablegung Christi" aus dem Jahr 1507. Scipione Borghese ließ dieses unverkäufliche Bild aus einer Kirche für sich stehlen und den Besitz nachträglich vom päpstlichen Onkel legalisieren.

Saal X: Zu den herausragenden Gemälden hier gehört „Venus mit Amor in der Honigwabe" (ca. 1531) von Lukas Cranach.

Saal XIV: Zwei Selbstporträts von Bernini im Alter von 25 und 38 Jahren, außerdem die Skulptur der liegenden Ziege Amalthea, die den kleinen Zeus zusammen mit einem kindlichen Faun säugt. Bernini war knapp 17 Jahre alt, als er diese Skulptur fertigte; sie gelang ihm so perfekt, dass man sie lange Zeit für ein antikes Original hielt.

Michelangelo Merisi, genannt **Caravaggio** (1571–1610), revolutionierte die Malerei. Er war einer der Ersten, der mit perspektivischen Verkürzungen und starken Kontrasten von Licht und Schatten arbeitete. Seine Heiligen sahen aus wie Menschen aus dem Volk, was die Kirchenvertreter schockierte. In heftigen Konflikt mit der Kirche geriet Caravaggio durch seinen hemmungslosen Lebensstil, sein cholerisches Temperament brachte ihn häufig auch mit dem Gesetz in Konflikt. Als er 1606 im Streit einen Mann erstach, musste er aus Rom fliehen. Rastlos zog er durch Süditalien. Bevor sein Gnadengesuch Erfolg haben konnte, starb Caravaggio 1610 in Porto Ercole (Toskana) vermutlich an Malaria.

Saal VX: Unter anderem das „Letzte Abendmahl" von Jacopo Bassano (1542).

Saal XVII: Eine Pietà von Peter Paul Rubens (1602).

Saal XX: Venezianische Schule der Renaissance. Herausragend sind die Gemälde Tizians. Seine „Himmlische und irdische Liebe" malte er mit 25 Jahren.

① Di–So 9–19.30 Uhr, Mo geschlossen. Einlass nur alle zwei Stunden (letzter Einlass um 18.30 Uhr), Tickets nur mit obligatorischer Reservierung und für feste Zeiten. Eintritt 8,50 € (Reservierungsgebühr und Garderobe inkl.), ermäßigt (18–25 J.) 5,25 €, unter 18 J. und über 65 J. 2 €; bei besonderen Ausstellungen erhöht sich der Preis (zuletzt: 13,50 €, ermäßigt 10,25 €). Audioguide (auch in Deutsch) 5 €. Obligatorische Ticketreservierung unter ☎ 06/32810 oder im Internet unter www.ticketeria.it. Piazzale del Museo Borghese 5, ☎ 06/8417645, www.galleriaborghese.it.

Villa Medici

Oberhalb der Spanischen Treppe (am Rand der Villa Borghese) liegt der einstige Familiensitz der reichen Florentiner Bankiersfamilie Medici aus dem 16. Jh. Seit 1666 hat die Französische Akademie in dem eleganten Gebäudekomplex ihren Sitz. Führungen durch die Villa und den Park finden viermal täglich statt: um 10.30, 11.45, 14 und 15.15 Uhr, um 11.45 Uhr in englischer Sprache (Eintritt 8 €, ermäßigt 6 €), das Gebäude selbst ist auch im Rahmen von Ausstellungen, Konzerten, Kino-Abenden etc. öffentlich zugänglich. Alle Informationen zu Terminen der Führungen, Konzerte und sonstigen Veranstaltungen unter ☎ 06/67611 und www.villamedici.it. Viale Trinità dei Monti 1.

Bars/Cafés/Sonstiges (s. Karte S. 215)

Cinecaffè – Casina delle Rose (3), neu eröffnetes Café am Viale Goethe, nicht zu übersehen. Ristorante und Winebar, auch Caffè, Snacks und Panini zu mittlerem Preisniveau, mit Terrasse. Innen außerdem **Bookshop** mit Kinobüchern und DVDs, nebenan **Freiluftkino**. Geöffnet Di–Fr 11–19 Uhr, Sa/So 12–20 Uhr, Mo geschlossen. Largo Marcello Mastroianni 1, ☎ 06/42016224.

Casina del Lago (1), das Café im Pavillon nahe dem See lädt unter schattenspendenden Bäumen zu einer kleinen Rast ein. Pasta, Pizza, Salate, Eis und Cocktails. Im Sommer ganztägig geöffnet. Gegenüber des Cafés befindet sich eine öffentliche Toilette.

Am Viale dell'Obelisco gibt es außerdem die Bar **La Casina dell'Orologio (2)**, auch Café und Restaurant mit Terrasse, eher teuer, tägl. 8–22 Uhr geöffnet (im Winter nur bis 20 Uhr und Mi geschlossen).

Darüber hinaus findet man – zumindest im Sommer – überall im Park **Verkaufsstände** mit Erfrischungsgetränken und Snacks.

● *Fahrradverleih* **Bici Pincio (4)**, Fahrrad 4 €/Std., 10 € für 3 Std., das Tandem kostet 8 €/Std. (20 €/3 Std.), das Rikscha-artige Vierrad mit Dach (*Riscio*) kostet für 2 Personen 10 €/Std., für 4 Personen 20 €/Std. Bei Anmietung muss ein Ausweisdokument hinterlegt werden. Geöffnet tägl. 10 Uhr bis Sonnenuntergang. Viale del Museo Borghese Ecke Viale Goethe. Weitere Fahrradverleiher am Eck zum Viale dell'Orologio (Viale dell'Obelisco) und beim Zoo.

● *Ruderbootverleih* Viel zu Rudern gibt es nicht auf dem winzigen See am Tempio di Esculapio (Äskulap-Tempel) und an Sonntagen wird es hier sehr voll. 20 Minuten Rudern kosten 3 € pro Person, Kinder die Hälfte.

● *Sonstiges* Am Viale Goethe Autoscooter, Kinderkino, Ponyreiten etc.; an der Ecke Viale Orologio und Viale dell'Obelisco außerdem Kinderkarussell und Hüpfburg.

Ein *Trenino* fährt während der Sommermonate durch den Park, mit Halt an der Galleria Borghese und beim Zoo, Abfahrt am Cinecaffè (s. oben), Fahrt 3 €.

● *Lesertipp* „Das **Puppentheater San Carlino** auf der Terrasse des Pincio bietet von September bis Juni ein reichhaltiges Programm. Vom traditionellen Puppentheater mit Pulcinella, Arlecchino und Pinocchio bis hin zu modernen Puppenmusicals und Puppenopern mit Livemusik ist alles dabei – Theater für große und kleine Zuschauer." Spielplan und weitere Infos unter www.sancarlino.it, Ticketreservierung auch telefonisch unter ☎ 06/69922117. Viale dei Bambini (Ecke Viale Valadier), Pincio-Terrasse.

Dörfliches Trastevere

Rundgang 9: Trastevere

Ohne einen Spaziergang durch Trastevere (von „trans Tiberim", „jenseits des Tibers") ist ein Rom-Aufenthalt unvollständig. Kleine, verwinkelte Gassen, beschauliche Plätze, alte Kirchen und zünftige Trattorien beweisen, dass es auch in der Großstadt ein „Dorf" gibt.

Trastevere war in der Antike das Viertel der armen Leute vor den Toren der Stadt. Allerdings ergaben Ausgrabungen, dass am Fuß des Gianicolo-Hügels auch einige prächtige Villen mit dazugehörigen Parkanlagen existierten, sogar Julius Caesar soll hier ein Haus besessen haben. Ab dem 4. Jh. lebten in Trastevere auch Christen und bauten hier ihre ersten Kirchen (z. B. Santa Maria in Trastevere und Santa Cecilia). Im Mittelalter war Trastevere dicht besiedelt, aus dieser Zeit stammen auch die pittoresken alten Gassen, die heute den Reiz des Viertels ausmachen.

Anfang des 16. Jh. ließ Papst Julius II. eine gerade Prozessionsstraße durch das Gassengewirr von Trastevere zum Vatikan bauen, die Via della Lungara. Entlang der Straße entstanden bald noble Palazzi und Villen, darunter die berühmte Villa Chigi. 1642 bezog Papst Urban VIII. Trastevere und den Gianicolo (benannt nach dem römischen Gott Janus) in das römische Stadtgebiet mit ein. Historische Bedeutung erlangte der Gianicolo, als Garibaldis Revolutionäre hier zweimal (1849 und 1870) gegen Truppen des Papstes kämpften.

An der über Jahrhunderte bestehenden Bevölkerungsstruktur Trasteveres hat sich erst in den letzten Jahrzehnten etwas geändert: Der ursprüngliche Charme des Viertels wurde entdeckt, viele Künstler ließen sich hier nieder, die Mietpreise schnellten in die Höhe und liegen heute an der oberen Grenze der städtischen Preisskala. Trastevere wurde zum Szene-Viertel und Touristenmagneten.

Spaziergang

Bester Ausgangspunkt für einen Rundgang in Trastevere ist der **Ponte Sisto**, die auto- und mopedfreie Tiberbrücke nordwestlich des Ponte Garibaldi. Auf der rechten Tiberseite erreicht man dann die Piazza Trilussa und – sich halbrechts haltend – nach wenigen Metern die Piazza di S. Giovanni della Malva. Auf der Via Dorothea (von der Piazza wiederum halbrechts) kommt man in wenigen Minuten zu der Porta Settimiana, dem alten Stadttor. Durch das Tor hindurch führt die Route zu den beiden Museen **Villa Chigi** („La Farnesina") und **Palazzo Corsini**; lohnend ist auch der Besuch des **Orto Botanico** schräg hinter dem Palazzo Corsini (den Hang hinauf).

Zurück durch das Stadttor geht es steil rechts bergauf über die Via Garibaldi und den Vicolo di Porta San Pancrazio zum **Piazzale Garibaldi** auf dem Gianicolo-Hügel – mit wunderbarem Blick auf Rom.

Auf dem Rückweg passieren Sie die **Fontana di Aqua Paola** (hier befand sich bereits in der Antike ein Brunnen) und kurz darauf auf der linken Seite **San Pietro in Montorio**, das Franziskanerkloster aus dem 15. Jh. Über Treppen hinunter und durch Gassen nähert man sich nun dem Herzen von Trastevere, der belebten **Piazza Santa Maria in Trastevere** mit ihren Straßencafés, Ristoranti und fliegenden Händlern – der ideale Platz für das abendliche Flanieren.

Auf der Via Lungaretta kreuzt man kurz nach der Piazza Sonnino den stark befahrenen Viale Trastevere und gelangt in den ruhigeren Teil des Viertels östlich der Hauptstraße. Nach wenigen Metern erreichen Sie die Piazza in Piscinula (der Name erinnert an ein antikes Bad, das sich an dieser Stelle befand) und gelangen nach rechts zur **Kirche Santa Cecilia**.

Wer Lust hat, kann den Spaziergang von hier bis zur **Porta Portese** verlängern (immer geradeaus). Das lohnt allerdings nur an einem Sonntagvormittag, wenn hier der größte römische Flohmarkt stattfindet. Der Spaziergang dauert ca. 3 Stunden.

> Zurück in die Innenstadt mit der **Straßenbahn Nr. 8** zum Largo Argentina, mit dem **Bus Nr. 3** zum Kolosseum (Metrostation) oder aber zu Fuß über den Ponte Garibaldi und die Via Arenula zum Largo Argentina (ca. 15 Min.) oder den Ponte Sisto und die Via d. Pettinari Richtung Campo de'Fiori und Largo Argentina (je ca. 15 Min.).

Sehenswertes

Galleria Nazionale d'Arte Antica (Nationalgalerie/Palazzo Corsini)

Der Palazzo aus dem späten 15. Jh. mit großem Park wurde von Kardinal Riario für seinen Neffen Domenico gebaut. 1736 übernahm die florentinische Bankiersfamilie Corsini das Anwesen. Ab 1730 stellte die Familie mit Clemens XII. einen Papst und gelangte so zu noch größerem Reichtum. Unter dem Baumeister Ferdinando Fuga wurde der Palazzo zu einer riesigen barocken Palastanlage umgebaut. Seit 1883 ist der Palazzo Corsini Staatsbesitz und beherbergt heute die Nationalgalerie für Malerei des 16. und 17. Jh.

Neben einigen Funden aus der römischen Kaiserzeit zählen zu den Exponaten Werke von Rubens, van Dyck, Cara-

Santa Maria in Trastevere

vaggio, Gentileschi u. a. Zu sehen ist außerdem das Schlafzimmer der Königin Christine von Schweden, die hier nach ihrer Abdankung bis zu ihrem Tod im Jahr 1689 residierte und Künstler und Intellektuelle um sich scharte. Im gleichen Raum ist Berninis Marmorbüste von Papst Alexander VII. ausgestellt.

ⓘ Di–So 8.30–19.30 Uhr (Einlass bis 19 Uhr), Mo geschlossen. Eintritt 4 €, ermäßigt 2 € (18–25 J.), unter 18 und über 65 J. freier Eintritt. Via della Lungara 10, ✆ 06/68802323, Ticket-Reservierung unter ✆ 06/32810 oder www.ticketeria.it (Reservierungsgebühr 1 €).

Schräg hinter dem Palazzo Corsini stößt man auf den Eingang zum **Orto Botanico** (Botanischer Garten), einer Oase entlang des Gianicolo-Hügels mit herrlichen Palmen und einem alten Eichenwäldchen – ideal für ein Picknick. Schöner Blick.

ⓘ Mo–Sa 9.30–17.30 Uhr, im Sommer bis 18.30 Uhr, So und im August geschlossen. Eintritt 2 €.

Villa Farnesina (Villa Chigi)

Der päpstliche Bankier Agostino Chigi (1466–1520) war eine der schillerndsten Persönlichkeiten seiner Zeit. Er finanzierte nicht nur die Päpste Julius II. und Leo X., sondern machte sich vor allem auch als Mäzen und Kunstsammler einen Namen. Er galt im frühen 16. Jh. als reichster und gebildetster Bürger Roms, und das, ohne dem Klerus oder dem römischen Adel anzugehören.

Der Sohn einer Sieneser Kaufmannsfamilie kam 1487 nach Rom und lebte zunächst im Stadtzentrum. Mit seinem steilen Aufstieg als Bankier wuchs auch der Wunsch nach einem eigenen großen Anwesen. Ein Areal fand er auf der anderen Tiberseite im damaligen Bankenviertel der Stadt am Fuß des Gianicolo. Von seinem Landsmann, dem Architekten Baldassare Peruzzi, ließ er eine Villa im Stil der Antike bauen (vollendet ca. 1518) – Chigi war begeisterter Anhänger der antiken griechischen Kunst und Literatur, die er auch selbst verlegte. Die suburbane Villa Chigi mit dem riesigen Park galt als das Ideal einer Villa in der Hochrenaissance. An der Ausgestaltung wirkten u. a. Raffael und Sebastiano del Piombo sowie Giovanni Antonio Bazzi (bekannter als *Sodoma*) mit.

Karte S. 222/223

Trastevere

Während der Bankier hier in den Jahren 1518 und 1519 noch opulente Bankette gegeben hatte, verwahrloste das Anwesen nach Chigis Tod im Jahr 1520 schnell und wurde zudem beim Sacco di Roma (1527) von Landsknechten geplündert. Als die Farnese 1580 die Villa kauften, benannten sie sie in Farnesina, die „kleine Farnese", um – eine Anspielung auf den Niedergang der Chigi. 1714 übernahmen die Bourbonen das Anwesen. Im 19. Jh. befand sich hier die spanische Botschaft. 1928 kam die Villa in Besitz der staatlichen *Accademia Nazionale dei Lincei*, die sich nun um die Pflege und Restaurierung der legendären Stätte kümmert.

Beim Rundgang in der Villa stößt man gleich im Erdgeschoss auf zwei Meisterwerke von Raffael: das Fresko **Triumph der Galatea** (1511–1512), das als Inbegriff reinster Renaissancemalerei gilt. Nebenan ist Raffaels **Loggia der Psyche** (1517–1518) zu sehen, die ehemalige Eingangsloggia mit Szenen aus dem Mythos von Amor und Psyche. Hierzu lieferte Raffael Konzept und Skizzen; die Durchführung übertrug er seinen besten Schülern.

Im ersten Stock ist der **Salone delle Prospettive** (1515–1516) zu bewundern, eine perspektivische Scheinarchitektur mit Landschaft von Peruzzi, dem Architekten der Villa. Nebenan befindet sich das Schlafzimmer Chigis mit Fresken von Giovanni Antonio Bazzi, der unter dem Namen Sodoma in die Kunstgeschichte einging. Seine **Hochzeit Alexanders mit Roxane** stellt u. a. bedeutende Szenen aus dem Leben Alexanders des Großen dar. Für Freunde der Renaissancekunst ist ein Besuch in der Villa Farnesina unbedingt empfehlenswert!

⏱ Mo–Sa 9–13 Uhr (Einlass bis 12.40 Uhr), So geschlossen. Eintritt 5 €, ermäßigt 4 € (14–18 J. und Studenten), unter 14 und über 65 J. frei. Via della Lungara 230, ✆ 06/68027268.

Piazzale Garibaldi (Gianicolo)

Von hier genießt man einen der schönsten Ausblicke auf die Stadt, bei klarem Wetter sogar bis hinüber zu den Castelli, den Bergen südlich von Rom. Vor allem abends lohnt es sich, hierher zu kommen, wenn die Stadt dem Betrachter in einem Lichtermeer zu Füßen liegt.

Ü Übernachten (S. 62/63)
17 Santa Maria
18 B&B Villa della Fonte (S. 48)
26 Cisterna
30 Casa S. Francesca Romana (S. 51)
32 Trastevere

E noteche/Winebars (S.227)
6 Freni e Frizioni
8 Ferrara
20 Art Two

C afés (S.227/228)
2 Good Cafè
13 Caffé della Scala
19 Caffè Ombre Rosse
21 Marzio

E inkaufen (S. 228)
9 Joseph Debach
25 Libreria del Cinema
27 Innocenti
31 Pasticciore
35 Azi
37 Panella
38 Dolce Idea
41 Il Canestro

E ssen & Trinken (S. 225-227)
1 Da Gildo (Pizzeria)
3 Bir & Fud
4 Dar Poeta
5 Checco er Carrettiere
7 Pizza a Pazza (Pizza al Taglio)
10 La Parolaccia
11 Glass Hostaria
12 Taverna Trilussa
14 Augusto
15 Da Lucia
16 Trattoria degli Amici
22 Osteria della Gensola
23 Da Paris
24 Da Carlone di Remo
28 Panattoni (Pizzeria)
29 Popi Popi (Pizzeria)
33 Alberto Ciarla
34 Le Mani in Pasta
36 Asino Cotto
39 Da Albino
40 Jaipur

Rundgang 9

Auf der Mitte des Platzes befindet sich das Reiterstandbild des Revolutionsführers Giuseppe Garibaldi (1807–1882), Büsten seiner Mitstreiter säumen den Platz um das Denkmal und die Straße. Der Piazzale war 1849 Schauplatz der ersten Schlacht zwischen Garibaldis Truppen (den Rothemden) und denen des Papstes im Kampf um die Einigung Italiens. Dank der Unterstützung durch französische Truppen konnte der Papst seinen Kirchenstaat zunächst noch verteidigen. Erst 21 Jahre später waren Garibaldis Leute genau am selben Ort siegreich. Der Papst wurde entmachtet und das geeinte Königreich Italien ausgerufen (1870). Neben Imbissständen und Souvenirbuden befindet sich hier oben auch ein Spielplatz mit Karussell und Ponyreiten.

Aqua Paola/Fontanone

Knapp unterhalb des Piazzale Garibaldi stößt man auf einen Brunnen in der Form eines Castellums (eine antike Brunnenanlage, in Form eines Triumphbogens). Hier wurde 109 n. Chr. unter Trajan die **Aqua Traiana** eingeweiht. Der Aquädukt verfiel später, wurde aber mit zunehmender Wasserknappheit in Trastevere im 17. Jh. unter Papst Paul V. wieder hergestellt – daher auch der Name Aqua Paola.

San Pietro in Montorio

Das Franziskanerkloster aus dem 15. Jh. geht auf eine Kirche aus dem 9. Jh. zurück. Gebaut wurde „St. Peter auf dem Goldberg" im Auftrag von Ferdinand II. von Aragon und seiner Gemahlin Isabella als Dank für lang ersehnten Nachwuchs. Bald darauf übertrugen sie die Kirche den Franziskanern. Einer Überlieferung zufolge soll Petrus hier gekreuzigt worden sei, ein Irrtum, da in der Antike auf dem Gianicolo nachweislich keine Hinrichtungen stattgefunden haben. Der Renaissancebaumeister Donato Bramante errichtete am vermeintlichen Schauplatz der Kreuzigung den winzigen Tempietto, einen formvollendeten Bau der Hochrenaissance.

Im Inneren der Kirche S. Pietro in Montorio befindet sich das Altarbild der Geißelung Christi von Sebastiano del Piombo, seinerzeit neben Raffael und Michelangelo einer der profiliertesten Renaissancekünstler Roms.
⏰ Täglich 8–12 Uhr und 15–16 Uhr.

Museo di Roma in Trastevere

In dem kleinen Museum an der Piazza Egidio sind hauptsächlich folkloristische Gegenstände aus dem 19. Jh. zu sehen (erster Stock). Das Erdgeschoss ist wechselnden Ausstellungen vorbehalten: oft recht hochkarätige, was das Museum zu einem der bestbesuchten in der Gegend macht.
⏰ Di–So 10–20 Uhr, letzter Einlass 19 Uhr. Eintritt 5,50 €, ermäßigt 4 € (wenn gerade keine Ausstellung stattfindet: 3 €/erm. 2 €), unter 18 und über 65 J. frei. Piazza S. Egidio 1/b, ✆ 06/5816563.

Santa Maria in Trastevere

Die romanische Kirche am gleichnamigen belebten Platz gehört zu den wichtigsten und aufwändigsten Bauten des 12. Jh. in Rom. Papst Innozenz II. (1130–1143) erteilte den Auftrag, den alten und morsch gewordenen Vorgängerbau aus dem 3./4. Jh. zu ersetzen; hier ließ er die erste Marienkirche der Stadt errichten. Dieser romanische Bau ist noch erhalten (Campanile und obere Fassade stammen aus dem 12. Jh.), lediglich die Vorhalle darunter wurde 1702 von Carlo Fontana hinzugefügt. In ihr sind zahlreiche Fragmente antiker Schrifttafeln ausgestellt. Im Inneren sind Haupt- und Seitenschiffe durch ionische Säulen antiken Ursprungs geteilt, die vergoldete Kassettendecke darüber geht auf eine Modernisierung im Barockstil des 17. Jh. zurück. Original aus dem 12. Jh. ist noch der Cosmaten-Fußboden erhalten. Besonders sehenswert sind die berühmten Mosaike der Apsis aus dem 12./13. Jh. mit leuchtenden Farben auf goldenem Hintergrund. Die Szenen aus dem Leben Marias zählen zu den schönsten Mosaiken in Rom.
⏰ Tägl. durchgehend 7.30–20 Uhr.

Santa Cecilia in Trastevere

Die Kirche im östlichen Teil des Viertels wurde ursprünglich im 5. Jh. auf dem Fundament eines antiken Wohnhauses gebaut. Unter Papst Pascalis I. (817–824) trug man den Bau zum Teil ab und ersetzte ihn durch eine romanische Basilika, die später mehrfach verändert und schließlich mit barocken Stilelementen versehen wurde.

Sehenswert ist das Atrium vor der Kirche mit dem Wasserbecken, an dem sich früher die Gläubigen vor der Messe reinigten. Vorhalle, Campanile und Kreuzgang aus dem 12. Jh. sind fast unverändert erhalten. Aus der Entstehungzeit der Kirche stammt das Apsismosaik (9. Jh.). Die Reste des antiken Hauses unter der Kirche können besichtigt werden.

🕓 Tägl. 9.30–12.30 und 16–18.30 Uhr. Eintritt für die Ausgrabungen (und Krypta) 2,50 €.

Die heilige Cecilia

Der Legende nach wurde die Kirche über dem antiken Wohnhaus des Valerianus und seiner Frau Cecilia errichtet, die unter Kaiser Marc Aurel (161–180 n. Chr.) als christliche Märtyrerin starb. Nachdem der Versuch gescheitert war, Cecilia im Dampfbad ihres eigenen Hauses zu ersticken, befahl man, sie zu köpfen. Viele Jahrhunderte später – Ende des 16. Jh. – fand man die Leiche Cecilias mit nur halb abgetrenntem Kopf in der Calixtus-Katakombe (Via Appia Antica). Der Körper war angeblich vollständig erhalten, und Cecilia soll ausgesehen haben, als schliefe sie nur.

Die Geschichte von Cecilia und der rätselhafte Zustand des kurz zuvor gefundenen Leichnams inspirierten den Bildhauer Stefano Maderno um 1600 zu der liegenden Marmorstatue der Märtyrerin, die heute unter dem Altar der Kirche zu sehen ist. Gut erkennbar ist der tiefe Schnitt am Hals Cecilias, die drei Finger ihrer rechten Hand symbolisieren die Dreifaltigkeit.

Praktische Infos (→ Karte S. 222/223)

Ristoranti, Trattorien, Osterien

Im Zentrum von Trastevere

Da Augusto (14), typische, einfache Trattoria, Familienbetrieb, guter Hauswein und hervorragende Küche, die darüber hinwegtröstet, dass der Service alles andere als optimal ist (Geduld erforderlich). Im Sommer sitzt man draußen an wackligen Tischen auf der Piazza, im Winter wird es im Lokal etwas enger. Sehr günstig: Secondi um 6–8 €, der halbe Liter Hauswein 3,50 €, ein Menü kommt auf 20–25 €. Sehr großer Andrang, vor allem abends steht man schon lange vor Lokalöffnung (um 20 Uhr) Schlange! Piazza de Renzi 15, ✆ 06/5803798. Mittags und abends geöffnet, Samstagabend und So geschlossen.

Da Lucia (15), alteingesessene Trattoria in einer dunklen Gasse (nahe der Piazza della Scala) mit ordentlicher, römischer Küche, empfehlenswert sind z. B. die Suppen und der gute Baccalà. Auch bei Touristen beliebt. Menü um 30 €. Vicolo del Mattonato 2, ✆ 06/5803601. Mittags und abends geöffnet, Mo Ruhetag.

Alberto Ciarla (33), Alberto Ciarla ist der Gentleman unter den Gastronomen Roms, mit seinem Lokal hat er schon große Erfolge gefeiert. Exzellente Fischküche und hervorragende Weinkarte. Elegantes Restaurant im oberen Preissegment, Tagesmenüs zu 48, 58 und 68 €, à la carte ca. 65 €, kleineres Mittagsmenü zu 25 €. Piazza San Cosimato 42/A, ✆ 06/5818668, www.albertociarla.com. Mittags und abends geöffnet, für abends unbedingt reservieren, So Ruhetag.

Da Paris (23), in dem von Dario Cappellanti und seiner Frau Lole familiär geführten Restaurant wird die gehobene römisch-jüdische Küche gepflegt, und das seit vielen Jahren gleichbleibend gut. Spezialität des Hauses sind frittiertes Gemüse und Stockfisch. Das Preis-Leistungs-Verhältnis ist gut, Qualität und Frische der Produkte sind bemerkenswert. Gute offene Weine, hervorragende hausgemachte Desserts. Menü um 45–55 € (Degustationsmenü 50 €), Reservierung empfohlen! Piazza San Calisto 7a, ✆ 06/5815378. Mittags und abends geöffnet, Sonntagabend und Mo geschlossen.

Checco er Carrettiere (5), das gediegene, gutbürgerliche Restaurant mit Tischen im Erdgeschoss sowie auf einer offenen Empore im ersten Stock gehört zu den alteingesessenen Lokalen von Trastevere und ist schon seit jeher im Besitz der Familie Porcelli. Entsprechend traditionsbewusst wird hier gekocht, mit besten und frischesten Zutaten. Menü um 50–55 €. Mit Rauchersaal, neuerdings gibt es auch die dazugehörige Gelateria nebenan. Via Benedetta 10, ✆ 06/5800985, www.checcoercarrettiere.it. Tägl. mittags und abends geöffnet.

Trattoria degli Amici (16), sympathische, gemütliche Trattoria mit schönem Blick auf die Piazza S. Egidio und im Sommer einigen Plätzen draußen. Der Betrieb arbeitet mit der Gemeinde von S. Egidio zusammen und kümmert sich um die Integration von Menschen mit Behinderungen. Aufmerksamer und freundlicher Service, das Essen tadellos, die Weinauswahl gut. Menü um 30 €, mittags günstiger. Piazza S. Egidio 5, ✆ 06/5806033. Mittags und abends geöffnet (im August nur abends), So Ruhetag.

La Parolaccia (10), bekannte, urige Trattoria mit nettem Service und typisch römischen Gerichten, in der Regel gibt es ein festes Menü: Preis um 30 €. Vicolo del Cinque 3, ✆ 06/5803633. Nur abends geöffnet, So Ruhetag.

Glass Hostaria (11), modernes Restaurant mit Designerstühlen und -tischen auf zwei offenen Stockwerken verteilt; raffinierte, kreative, je nach Marktangebot wechselnde Gerichte, z. T. mit asiatischen Einflüssen (Ingwer, Zitronengras, Wasabi, Kokos). Es gibt auch ein bis zwei Tagesmenüs für 55 und 70 €. Ansonsten zahlt man à la carte um 50–60 €. Reservierung ist erforderlich. Vicolo del Cinque 58, ✆ 06/58335903, www.glasshostaria.it. Nur abends geöffnet, Mo Ruhetag.

• *Lesertipp* **Taverna Trilussa (12)**, „nahe der Piazza Trilussa in einer kleinen Seitenstraße, im Garten unter Efeu oder im gemütlichen Inneren wird klassische römische Küche serviert, freundliches, flinkes Serviceteam. Dozenten, Professoren, Nachtschwärmer und ein paar Touristen sitzen dort und schlemmen in diesem traumhaften Ambiente, u. a. Trüffel und Steinpilze nach Saison, aber immer eine riesige Salami- und Käseauswahl, Pasta aus der Kupferpfanne, hervorragende vegetarische Ravioli und weitere römische Genüsse!" (Tipp von Ulrich Kreft aus München). Menü ca. 30–35 €. Via del Politeama 23/25, ✆ 06/5818918.

Südöstlich des Viale Trastevere

Da Carlone di Remo (24), zünftige römische Küche, es gibt auch draußen ein paar Tischchen, wo man an einem lauen Sommerabend die malerische und ruhige Via della Luce genießen kann. Freundlicher Service und mit ca. 25–30 € für das Menü auch vergleichsweise günstig. Via della Luce 5, ✆ 06/5800039. Mittags und abends geöffnet, Mo Ruhetag.

Osteria della Gensola (22), sehr gute sizilianische Fischküche, dazu eine große Auswahl an vegetarischen Vorspeisen und Nudelgerichten. Zum Fisch trinkt man am besten den offenen Weißwein aus den Castelli. Diese interessante Alternative zur römischen Küche kostet pro Menü ca. 40 €. Piazza della Gensola 15, ✆ 06/5816312, www.osterialagensola.it. Mittags und abends geöffnet, Sa mittags geschlossen.

Le Mani in Pasta (34), ein kleines, gehobeneres Restaurant in einer der ruhigen Ecken von Trastevere. Vom Gastraum aus kann man durch die Glasscheibe dem hektischen Treiben in der Küche zusehen. Auf der nach Jahreszeiten wechselnden Karte stehen interessante Kreationen, aber auch gekonnt zubereitete römische Klassiker und sehr gute Fischgerichte. Feine hausgemachte Desserts. Menü um 40–45 €. Via de'Genovesi 37 (nahe S. Cecilia), www.lemaniinpasta.com, ✆ 06/5816017. Mittags und abends geöffnet, Mo Ruhetag.

Asino Cotto (36), um die Ecke von obigem. Gemütliches kleines Lokal mit liebevoll zubereiteten mediterranen Gerichten, netter Service. Menü um 40–45 €. Via d. Vascellari 48 (bei der Kirche S. Cecilia), ✆ 06/5898985, www.asinocotto.com. Nur abends geöffnet, Mo Ruhetag.

• *Lesertipp* **Da Albino il sardo all'angoletto (39)**, „zufällig haben wir dieses wirklich unglaublich gute (und auch nicht teure) sardische Restaurant entdeckt. Vor allem die Antipasti, das sardische Brot, und die Pasta waren vom Feinsten, ... das war das absolute Highlight unseres Romwochenendes." Via della Luce 44-45, ✆ 06/5800846. Mittags und abends geöffnet, Mo geschl.

Indisch

Jaipur (40), beliebtes und viel gelobtes indisches Restaurant in Trastevere, etwas abseits des Gassenrummels. Viel Vegetarisches, das Menü für 2 Personen kommt auf günstige 38–45 €. Via San Francesco a Ripa 56, ☎ 06/5803992, www.ristorantejaipur.it. Mittags und abends geöffnet, Mo mittags geschl.

Pizzerien

Panattoni (28), diese beliebte, riesige Pizzeria ist fast immer bis auf den letzten Platz besetzt, man muss oft Wartezeiten in Kauf nehmen, was sich hier aber durchaus lohnt. Empfehlenswert sind neben Pizzen auch Suppli, Crostini, außerdem *Filetto di baccalà* und *Fagioli* (weiße Bohnen). Dazu trinkt man Bier oder süffigen Hauswein. Sympathische Preise, um 15–18 €. Viale Trastevere 53–59, ☎ 06/5800919. Nur abends geöffnet, Mi Ruhetag.

Da Gildo (1), die Pizzeria gehört zu den traditionellen Lokalen von Trastevere und ist seit über 35 Jahren in Familienbesitz. Pizza gibt es in allen Variationen, aber auch gute Antipasti sowie verschiedene Salate. Gutes Bier und einige gute Flaschenweine. Via della Scala 31A, ☎ 06/5800733. Do Ruhetag (im Sommer immer offen).

Dar Poeta (4), ausgezeichnete Pizzeria im Herzen von Trastevere; leckere Pizza mit dünnem, knusprigem Teig, auch Bruschette in vielen Variationen, Calzoni usw. Etwa 15–18 € fürs Essen bei üppig bemessenen Portionen. Vicolo del Bologna 45, ☎ 06/5880516. Nur abends geöffnet, Sa und So auch mittags, Mo Ruhetag.

Popi Popi (29), großes Angebot an Pizza, aber auch diverse kleine Vorspeisen. Etwa gleiches Preisniveau wie obige. Via Fratti di Trastevere 45, ☎ 06/5895167. Nur abends geöffnet, Do geschlossen.

Bir & Food (3), Pizzeria und vor allem Birreria unweit der Piazza Trilussa. Gute, interessante Biersorten, die man nicht unbedingt in jedem Getränkemarkt findet. Wir probierten *Magut* (schmeckt ein wenig wie Pils) und *Panada* (erinnert an ein süffiges Weizen). Leckere, saftige Pizza, auch Salate, Pasta etc. Nur abends geöffnet, wenige Tische draußen. Via Benedetta 23, ☎ 06/5894016, www.birefud.blogspot.com.

Pizza al taglio

Pizza a Pazza (7), hervorragende Pizza vom Blech an der Piazza Trilussa. Durchgehend geöffnet.

Enoteche/Winebars

Ferrara (8), zu dieser Önothek gehört auch ein richtiges Restaurant mit feinen, sehr

In den Gassen von Trastevere

gut zubereiteten Tagesgerichten. Elegantes Ambiente, große Auswahl an Weinen (eher teuer), im Angebot sind auch ausgezeichnete Olivenöle, ausgefallene Nudelsorten, verschiedene Reissorten, Schokolade etc. Abendessen um 45–50 €. Auch Cafeteria. Via del Moro 1/a, ☎ 06/58333920, www.enoteca ferrara.it. Das Geschäft ist durchgehend geöffnet, das Restaurant nur abends bis spät in die Nacht geöffnet.

Cafés/Bars

Marzio (21), die auf dem wunderschönen Platz gelegene Bar ist wegen des Ausblicks zwar teuer (besonders draußen am Tisch), doch einer der besten Plätze, um sich beim Aperitivo auf ein gutes Abendessen einzustimmen. Piazza S. Maria in Trastevere 14a.

Caffè Ombre Rosse (19), an der Piazza Egidio 12 (gegenüber vom Museum): täglich 7.30–2 Uhr geöffnet, nettes Straßencafé, es gibt auch einige Kleinigkeiten zu essen, ideal für einen Aperitivo (sofern man einen Platz auf der Terrasse ergattert), auch als Kneipe beliebt (→ „Nachtleben" S. 76).

Für den Drink vor oder nach dem Essen eignet sich auch das **Caffè della Scala (13)** in der gleichnamigen Straße (vom Museum geradeaus weiter), viele Touristen. Via della Scala 1.

Art Two (20), Cocktailbar und Ristorante bei der Piazza Sant'Egidio, skurrile Einrichtung, überdachte Terrasse davor. Beliebt zu Aperitivo und Cocktails (8 €), hier kann man auch ein ganzes Menü mit Antipasto, Primo und Secondo essen, ebenso aber Salate und Panini (je um 7 €) und weitere Snacks. Jeden Sonntag ab 19 Uhr Flohmarkt. Tägl. ab 19 Uhr geöffnet. Largo F. M. D. Fumasoni Biondi 5, ✆ 06/5880398, www.art-two.it.

Good Café (2), nette Kneipe, in der es auch kleine Gerichte gibt. Mit TV und WIFI-Zone, Aperitivo mit Buffet, im Sommer einige Plätze draußen auf der schmalen Gasse. Via di S. Dorotea 8, ✆ 06/97277979, www.goodcaffe.com.

Freni e Frizioni (6), heißt soviel wie Bremsen und Kupplungen – hier befand sich einst eine Autowerkstatt, jetzt ist es eine angesagte Bar. Großes Aperitivo-Buffet, aus Ermangelung an Plätzen sitzt man auch draußen auf der Mauer. Via Politeama 4–6.

Bar San Calisto, Nachbarschaftsbar, die bei vielen Römern auch für den abendlichen Aperitivo, ein Bierchen, einen Caffè oder ein Eis beliebt ist. Piazza San Calisto 5–7.

Bäckereien/Patisserien

Innocenti (27), große Auswahl an traditionellem Gebäck und Kuchen – alles hervorragend und lecker, Blick auf und in die Backöfen inbegriffen. Sehr freundliche Besitzer, eine Institution in Trastevere. Via della Luce 21 (von draußen nur zu erkennen, wenn die Tür nicht verschlossen ist). So geschl.

Pasticcore (31), herrlich altmodischer Süßwarenladen. Mo–Fr 8–13.30 Uhr und 15.30–19.30 Uhr, Sa 8–12.30 Uhr und 16.30–19.30 Uhr geöffnet. Via Cardinale Marmaggi 23.

Dolce Idea (38), köstlichste Schokoladen- und Pralinenkreationen mit den verschiedensten Ingredienzien und Füllungen, auch sehr Exotisches. Nicht ganz billig. Mo–Do 10–19.30 Uhr geöffnet, Fr/Sa bis 20.30 Uhr, So geschlossen. Via S. Francesco a Ripa 27.

Shopping

Der Supermarkt **Standa** (im Untergeschoss des Kaufhauses **Oviesse**) am Viale di Trastevere 60 führt ein beschränktes Angebot an Kleidung, Haushalts- und Drogeriewaren etc.

Ein **Lebensmittelmarkt** findet jeden Mo–Sa vormittags auf der Piazza San Cosimato statt.

• *Supermarkt* **Panella (37)**, Via Natale del Grande 19.

• *Bioladen* **Il Canestro (41)**, Bio-Lebensmittel, Mo–Sa 9–19.30 Uhr geöffnet. Via San Francesco a Ripa 106, www.ilcanestro.com.

Im „Zentrum" von Trastevere finden sich zahlreiche **Schmuck- und Bekleidungsgeschäfte**, in entlegeneren Ecken auch günstige **Schuhläden** und **Geschäfte für Wohnaccessoires** bzw. **Küchenausstattung**.

Jeden Abend verwandelt sich die Gegend um die Piazza Santa Maria in Trastevere, Via Lungaretta und Via della Scala in einen riesigen **Straßenmarkt**. Angeboten werden u. a. Schmuck, Poster und viel Esoterisches. Außerdem:

Joseph Debach (9), eigene und eigenwillige (sehr teure) Schuhkreationen. Vicolo del Cinque 19.

Libreria del Cinema (25), viele interessante Bücher über Kino und Film, das meiste in Italienisch, dazwischen aber immer wieder etwas in englischer Sprache. Auch Poster, riesige Auswahl an DVDs. Mit Café bzw. Bar, in der kleine Tagesgerichte, Snacks und ab 19 Uhr Aperitivo mit Büffet angeboten werden. Täglich geöffnet: Mo 15–22 Uhr, Di–Fr und So 11–22 Uhr, Sa 11–23 Uhr, im Winter nur bis 21 Uhr. Via dei Fienaroli 31d, ✆ 06/5817724, www.libreriadelcinema.roma.it.

Azi (35), sehr schöne und geschmackvolle Wohnaccessoires und Haushaltsgegenstände, aufwändig gearbeitet und leider sehr teuer. Via Luciano Manara 6, ✆ 06/5818699.

Porta Portese, der größte römische **Flohmarkt** in Trastevere findet jeden Sonntagvormittag statt. Im Angebot: wertloser Kitsch, teure Antiquitäten, billige Klamotten (Markenplagiate) etc., dazwischen selten auch Brauchbares. In der Via Portuense (hinter der Porta Portese geradeaus) werden hauptsächlich Kleidung und Haushaltswaren verkauft. Achtung: Echte Schnäppchen macht man hier kaum, die Wahrscheinlichkeit, schamlos ausgenommen zu werden, ist wesentlich größer. Es wird immer wieder vor Taschendieben gewarnt.

Blick auf den Petersplatz

Rundgang 10: Vatikan und Engelsburg

Der nicht mal einen halben Quadratkilometer große Kirchenstaat – der „Stato della Città del Vaticano" – liegt auf der gleichnamigen, kaum noch als solche erkennbaren Anhöhe im Stadtviertel Borgo westlich des Tibers. Allein die Peterskirche, für viele das Wahrzeichen Roms, zieht alljährlich Millionen von Besuchern an, und nicht nur gläubige Katholiken sind vom Ausmaß und der Pracht der Kirche tief beeindruckt. Der Blick von der Kuppel auf die Ewige Stadt zählt zu den Highlights eines Rom-Besuchs.

Neben der Peterskirche locken die weltberühmten Vatikanischen Museen – dort besonders die Sixtinische Kapelle – Scharen von Touristen an. Nur wenige hundert Meter entfernt befindet sich das Castel Sant'Angelo (Engelsburg). Die im 2. Jh. n. Chr. als Mausoleum für Kaiser Hadrian errichtete, später ausgebaute Festung zählt ebenfalls zu den am meisten besuchten Attraktionen der Stadt. Der Ponte Sant' Angelo, die Tiberbrücke vor der Engelsburg, darf wohl als schönste noch erhaltene antike Brücke Roms bezeichnet werden.

Das Stadtviertel Borgo war bis weit ins 20. Jh. hinein durch sein mittelalterliches Gassengewirr geprägt. Bereits ab dem 4. Jh., nach dem Bau der alten Peterskirche, hatte sich das Viertel zu einem Pilgerzentrum entwickelt; die Engelsburg diente den Päpsten über Jahrhunderte hinweg immer wieder als Schutzfestung. Im Jahr 847 wurde der Stadtteil durch ein Feuer nahezu zerstört, dann von Papst Leo IV. wieder aufgebaut und nach ihm Città Leonina genannt. Durch den Sacco di Roma 1527 (→ S. 22) kam es ein weiteres Mal zu einer verheerenden Verwüstung.

Der Name Borgo entstand erst Ende des 16. Jh., als das Viertel jenseits des Tibers in das Stadtgebiet Roms mit einbezogen wurde. 1936 wurden unter Mussolini städtebauliche Veränderungen vorgenommen, die den Charakter dieses vorher beschaulichen Winkels entscheidend veränderten: Für die von ihm geplante ca. 100 m breite Via della Conciliazione (Straße der Versöhnung) ließ

Übernachten (S. 63/64)
2 Al San Pietrino
4 Farnese
6 Casa Valdese (S.51)
11 Vatican Garden Inn
14 Spring House
16 Arcangelo
17 Colors Hotel (S.50)
18 Atlante Garden
B & B Tibullo (S.48)
21 Atlante Star
23 Sant'Anna
25 Bramante
27 Hotel Columbus
29 Residenza Paolo VI

Enoteche/Winebars
(S.241)
20 Costantini (Enoteca)

Cafés (S. 241)
26 Bar im Castel Sant'Angelo

Essen & Trinken
(S. 240–241)
1 Cacio e Pepe
3 Osteria dell' Angelo
7 Il Ciociaro
9 La Pratolina
10 Dante
12 Da Vito e Dina
22 Taverna Angelica
24 Tre Pupazzi
27 La Veranda de l'Hotel Columbus

Einkaufen (S. 241)
5 Cornetteria Dolce Maniera
8 Giuliani
13 Coin
15 Castroni
28 Liberia Ancora

er zahlreiche Häuser des Viertels abreißen. Den Boulevard von der Piazza Pia (Engelsburg) bis zur Piazza Pio XII (vor dem Petersplatz) wollte der „Duce" als Zeichen der Versöhnung von Kirche und

Staat durch die Lateranverträge von 1929 errichten. Fertig gestellt wurde die Prachtstraße erst 1950. Einen schönen Eindruck vom alten Borgo vermitteln die gemütlichen Gassen nördlich der Via della Conciliazione (z. B. die autofreie Straße Borgo Pio und der Borgo Vittorio). Nördlich und nordwestlich an das Borgo schließt das beliebte Wohnviertel Prati mit seinen überwiegend sechsstöckigen Mietshäusern an.

Spaziergang

Die kurze, aber gehaltvolle Tour beginnt am **Ponte Sant'Angelo** und **der Engelsburg (Castel Sant'Angelo)**, von deren oberer Terrasse man einen schönen Blick auf die Stadt hat. Über die breite und rund 500 m lange Via della Conciliazione gelangt man nun direkt zum **Petersplatz** (Piazza San Pietro) mit der **Peterskirche** (Basilica di San Pietro). Auch wenn die Schlange lang ist: Sie sollten unbedingt mit dem Aufzug zur Kuppel der Kirche hinauffahren und den Blick von hier oben genießen.

Durch die nördlichen Kolonnaden des Platzes hindurch kommt man nun auf die Via di Porta Angelica und zur Piazza del Risorgimento (Bus- und Straßenbahnstation); hier geht es entlang der hohen Mauern des Vatikans zunächst ein kurzes Stück auf der Via Leone IV und dann links ab ca. 200 m bergauf die Viale Vaticano entlang zum Eingang der Vatikanischen Museen.

Die Tour dauert etwa fünf Stunden (mit Besichtigungen), wer sich die Vatikanischen Museen ausführlich anschauen möchte, sollte mit mindestens zwei Stunden mehr rechnen. Für einen Ausflug zu Engelsburg, Vatikan und Vatikanischen Museen kann man aber auch einen ganzen Tag veranschlagen. Es kann vielfach zu langen Warteschlangen kommen, besonders bei den Vatikanischen Museen.

Von der Innenstadt ab Bahnhof Termini oder der Station Spagna mit der Metro Linea A bis zur Station Ottaviano oder mit dem Bus Nr. 40 (oder 64) ab Termini oder Haltestelle Piazza Venezia (bzw. Largo Argentina) bis zur Piazza Pia.

Achtung: Wer zuerst zu den Vatikanischen Museen möchte, sollte ebenfalls schon bei der Station Ottaviano aussteigen. Die Warteschlange reicht erfahrungsgemäß bis zur Piazza Risorgimento, wer erst bei der Station Cipro – Musei Vaticani aussteigt, muss an ihr entlang wieder den Berg hinunterlaufen und sich hinten anstellen – ärgerlich. Diese Schlange kann man mit einer kostenpflichtigen Online-Reservierung der Tickets (→ S. 240) umgehen.

Sehenswertes

Engelsbrücke (Ponte Sant'Angelo)

Die schönste erhaltene antike Brücke der Stadt ließ Kaiser Hadrian 134 n. Chr. bauen, um so einen würdigen Weg über den Tiber direkt zu seinem Mausoleum zu schaffen. Ihren heutigen Namen erhielt der alte **Pons Aelius** erst im 17. Jh., als Bernini zehn marmorne Engelsfiguren zur Verschönerung der Brücke hinzufügte. Zwei der Figuren sollen dem Papst (Clemens IX.) so gut gefallen haben, dass er die Originale in der Kirche San Andrea delle Fratte (→ S. 183) aufstellen ließ und für die Brücke Kopien in Auftrag gab.

Engelsburg (Castel Sant'Angelo)

Das wuchtige Bauwerk entstand ab 130 n. Chr. ursprünglich als Mausoleum für Kaiser Hadrian, das er nach eigenen Plänen gestalten ließ. In späteren Krisenzeiten nutzten die Päpste die Burg als Festung, zeitweise auch als ausbruchsicheres Gefängnis und Folterkammer der Inquisition. Hier waren u. a. Giordano Bruno, Galileo Galilei, Caravaggio und Cagliostro inhaftiert. Das zylindrische Gebäude der Engelsburg hat einen Durchmesser von 65 m und ist 21 m hoch.

Als im Jahr 590 in Rom die Pest wütete, veranstaltete Papst Gregor der Große eine Bittprozession, um die Seuche mit göttlicher Hilfe einzudämmen. Als er am Hadriansmausoleum vorbeikam, sah er über dem Gebäude einen Engel, der ein Schwert in die Scheide zurücksteckte, was als Zeichen für das Ende der Plage gedeutet wurde. Tatsächlich war die Stadt danach vom Übel befreit. Von dieser Legende leitet sich der Name der Festung ab. Seit Mitte des 16. Jh. befand sich über der oberen Terrasse ein Marmorengel, der Mitte des 18. Jh. durch ein Modell aus Bronze ersetzt wurde.

Der Rundgang führt über die gewundene Rampe nach oben, seitlich bietet sich mehrfach der Blick auf düstere Kerkerkammern und niedrige, dunkle Gänge. Die Falltür vor dem oberen Eingang sicherte das Hauptgebäude zusätzlich zum äußeren Mauerring, der erst im 16. Jh. gebaut wurde. Oben gelangt man durch den **Cortile dell'Angelo** zu den ehemaligen Gemächern der Päpste. Hier beeindruckt die unter Papst Paul II. Mitte des 16. Jh. entstandene **Sala Paolina** mit prunkvollen Fresken. Über eine schmale Treppe geht es hinauf zur oberen Aussichtsplattform direkt unter dem Engel.

Tipp! Unbedingt empfehlenswert ist das **Café** auf der Aussichtsterrasse: Kleine Tische entlang der Mauer bieten einen herrlichen Ausblick auf die Peterskirche (s. auch S. 241).

Das Castel Sant'Angelo beherbergt heute eine Gemäldesammlung mit wertvollen Werken (u. a. von Lorenzo Lotto), außerdem auch eine Abteilung mit historischen Waffen. In den Räumlichkeiten um den Cortile dell'Angelo finden den regelmäßig wechselnde Ausstellungen statt.
⏲ Di–So 9–19 Uhr (Einlass bis 18.30 Uhr), Mo geschlossen. Eintritt 8,50 €, 18–25 J. 6 €, unter 18 und über 65 J. frei, bei Sonderausstellungen Eintritt 10 €, erm. 7,50 €. Audioguide in deutscher Sprache 4 € (für 2 Personen 6 €, ein Ausweis muss hinterlegt werden). Es finden auch Führungen statt: immer sonntags 11.30 Uhr in englischer Sprache, in Italienisch sonntags um 12.30 Uhr, hierbei kann auch ein Blick in die historischen Kerker geworfen werden (4,50 € pro Person). Toiletten am Eingang, Bookshop am anderen Ende der Engelsburg, hier gibt es auch einen Museumsführer (engl./ital.), der mit 19 € allerdings reichlich teuer ist. Lungotevere Castello 50, ☏ 06/6819111, www.castelsantangelo.com.

Vatikan

Zum Gebiet des kleinsten Staates der Welt gehören die Peterskirche mit dem Vatikanischen Palast, seinen Nebengebäuden, den Gärten und Vatikanischen Museen. Umgeben ist der Vatikan seit 854 von der unter Papst Leo IV. erbauten **Leoninischen Mauer**, einem Schutzwall gegen die einfallenden sarazenischen Piraten des 9. Jh. Die Mauer wird nur auf der Ostseite des Territoriums durch den Petersplatz mit seinen halbrunden Kolonnaden unterbrochen. Während Kirche und Museen der Öffentlichkeit (beides nur in angemessener Kleidung) zugänglich sind, gelangt man auf das übrige Gelände nur mit einer Sondergenehmigung.

Der Vatikanstaat erhielt durch die Lateranverträge von 1929 die staatliche Autonomie und – als Entschädigung für den Verlust des Kirchenstaates – von Mussolini zusätzlich ein Finanzpaket im Wert von ca. 90 Millionen Dollar, das im Laufe der Zeit durch geschickte Anlagepolitik beträchtlich anwuchs (De-

Farbenfroh und entschlossenen Blicks: Schweizer Gardist

tails hierzu sind streng geheim). Die knapp 500 Bürger des Staates zahlen keine Steuern. Alleiniger weltlicher Herrscher über den Vatikan ist der Papst. Der Vatikanstaat verfügt über eine eigene Post (hinter den rechten Kolonnaden und in den Vatikanischen Museen), eine leistungsstarke Radiostation (Radio Vaticano) und bereits seit 1861 über die Wochenzeitung L'Osservatore Romano, außerdem ist der Vatikan auch im Internet unter www.vatican.va zu besuchen. Zum Schutz des Vatikanstaates steht neben der Vigilanza, der Vatikan-Polizei, natürlich auch die 110 Mann starke Schweizer Garde bereit, die seit Anfang des 16. Jh. aus Schweizer Söldnern rekrutiert wurde. Ihre Uniformen entsprechen noch immer dem Stil der

Vatikan und Engelsburg Karte S. 230/231

Zeit von Klemens VII. (1523–1534), einem Papst aus dem Hause Medici. Heute stehen die Gardisten dem Papst auch als zivile Bodyguards zur Seite.

Petersplatz (Piazza San Pietro)

Die Idee für den ovalen Platz mit seinen harmonischen Proportionen stammt von Bernini: Die halbrunden Kolonnaden mit insgesamt 140 Heiligenstatuen sollten wie durch zwei ausgebreitete Arme die Gläubigen schützend aufnehmen. Den 340 mal 240 m großen Platz schuf Bernini nach der Fertigstellung der Kirche in den Jahren 1657–1665. Der ägyptische Obelisk befindet sich hier seit 1586, ebenso stand der rechte Brunnen bereits, als es den Platz noch gar nicht gab. Der linke wurde aus Gründen der Symmetrie später hinzugefügt.

Peterskirche (San Pietro in Vaticano)

Die zweitgrößte Kirche der Welt (die größte ist die 1990 geweihte Basilika *Notre Dame de la Paix* an der Elfenbeinküste) hat gigantische Ausmaße: eine Länge von 211 m, eine Fassadenbreite von 114 m und eine Gesamthöhe von 132 m. Bei ihrem Bau gaben sich fast alle bedeutenden Baumeister ihrer Zeit quasi das Werkzeug in die Hand. Die 45 m hohe Fassade stammt von Carlo Maderna, sie wird von 13 jeweils 5,60 m hohen Statuen gekrönt. In der Mitte steht Jesus mit erhobenem Arm, umgeben von Johannes dem Täufer und elf Aposteln (Petrus steht unten). Im gewaltigen Innenraum (15.160 qm) finden sich 778 Säulen, 396 Statuen, 44 Al-

Sehr kurze Geschichte des Vatikans

Mit dem Toleranzedikt von Mailand wurde das Christentum im Jahr 313 durch Kaiser Konstantin offiziell zugelassen. Ab dem Jahr 324 wurde an der ersten Peterskirche gebaut (der Überlieferung nach über dem Grab des Apostels Petrus); vollendet wurde das fünfschiffige Gotteshaus etwa Mitte des 4. Jh. Erst nach der Rückkehr der Päpste aus ihrem Exil in Avignon im Jahr 1377 entschloss man sich, den heruntergekommenen Lateranspalast (bis dahin der Papstsitz) aufzugeben und stattdessen auf dem antiken Mons Vaticanus die inzwischen baufällig gewordene alte Peterskirche abzureißen und durch einen monumentalen Neubau zu ersetzen. Das unter Papst Nikolaus V. (1447–1455) begonnene Projekt nahm erst 1506 konkretere Züge an. Baumeister war zunächst Bramante, dann Raffael, ab 1546 übernahm Michelangelo die Leitung. Er änderte die von Bramante entworfene berühmte Kuppel, die erst 1590 von Giacomo della Porta vollendet wurde. Ab 1624 wirkte auch Barockmeister Bernini an der Innengestaltung der Kirche mit, der ovale Petersplatz entstand später ebenfalls nach seinen Plänen.

Als die Peterskirche nach 120 Jahren Bauzeit im November 1626 prachtvoll eingeweiht wurde, war der Kirchenstaat bereits fast am Höhepunkt seiner Macht angelangt und herrschte über knapp ein Viertel Italiens. Trotz eines kurzen Zwischenspiels durch Napoleon, der den Kirchenstaat vorübergehend auflöste und Papst Pius VII. nach Frankreich in die Gefangenschaft verschleppen ließ, konnte die Kirche ihr Territorium zunächst noch halten. Erst mit der Einigung Italiens 1870 war die weltliche Macht des Papstes beendet. 1929 erhielt der Vatikan durch die mit Mussolini geschlossenen Lateranverträge die staatliche Autonomie eher symbolisch auf sehr beschränktem Territorium zurück.

Petersplatz mit Peterskirche und Apostolischem Palast

täre, 135 Mosaike und unzählige Gemälde und Fresken, über die im Folgenden nur ein kurzer Überblick gegeben werden kann:

Zu Beginn des Rundgangs stößt man nach der Eingangshalle (hier befindet sich rechts die Porta Santa, die nur im Heiligen Jahr geöffnet ist) gleich im rechten Seitenschiff auf **Michelangelos Pietà** (1499–1500), eines der schönsten Kunstwerke der Kirche. Auf der rechten Seite im Mittelschiff befindet sich die besonders verehrte, bronzene **Petrusstatue**, die schon in der alten Peterskirche aufgestellt war. Seit Jahrhunderten berühren oder küssen die Pilger den mittlerweile schon ganz abgewetzten rechten Fuß der Statue.

Mittelpunkt der Kirche ist der 29 m hohe **Bronzebaldachin** über dem Papstaltar, den Bernini zwischen 1624 und 1633 im Auftrag seines Gönners Papst Urban VIII. fertigte. Darüber wölbt sich die **Kuppel**, deren Durchmesser knapp unter dem ihres antiken Vorbildes, der Kuppel des Pantheons, liegt.

Vor dem Altar wird durch eine Balustrade die **Confessio** abgegrenzt, eine Öffnung im Boden mit der Treppe hinunter zum wertvoll geschmückten **Petrusgrab** (Eintritt s. u.). Rechts in der **Apsis** hat Bernini das Grabmahl für Urban VIII. geschaffen; im linken Seitenschiff befindet sich mit dem pompösen Grab Alexanders VII. ein weiteres Meisterwerk Berninis (sein letzter Auftrag, den er im Alter von 80 Jahren ausführte).

Zu den **Vatikanischen Grotten** (Krypta) im Untergeschoss der Peterskirche gelangt man durch einen neuen Eingang rechts der Kirche (durch die Vorhalle). Aufgrund des großen Andranges, der hier seit April 2005 herrscht (als Papst Johannes Paul II. in den Grotten beigesetzt wurde), hat man den Zugang verlegt. Hier unten in der **Krypta** befinden sich neben der reich geschmückten **Petruskapelle** auch zahlreiche Papstgräber (tägl. 7–17 Uhr geöffnet, Eintritt frei).

Zur **Kuppel** gelangt man, wenn man die Vorhalle der Peterskirche auf der rechten Seite verlässt, die lange Schlange vor dem Aufzug ist nicht zu übersehen. Der Eingang zur Kuppelbesteigung befindet sich gegenüber des neuen Eingangs zu den Vatikanischen Grotten.

Information: Auf der linken Seite der Kolonnaden unterhält der Vatikan ein Informationsbüro, Mo–Sa 8.30–19 Uhr geöffnet, So geschlossen. Hier bekommt man Material über den Vatikan und kann Eintrittskarten für die Vatikanischen Gärten bestellen (Papstaudienz → S. 94). Daneben die Post und öffentliche Toiletten.

Öffnungszeiten: Die Peterskirche ist tägl. von 7 bis 19 Uhr (Oktober bis März nur bis 18 Uhr) geöffnet. Zutritt nur in angemessener Kleidung: Männer in langen Hosen, Frauen mit bedeckten Schultern, keine Miniröcke, nicht bauchfrei. Handys müssen ausgeschaltet werden. Die Vorschriften werden streng überwacht. Außerdem strenge Sicherheitskontrollen wie am Flughafen, was zu Stoßzeiten immer wieder zu langen Warteschlangen auf dem Platz führt. Metallene Gegenstände (außer Foto-/Digitalkamera) sollte man im Hotel lassen! Taschen können kostenlos in Schließfächern aufbewahrt werden.

Achtung: Während der Generalaudienz am Mittwochvormittag ist die Peterskirche geschlossen (bei schlechtem Wetter findet diese in der Audienzhalle statt).

Eintritt für die Kuppel: 8 €, egal, ob mit Aufzug oder zu Fuß (537 Stufen), von April bis September 8–17 Uhr geöffnet, letzter Einlass 16.45 Uhr; im Winter 8–16.30 Uhr, letzter Einlass 16.15 Uhr. *Achtung*: Wer unter Platzangst leidet, sollte auf den Aufstieg vom Dach des Hauptschiffs (nur bis hierhin Aufzug) auf die Kuppel verzichten: sehr schmaler Weg im Einbahnstraßensystem, späteres Umkehren nicht möglich.

Eintritt Nekropole unter der Peterskirche: Der Besuch ist nur mit vorheriger Anmeldung möglich (zurzeit ca. **5 Monate vorher**!), dabei müssen Zahl und Namen der Besucher (mindestens 15 Jahre alt), gewünschtes Datum sowie die gewünschte Sprache der Führung angegeben werden. Eintritt 10 € pro Person, Informationen beim: Ufficio Scavi, Fabbrica di San Pietro, I-00120 Città del Vaticano, ✆ 06/69873017, scavi@fsp.va. Das benötigte Anmeldeformular kann in deutscher Sprache auch über die Homepage des Pilgerbüros (www.pilgerzentrum.de, anklicken „Information", „Scavi") heruntergeladen werden.

Vatikanische Gärten: Auch der Besuch der gepflegten und hochinteressanten vatikanischen Gärten bedarf der vorherigen Anmeldung, diese ist nur über das Internet unter www.vatican.va möglich. Auskünfte unter ✆ 06/69883145 oder 06/69884676, Eintritt nur in Kombination mit den Vatikanischen Museen möglich, zum Preis von 30 € (ermäßigt 25 €) für beides (Museen und Gärten). Die Führungen finden immer werktags 9–14 Uhr statt (außer Mi), dauern etwa 2 Std., in italienischer Sprache, bei entsprechender Nachfrage auch in Deutsch. *Achtung*: Es wird ein Ausweis benötigt, und der „Vatikan-Dresscode" gilt natürlich auch hier!

Campo Santo Teutonico: Die Deutschen besitzen im Vatikan eine Enklave, die jeder besuchen darf. Man muss nur den wachhabenden Schweizer links der Kolonnaden nach dem **Campo Santo Teutonico** fragen. Mit diesem „Losungswort" können Sie während der Öffnungszeiten des Campo Santo tägl. von 7–12 Uhr ungehindert passieren (im August geschlossen).

Wer den Papst auch ohne die Formalitäten einer Generalaudienz (→ S. 94) sehen möchte, sollte am Sonntag um 12 Uhr auf dem Petersplatz sein. Dann spricht Benedikt XVI. vom Fenster seines Arbeitszimmers im obersten Stock des Apostolischen Palastes das **Angelus-Gebet** und erteilt den päpstlichen Segen (im August findet das Gebet in Castel Gandolfo statt).

Vatikanische Museen (Musei Vaticani)

Für die Besichtigung der wichtigsten Museen Roms sollten Sie sich ein paar Stunden Zeit nehmen, denn es erwarten Sie 42.000 qm (!) Ausstellungsfläche. Damit die Tour durch die unzähligen Räume (bei einem ausgedehnten Rundgang legt man bis zu 7 km zurück) nicht zur Tort(o)ur wird, haben wir uns hier auf die wichtigsten Highlights beschränkt. Ausführlichere Informationen bieten die Audioguides oder eine Führung. Von einer Besichtigung am eintrittsfreien Sonntag (letzter Sonntag im Monat) möchten wir dringend abraten: Die Schlange reicht hier schon am frühen Morgen bis weit hinter die Piazza Risorgimento, also mindestens einen halben Kilometer lang. Für das gesparte Geld steht man sich zunächst die Beine in den Bauch und kämpft sich dann drinnen durch ein schreckliches Geschiebe.

Die Vatikanischen Museen gehören zum 1929 konstituierten Vatikanstaat. Über Jahrhunderte haben sich hier unter den verschiedenen Päpsten unglaubliche Kunstschätze angesammelt, die heute in dem Museumskomplex zu besichtigen sind. Als Gründer der Museen gilt Papst Julius II., der Anfang des 16. Jh. im Belvederehof eine erste Ausstellung antiker Statuen einrichten ließ.

Über eine Rolltreppe hinauf gelangt man zunächst zum großen **Belvederehof** mit dem riesigen, antiken bronzenen **Pinienzapfen**, flankiert von zwei bronzenen Pfauen. Von hier erreicht man folgende Museen und Sehenswürdigkeiten (eine Auswahl):

Museo Egizio

Das manchmal auch nach seinem Auftraggeber Gregor XVI. benannte Museum wurde 1839 eröffnet und beherbergt eine bedeutende Sammlung ägyptischer Kunst.

Museo Pio-Clementino

Die älteste Antikensammlung des Vatikans, die ab Anfang des 16. Jh. im kleinen Belvederehof zu sehen war und Ende des 18. Jh. hierher verlegt wurde. Zu diesem Museum gehört auch der **Cortile Ottagono**: Neben dem **Apoll des Belvedere** (2. Jh. n. Chr.) beeindruckt besonders die Laokoon-Gruppe aus dem 1. Jh. v. Chr. Thema der kunstvoll gearbeiteten Figurengruppe ist die Bestrafung des Priesters Laokoon für seine Warnung vor dem Trojanischen Pferd: Die Götter schicken giftige Schlangen, die den Priester und seine beiden Söhne töten.

Die berühmte Laokoon-Gruppe

Museo Gregoriano Etrusco

Das 1837 von Gregor XVI. eröffnete Museum beherbergt zahlreiche Funde aus den etruskischen Metropolen Todi und Cerveteri.

Es folgen die **Sala della Biga** (mit dem berühmten griechischen Diskuswerfer) und die **Galleria dei Candelabri** mit diversen Götterstatuen, dann die **Galleria degli Arazzi** – die Galerie der Gobelins mit riesigen Wandteppichen aus dem 17. Jh. In der **Galleria delle Carte Geografiche** sind die Wände mit überaus interessanten kartografischen Darstellungen Italiens aus dem späten 16. Jh. dekoriert.

Stanzen Raffaels

Die einzigartigen Fresken Raffaels befinden sich in den ehemaligen Gemächern von Papst Julius II. und sind einer der Höhepunkte in den Vatikanischen Museen. An den Stanzen arbeitete der Künstler bis 1517. Die **Stanza della Segnatura** (1508–1511) mit dem berühmten Fresko der „Athener Schule" hat die neuplatonische Philosophie zum Thema. Hier hat Raffael auch seine Zeitgenossen Bramante (als Euklid) und Michelangelo (als Heraklit) porträtiert, Leonardo da Vinci ist in der Gestalt Platons zu sehen, sich selbst hat Raffael als zweite Person rechts hinter der Säule hervorschauend dargestellt.

Es folgt die **Stanza d'Elidoro** mit der „Vertreibung Heliodors aus dem Tempel" sowie die „Messe von Bolsena"; auf eigenes Drängen hin ist auch Papst Julius II. auf beiden zu sehen. Die **Stanza dell'Incendio** schließlich widmet sich dem Thema „Konstantin der Große".

Die **Loggien Raffaels**, die der Künstler ein Jahr vor seinem frühen Tod 1520 abschloss, sind aus Sicherheitsgründen nicht zugänglich. Durch die Gemächer des verrufenen Borgia-Papstes Alexander VI. (Appartamenti Borgia) gelangt man zur gewaltigen Sammlung moderner Kirchenkunst und danach zur Sixtinischen Kapelle.

Cappella Sistina
(Sixtinische Kapelle)

Das berühmteste Gebäude der Vatikanischen Museen ist Ziel aller Besucher, sodass man kaum mit Muße die weltberühmten Arbeiten des Universalgenies Michelangelo bewundern kann. Sixtus IV. (della Rovere) ließ die nach ihm benannte Kapelle 1474–1483 als seine Hauskapelle bauen. Auch heute noch finden hier traditionsgemäß die Papstwahlen (Konklave) statt, das letzte Mal im April 2005. Besonders berühmt ist

Michelangelos **Jüngstes Gericht**, das fast 200 qm große Gemälde an der Altarwand. Seine Darstellung des Weltendes erregte über Jahrhunderte hinweg die Gemüter und sollte des Öfteren übermalt werden – was glücklicherweise über Ansätze (mit der Übermalung einiger nackter Stellen) nicht hinausging.

Michelangelos **Deckenfresken** haben die Entstehung der Welt zum Thema – besonders berührt die **Erschaffung Adams** mit den bekanntesten Zeigefingern der Kunstgeschichte: Gott streckt seinen Arm aus, um den schon vollendeten Leib Adams zu beseelen. Die anderen Deckenfresken stellen weitere Motive aus dem Alten Testament dar.

Biblioteca Apostolica Vaticana

Zur Bibliothek gehört neben den einzigartigen Zeugnissen handgemalter und gedruckter Buchkunst auch das Archiv des Vatikans. Mittelpunkt der Bibliothek ist der kostbar ausgemalte **Salone Sistino**.

Museo Sacro

Gezeigt wird eine reiche Sammlung frühchristlicher und mittelalterlicher Kunst; berühmt ist das antike Gemälde der **Aldobrandinischen Hochzeit**.

Pinacoteca

Die Gemäldesammlung ist in 15 Sälen untergebracht; zu den bedeutendsten Werken zählen die Bilder von Leonardo da Vinci, Raffael, Tizian und Caravaggio. Sehenswert ist die 1932 erbaute bronzene Wendeltreppe **Scalone Elicoidale**, die von den Museen zurück zum Ausgang führt.

ⓘ Die Öffnungszeiten wechseln, als Orientierung können folgende Zeiten gelten: Mo–Sa 9–18 Uhr (letzter Einlass 16 Uhr), So und an kirchlichen Feiertagen geschlossen. Am letzten So im Monat 9–14 Uhr geöffnet (letzter Einlass 12.30 Uhr), an diesem Tag freier Eintritt. Eintritt 14 €, ermäßigt (Kinder und Jugendliche von 6 bis 14 J. sowie Studenten unter 26 J.) 8 €, Kinder unter 6 J. frei.

Audioguide 7 € (auch in Deutsch). Etwa zweistündige Führungen finden Mo–Fr um 10.30 Uhr, 12 Uhr und 14 Uhr statt (in Englisch oder Italienisch), Sa nur 10.30 Uhr und 11.30 Uhr, im Winter Mo–Sa 10.30 Uhr (November bis Februar). Der Preis für eine Führung inkl. Eintrittspreis Museen liegt bei 30 €, ermäßigt 25 €. Reservierungen (Führungen) unter visiteguidatesingoli.musei@scv.va oder per Fax unter ✆ 0669873250 bzw. im Internet unter www.vatican.va. Seit einiger Zeit kann man die Museumstickets auch **online**

(www.vatican.va) kaufen und somit die lange Warteschlange am Eingang umgehen (Online-Gebühr: 4 € pro Ticket). *Achtung*: In den Vatikanischen Museen herrscht die gleiche Kleiderordnung wie in der Peterskirche (also Herren lange Hosen, Damen nicht schulter-/bauch-/oberschenkelfrei). Am Ausgang der Museen gibt es einen Bookshop (leider kann man erst hier den hilfreichen Museumsführer für – vergleichsweise günstige – 15 € kaufen), Post und Wechselstube sowie ein Self-Service-Restaurant (mit Pizzeria).

Praktische Infos (→ Karte S. 230/231)

Ristoranti, Trattorien, Osterien

In der näheren Umgebung der Peterskirche ist es fast unmöglich, ein gutes und preiswertes Restaurant zu finden. Die meisten Lokale haben sich darauf spezialisiert, bei minimalem Aufwand und maximaler Gewinnspanne Touristen abzufüttern. Ein paar Lokale sind aber dennoch auch in dieser Gegend zu empfehlen:

Recht nahe am Vatikan, an der Verbindungsmauer vom Palast zur Engelsburg, finden Sie das Ristorante **Tre Pupazzi (24)**. Ganz so typisch römisch wie versprochen ist die Küche nicht, doch das Angebot ist solide, außerdem gibt es hier passable Pizza ab 7 € (auch mittags). Freundlicher, flotter Service, einige Tische auch draußen in der autofreien Gasse. Menü ca. 30 €. Borgo Pio 183, ✆ 06/6868371. Mittags und abends geöffnet, So Ruhetag.

Osteria dell'Angelo (3), unser *Tipp*! Ex-Rugbyspieler Angelo Croce bietet deftige traditionelle römische Küche, sehr schmackhaft und authentisch. Service von eher herbem Charme. Sehr beliebt. Mittags à la carte (um 20 €), abends nur festes Menü (25 €). Via G. Bettolo 24–26, ✆ 06/3729470. Di–Fr mittags und abends geöffnet, Mo und Sa nur abends, So geschlossen.

Il Ciociaro (7), im Sommer einige Tische draußen, der Gastraum drinnen liegt etwas dunkel im Souterrain; einfache Küche mit schönem Vorspeisenbüffet und guten Primi, hausgemachte Desserts; Menü um 35 €. Via Barletta 21 (nahe Metrostation Ottaviano), ✆ 06/37352496. Mittags und abends geöffnet, Di geschlossen.

Cacio e Pepe (1), seit 1964 besteht diese spartanisch-schlichte, authentisch-römische Trattoria, in der es wie bei einer römischen Mama schmeckt; zu den Spezialitäten des

Hauses zählen „tonnarelli all'uovo cacio pepe" (Eiernudeln mit Pecorino-Käse und frisch gemahlenem schwarzem Pfeffer). Menü um 20–25 €. Via Avezzana 11 (Nähe Metrostation Lepanto), ✆ 06/3217268. Mittags und abends geöffnet, Sa abends und So sowie an Feiertagen geschlossen.

Taverna Angelica (22), purististisch anmutendes Ambiente mit moderner Kunst an den Wänden; ordentliche mediterrane Küche mit einigen Fischgerichten. Menü um 40 €. Piazza Amerigo Capponi 6 (Nähe Piazza del Risorgimento), ✆ 06/6874514, www.tavernaangelica.it. Tägl. abends ab 19 Uhr geöffnet, Sonntag auch mittags. Reservierung empfohlen.

La Veranda de l'Hotel Columbus (27), die Veranda des sehr eleganten, traditionsreichen Hotels ist einer der ruhigsten und intimsten Plätze in der Nähe des Vatikans, an dem man einen Abend dem römischen Chaos und Lärm entfliehen kann. Gute Dessert- und Käseauswahl, hervorragende Weine, auch glasweise. Abendmenü ca. 70 €, mittags auch kleinere Gerichte und eine Auswahl an Salaten. Borgo di Santo Spirito 33, ✆ 06/6872973, www.laveranda.net. Mittags und abends geöffnet, kein Ruhetag.

● *Lesertipps* **Hosteria–Pizzeria Da Vito e Dina (12)**, „ganz in der Nähe des Vatikans fanden wir eine Pizzeria mit hervorragenden Pizzen (8 €) und Nudelgerichten. Der Wirt sehr bemüht, sehr sauber und gut." Via degli Scipioni 50, ✆ 06/39723293. Mittags und abends geöffnet, Di geschlossen.

La Pratolina (9), „geniale Pizza: gut und reichlich belegt, traumhafter Boden! Preise ca. 8–9 €, leckere Nachspeisen, viele Italiener und ein sehr freundlicher Service!" Via degli Scipioni 248/250 (Höhe Via Duilio bzw. Piazza dei Quiriti), ✆ 06/36004409. Nur abends ab 19.30 Uhr geöffnet, So Ruhetag.

Ristorante Dante (10), „in diesem Restaurant haben wir sehr gut zu Abend gegessen, es war nicht teuer und fast nur von älteren Einheimischen besucht." Via dei Gracchi 266/268, ✆ 06/3216958.

Enoteca

Enoteca Costantini (20), Piero und Rosy Costantini haben in den 1970er Jahren diese außergewöhnliche Enoteca gegründet. In den großen, alten Gewölbekellern lagern über 2000 verschiedene Etiketten, im Erdgeschoss befinden sich Schaumweine, Champagner, Liköre, Brände und andere Spirituosen. Dazu gehört das feine Restaurant **Il Simposio**. Gehobenes Preisniveau. Piazza Cavour 16, ✆ 06/3203575, ✎ 06/3213210., www.pierocostantini.it. Mo–Sa 9–13 und 16.30–20 Uhr geöffnet, das Restaurant Mo–Sa 12.30–15 und 19.30–23 Uhr, jeweils So geschlossen.

Caffè/Bar

Bar im Castel Sant'Angelo (26), zwar nur mit dem Eintrittsticket in die Engelsburg zugänglich, doch wer drin ist, sollte sich die herrliche Bar hier oben nicht entgehen lassen. Blick auf die Kuppel der Peterskirche, nettes Ambiente mit Weinranken, allerdings nicht ganz billig: Der Cappuccino (am Tisch) kostet 3,50 €. Auch Mittagsmenüs (8–18 €) und Panini, Tramezzini, Salate etc. Di–So 9–19 Uhr geöffnet, Mo geschlossen.

Shopping

Supermarkt **Standa** in der Via Cola di Rienzo im Untergeschoss von **Coin (13)**: Das Bekleidungshaus bietet auf mehreren Stockwerken modische und konservative Kleidung für Damen, Herren und Kinder, außerdem Accessoires, Kosmetik, Wäsche etc. Via Cola di Rienzo 173.
Markthalle, Piazza dell'Unità (an der Via Cola di Rienzo, Nähe Engelsburg), der Mercato Rionale findet hier täglich (außer So) von 7 bis 20 Uhr statt.
Markt in der Via Trionfale, weitab vom Schuss (nördlich vom Vatikan). Dienstagvormittags ist Blumenmarkt (auch exotische Pflanzen und Samen). Günstig.
Castroni (15), ein herrliches Feinkostgeschäft, in der Gegend eine Institution. Riesige Auswahl, viele ausgefallene Nudelsorten, Bar mit Kaffee und Likören, an der die römische Oberschicht beim Feinkost-Shoppen einen Aperitivo einnimmt. Eher gehobenes Preisniveau. Via Cola di Rienzo 196.

Vor dem Castel Sant'Angelo

Giuliani (8), Süßwarengeschäft, ausgezeichnete und berühmte kandierte Kastanien (vor allem die mit der Schokoglasur), die allerdings nicht ganz billig sind. Via Paolo Emilio 67 (zweigt von der Via Cola di Rienzo ab).
Cornetteria Dolce Maniera (5), von außen nur ein kleines Hinweisschild, dafür schon von weitem am Duft der frischen Backwaren zu identifizieren; die Tür zur steilen Kellertreppe steht auf. Unser *Tipp*, auf keinen Fall versäumen! Via Barletta 27 (Nähe Metro Ottaviano).
Libreria Ancora (28), überwiegend Kunst- und Kirchenführer, meist Englisch, viel Theologisches, auch Reisebücher in deutscher Sprache. Via della Conciliazione 63 (Nähe Vatikan).
Eine gute Auswahl an **Modeläden** für die unterschiedlichsten Ansprüche finden Sie in der Via Cola di Rienzo: Hier sind viele italienische Modeketten vertreten, von teuer und elegant (z. B. Max Mara, Kookai) bis zur jugendlich-sportlichen Linie (u. a. Energie, Onyx). Dazwischen auch Benetton, Sisley, Motivi, Mango, Diesel usw.

Vatikan und Engelsburg
Karte S. 230/231

Die Via Appia Antica

Ziele außerhalb der Innenstadt

Abstecher zur Piramide und zur Via Ostiense

Wer sich für die weniger besuchten Sehenswürdigkeiten Roms interessiert, dem sei dieser Abstecher in den südlichen, etwas heruntergekommenen Randbezirk der Innenstadt empfohlen. Neben der selbst für Rom ungewöhnlichen antiken Piramide (die Betonung liegt im Italienischen übrigens auf dem „a") lohnt vor allem der nebenan gelegene Cimitero acattolico unbedingt einen Besuch. Von diesem „unkatholischen" Friedhof gelangt man nach wenigen Metern zum Monte Testaccio, dem antiken „Scherbenberg" der Stadt. Heute findet hier ein großer Teil des römischen Nachtlebens statt.

Auf der Via Ostiense Richtung stadtauswärts liegt das **Museo Centrale Montemartini**. Die hier ausgestellten antiken Skulpturen bilden einen interessanten Kontrast zu den stillgelegten Maschinen des ehemaligen römischen Elektrizitätswerks. Noch weiter außerhalb an der Via Ostiense (daher am besten mit der Metro zu erreichen) befindet sich mit **San Paolo fuori le Mura** die vierte Patriarchalkirche Roms.

Piramide

Die **Cestius-Pyramide** entstand im Jahr 12 v. Chr. und wurde später in das aufwändigste römische Bauwerk, die ursprünglich 19 km lange **Aurelianische Stadtmauer** (3. Jh. n. Chr.), einbezogen. Der Volkstribun und Ägyptenliebhaber Caius Cestius gab das Bauwerk als sein extravagantes Grabmal per Testament in Auftrag und verfügte, wie ein Pharao darin beigesetzt zu werden. Nach nur 330 Tagen wurde der Bau fertig gestellt, eine Inschrift erinnert an den Auftraggeber. Die Anlehnung an ägyptische Baukunst war seinerzeit in Rom so selten nicht: Besonders unter Augustus holte man zahlreiche Obelisken zur Verzierung öffentlicher Plätze in die Stadt.

Am Fuß der nur von außen einsehbaren Pyramide haben zahllose streunende Katzen ihr Revier bezogen. Sie werden hier von Tierfreunden mit großem Engagement verpflegt und medizinisch betreut. Da es sich um eine private Initiative handelt, ist man für Spenden dankbar, die am verschlossenen Gittertor links von der Pyramide abgegeben werden können. Näheres zum römischen Katzenasyl → S. 142. (Metro Linea B bis zur Station Piramide.)

Cimitero Acattolico/ Protestantischer Friedhof

Eine kleine Oase der Ruhe in der viel befahrenen Gegend um den Piazzale Ostiense. Unter hohen Zypressen befinden sich hier oftmals sehr kunstvoll gearbeitete Marmorgräber, darunter auch die zweier berühmter englischer Romantiker, Percy Bysshe Shelley und John Keats sowie das Grab von Goethes Sohn August. ⏱ Mo–Sa 9–17 Uhr (letzter Einlass 16.30 Uhr), So geschlossen, eine Spende wird erwartet.

> Mit der **Metro Linea B** bis zur Station Piramide, zum Friedhof von der breiten Via Marmorata gleich links ab in die Via Caio Cestio. Nach knapp 200 m auf der linken Seite befindet sich das Eingangstor (Via Caio Cestio 6); hier die Glocke läuten.

Monte Testaccio/ Stadtviertel Testaccio

In der Antike umgaben riesige Lagerhäuser den Hafen von Ostia. Übliche Transport- und Lagergefäße waren die Amphoren aus gebranntem Ton, die eine gute Haltbarkeit gewährleisteten, aber leicht zerbrachen. Die Scherben unzähliger Amphoren – man geht von schätzungsweise 25 Millionen aus – wurden zwischen dem 1. und 3. Jh. zu einem großen Schutthaufen, dem Monte Testaccio (Scherbenberg, von lat. *testa* = Scherbe), aufgestapelt. Noch heute ist er fast 40 m hoch – die Scherben sind beim Rundgang entlang der Via di Monte Testaccio gut zu erkennen.

Unweit des Scherbenhaufens befindet sich das volkstümliche römische **Stadtviertel Testaccio** mit seinen langen, geraden Straßen und den eintönigen Wohnblocks. Bis in die 1970er Jahre befanden sich am Rand des Viertels, zwischen Mietskasernen und Scherbenhaufen, die riesigen Schlachthöfe (ital. *mattatoio*) der Stadt. Heute beherbergt ein Teil des stillgelegten Komplexes der *Ex–Mattatoio* das **MACRO Future Museum**, das mit seinen wechselnden Ausstellungen zeitgenössischer Künstler einen Beitrag zur kulturellen Aufwertung des Viertels leistet. Passend zu den Gewohnheiten des überwiegend jüngeren Publikums hat das MACRO Future bis 24 Uhr geöffnet – vom Museum in den Club zum Tanzen.
Nur zu Ausstellungen geöffnet, Di–So 16–24 Uhr Einlass bis 23.30 Uhr. Eintritt 4,50 €, erm. 3 € (ist sieben Tage auch für das MACRO in der Via Reggio Emilia 54 gültig, → S. 197). Piazza Orazio Giustiniani 4, ✆ 06/671070400, www.macro.roma.museum.

Entlang der Via di Monte Testaccio spielt sich ein reges Nachtleben ab, im Viertel selbst kann man in zahlreichen Trattorien gut und günstig essen (z. B. in der Via Luca della Robbia). Werktags von 7 bis 14 Uhr findet in den Markthallen auf der Piazza di Testaccio einer der besten **Lebensmittelmärkte** Roms statt, bekannt vor allem für hervorragenden Fisch.

Ristoranti, Trattorien, Osterien

Ne Arte ne Parte → Karte S. 244 **(1)**, eine richtig nette Osteria im Herzen von Testaccio. Typisch römische, sehr gute Küche (v. a. die frische Pasta), gute Fischgerichte. Schlichte Eleganz, riesiges Antipasti-Büffet und ein sehr freundlicher Service, der auch bei größtem Andrang die Nerven behält. Einige Plätze auch draußen. Für das Gebotene günstig, das Menü kommt auf ca. 30–35 €. Via Luca della Robbia 15/17, ✆ 06/5750279. Mittags und abends geöffnet, Mo Ruhetag. Für abends und am Wochenende sollte man unbedingt reservieren.

„Da Oio" a Casa mia → Karte S. 244 **(3)**, ebenfalls sehr beliebt, überwiegend junges Publikum, einige Tische auch draußen auf der Via Galvani. Einfaches Ambiente in einer einfachen Trattoria, die Küche allerdings ist hervorragend, echt römisch und nicht zu teuer. Menü um 30 €. Via Galvani 43/45, ☎ 06/5782680. Mittags und abends geöffnet, So Ruhetag. Fr/Sa unbedingt reservieren.

Checchino dal 1887 → Karte S. 244 **(4)**, Traditionsrestaurant und Institution gegenüber vom ehemaligen Schlachthof, nur wenige Schritte weiter pulsiert das Nachtleben. Auch hier traditionelle römische Küche, berühmt für seine *Coda Vaccinara* und die Innereien wie z. B. *Trippa alla romana*; dazu eine immense Weinauswahl. Teurer als die

Essen & Trinken
(S. 243-246)

1 Ne Arte ne Parte
3 Da Oio a Casa mia
4 Checchino dal 1887
5 Trattoria Zampagna

Einkaufen (S. 245)

2 Volpetti

Testaccio/Via Ostiense

250 m

beiden oben Genannten, aber dennoch sehr empfehlenswert, Degustationsmenü 60 €, Tagesmenü ab 45 €. Via di Monte Testaccio 30, ☎ 06/5743816, www.checchino-dal-1887.com. Mittags und abends geöffnet, So/Mo geschlossen.

> Zum **Nachtleben** rund um den Monte Testaccio → S. 76.

Einkaufen

Volpetti → Karte S. 244 **(2)**, dieses Geschäft versorgt Rom mit Delikatessen – sei es mit dem wahren Parmaschinken, Parmesan in verschiedenen Reifegraden oder auch toskanischem Pecorino. Außerdem Kaviar, Räucherlachs, getrocknete Steinpilze, verschiedene Sorten Bottarga (getrockneter Fischrogen) und vieles mehr. Ein umwerfendes Angebot, allerdings zu nicht gerade günstigen Preisen. Via Marmorata 47, ☎ 06/5742352, www.volpetti.com. Mo–Sa 8–14 Uhr und 17–20.15 Uhr, So geschl.

Museo Centrale Montemartini

Das Museum im Jugendstil-Elektrizitätswerk in der Via Ostiense 106 war eine Notlösung, um einige der Skulpturen aus den Kapitolinischen Museen während deren langjähriger Renovierung ausstellen zu können, mittlerweile ist die Ausstellung jedoch zu einer festen Institution unter den archäologischen Museen Roms geworden. Zu sehen sind über 400 anmutige antike Skulpturen vor der Kulisse gewaltiger, stillgelegter Maschinen – ein interessanter Kontrast, der das Museum zu einem lohnenswerten Ziel macht.

> **Metro Linea B** bis zur Station Garbatella, dann über die Via Argonauti auf die Via Ostiense.

🕐 Di–So 9–19 Uhr, Mo geschlossen. Eintritt 4,50 €, ermäßigt 2,50 € (mit wechselnden Ausstellungen Aufschlag möglich), Kombiticket mit Kapitolinischen Museen (→ S. 107ff.) 8,50 €, ermäßigt 6,50 €. Auf der Galerie im zweiten Stock des Museums befinden sich Café und Buchladen. Via Ostiense 106, ☎ 06/82059127, www.centralemontemartini.org.

San Paolo fuori le Mura

San Paolo fuori le Mura

Überlieferungen und neueste archäologische Funde von 2009 belegen, dass der heilige Paulus hier beigesetzt wurde. Um das Jahr 62 wurde er in Rom zum Tode verurteilt und in **Tre Fontane** (heute im Stadtteil E.U.R.) hingerichtet. Frühchristliche Schriften berichten, wie Frauen den Leichnam auf dem Friedhof in der Via Ostiense beisetzten. Kaiser Konstantin ließ hier 314 einen Andachtsort für „Paulus, den Apostel und Märtyrer" einrichten. Ende des 4. Jh. wurde die Gedenkstätte Mittelpunkt einer fünfschiffigen Basilika, die in den folgenden Jahrhunderten im Wesentlichen unversehrt blieb. Bis zum Neubau von St. Peter war sie die größte Kirche Roms. 1823 brannte die Basilika fast vollständig ab, der originalgetreue Wiederaufbau wurde 1854 unter Pius IX. abgeschlossen.

> **Metro Linea B** ab Innenstadt bis Basilica San Paolo. Der Weg zur Kirche ist ab hier bestens beschildert.

Ziele außerhalb der Innenstadt

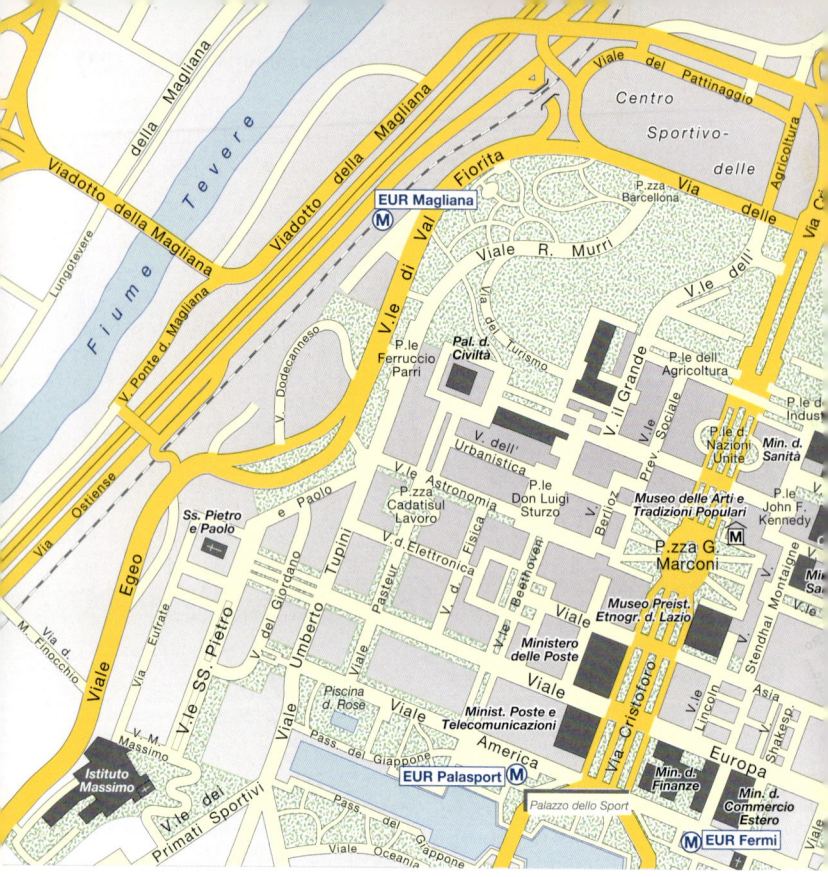

Der Bau inmitten unattraktiver Wohnblocks der südlichen römischen Peripherie wirkt von außen kleiner, als er ist. Die fünf Schiffe der Kirche sind durch insgesamt 80 Granitsäulen getrennt. An der vergoldeten Kassettendecke des Mittelschiffs ist das Wappen von Papst Pius IX. zu sehen. Zwischen den Fenstern befinden sich Fresken mit Szenen aus dem Leben des heiligen Paulus. Original aus der alten Basilika erhalten ist noch der Triumphbogen vor dem Querschiff, der um 461 von der Kaiserin Galla Placida gestiftet wurde. Davor stehen die Statuen von Petrus und Paulus. Das **Paulusgrab**, das einst den Anlass zum Bau der Kirche gab, befindet sich unzugänglich unter dem Hochaltar.

Vom rechten Querschiff aus gelangt man zum sehr sehenswerten **romanischen Kreuzgang** aus dem frühen 13. Jh. Die doppelten Säulenreihen sind zum Teil glatt, zum Teil mit Cosmatenarbeiten geschmückt. An den Wänden sind Reststücke der alten Kirche zu sehen.

⏱ Tägl. 9–19 Uhr, von September bis März nur bis 18 Uhr.

● *Essen* **Trattoria Zampagna** → Karte S. 244 **(5)**, nahe der Basilica San Paolo in der Via Ostiense 179. Typische Osteria, die schon seit 1924 besteht, mit schlichter römischer Hausmannskost. Hier folgt man noch der römischen Tradition: donnerstags gibt es hausgemachte *Gnocchi*, samstags *Trippa* (Kutteln). Menü um 20–25 €. ☎ 06/5742306. Nur mittags geöffnet, So geschlossen.

Gebäude, und obwohl hier einige größere Unternehmen und Ministerien ihren Sitz haben, sieht man nur selten Menschen auf der Straße. Die lebhafte Stadt Rom scheint weit weg. Der **Palazzo dello Sport** (südlich des Sees auf einer Anhöhe) wurde für die Olympischen Spiele von 1960 errichtet.

Ein Besuch im Stadtviertel E.U.R. lohnt sich am ehesten für Architekturinteressierte. Darüber hinaus kann man sich hier drei Museen anschauen, von denen das **Museo della Civiltà Romana** mit seinen Rekonstruktionen antiker Bauwerke (darunter ein 200 qm großes Modell der Millionenstadt Rom zur Zeit des 4. Jh. n. Chr.) sicherlich das sehenswerteste ist (Piazza G. Agnelli 10, am großen Kreisel).

Achtung: Restaurants, selbst simple Bars sind in E.U.R. ebenso selten wie Kioske oder Supermärkte.

Ⓘ Das **Museo della Civiltà Romana** ist Di–Sa von 9–14 Uhr geöffnet, So 9–13.30 Uhr (Einlass jeweils bis 1 Std. vor Schließung), Mo geschlossen. Eintritt 6,50 €, ermäßigt 4,50 €. ✆ 06/82059127, www.museociviltaromana.it.

> **Metro Linea B** ab Innenstadt bis zu den Stationen E.U.R. Palasport oder E.U.R. Fermi.

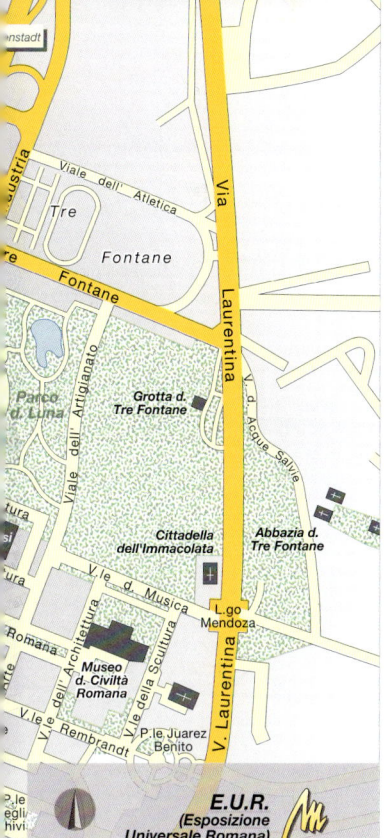

E.U.R. (Esposizione Universale Romana)

Das Gelände am südlichen Stadtrand Roms entstand ab 1938 unter Mussolini und war für die geplante Weltausstellung von 1942 gedacht. Nach Ausbruch des Zweiten Weltkriegs fiel die *Esposizione Universale* aus, gebaut wurde nach 1945 aber dennoch weiter, und zwar nach den ursprünglichen Entwürfen. Unverkennbar faschistisch-monumental mutet der Stadtteil mit seinen großen Straßenzügen und trotz der weitläufigen Grünanlagen (es gibt sogar einen See) auch heute an. Kaum ansprechend sind die kalten, abweisenden

Via Appia Antica und Katakomben

Die „Königin der Straßen" verband das antike Rom mit dem Hafen Brindisi. Benannt wurde sie nach ihrem Bauherrn Appius Claudius, der hier Ende des 4. Jh. v. Chr. gleichzeitig einen Aquädukt anlegen ließ. Die Straße wurde in der damaligen römischen Standardbreite von 4,10 m angelegt, beidseits befanden sich breite Gehsteige. Etwa alle 15 km gab es Rastplätze zum Pferdewechseln mit Herbergen und Schenken.

Da es im antiken Rom verboten war, die Toten innerhalb der Stadtmauern zu

Ziele außerhalb der Innenstadt

beerdigen, fanden die Beisetzungen außerhalb statt. Einer der bevorzugtesten Orte für ein Grab war die Via Appia. Später kamen zu den zahlreichen heidnischen Grabstätten (Erd- oder Feuerbestattungen) die frühchristlichen Katakomben hinzu, für die die Straße ebenfalls berühmt ist.

Einen Spaziergang auf der Via Appia Antica sollte man möglichst erst an der Kirche Quo Vadis beginnen: Zuvor donnert der Verkehr durch die schmale Straße, einen Gehsteig gibt es nicht. Schräg gegenüber der Kirche befindet sich **Info-Büro** (s. unten) mit Fahrradverleih, daneben eine Bar. Sonntags ist die Via Appia Antica für den Verkehr gesperrt.

Tipp: Bei der Kirche Quo Vadis durch das Tor zur Calixtus-Katakombe (beschildert) gehen, das quasi autofreie Sträßchen mündet ein Stück vor den Katakomben des heiligen Sebastian wieder auf die Via Appia und man spart sich den Verkehr (Mi ist die Calixtus-Katakombe geschlossen).

Gleich zu Anfang einer Besichtigungstour auf der Via Appia Antica befindet sich auf der linken Seite die **Kirche Quo Vadis** (ursprünglich aus dem 9. Jh.), wo Petrus auf seiner Flucht Jesus begegnet ist – so die Legende. Petrus soll ihn gefragt haben *„Quo vadis, Domine?"* (Wohin gehst Du, Herr?), Jesus antwortete: *„Venio Romam iterum crucifigi."* (Ich komme nach Rom, um abermals gekreuzigt zu werden.) Daraufhin kehrte

---

Verbindungen: Ab Piazza San Giovanni in Laterano mit dem Bus Nr. 218 zur Via Appia Antica. Alternativ: Metro Linea A bis Station Colli Albani, ab hier Bus Nr. 660 bis zur Einmündung der Via C. Metella in die Via Appia Antica.

Informationen: **Info-Punkt** in der Via Appia Antica 58, schräg gegenüber der Kirche Quo Vadis. Zahlreiche Prospekte und eine brauchbare Karte. Auch Fahrradverleih: 3 €/Std., 10 €/Tag (keine MTBs, es muss ein Ausweis hinterlegt werden). Mo–Sa 9.30–13.30 Uhr und 14–17.30 Uhr, So 9.30–17.30 Uhr geöffnet (im Winter nur bis 16.30 Uhr); ✆ 06/5135316, www.parcoappiaantica.org.

Fahrradverleih: Neben obigem am Info-Punkt auch im **Appia Antica Caffè** in der Via Appia Antica 175 (an der Ecke zur Via C. Metella, Endstelle des Busses Nr. 660): Mehrgangrad 3,50 €/Std., 12 €/4 Std. (keine MTBs), Mo Ruhetag, ✆ 338/3465440 (mobil).

Circus Maxentius und Grabmal des Romulus: Di–So 9–13 Uhr, Mo geschlossen. Eintritt 3 €. Via Appia Antica 153, ✆ 06/7801324.

Mausoleum der Cecilia Metella: Di–So von 9–16.30 Uhr (im Sommer auch länger), Mo geschlossen. Eintritt 6 €, ermäßigt 3 € (gilt auch für die Villa dei Quintili und die Caracalla-Thermen). Via Appia Antica 161, ✆ 06/39967700.

Villa dei Quintili: Di–So 9 Uhr bis ca. 1 Std. vor Sonnenuntergang, Mo geschlossen. Eintritt 6 €, ermäßigt 3 € (gilt auch für Mausoleum der Cecilia Metella und Caracalla-Thermen). Via Appia Nuova 1092, ✆ 06/39967700.

Essen/Trinken: Das **Appia Antica Caffè (4)** (s. oben unter „Fahrradverleih") bietet Panini, Kuchen und weitere Snacks, nach vorne hinaus einige wacklige Tische, nach hinten hinaus mit Garten. Es gibt auch einen eigenen Parkplatz. Via Appia Antica 175, ✆ 338/3465440 (mobil). Ganztägig geöffnet, Mo Ruhetag. Wer größeren Hunger verspürt, sollte in das **Ristorante Alessandrini (Qui non se more mai) (3)** schräg gegenüber gehen: nettes Lokal mit guten Grillgerichten, Menü 25–30 €. Via Appia Antica 198, ✆ 06/7803922. Mittags und abends geöffnet, So und Mo geschlossen. Außerdem: **Trattoria Priscilla (1)**, preiswerte, einfache Trattoria mit einigen typisch römischen Gerichten, Menü um 25 €. Via Appia Antica 68, ✆ 06/5136379. **L'Archeologia (2)**, Traditionslokal mit schönem Garten. Es gibt mehrere, auch typisch römische Tagesgerichte zur Auswahl, Via Appia Antica 139, ✆ 06/7880494, mittags und abends geöffnet, Di Ruhetag.

Petrus beschämt um und erlitt bald darauf den Märtyrertod.

🕐 tägl. 8–12.30 Uhr und 14.30–19.45 Uhr, im Winter nur bis 18.45 Uhr, So erst ab 8.30 Uhr.

Schräg gegenüber der Kirche Quo Vadis ist ein zylindrischer Bau zu sehen, das **Grab von Priscilla.** Dann folgen weitere Gräber, z. T. mit Resten von Standbildern. Nach dem Eingang zur **Calixtus-Katakombe** (Catacombe di San Callisto) gelangt man zur **Kirche San Sebastian** (mit den gleichnamigen Katakomben) und stößt kurz danach auf der linken Straßenseite auf das **Grabmal des Romulus** (der Sohn von Kaiser Maxentius), das dem Stil des Pantheons nachempfunden ist. Dahinter sind noch Reste des **Circus Maxentius** zu sehen. Unweit davon (gleiche Straßenseite) befindet sich das mächtige **Mausoleum der Cecilia Metella** aus dem 1. Jh. v. Chr. Die dritte der großen Katakomben, die **Catacombe di San Domitilla**, ist von der Via delle Sette Chiese zu erreichen (s. u.).

Der nachfolgende, etwa 4 km lange Abschnitt der Via Appia Antica ist der interessanteste und landschaftlich reizvollste. Wenige Meter hinter der Abzweigung zur Via C. Metella erstreckt sich rechts das kleine Ausgrabungsgelände **Capo di Bove** mit Überresten einer Thermenanlage aus dem 2. Jh. n. Chr. Zu sehen sind Mauerfundamente und einige Mosaikfragmente (Mo–Sa 10–16 Uhr, So bis 18 Uhr geöffnet, Eintritt frei).

Etwa 2,5 km nach der Via C. Metella erreicht man auf der linken Seite das weite Areal der **Villa dei Quintili** aus der Zeit Kaiser Hadrians (2. Jh. n. Chr.). Von der einst luxuriösen Landvilla zweier Brüder sind nur noch die mächtigen Grundmauern erhalten.

Calixtus-Katakombe (Catacombe di San Callisto)

Die Calixtus-Katakombe ist die älteste Katakombe Roms. Sie wurde um 150 n. Chr. begonnen und bis zum 4. Jh. wei-

Essen & Trinken
1 Trattoria Priscilla
2 Ristorante L'Archeologia
3 Ristorante Alessandrini (Qui nun se more mai)
4 Appia Antica Caffè

Via Appia Antica

300 m

ter ausgebaut. Hier befinden sich mindestens 170.000 Gräber in vier Stockwerken mit einer Gesamtlänge von 20 km. Die längste Treppe führt 25 m hinab. Neun Päpste aus der Zeit von 236 bis 289 n. Chr. wurden hier beigesetzt, unter ihnen auch der Heilige Calixtus, nach dem die Katakombe benannt ist.

Zur **Krypta** der Päpste führt eine steile Freitreppe. An den Wänden sieht man Grabinschriften mit dem Zusatz *epi* (Abk. für *episcopos* – Bischof) oder *martyr* (Märtyrer). Von hier aus gelangt man über einen kleinen Gang zu der Stelle, wo das **Grab der heiligen Cecilia** (→ S. 225) gefunden wurde. In einer Nische liegt eine Replik der Skulptur von Stefano Maderno, die die Schutzheilige der Musik darstellt.

Über einen Abstieg geht es zum **Beinhaus**, wo Totengräber früher die Knochen fein säuberlich aufstapelten, um Raum für neue Bestattungen zu schaffen. Eine letzte Ruhe in unmittelbarer Nachbarschaft so vieler Heiliger und Märtyrer machte die Gräber begehrt. Sehenswert sind zahlreiche Zeugnisse frühchristlicher Kunst wie Grabinschriften und christliche Symbole (z. B. Anker, Fische, Tauben und das Christusmonogramm in griechischen Buchstaben).

Obwohl Grabstätten in der Antike heilig waren, drangen römische Soldaten am 6. August 258 hier ein und überraschten Papst Sixtus II. in der Krypta beim Lesen der Messe. Da dies nach einem Dekret Kaiser Valerians verboten war, wurden alle Teilnehmer verhaftet und ermordet.

① Tägl. (außer Mi) 9–12 Uhr und 14–17 Uhr, im Februar generell geschlossen. Eintritt 8 €, Kinder bis 15 J. 5 €, unter 6 J. frei.

Eingang an der Via Appia Antica 110, ✆ 06/51301580, www.catacombe. roma.it. Der Bus Nr. 218 hält quasi vor der Tür. Ein weiterer Eingang befindet sich bei der Katakombe des heiligen Sebastian wenige hundert Meter südöstlich.

Domitilla-Katakomben

Die größte christliche Grabanlage Roms. Der Eingang liegt auf dem Grundstück, das Flavia Domitilla, eine Nichte des Kaisers Domitian, den Christen als Begräbnisplatz schenkte. Domitian, der besonders grausame Christenverfolgungen anordnete, verbannte seine Nichte dafür auf die Insel Ponza.

Vom Eingang aus führt eine Treppe in die Vorhalle einer großen dreischiffigen **Basilika** aus dem 4. Jh., deren Inneres noch gut erhalten ist. In der Apsis befindet sich in einer Nische der alte **Bischofsstuhl**. Vom linken Seitenschiff führt eine Treppe in den Bereich der Katakombe, die prominenten Mitgliedern der kaiserlichen Familie als Begräbnisstätte vorbehalten war. Später wurde sie zur weitläufigsten Katakombe ausgebaut.

Von der Vorhalle der Basilika gelangt man ins **Hypogäum**, ein unterirdisches Gewölbe der Flavier, das für Totengedenkfeiern genutzt wurde. Mit etwas Gefälle führt der Gang schließlich zum eigentlichen unterirdischen **Friedhof**. Die folgenden Gänge sind mit Inschriften und Malereien aus der Zeit zwischen dem 1. und 4. Jh. geschmückt;

Auf der Via Appia Antica

meist biblische Darstellungen, wie sie im Neuen Testament überliefert sind.

🕐 Tägl. (außer Di) 9–12 Uhr und 14–17 Uhr, den ganzen Januar über geschlossen. Eintritt 6 €, ermäßigt 3 €.

> Eingang an der Via delle Sette Chiese 282 (die Straße mündet an der Sebastians-Katakombe in die Via Appia), ✆ 06/5110342.

Katakomben des heiligen Sebastian

Die Grabanlage hat einen heidnischen Ursprung, wurde aber später mit christlichen Gräbern erweitert. Steile Treppen führen in die Tiefe zu dunklen, verwinkelten Gängen mit Nischen rechts und links. Manchmal öffnen sich Räume, die prächtig ausgemalt als Familiengräber dienten, in anderen (mit Altären) verehrte man Märtyrer. Zahlreiche Malereien und Inschriften sind gut zu erkennen. An einem Versammlungsplatz, an dem Totenfeiern stattfanden, werden in Inschriften Petrus und Paulus genannt. Archäologen schließen daraus, dass hier Feiern zu Ehren der beiden Apostel stattfanden, was bedeuten könnte, dass sich ihre Gebeine vorübergehend hier befanden. Dies ist durchaus möglich, denn während der Christenverfolgung in den Jahren 257 und 258 wurden die Reliquien der Märtyrer vor Grabschändern in Sicherheit gebracht. Gesichert ist jedoch nur, dass der unter Diokletian hingerichtete Märtyrer Sebastian hier beigesetzt wurde. Die gleichnamige Basilika über den Katakomben soll ursprünglich bereits unter Kaiser Konstantin gebaut worden sein.

🕐 Tägl. (außer So) 9–12 Uhr und 14–17 Uhr. Von ca. 10. November bis ca. 10. Dezember geschl. Eintritt 6 €, ermäßigt 3 €. Eingang an der Via Appia Antica 136, ✆ 06/7850350.

Ausflüge in die nähere Umgebung

Ostia Antica

Das Ausgrabungsgelände von Ostia Antica ist das wohl erholsamste und lohnendste Ausflugsziel in der näheren Umgebung. Die antike Hafenstadt und Handelsmetropole, heute ein weitläufiger, mit Pinien und Zypressen begrünter archäologischer Park, vermittelt einen guten Einblick in das Leben der römischen Antike.

Ursprünglich mündete der Tiber an dieser Stelle ins Meer. Schon im Jahr 338 v. Chr. gründeten die Römer hier eine Stadt, um die Schifffahrt besser kontrollieren zu können und um Rom vor überraschenden Pirateneinfällen zu schützen. Der Name leitet sich von lat. *ostium* (Mündung) ab. Hier starteten die Kriegsschiffe nach Karthago und später in den ganzen Mittelmeerraum zu Eroberungszügen.

Mit der Ausdehnung des Imperiums gewann auch der Hafen an Bedeutung. Zur Zeit des Augustus war Ostia bereits ein wichtiger Warenumschlagplatz. Kaiser Claudius ließ im Jahr 54 n. Chr. ein künstliches Hafenbecken anlegen und einen gewaltigen Leuchtturm errichten. Inzwischen lebten über eine Million Menschen in der nahen Hauptstadt, deren Versorgung durch Importe aus den Kolonien gesichert werden musste. Grundnahrungsmittel wie Getreide und Hülsenfrüchte kamen per Schiff aus Sizilien und Ägypten, Weine und Öle aus Spanien und Frankreich, Baumaterialien und exotische Tiere aus Afrika, Eisen, Kupfer, Zink und Blei aus den Minen auf Sardinien und Sizilien, wertvolle Stoffe, Gewürze und Parfums über die Häfen des Nahen Ostens.

Ein buntes Gemisch von Arbeitern und Kaufleuten aus der ganzen damals bekannten Welt muss Ostia bevölkert haben. Die Menschen brachten ihre zahlreichen Religionen mit, deren Kultstätten teilweise heute noch zu besichtigen sind. Zur Blütezeit Ostias lebten rund 80.000 Menschen hier, eine wahrhaft multikulturelle Gesellschaft. Die kleine Oberschicht römischer Beamter, Kaufleute und Spekulanten organisierte die Bestellungen, den Weitertransport und die anschließende Verteilung der riesigen Warenströme. Die soziale Mittelschicht von Handwerkern und Arbeitern überwog, wie es für eine antike Handelsstadt üblich war.

Im 4. und 5. Jh. n. Chr. wurde die Hafenstadt verlassen und geriet bald vollkommen in Vergessenheit; einer der Hauptgründe war sicherlich die zunehmende Versandung der Tibermündung. Auftragsrückgänge, Arbeitslosigkeit und die Verlegung der Handelsniederlassungen waren die Folge. Ostia konnte die vielen Menschen nicht mehr ernähren. Wer keine Arbeit mehr finden konnte, zog weg. Zudem entstanden neue Häfen, die auf gut ausgebauten Straßen von Rom aus leicht zu erreichen waren. Schließlich rottete die Malaria einen großen Teil der verbliebenen Bevölkerung aus.

Die Gebäude, die nicht vom Sand bedeckt waren, dienten bereits ab dem 5. Jh. als Steinbrüche. Vereinzelt gruben Schatzsucher in der Renaissance einen Teil der Stadt aus, systematische Grabungen begannen im 19. Jh. und wurden nach der Trockenlegung des Sumpfgebiets um Ostia unter Mussolini vorangetrieben. Sie dauern bis heute an. Berühmt sind Ostias Bodenmosaike, die fast ausschließlich aus schwarzen und weißen Steinen bestehen. Da die Mosaike durch Umwelteinflüsse bereits schwer geschädigt wurden, bedeckte man einige von ihnen mit Sand, um sie wenigsten notdürftig zu schützen.

Rundgang

Man betritt Ostia durch die **Porta Romana** (Stadttor) und gelangt auf den über einen Kilometer langen Decumanus Maximus, die Hauptstraße der Stadt. Sehenswert gleich am Anfang die **Minervastatue** am Piazzale della Vittoria. Vorbei an den **Neptunsthermen** mit schönem Fußbodenmosaik geht es zum gut erhaltenen **Theater** mit den drei Marmorgesichtern am Bühnenrand. Daneben befindet sich der **Piazzale delle Cooperazioni**, das alte Wirtschaftszentrum Ostias. In der Mitte sieht man die Reste des **Ceres-Tempels**, der der Göttin der Feldfrüchte geweiht war. Noch heute erkennt man u. a. die Firmenzeichen eines Galeerenunternehmens, eines Fellhändlers, eines Getreidehändlers und vieler ausländischer Importeure, die meist ihren Heimathafen bzw. dessen Leuchtturm als „Firmenlogo" hatten.

Links vom **Theater** liegt das **Mithras-Heiligtum der Sieben Sphären** (Mitreo delle Sette Sfere). Erhalten sind die Sitzreihen und ein Mosaik mit sieben Kreisen, die die Planetensphären symbolisieren.

Nach ca. 100 m verläuft parallel zur Hauptstraße die Via di Diana mit verschiedenen Mietshäusern, u. a. dem **Mietshaus der Diana** (Insula di Diana). Erdgeschoss und erster Stock sind gut erhalten, sogar Reste von Balkonen sind zu sehen. Dahinter befindet sich das **Museum** mit Statuen, Büsten, Sarkophagen und Reliefs.

Kehren Sie zur Hauptstraße zurück, so kommen Sie an der Kreuzung Decumanus Maximus und Cardo Maximus zum **Kapitol** und zum **Forum**, die beide nach dem Vorbild der Hauptstadt errichtet wurden. Nach wenigen Metern auf der Hauptstraße erreicht man hinter der großen Kreuzung (Porta del Castrum) scharf rechts über die Via Epagathiana ein **Handelskontor** (Horrea Epagathiana

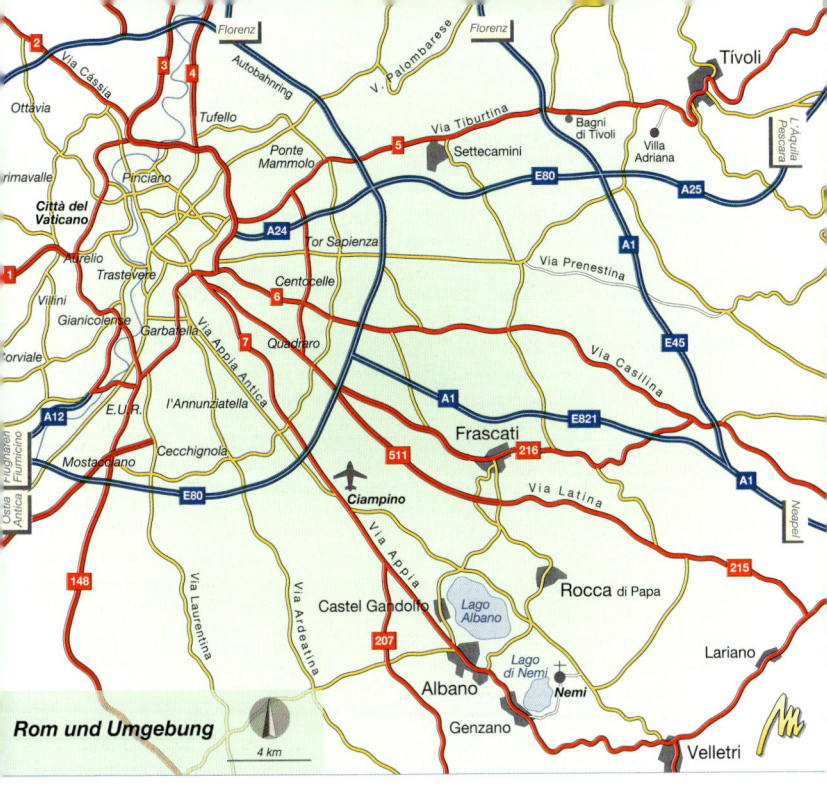

Rom und Umgebung

4 km

et Epaphroditiana), eines der besterhaltenen Gebäude Ostias, das mit den modernen Warenmagazinen heutiger Häfen vergleichbar ist. Die Besitzer waren zwei freigelassene orientalische Sklaven, deren Namen auf einem Marmorstreifen über dem Eingangstor verewigt sind.

Schräg rechts der Kreuzung beginnt die Via della Foce. Im ersten Haus auf der rechten Straßenseite, der **Casa del Mosaico del Porto**, sind schöne Mosaike zu sehen, u. a. eines mit dem antiken Leuchtturm von Ostia. Einige Schritte weiter auf der Via della Foce biegt rechts die Via del Tempio di Ercole ab. Dort fand man im vornehmen **Haus von Amor und Psyche** (Domus Amore e Psiche) eine Kopie der beiden Götterstandbilder. Über einer Art Atrium öffnen sich im Westen vier kleine Zimmer, von denen eines mit buntem Marmor ausgelegt und mit Marmorverkleidungen geschmückt ist.

Weiter die Via della Foce entlang entdeckt man im Untergeschoss der Thermenanlage aus der Zeit Hadrians das größte **Mithräum** Ostias (Terme del Mitra). Eine Kopie des Weihealtars wurde an Ort und Stelle wieder aufgestellt.

Von der Via delle Foce nach rechts auf die Hauptstraße Decumanus Maximus gelangt man zu einem weitläufigen Komplex, der in der Antike eine vornehme **Gartenstadt** war (Case a Giardino – die Häuser sind umsäumt von Parkanlagen und Springbrunnen). Im **Haus der Musen** gegenüber (Insula delle Muse) und dem **Haus der gelben Wände** nebenan (Insula delle Pareti Gialle) sind reich bemalte Wände und Decken zu sehen. Am Ende des Decumanus Maximus befindet sich die **Porta Marina**, das antike Hafentor.

Auf dem Decumanus Maximus geht es zurück zum Eingang. Etwa 150 m von der Porta Marina entfernt passieren Sie auf der rechten Seite die **Scuola del Traiano**, den Sitz einer Handelsvereinigung mit einem Bankettsaal, marmorverkleideten Wänden, einem herrlichen Mosaikfußboden und einer dreisitzigen Toilette. ① Von Ende März bis Ende Oktober Di–So 8.30–18 Uhr (Auslass bis 19.30 Uhr), März und Oktober bis 16 Uhr, im Winter nur 17 Uhr, Mo geschlossen. Eintritt 6,50 €, ermäßigt 3,25 €. Da das Gelände sehr weitläufig ist (über 3 km lang, ca. 1 km breit), sollte man viel Zeit mitbringen. Für eine ausführliche Besichtigung braucht man 3–5 Stunden, die sich allerdings lohnen (Tipp: Kräfte einteilen! Die interessanten Gebäude liegen im hinteren Geländebereich). Bookshop am Eingang, mittlerweile kann man das Ausgrabungsgelände auch mit Audioguide besichtigen, Informationen am Eingang. Im Bookshop kann man außerdem für 2,50 € eine brauchbare Lagekarte erwerben. Viale dei Romagnoli 717, ✆ 06/56358099.

• *Anfahrt/Verbindungen*   Ostia liegt ca. 25 km von Rom entfernt am Tiber und etwa 5 km über der heutigen Küste mit dem modernen Badeort Lido di Ostia. **Mit dem Auto** geht es über die Schnellstraße Via del Mare oder Via Ostiense zum Ausgrabungs-

gebiet. Es gibt ausreichend bewachte Parkmöglichkeiten (gebührenpflichtig). Am einfachsten ist die Anfahrt mit **Metro** und **S-Bahn**: Metro Linea B bis zur Station Piramide. Gegenüber befindet sich der Bahnhof Porta San Paolo, von dem etwa alle 15 Minuten S-Bahn-Züge zum Meer nach Ostia fahren. Aussteigen müssen Sie bei der Station Ostia Antica. Die Fahrt dauert ab der Pyramide etwa eine halbe Stunde (empfehlenswert ist das Tagesticket für 4 €).

• *Service*   Beim Museum gibt es eine schöne Cafeteria mit sehr ordentlichem Self-Service-Restaurant. Der Park ist allerdings wie geschaffen für ein Picknick.

• *Baden in Lido di Ostia*   Der Hausstrand der Hauptstadt hat in den letzten Jahren einen Aufschwung erlebt – vor allem abends trifft man sich hier in unzähligen Strand-Lounges, Chill-out-Bars, Restaurants, Discos etc. Tagsüber Baderummel (vor allem Sa/So brechend voll!) in Dutzenden von Strandbädern mit obligatorischem Liegestuhl-/Sonnenschirmverleih (um 20 € pro Tag), freie Strandabschnitte finden sich nur weit außerhalb im Süden, und die sind total verdreckt. S-Bahn ab Stazione Ostiense bis Stazione „Cristoforo Colombo" in Lido di Ostia. Eine Badealternative könnte das westlich von Rom gelegene **Fregene** sein. Anfahrt: Metro A bis Lepanto, von hier mit den blauen Bussen der *Cotral* nach Fregene.

Ausflug zu den Castelli Romani

Ein Ausflug in die reizvolle bergige Gegend um den Albaner See lohnt schon wegen der frischen Luft. Sehenswert ist **Castel Gandolfo** mit der päpstlichen Sommerresidenz sowie **Nemi**, ein kleines Dorf weit oberhalb des gleichnamigen Sees. Der Weg nach Nemi führt durch die hektische Kleinstadt **Albano Laziale** (gute Einkaufsmöglichkeiten) und das etwas ruhigere **Genzano**, berühmt für seine *infiorata*, die an Fronleichnam ausgelegten Blumenteppiche.

Castel Gandolfo

Der Ort weit oberhalb des Lago Albano ist einer der bekanntesten der Castelli. In die päpstliche Sommerresidenz mit gepflegtem Park und Schwimmbad flüchtet der Heilige Vater traditionsgemäß jeden Sommer vor der unerträglichen Hitze in Rom (nicht zu besichtigen). Die Gassen des kleinen Dorfes sind meist überlaufen, von der Aussichtsterrasse rechts vom Papstpalast hat man einen schönen Blick auf die Umgebung und den Alba-

ner See. Durch die vielen Touristen sind auch hier Souvenirstände mit dem aus Rom bekannten Sakralkitsch allgegenwärtig. Sehenswert ist die Kirche **San Tommaso da Villanova** von Bernini an der zentralen Piazza del Plebiscito.

• *Verbindungen*   Am einfachsten mit dem Nahverkehrszug ab Roma Termini, von 5 bis 22 Uhr etwa stündlich, Fahrtdauer normalerweise knapp 40 Minuten, ca. 2 €. Tickets bei Tabak- und Zeitschriftenläden im Hauptbahnhof. Mit dem **Bus** von Rom ab Busbahnhof Anagnina (Endstation der Metro Linea A).

• *Essen/Trinken* Viele Restaurants in Castel Gandolfo, z. B. das **Antico Ristorante Pagnanelli**, exzellentes Traditionslokal aus dem Jahr 1882 mit Blick auf den See. Die meisten verwendeten Zutaten stammen vom eigenen Hof, z. B. der hausgemachte Schinken, diverse Gemüse und Spanferkel. Gute Weinkarte, Menü um 40 €. Via Antonio Gramsci 4, ☎ 06/9360004, www.pagnanelli.it. Mittags und abends geöffnet, Di Ruhetag (im Sommer tägl. geöffnet).

Nemi

Der kleine Ort, benannt nach dem winzigen Lago di Nemi in einem tiefen Kessel unterhalb, strahlt Ruhe und Beschaulichkeit aus, was für die Gegend der viel besuchten Castelli Romani eher ungewöhnlich ist. Im alten Zentrum steht auf der Piazza Umberto I das **Renaissanceschloss der Familie Ruspoli** mit einem mächtigen Rundturm (nicht zu besichtigen).

In dem kleinen Ort und außerhalb kann man schöne Spaziergänge unternehmen. Der See gehörte in der Antike zum **Heiligtum der Diana** (Göttin der Jagd). Bei Vollmond soll sie auf der glatten Wasseroberfläche die Unvergänglichkeit ihrer Schönheit überprüft haben – daher der Beiname *lo specchio di Diana* (Spiegel der Diana). Der exzentrische Kaiser Caligula (37–41 n. Chr.) veranstaltete hier dekadente Gelage und ließ auf dem See historische Schlachten nachspielen.

• *Verbindungen/Anfahrt* Ab Rom Zentrum mit der Metro Linea A bis zur Station Anagnina (Endstelle), ab hier mit dem Bus nach Genzano (es fährt die Gesellschaft *Cotral*) und umsteigen nach Nemi (tägl. 8–9 Verbindungen), ca. 3 €, Dauer je nach Verbindung 1–2 Stunden. Einfacher mit dem Auto: ab Rom auf der Via Appia Nuova von der Porta S. Giovanni (beim Lateran) bis Genzano, von hier den Beschilderungen nach Nemi folgen.

• *Essen/Trinken* Ein paar Bars und Restaurants im Zentrum, außerdem die **Trattoria Capriccio sul Lago**, ein nettes Restaurant mit vorzüglichen Fisch- und Wildgerichten, Menü ca. 25–30 €. Via del Lago 13, ☎ 06/93953002. Mo geschlossen (im Sommer kein Ruhetag).

Tivoli

Das Städtchen an der Via Tiburtina war in der Antike eine beliebte Sommerfrische und später der bevorzugte Aufenthaltsort von Fürsten und Kardinälen. Dank der sehenswerten **Hadriansvilla** und der Wasserspiele in der **Villa d'Este** ist Tivoli heute noch ein beliebtes Ziel für Tagesausflüge von Rom aus. Dabei gibt die Stadt in strategisch günstiger Lage am Monte Ripoli außer der herrlichen Aussicht nicht allzu viel her – im Zentrum dominiert die Verkehrshektik einer typischen italienischen Kleinstadt. Einen Besuch der Villen sollte man sich jedoch nicht entgehen lassen.

• *Verbindungen/Anfahrt* s. u. bei Hadriansvilla; der Bus hält im Zentrum.

• *Essen/Trinken* **L'Angolino**, gute traditionelle Küche, Menü um 25 €. Via della Missione, ☎ 0774/22027.

Adriano, Hotelrestaurant gegenüber dem Eingang zur Hadriansvilla, Menü ca. 40–50 €. Via di Villa Adriana 194, ☎ 0774/382235, www.hoteladriano.it. Sonntags abends geschlossen.

Ausflüge in die nähere Umgebung

Hadriansvilla (Villa Adriana)

Anfang des 2. Jh. n. Chr. ließ sich Kaiser Hadrian hier die größte Sommerresidenz (konzipiert für 20.000 Menschen) eines römischen Herrschers bauen. Zurückgekehrt von einer langen Reise durch sein riesiges Reich, versuchte er die Eindrücke, die er in England, Spanien, Nordafrika und Kleinasien gewonnen hatte, in seine Palastanlage mit einzubeziehen. Auf dem weitläufigen Gelände entstanden verschiedene **Thermenanlagen**, **Bibliotheken**, **Gärten**, das architektonisch eigenwillige **Teatro Marittimo**, die **Stoa** nach griechischem Vorbild und ein **Nymphäum** – um nur einiges zu nennen. Wie viele andere antike Stätten wurde auch die Hadriansvilla im Mittelalter und der Renaissance als Steinbruch missbraucht; was übrig ist, gibt aber noch immer eine gute Vorstellung von der gigantischen Anlage mit ihrer einst prachtvollen Ausstattung.

Brunnen in der Villa d'Este

⏲ Di–So 9 Uhr bis ca. eine Stunde vor Sonnenuntergang (Einlass bis 90 Minuten vor Schließung), Mo geschlossen. Eintritt 6,50 €, ermäßigt 3,25 €, bei Ausstellungen je zuzüglich 2 €. Via di Villa Adriana 241, ✆ 0774/382733. Am Eingang gibt es eine **Bar**.
● *Verbindungen/Anfahrt* Die Villa liegt 6 km vor Tivoli in der Ebene, rechts der Via Tiburtina. Ab Rom **Metro Linea B** bis zur Station Ponte Mammolo und dann mit dem **Bus** der *Cotral* nach Tivoli (ca. 3 €). Haltestelle Bivio Adriana, ab hier wenige hundert Meter zu Fuß (am besten fragen Sie den Busfahrer). **Mit dem Auto**: Von Rom stadtauswärts auf der Via Tiburtina, bevor die Straße den Berg hinaufführt, geht es rechts ab (beschildert).

Villa d'Este

Die weltberühmten Wasserspiele der Villa gehören seit Jahrhunderten zu den größten Attraktionen in Latium. 1550 veranlasste Kardinal Ippolito d'Este den Bau des zur Villa d'Este gehörenden Palazzos und der terrassenartigen Parkanlage. Dafür wurde ein erheblicher Teil der mittelalterlichen Innenstadt von Tivoli einfach abgerissen. Nach zehn Jahren Bauzeit war das prächtige Anwesen vollendet.

In den nicht mehr möblierten Sälen des **Palazzos** sieht man die zum Teil stark beschädigte Wandbemalung, von hier geht es in den Garten mit den Brunnenanlagen: u. a. zur **Allee der hundert Springbrunnen** (Viale delle Cento Fontane) und rechts davon zur **Rometta** (kleines Rom), wo sich Kardinal d'Este einen Tiberabschnitt mit antiken Ruinen im Modell nachbauen ließ. Dahinter die **Brunnen** der Drachen, der Eule, der Diana und die **Zypressenrotunde**. Von Letzterer war übrigens Franz Liszt besonders beeindruckt, sodass er sich oft zum Komponieren hierhin zurückzog.
⏲ Di–So 8.30–18.45 Uhr (Auslass bis 19.45 Uhr), im Winter bis Sonnenuntergang, Mo geschlossen. Eintritt 6,50 €, ermäßigt 3,25 €. Der Eingang zur Villa befindet sich im Zentrum von Tivoli (Piazza Trento); in der Villa gibt es ein Café. Piazza Trento 1, ✆ 0774/332920, www.villadestetivoli.info.

Kleines Speiselexikon

Im Restaurant

Haben Sie einen Tisch für x Personen?	*C'è un tavolo per x persone?*
Ich möchte zahlen	*Il conto, per favore*
Ich möchte	*Vorrei*
Gabel	*forchetta*
Messer	*coltello*
Löffel	*cucchiaio*
Mittagessen	*pranzo*
Abendessen	*cena*
Eine Quittung, bitte	*la ricevuta, per favore*
Extra-Preis für Gedeck, Service und Brot	*coperto/ pane e servizio*
Vorspeise	*antipasto*
erster Gang	*primo piatto*
zweiter Gang	*secondo piatto*
Beilagen	*contorni*
Nachspeise (Süßes)	*dessert*
Käse	*formaggio*
Öl/Essig (für Salat)	*olio/aceto*
Brot	*pane*

Getränke

Wasser	*acqua*
Mineralwasser	*acqua minerale*
mit Kohlensäure	*con gas (frizzante)*
ohne Kohlensäure	*senza gas (naturale)*
Wein	*vino*
weiß/rosé/rot	*bianco/rosato/rosso*
Bier	*birra*
Milch	*latte*
heiß/kalt	*caldo/freddo*
(einen) Kaffee	*un caffè*
(einen) Cappuccino	*un cappuccino*
(einen) Kaffee mit viel Milch	*un latte macchiato*
Cola	*coca*
(ein) Glas	*un bicchiere di ...*
(eine) Flasche	*una bottiglia*

Erbe – Gewürze

aglio	Knoblauch	*prezzemolo*	Petersilie
capperi	Kapern	*sale*	Salz
pepe	Pfeffer	*salvia*	Salbei
peperoni	Paprika	*timo*	Thymian

Preparazione – Zubereitung

affumicato	geräuchert	*alla casalinga*	hausgemacht
ai ferri	gegrillt	*cotto*	gekocht
al forno	überbacken	*duro*	hart/zäh
con panna	mit Sahne	*fresco*	frisch
alla pizzaiola	Tomaten/Knobl.	*fritto*	frittiert
allo spiedo	am Spieß	*grasso*	fett
al pomodoro	mit Tomatensauce	*in umido*	im Saft geschmort
arrosto	gebraten/geröstet	*lesso*	gekocht/gedünstet
bollito	gekocht/gedünstet	*morbido*	weich

Contorni – Beilagen

asparago	Spargel	*cavolfiore*	Blumenkohl
carciofo	Artischocke	*cicoria*	Chicoree
carote	Karotten	*cipolla*	Zwiebel

fagioli/fagiolini	Bohnen	*patate*	Kartoffeln
funghi	Pilze	*piselli*	Erbsen
finocchio	Fenchel	*polenta*	Maisbrei
insalata	allg. Salat	*pomodori*	Tomaten
lattuga	Kopfsalat	*riso*	Reis
lenticchie	Linsen	*spinaci*	Spinat
melanzane	Auberginen	*zucchini*	Zucchini

Pasta – Nudeln

cannelloni	gefüllte Teigrollen	*penne*	Röhrennudeln
farfalle	Schleifchen	*tagliatelle*	Bandnudeln
fettuccine	Bandnudeln	*tortellini*	gefüllte Teigtaschen
fiselli	kleine Nudeln	*tortelloni*	große Tortellini
lasagne	Schicht-Nudeln	*vermicelli*	Fadennudeln
maccheroni	Makkaroni	*gnocchi*	(Kartoffel-) Klößchen

Pesce e frutti di mare – Fisch & Meeresgetier

aragosta	Languste	*polpo*	Krake
baccalà	Stockfisch	*salmone*	Lachs
calamari	Tintenfische	*seppia/totano*	großer Tintenfisch
cozze	Miesmuscheln	*sogliola*	Seezunge
gamberi	Garnelen	*tonno*	Thunfisch
merluzzo	Schellfisch	*triglia*	Barbe
orata	Goldbrasse	*trota*	Forelle
pesce spada	Schwertfisch	*vongole*	Muscheln

Carne – Fleisch

agnello	Lamm	*lingua*	Zunge
anatra	Ente	*maiale*	Schwein
bistecca	Beefsteak	*manzo*	Rind
cinghiale	Wildschwein	*pollo*	Huhn
coniglio	Kaninchen	*polpette*	Fleischklöße
fegato	Leber	*trippa*	Kutteln
lepre	Hase	*vitello*	Kalb

Frutta – Obst

albicocca	Aprikose	*limone*	Zitrone
arancia	Orange	*mandarino*	Mandarine
ciliegia	Kirsche	*mela*	Apfel
cocomero	Wassermelone	*melone*	Honigmelone
dattero	Dattel	*pera*	Birne
fichi	Feigen	*pesca*	Pfirsich
fragole	Erdbeeren	*pompelmo*	Grapefruit
lamponi	Himbeeren	*uva*	Weintrauben